# 国家图书馆年鉴

# National Library of China Yearbook

# 2015

國家圖書館出版社
NLCPH
National Library of China Publishing House

**图书在版编目（CIP）数据**

国家图书馆年鉴 . 2015 / 国家图书馆编 . -- 北京：国家图书馆出版社，2015.9
ISBN 978-7-5013-5643-0

Ⅰ . ①国…　Ⅱ . ①国…　Ⅲ . ①中国国家图书馆—2015—年鉴　Ⅳ . ① G259.251-54

中国版本图书馆 CIP 数据核字 (2015) 第 166624 号

| | |
|---|---|
| **书　名** | 国家图书馆年鉴 2015 |
| **著　者** | 国家图书馆　编 |
| **责任编辑** | 金丽萍　王　雷 |
| **出　版** | 国家图书馆出版社（100034　北京市西城区文津街 7 号）<br>（原书目文献出版社　北京图书馆出版社） |
| **发　行** | 010-66114536　66126153　66151313　66175620<br>66121706（传真），66126156（门市部） |
| **E-mail** | btsfxb@nlc.gov.cn（邮购） |
| **Website** | www.nlcpress.com ——→ 投稿中心 |
| **经　销** | 新华书店 |
| **印　装** | 北京信彩瑞禾印刷厂 |
| **版　次** | 2015 年 9 月第 1 版　2015 年 9 月第 1 次印刷 |
| **开　本** | 889×1194（毫米）　1/16 |
| **印　张** | 22.75 |
| **字　数** | 400 千字 |
| **书　号** | ISBN 978-7-5013-5643-0 |
| **定　价** | 450.00 元 |

**撰稿人（按姓氏笔画排序）：**

卜书庆  卜冬雪  于　琳  于良杰  卫萌萌  马　涛  马　骏  马　超
马　静  马赵杨  丰　楠  方　怡  毛　瑞  毛雅君  王　欢  王　杨
王　岩  王　洋  王　涛  王　萃  王　新  王　颖  王一楠  王三珊
王广平  王六长  王世博  王会娟  王宇强  王旭东  王秀香  王青云
王彦侨  王桂杰  王雁行  王　磊（男）  代　坤  卢芳玉  卢海燕
台钰莹  平　安  田　颖  田周玲  田贺龙  申子超  白云娇  石文生
龙利方  乔　菲  全凤燕  刘　伟  刘　明  刘　波  刘　俊  刘　洁
刘　瑛  刘　雅  刘　颖  刘　贺  刘小川  刘术华  刘仲瑄  刘华梅
刘明杰  刘英赫  刘洁萍  刘晶晶  刘源泓  孙　乐  孙　倩  孙　斌
孙莹莹  安　洁  朱庆华  汤更生  许　璐  许京生  闫　征  齐世峰
余　雯  冷　熠  吴　洋  吴　密  宋　辰  宋　姝  宋莞婷  张　军
张　炜  张　玮  张　洁  张　峰  张　涛  张　彬  张　雪  张　婷
张　鹏  张立朝  张收棉  张红霞  张建平  张若冰  张珊珊  张倩竹
李　丹  李　伟（交换组）  李　杉  李　进  李　周  李　健  李　彬
李　菡  李　楠  李红霞  李昌明  李晓鸣  李继红  李莹菲  李菲菲
杜燕京  杨进勇  杨欣乔  杨晓微  杨海帆  沈艳丽  肖　君  苏　健
邱奉捷  邵　燕  陈　阳  陈　敏  陈　琳  陈慧娜  陈魏玮  周广厚
孟　化  孟　梦  季　业  季士妍  岳小艺  林世田  罗林池  郑　伟
金　龙  姚　迎  姜　婧  姜晓曦  宣艺瑶  柳　森  胡　泊  胡　洁
胡宏哲  胡昱晓  茹　文  赵　悦  赵　敏  赵　婷  赵　磊  赵志刚
赵建国  赵建忠  赵海英  郝玉凯  郝军科  郝金敏  钟晶晶  饶卓颖
唐　书  徐　燕  徐慧子  索　晶  耿素丽  袁　皓  袁　浩  郭　妮
郭　炯  郭传芹  顾　恒  高　馨  崔云红  常慧慧  康　瑜  曹丽萍
梁　淳  梁钜霄  梁爱民  黄　亮  黄张活  黄炜宇  喻　菲  彭增光
景　申  温　泉  程天舒  谢　天  谢　强  谢万幸  谢冬荣  韩　玲
韩　尉  韩　超  韩晔曈  韩新月  槐　燕  蒙海光  蓝　羽  靳　诺
廖甜添  蔡　丹  蔡晓璐  戴晓晔

# 编辑说明

一、《国家图书馆年鉴》力图系统、全面记录国家图书馆年度事业发展进程，着眼于记录主要事件，反映年度工作，保存重要数据，提供决策参考，服务业界社会。首卷出版于 2011 年，每年编辑出版一卷。

二、《国家图书馆年鉴》由国家图书馆主办，编纂工作由国家图书馆研究院《国家图书馆年鉴》编辑部主持。

三、《国家图书馆年鉴》2015 年卷反映 2014 年国家图书馆事业的发展状况。

四、《国家图书馆年鉴》2015 年卷正文采用分类编辑法。全文由综述、特别记载、基础业务工作、服务工作、国家数字图书馆建设、重点文化工程、文献开发、学术与科研、编辑与出版、对外交流与合作、机构与人员、设施建设与安全保卫、党建与群团活动、统计资料、重要文件选编、媒体报道、年度大事记以及综合索引等部分构成。

# 目 录

# 综　述

# 综　述

2014年是国家图书馆建馆105周年，也是国家图书馆的“全面提升年”。一年来，国家图书馆继续巩固党的群众路线教育实践活动成果，圆满完成一期馆舍维修改造、典籍博物馆建成开放、总馆南区恢复服务等各项工作任务。

## 一、以学习贯彻习近平同志系列讲话精神为抓手，全面提升思想水平、业务水平和硬件水平

加强各级领导班子建设，思想认识水平全面提升。组织召开党委中心组专题研讨会、党委纪委（扩大）学习会和党员干部集中学习培训，认真学习党的十八大、十八届三中、四中全会精神，深入领会习近平总书记关于弘扬中华民族优秀传统文化、培育社会主义核心价值观的重要讲话精神，以及在文艺工作座谈会上的重要讲话，统一思想，提高认识。通过把学习与加强领导班子建设、基层党组织建设和党员队伍建设相结合，与深化改革、依法治馆、强化业务相结合，与党的群众路线教育、反腐倡廉、制度建设相结合，与谋划2015年工作和“十三五”事业发展相结合，真正将学习成果转化为推动发展的具体思路、促进工作的有效措施。

落实党的群众路线教育实践活动整改措施，业务建设水平全面提升。按照党的群众路线教育实践活动整改方案，按照重点突出、整体推进、分步实施、责任到人的总体思路，扎实推进各项整改工作的落实，自觉接受群众监督。截至目前，围绕加强和改进党的建设、严格执行中央八项规定、以整改落实带动业务建设、增强全心全意为员工服务意识、健全完善制度管理体系5个方面的22项任务、80个具体措施已如期到位。整改工作促进党员干部作风转变，完善管理制度并提高了执行力，营造团结协作的工作氛围，并最终提升全馆业务建设水平。

完成三大工程建设任务，基础设施水平全面提升。2014年，以总馆南区维修改造、典籍博物馆、综合服务楼三项工程的竣工开放为标志，国家图书馆基础设施保障水平取得重要突破。总馆南区维修改造工程顺利竣工，文献存藏条件、读者阅览环境显著改善，设施设备现代化水平明显提升；典籍博物馆建成开放，运用现代化展陈手段，“让书写在古籍里的文字活起来”；综合服务楼投入使用，馆舍面积达28万平方米，读者和员工学习、工作、生活条件得到改善。三大工程建设完成，一方面为国家图书馆拓展艺术教育、典籍展览等新的职能，建设区域性文化艺术交流中心提供较好的空间和设施设备条件，另一方面较为彻底地解决这些年管线老化、设备陈旧等问题对全馆业务工作的掣肘，为国家图书馆下一个百年的发展提供较高水平的硬件保障。

## 二、以国家文献信息资源总库建设为核心，不断提高文献资源保障能力

文献信息资源规模持续扩大。在全馆统筹协调下，各有关部门分工协作，继续拓展购买、受缴、征集、复制以及受赠等多种采选渠道，实现呈缴文献全面入藏，全年入藏各类型文献57.9万种，馆藏文献总量达3377.85万册/件，数字资源总量达1024.45TB。一是稳步推进出版物缴送，图书全品种缴送率达72.3%，中文期刊和外文报纸的缴全率分别比去年同期提高5.5%和20%。二是积极开拓文献补藏思路，围绕热点领域进行专题文献补藏，全年补藏各类型文献超过8000种。三是有序推进数字资源建设，继续开展中文图书、博士论文、民国文献、古籍文献、音视频资源等各类型馆藏资源的数字化，民国图书、善本缩微数字化年涨幅分别达到166.7%和142.8%，网络资源采集量达62.4TB。四是依托"中国记忆"项目，进一步拓展馆藏文献来源与形式，完成东北抗联老战士、中国远征军等专题共500余小时的口述影像采集。

文献信息资源整合有力推进。国家图书馆将馆藏的整合揭示作为全年的一项重点工作，专门成立"国家图书馆文献资源整合工作领导小组"，并在年初机构调整时，将中外文数字资源采编工作整体纳入采编业务流程。在对现有资源建设与服务情况进行全面调研的基础上，研究制定文献资源整合的总体方案，本着实现资源一体发布、多终端展示的原则，循序渐进地对数字资源发布系统、文津搜索系统及手机门户系统等进行改造，并加强商购中文数据库的元数据收集工作。截至2014年年底，文津搜索系统整合的元数据已达2.8亿条，月均访问量近1000万次，比去年增长约一倍。

文献信息资源保存保护取得突破。2014年，在馆里的周密部署、精心安排下，各部门齐心协力、克服困难，历时5个月圆满完成保存本文献、基藏本文献、缩微文献、复本库文献等的搬迁调整工作，累计调整文献700余万册/件；经过南区维修改造，保存本库房、基藏本库房、缩微文献库房、音像资料库房条件都有明显改善，古籍善本及各类特藏珍贵文献的存藏环境不断改善，文津街馆区和总馆南区善本库房的温湿度自动监测系统已完成初步安装，基本实现库房环境的实时监控；国家图书馆国家文献战略储备库稳步推进，目前已初步确定项目选址，并在文化部指导下就建立分级分布的国家文献战略储备体系进行深入研究。此外，还开始探索以出版装帧原貌对中文图书进行永久保存。

## 三、以总馆南区开馆为契机，进一步优化业务格局，提升服务能力

业务格局不断优化。南区维修改造完成后，对业务格局进行全面调整。调整之后，总馆南区提供以外文文献、中外文专藏文献为主的专业性服务和典籍博物馆展陈服务，总馆北区提供以中文普通文献借阅、电子文献、音视频资源服务为主的大众服务，古籍馆提供普通古籍、外文善本、地方志家谱文献服务和临时主题展览服务。3个馆区定位明确，功能互补，衔接紧密，既更好地满足现实需求，又充分考虑未来发展的需要。通过维修改造，总馆南区的服务面积扩大近一倍，中文图书外借业务全面恢复，可外借图书和外借区域均有大幅度增加；增设自助借还、自助复印

等服务设施多处；无线网络覆盖无盲点；改造空调取暖系统、采光照明系统，增加辅助照明设施，公共开放空间加强自然采光，读者阅览环境明显改善。

立法决策服务取得新突破。按照“深化基础业务，完善工作机制；巩固服务品牌，拓展业务领域；强化协同合作，建构立体格局”的指导思想，稳步提高立法决策服务能力，全年完成党政军领导机关文献信息咨询 1203 件。建立面向中央最高决策机构的数字图书馆服务体系；为国家食品药品监督管理总局等提供专题信息产品；积极推进中国边疆文献研究中心建设，围绕钓鱼岛、南海等问题，为相关部门决策提供专题文献支撑；向中共中央办公厅等领导机关主动报送热点与专题信息；继续做好“两会”服务工作，编制《“两会”专题文献信息专报》47 篇；第 15 家部委分馆——农业部分馆正式成立。

教育、科研与企业用户服务稳步推进。从跟踪国家重大战略领域和重点建设项目的需求入手，切实加强对教育、科研与企业用户的服务，逐步完善由一般咨询服务、定题咨询服务、馆际互借服务、文献传递服务、文献复制服务等构成的咨询服务体系，全年完成各类参考咨询服务 103.26 万件。咨询结构进一步优化，科学评估类业务持续增长；馆际互借与文献传递需求提交及文献分发的自动化能力得到提升，完成文献提供 16935 册 / 件，馆际互借 15923 册 / 件，国际互借文献 1574 册 / 件；呼叫中心新增多项语音服务；研发企业应用支撑平台。

公众服务能力显著提升。全方位、立体化的服务体系不断完善，全年办理读者证卡 23.67 万人次，接待到馆读者 398.17 万人次，文献流通 2486.35 万册次，网站点击量 13.03 亿次。推出数字图书馆移动阅读平台，提供电子图书、电子期刊、图片、视频及各地图书馆特色资源；推出微信公众号“掌上国图”；互联网电视服务覆盖全国 400 万户家庭；建设“印象数图”体验区。积极推进面向特殊人群的精细化服务，特别是以少儿馆为阵地，重点加强面向少年儿童的阅读服务，主动拓展故事会、数字阅览、培训、竞赛、展览等多种少儿到馆服务活动形式；举办“低幼悦读会”、优秀绘本巡展和“阅读推广进校园”等活动；以“全国少年儿童主题阅读年”活动为抓手，积极倡导面向少年儿童的阅读推广活动。

社会教育服务效益凸显。大力推进典籍博物馆建设，在国家典籍博物馆开馆工作领导小组的统筹领导下，相关部处克服困难，加班加点。7 月 15 日，国家典籍博物馆试运行，9 月 10 日正式对外开放，成为国家图书馆社会教育服务的新平台。首展共设置 9 个主题展，接待团体参观 200 余次，个人参观 12 万余人次，还接待多位中央领导同志及政策研究专家、国际汉学专家、全国图书馆界同仁，反响热烈；开发一批具备典籍元素的文创产品，策划国家典籍博物馆系列讲座，推出 20 大类青少年体验式教育课程，为优秀传统文化润泽社会公众的日常生活做出积极贡献。大力推进展览、讲座、培训、阅读推广等社会教育服务，全馆全年共举办展览、讲座、培训、艺术教育活动 2700 余场，接待读者 156.97 万人次；举办部级领导干部历史文化讲座 13 场，听讲的部级领导达 1700 余人次；开展第九届文津图书奖评选活动；文津讲坛、国图讲坛、文津读书沙龙、文津经典诵读、非物质文化遗产专题展览等一系列服务品牌的社会影响力进一步扩大。

## 四、以公共文化服务体系建设总体部署为导向，扎实推进重点文化工程建设

“中华古籍保护计划”和“民国时期文献保护计划”深入开展。围绕古籍和民国时期文献的普查、保护和利用，重点开展8个方面工作：一是继续推进普查登记工作，全国古籍普查登记数据库投入使用，古籍普查平台登记数据达97万余条；出版9部《全国古籍普查登记目录》；民国时期文献联合目录系统书目数据达20.7万条，馆藏数据50余万条。二是出版《第四批国家珍贵古籍名录图录》，完成第五批《国家珍贵古籍名录》和“全国古籍重点保护单位”评审，并上报国务院。三是面向海外进行珍贵典籍文献的征集与合作保护。与美国国家档案馆和俄罗斯国家社会政治史档案馆等机构合作，通过购买、合作保护等多种渠道，促进文献实体或数字化成果回归；首次面向海外中文古籍图书馆开展古籍鉴定、编目培训。四是大力推进“中华珍贵典籍资源库”建设，启动“抗战时期图片资源库”和“对日战犯审判专题文献数据库”建设。五是积极开展项目宣传推广。策划举办“中华古籍保护计划成果展”“民国时期文献保护工作成果展”“册府千华——国家珍贵典籍特展”等大型专题展览，在山东尼山书院和大连白云书院开展首批“中华优秀传统文化实践基地”建设试点，举办中华优秀传统文化名家论坛，开展“我与中华古籍”有奖征文活动。六是加快推进工程建设成果的整理出版。《中国珍贵典籍史话丛书》首批5种史话出版；前三批《国家珍贵古籍名录》中古籍题跋整理工作基本完成；《中华医藏》基本完成选目，启动提要撰写；启动《民国外交史料汇编》《二战日军暴行报刊资料汇编》等28个文献整理项目；出版《远东国际军事法庭证据文献集成》《远东国际军事法庭判决书》《东京审判历史图片集》等200余册。七是加强人才培养工作。共举办全国古籍普查、鉴定、管理、修复等各类培训17期，培训学员700余人次，民国时期文献保护工作培训班3期，培训学员200余人次；在全国建立12家“国家古籍保护人才培训基地”，在国家级古籍修复技艺传习中心附设天津、山东、辽宁、甘肃、云南、中山大学6家国家级古籍修复技艺传习所；在中山大学和复旦大学联合培养古籍保护方向专业硕士。八是加强文献保护科学研究。推动建立复旦大学中华古籍保护研究院；启动“中华古籍保护计划‘十三五’规划”预研工作。此外，还承办全国古籍保护工作会议，国家古籍保护中心和多位员工荣获全国古籍保护先进集体和先进个人称号。

数字图书馆推广工程服务成效显著。2014年，数字图书馆推广工程工作重点进一步向资源建设和服务提升转移，服务成效明显。一是强化综合管理，设立推广工程办公室，完善管理制度，全年争取到中央转移支付经费1.232亿元，本级经费3300万元。二是进一步完善覆盖全国的数字图书馆网络平台建设，首次将少儿图书馆纳入工程建设范围，完成52家副省级以上图书馆的虚拟网联通，34家省、市级图书馆的专网联通。三是深入开展数字资源联合建设，将114家市级图书馆纳入资源联建，全年新增资源量14TB，共享资源总量近140TB。四是开展新媒体服务建设与推广，数字图书馆移动阅读平台开通145个地方分站。五是进一步完善人才培养与业务交流机制，举办专题业务培训21场，培训2100余人次，实施“馆员研修”项目，建设在线培训平台，实现各类培训内容的实时共享。

国家数字图书馆工程验收准备工作基本就绪。重点围绕工程验收，完成各项收尾工作，包括异地灾备系统机房建设及光纤链路铺设，文献数字化加工中心的场地规划和设备选型，元数据加

工系统、元数据分布式管理系统等工程核心系统的第三方测评，工程标准规范项目成果出版等。目前工程整体验收工作方案已经基本确定，档案整理工作已经启动。

新策划项目逐步成熟。2014 年，结合习近平同志关于继承和弘扬中华优秀传统文化系统讲话精神和经济社会发展对图书馆的新要求，积极策划《中华优秀传统文化文库》编纂项目、海外中华古籍数字化回归、中国互联网信息保存与利用工程等新项目，其中《中华优秀传统文化文库》编纂项目已获中宣部批准同意，由国家图书馆组织实施。

## 五、以开拓国内外交流与合作领域为重点，充分发挥行业引领作用

广泛开展业界协作与学术交流。依托中国图书馆学会和中国文献影像技术协会等行业组织，加强行业学术交流与合作协调，举办 2014 年中国图书馆年会和第六届青年学术论坛，指导各专门工作委员会和分支机构开展形式多样的学术活动，组织全国图书馆界开展“中华经典诵读大赛”等全民阅读活动，引导各级各类图书馆充分发挥阅读阵地作用；依托全国图书馆文献缩微复制中心，与各成员单位之间建立共赢互利的新型合作模式，推动数字缩微工作；通过举办面向全国的培训、支持地方图书馆的业务培训、接收各级图书馆工作人员来馆业务交流等多种形式，为地方图书馆的人才队伍建设提供支持，全年举办业务培训 50 场，培训超过 4000 人次；编制《全国少年儿童图书馆基本藏书目录》，发布《绘本 100》书目，为全国图书馆提升少儿服务工作水平提供指导；组织召开全国省级公共图书馆馆长座谈会、全国古籍保护工作座谈会、图书馆未成年人服务工作研讨会、图书馆现代技术学术研讨会、全国文献采访工作研讨会等全国性会议，共同就图书馆事业发展的战略性、全局性问题进行开放交流，不断提升行业发展的科学化、专业化水平。

深入推进业务合作平台的融合发展。依托已有业务合作平台，进一步拓宽合作领域，深化合作内容。联合编目中心书目数据超过 1103 万条，规范数据超过 140 万条，馆藏数据 2907 万条，成员馆达 1782 家，全年上传数据 12.9 万条，下载数据超过 818 万条，通过采集收割和主动提交并行的模式，提高成员馆馆藏揭示的及时性和准确性；编制完成 2013 年国家书目；建立全国省级公共图书馆决策咨询服务协作平台，为省级图书馆开展立法决策服务提供资源支持；首次召开全国省级及副省级城市图书馆参考咨询部主任工作会议，进一步完善全国图书馆参考咨询协作网；全国图书馆讲座联盟全年累计向成员馆推送讲座 28 场，在 24 家图书馆举办文津图书奖获奖图书巡展。

积极推进图书馆事业发展研究和政策研究。充分发挥国家图书馆的研究职能，主动为文化部、财政部、各地文化主管部门、图书馆界全面客观了解我国图书馆事业发展状况、开展科学决策、制定相关政策提供参考；受文化部公共文化司委托，围绕《公共图书馆法》开展立法支撑研究，参与起草《公共数字文化项目管理办法》，启动全国公共图书馆事业发展“十三五”规划预研，组织编制省、市、县级公共图书馆业务规范；组织编纂《中国图书馆年鉴》《中国图书馆事业发展报告（蓝皮书）》《中国图书馆史》等，对各地区图书馆事业发展基础数据进行统计分析；充分发挥全国图书馆标准化技术委员会、全国文献影像标准化技术委员会等标准化组织的作用，深入推进

图书馆领域标准的研制，全年共申请立项国家标准 9 项，行业标准 3 项，标准化研究项目 3 项，不断完善图书馆标准规范体系。

继续优化国际及台港澳交流与合作策略。坚持对外合作交流服务于业务发展需要，积极推进国际及台港澳交流与合作工作，全年共接待来访 47 批次 379 人次，组织出访 24 批次 70 人次。一是积极推动已有交流与合作项目实现新的突破，举办首届朝鲜图书馆馆员培训班；赴俄罗斯和英国对 10 余家图书馆和档案馆的民国时期文献存藏情况进行调研。二是努力开拓新的交流与合作领域，与德国、伊朗、塔吉克斯坦、墨西哥、南非、毛里求斯、以色列、土耳其等国家图书馆首签或续签合作协议，明确合作意向，拓展合作领域；与阿塞拜疆、哈萨克斯坦等国家图书馆洽商合作意向；落实习近平同志在中阿合作论坛第六届部长会议开幕式上的指示，举办中国—阿拉伯国家图书馆馆长论坛；突破两岸文化交流瓶颈，联手打造两岸公共图书馆事业发展联展与论坛。三是积极参与国际图联大会、北美亚洲图书馆年会、海峡两岸档案暨缩微学术交流会等国际交流与研讨活动，提升国家图书馆的国际影响力。

## 六、以全面提高综合管理能力为保障，营造事业发展良好环境

机构与人员结构进一步优化。一是根据事业发展的需要，对处级机构及部处内设机构进行小幅调整，调整后的处级机构为 28 个，部处内设机构为 102 个，各部门职责更加明晰，管理更加规范。二是按照科学化、知识化的要求加强干部队伍建设，完成干部聘任工作，聘任新一届处级干部 71 人，科级干部 256 人，处级干部中本科以上学历者占 97.18%，其中研究生以上学历及取得硕士学位者占 43.66%，比上届提高 5.48%。三是进一步优化员工队伍结构，接收大学应届毕业生 77 名，数字媒体艺术、文物与博物馆学、小语种等急需专业人才得到补充。职称评审共推荐 16 人晋升各系列高级职称，通过 48 人晋升副研究馆员资格。四是通过社会化用工、业务外包、志愿者等多元化用人机制，形成对员工队伍的有益补充。在文化部直属单位系统中率先筹备成立国家图书馆文化志愿者总队，选拔外语志愿者 26 名，招募典籍博物馆志愿者 48 人。五是分层培训机制逐渐形成。对全馆 196 名科级干部进行培训，科组长的业务和管理水平得到提高；制订全员培训计划，馆方统筹、部门负责、科组参与的员工岗位培训体系得到完善；进一步加强新员工入馆培训，以专题教学为主，业务参观为辅，帮助新员工了解馆史馆情，树立岗位意识。

科研工作取得新进展。进一步加强科研立项与科研管理，成功立项科技支撑计划 1 项，国家社科基金项目 6 项，国家文化科技提升计划项目 1 项，获资助经费总额达 593 万元，馆内提供配套经费 29.4 万元；积极推动馆史研究，启动馆史资料征集、整理与研究项目，举办缪荃孙诞辰 170 周年纪念会暨学术研讨会；继续推进中华优秀传统典籍的研究与整理出版，《中华再造善本（续编）》正式结项，共出版 554 种 4266 册；古籍保护实验室入选首批文化部重点实验室。

安全与后勤保障常抓不懈。安全保卫及后勤服务工作经受维修改造、文献搬迁以及各类大型展览、会议等活动的考验，全年无一起重大安全责任事故。在安全保卫工作方面，开展消防安全知识培训，制定反恐工作预案，形成包含 43 项安全管理制度在内的安全保卫工作制度体系，进一

步提升全馆的治安管理和消防安全水平。在信息安全工作方面，成立国家图书馆网络安全和信息化领导小组，通过逐级签订《信息安全承诺书》、发布网络风险通告及召开信息安全紧急会议等多种形式，加强网络信息安全体系化建设。全馆网络、计算机机房实现平稳运行，信息安全保障能力和网络服务品质得到显著提升。在后勤保障工作方面，顺利完成全馆的供电、供水、中央空调等系统设备的运行保障和日常维修，业务办公用房基本调整到位，进一步加强对物业公司的监督管理和工作考核，天竺库完成文献回迁及机构职能调整，后勤保障精细化管理水平不断提高。

宣传工作立体化推进。2014 年，围绕国图艺术中心试运行、总馆南区恢复服务、世界读书日等重大活动，以及“中华古籍保护计划”“民国时期文献保护计划”“中国记忆”等重大项目，积极拓展媒体合作渠道，开展立体化宣传报道，全年共开展 30 余次新闻宣传活动，各类媒体报道总数 9000 余篇；与光明网共同推出的“国图播报”专栏日均访问近 4000 人次；向文化部报送《文化部简报》稿件 10 余篇，稿件采用量在文化部直属单位中位居前列。国家图书馆的社会影响力进一步增强。

财务与国有资产管理更加规范。2014 年，财政部根据国家图书馆一期维修和维修后重新开馆的新需求批复追加预算近 2 亿元，当年预算超过 8 亿元，为事业发展提供坚实的资金保障。根据中央八项规定的要求，拟定并下发施行《国家图书馆会议费管理实施细则》《国家图书馆馆资企业财务管理通则》等多项财务管理制度，进一步规范经费管理审批流程。强化预算调控功能，及时监督预算执行进度，全年预算执行进度超过 95%。成立审计处，制定内部审计工作制度和工作计划并组织实施，开展审计、专项检查、专题调研，监督内部管理和内部控制制度的建立与执行情况，评价内部控制实施情况，开展对专项资金的绩效评价。着力推进政府采购与工程招标的精细化管理，规范合同签批流程，加强馆资企业监管，国有资产管理的规范化程度得到显著提升。

## 七、以党政工团工作立体推进为着眼点，增强事业发展凝聚力和创造力

党的工作和廉政建设面貌见新。加强党的基层组织和党员队伍建设，21 个党支部完成换届改选，发展新党员 9 名，预备党员转正 16 名；选送 5 名党员干部参加中央党校国家机关分校学习，4 名馆级领导参加中组部组织的综合培训，74 名支部委员参加馆内党务干部培训。认真履行党风廉政建设主体责任和监督责任，以责任体制建设为核心、以制约监督权力运行为抓手，巩固落实八项规定，扎实推进反腐倡廉工作。

群团工作丰富多彩。通过加强职代会提案和员工合理化建议征集、协调和督办，推动作息时间调整等一系列关系员工切身利益事项的解决；成功举办第十届艺术节；员工健身俱乐部投入使用；组织开展“五好家庭经验感悟征集”“阳光健步走”“女员工三八托球接力赛”等文体活动，活跃馆内文化生活，促进员工身心健康，增强队伍的凝聚力。馆团委积极推动文化志愿者服务团队建设，策划“外事出访交流报告会”“亲子嘉年华”“文化青年走基层”活动，引导青年员工建功立业，岗位成才。

离退休员工服务管理亮点频出。通过完善“党群工作网”，加强支部建设，认真开展党员活

动，使离退休党支部成为组织、凝聚、服务老同志的坚强堡垒；从老同志实际需求出发，建立生活档案，关注家庭、就医、困难救助等需求，持续开展走访、慰问、祝寿等送温暖活动，针对老同志关注的退休金、医保等问题，开展调研，化解矛盾，将党的关怀落在实处；积极促进“文化养老”，坚持组织老同志春秋游，推动文化部老年大学西区分校建设，关心和支持老同志社团活动，保证离退休队伍的和谐稳定。此外，建立离退休老同志法律援助平台，组织老同志撰写出版馆庆纪念文集、升级离退休管理与服务信息数据库等举措受到老同志广泛好评。

# 特别记载

- 国家典籍博物馆正式开馆　国家图书馆馆藏精品大展与观众见面
- 国家图书馆建馆105周年系列活动
- 国家图书馆总馆南区恢复服务
- 中国—阿拉伯国家图书馆馆长论坛
- 海峡两岸公共图书馆事业发展联展暨前瞻论坛
- 全国古籍保护工作会议
- 传承文明　服务社会——全国图书馆文献缩微工作成果展
- 新入藏珍贵文献

# 特别记载

## 一、国家典籍博物馆正式开馆　国家图书馆馆藏精品大展与观众见面

2012 年 7 月，经中央机构编制委员会办公室批复，国家典籍博物馆正式成立。国家典籍博物馆位于国家图书馆总馆南区，建筑面积 11549 平方米，共 10 个展厅，是依托国家图书馆宏富馆藏，以展示中国典籍、弘扬中华文化为主旨的国家级博物馆。国家典籍博物馆是图书阅览的一种新形式，是以收藏、保护、宣教、研究为主要职能的新的学术平台和文化交流平台，可以使博物馆与图书馆的功能充分融合，发挥各自的服务优势，“让书写在古籍里的文字活起来”。国家典籍博物馆的成立，为全社会搭建系统研究与展示中华典籍文化的平台，有利于进一步拓宽优秀传统文化的传播途径，拉近优秀传统文化与社会公众的距离，从而进一步增进社会公众对中华文化的认同感，加强对中华民族共有精神家园的文化凝聚力，让中华优秀传统文化得到更广泛的传承。2014 年 7 月 15 日至 9 月 9 日，国家典籍博物馆开馆试运行，首展“国家图书馆馆藏精品大展”开始预约接受团体参观。试运行期间，馆内有关部门在展览展示、场馆服务、安全保卫、后勤保障等方面进行充分的磨合与调整，力争以最佳的运行状态呈现给公众。相关部门本着“严、细、深、实”的工作态度，完善各项细节，调整维护展柜、展厅温湿度恒定，确保展品安全；逐一核对展品信息，确保各项信息准确无误；对展厅灯光、多媒体设备和语音导览设备进行实时监控和调试，保证开放时能够满足大流量观众的使用。

9 月 10 日，国家典籍博物馆正式开馆并全面面向社会各界开放。文化部党组副书记、副部长杨志今出席开馆仪式并讲话，来自文化部及直属单位、北京市相关单位、设计建设单位的代表，博物馆界代表、图书馆界代表、高等院校专家学者，国家图书馆领导班子成员、员工代表等百余人参加开馆仪式。

杨志今参观国家图书馆馆藏精品大展

杨志今在讲话中表示，依托国家图书馆成立国家典籍博物馆，是我国公共文化服务体系建设中的一件大事，充分彰显了国家图书馆在传统文化传播和传承中的重要价值和作用。它使图书馆的典籍能够活起来，是更好地保存、展现、诠释馆藏文献自身价值的新渠道，是图书馆弘扬中华优秀传统文化的崭新平台。

首展“国家图书馆馆藏精品大展”由金石拓片、敦煌遗书、善本古籍、舆图、名家手稿、西文善本、样式雷图档、中国少数民族文字古籍和中国古代典籍简史等 9 个展览组成，展品 800 余件。本次展览是国家图书馆历史上最大规模集中展示馆藏文献珍品。

金石拓片展选取先秦至明清及近现代时期的馆藏甲骨实物、金石拓本精品及部分石刻实物，为观众展示金石文献这一与书籍相媲美的重要文献形式。敦煌遗书展甄选 54 件馆藏精品，从多角度展现我国中古时期辉煌灿烂的文化。善本古籍展从馆藏善本古籍中精选出存世早、版本精、对中国文化具有重要影响的典籍 131 部进行展示。“咫尺天下”舆图展由宋代石刻地图拓本、明清绘本和刻本地图、国外出版的地图等 60 余件展品组成，是迄今为止国家图书馆藏舆图展览的最高规格。名家手稿展共展出手稿 141 种，其中包括梁启超、王国维、鲁迅、郑振铎、巴金、傅雷等手稿专藏，另有陈独秀、老舍、曹禺、丁玲等诸多名家的文章手迹，多为其代表作或具有史料价值的重要文献。西文善本展从馆藏 5 万余册西文善本藏书中精选 56 种 58 册（其中 2 册为中文善本），不少西文善本是第一次面向公众展示。样式雷图档展主要展示清代主持皇家建筑设计的雷氏家族设计、绘制和写作的建筑图样与文字档册。中国少数民族文字古籍展展出展品 65 种 2774 册（叶），最古老展品的年代可追溯至公元 4 世纪。中国古代典籍简史展内容涵盖从先秦两汉时期至明清时期数千年间中国典籍在形制与内容上的发展与演变。

杨志今参观国家图书馆馆藏精品大展

本次展览充分运用数字化、互动游戏等多种方式展出，增强体验性。为满足青少年观众的观展需求，以喜闻乐见、通俗易懂的形式设计虚拟碑文、甲骨写字、保卫善本、舆图拼图等数字化体验新模式，从古籍文献中汲取故事和图像元素设计制作三百佛像图、成语故事互动等互动展示环节，采用动画技术对馆藏精品进行多媒体表现。

国家典籍博物馆试运行消息报道遍布各大纸质媒体、门户网站及客户端，团体观众预约踊跃。试运行期间，共有来自海内外近100个社会团体到馆参观。正式开馆不到3个月，共接待参观团体438家，累计接待各界观众247514人次。典籍博物馆还为在京重要领导、政策研究专家、国际汉学专家、全国公共图书馆业界同人等提供累计40余场的重大参观接待服务。中共中央政治局原常委、国务院原副总理李岚清，全国人大常委会原副委员长许嘉璐，全国政协副主席李海峰等党和国家领导人先后到国家典籍博物馆就公共文化服务体系建设问题进行调研并参观。举办部级领导干部参观专场，百余位在京部级及以上干部参观国家典籍博物馆。国家行政学院、中央社会主义学院、中央文化干部管理学院、北京市教委、北京市委党校等单位将国家典籍博物馆作为干部培训的重要课堂之一，先后组织千余名各领域在京培训干部前往国家典籍博物馆参观学习。作为中华民族经典文化沟通与交流的重要平台，典籍博物馆还接待了参加中国—阿拉伯国家图书馆馆长论坛的来自埃及、约旦、伊拉克、阿曼、突尼斯、阿尔及利亚、黎巴嫩、苏丹、摩洛哥、也门等阿拉伯国家联盟的10余名馆长及专家以及参与“2014‘汉学与当代中国’座谈会”的来自美、英、意、韩、德等17个国家的20余位世界知名汉学家。全国港澳研究会副会长刘兆佳及同行人员，来自美国、德国、荷兰、日本、土耳其等国家的使馆和文化机构工作人员先后来到典籍博物馆，对中华典籍所凝结的深厚文化底蕴表示赞叹，为中华民族拥有如此辉煌灿烂的典籍文化感到震撼。来自全国重点高校宣传部门的负责领导及许多博物馆、图书馆、高等院校和科研院所的专家学者团队也来到典籍博物馆参观，对典籍博物馆的场馆建设、展览陈列布局、展品的价值给予高度赞扬。

## 二、国家图书馆建馆105周年系列活动

### （一）全国省级公共图书馆馆长座谈会

9月9—10日，全国省级公共图书馆馆长座谈会在国家图书馆召开，会议旨在研讨公共图书馆与国家图书馆“十三五”事业发展。国家图书馆馆长、党委书记韩永进，文化部公共文化司巡视员刘小琴出席会议并讲话，国家图书馆原党委书记、常务副馆长詹福瑞，国家图书馆领导班子成员及全国各省级公共图书馆馆长、少儿馆馆长代表80余人出席会议。

韩永进在讲话中表示，本次座谈会旨在召集各图书馆馆长参与谋划公共图书馆事业发展“十三五”规划和国家图书馆“十三五”规划，重点解决当前发展实践中的一些重大问题，继续策划一些能够争取中央财政支持、带动全国图书馆事业发展的项目。国家图书馆事业的发展对中华传统文化的传承与弘扬，对公共文化服务体系的建设，对全国图书馆事业的发展都有着十分重要的影响。要进一步明确国家图书馆的职能与定位，建设国家文献信息资源总库，促进数字业务与

传统业务的融合发展，完善分层服务体系，加强文献的保护、挖掘与整理，发挥国家图书馆引领作用、扩大国际影响力，加强科研工作与人才队伍建设，探索体制机制改革。

刘小琴强调，从现在到“十三五”时期是我国图书馆事业的重要发展机遇期，公共图书馆事业发展“十三五”规划和国家图书馆“十三五”规划都与各省市公共图书馆的发展息息相关，也直接关系着我国图书馆事业的发展。要进一步完善公共图书馆服务体系，加强文献信息资源建设，广泛运用现代科技手段，提高图书馆服务效能和管理水平，提升图书馆专业化水平，加强人才培养。

与会代表一致认为，国家图书馆启动两个“十三五”规划编制工作，振奋人心。国家图书馆及各省级公共图书馆应承担更多指导职责和引领作用，加快公共文化服务体系建设。加大数字资源共享，积极开展移动数字服务，延伸服务到基层，提供均等化服务。加快图书馆相关法规制定，探索法人治理结构改革，为图书馆事业发展提供坚实保障。通过重大文化项目带动事业发展，加强在古籍保护、民国时期文献保护等方面的合作。加大人才培训，提升基层图书馆专业化水平。创新服务模式，积极建立讲座联盟，进一步弘扬中国优秀传统文化。建立少儿馆馆际交流机制，组建少儿馆联盟。

全国省级公共图书馆馆长座谈会

## （二）缪荃孙诞辰 170 周年纪念会暨学术研讨会

9 月 2 日，由国家图书馆主办，南京图书馆、江阴市图书馆协办的“缪荃孙诞辰 170 周年纪念会暨学术研讨会”在国家图书馆召开。国家图书馆馆长、党委书记韩永进，江苏省文化厅党组成员、南京图书馆党委书记方标军，江阴市图书馆馆长宫昌俊致辞，来自全国各地的120多位专家学者、缪荃孙先生后人和国家图书馆员工参加会议。国家图书馆副馆长张志清、南京图书馆研究部（国学研究所）主任徐忆农、中山大学图书馆馆长程焕文、华东师范大学教授严佐之等11位专家做报告，内容涉及缪荃孙先生生平、学术活动与近代中国图书馆事业发展，反映当前学界对缪荃孙先生在图书馆、教育、版本、目录、金石、史学、方志等诸多领域研究的最新进展。会议期间，与会专家学者还就自己在缪荃孙研究领域的心得成果进行交流讨论。

缪荃孙先生生于清道光二十四年（1844），字炎之，号筱珊，晚号艺风老人。光绪二年（1876）进士，入翰林院任职，曾主讲江宁钟山书院，光绪三十三年任江南图书馆（今南京图书馆的前身之一）总办（馆长），宣统元年（1909）任京师图书馆监督（馆长），是中国近代图书馆事业的开创者之一，也是著名的教育家、藏书家、校勘家、目录学家、史学家、方志学家、金石学家。缪荃孙先生是国家图书馆首任馆长，在国家图书馆建馆105周年馆庆之际召开这次会议，纪念他对近代中国图书馆事业所做的卓越贡献，研讨其学术思想，有着特殊的意义。

缪荃孙诞辰170周年纪念会暨学术研讨会参会代表合影

韩永进在致辞中表示，2014年是国家图书馆建馆105周年，又逢国家图书馆首任馆长缪荃孙先生诞辰170周年。鉴于缪荃孙先生在近代图书馆事业和古文献学诸方面的杰出贡献和深远影响，学界和业界对缪荃孙先生的社会活动和学术成就十分关注，研究成果丰硕。本次会议旨在隆重纪念缪荃孙先生的成就，研究缪荃孙先生学术思想。正是在缪荃孙等一批前驱者的艰难创业和不断努力下，国家图书馆才有今天的成就。本次纪念活动，将鼓励每一位国家图书馆员工继承前辈们的优良传统，紧跟时代步伐，不断创新，艰苦奋斗，力争创造下一个辉煌百年。本次会议对于推动缪荃孙先生学术思想研究，进而推动中国图书馆史和古典文献学的研究也有非常重要的意义。

本次学术研讨会所交流的论文在问题意识、史料运用等方面颇多创新，具有较高的学术价值。

## （三）国家图书馆“印象数图”数字图书馆体验区开放

9月9日，“印象数图”数字图书馆体验区在国家图书馆总馆北区正式开放。体验区由国家数字图书馆工程展区、数字图书馆推广工程展区、数字资源展示体验区、数字图书馆互动体验区、印象未来畅想区、寄语数图互动区等组成。

国家数字图书馆工程展区通过文字、图片和视频等方式，介绍国家数字图书馆工程各方面情况，包括项目概述、建设历程和建设成果等。通过高清屏幕实时展现远程系统中的真实数据，利用多媒体动画展示国家图书馆在读者服务、数字资源建设、服务应用等方面的情况。

数字图书馆推广工程展区以图文的形式展示工程的各方面情况。通过大型数字互动沙盘展现当前全国数字图书馆虚拟网的实时联通情况、各省数字图书馆推广工程的硬件系统和软件系统情况、全国数字图书馆实名用户的注册情况、各省图书馆数字资源的建设情况以及各省数字图书馆推广工程的实施成果等。

数字图书馆互动体验区由服务体验、新技术发布、每日课堂和二维码墙4个部分组成。在服务体验区域，读者可以亲自触摸平板电脑及移动终端设备，结合Flash动画讲解参与体验文津搜索、掌上国图、国图手机门户、国家数字图书馆APP、文津经典诵读APP、手持阅读器、数字图书馆移动阅读平台、中国政府公开信息整合服务平台等服务方式。该区域设有供读者欣赏各类影音作品的视听专区。在新技术发布区域，会定期展示数字图书馆领域的前沿技术与研究成果。如现场演示3D打印。在每日课堂区域，读者每日都可以在此收听有关图书馆知识方面的讲座。二维码墙则以二维码实体与屏幕相结合的方式，向读者推荐国家图书馆特色馆藏和专题图书。

数字资源展示体验区配有透明液晶屏，利用虚实结合的特点，将多媒体动画与甲骨、古籍等实物模型有机融合，展示出殷墟甲骨、《永乐大典》《四库全书》《赵城金藏》和《资治通鉴》手稿等国家图书馆宏富馆藏中的精品之作，该区域的触控显示屏和触控一体机可供读者自助欣赏国家图书馆数字化馆藏资源及采购的商业资源库。

印象未来展区通过三投影幕和音响设备营造出身临其境的视听感受。读者可以在此看到一部以畅想未来图书馆为主题的影片，该影片利用三维特效技术手段，展示未来图书馆在国家事务、社会活动、个人生活中的角色与定位。影片以关联数据、知识组织、智能感知、万物互联等代表图书馆发展趋势的理念为支撑，向观众描绘未来图书馆印象。

寄语数图互动区集电子留言、个性化数字明信片制作、信息发布等功能为一体。读者可以在多媒体留言系统上写下对数字图书馆的寄语，也可以现场拍摄个人照片并制作成具有国家图书馆特色的电子明信片，通过扫描二维码下载到手机与朋友分享，还可以带走印有经典诗句的精美书签留作纪念。多媒体信息发布屏也将定期发布馆内服务、每日课堂安排、前沿技术成果等信息。

### （四）系列展览

1.“细流不择方为海——百年服务　国图精神”展

8月25日—9月16日在国家图书馆总馆北区二层公共空间举办“细流不择方为海——百年服务　国图精神”展。展览主要由“搜采精神：不遗余力”“守护精神：恪守职责”“奉献精神：甘为人梯”“道德精神：爱岗敬业”四部分组成，通过梳理馆史资料，以图文并茂的形式，讲述数代国图人的卓越贡献和动人事迹，向观众揭示朴实无华的国图精神，希望国图精神得到永远的弘扬与传承，助力国图在新的起点上腾飞。

2.“最美国图”纪念国家图书馆建馆105周年员工摄影大赛作品展览

此次主题摄影大赛，参与人员达200多人，征集到摄影作品500多幅。后经馆内专家、员工代表进行初评、复评，再经中国摄影家协会、北京摄影家协会、《中国文化报》资深摄影专家进行终评，最终评选出105幅作品参展，并评选出一等奖作品3名，二等奖作品6名，三等奖作品9名。

## 三、国家图书馆总馆南区恢复服务

9月9日，正值国家图书馆105周年馆庆纪念日，历经三年维修改造的国家图书馆总馆南区正式恢复服务。自2011年国家图书馆一期（总馆南区）维修改造工程启动，按照“修旧如初、完善功能、提升品位”的原则进行改造，重点建设现代化的国家典籍博物馆、功能完善的现代书库、满足读者多元需求的阅览空间、高水平的国家图书馆艺术中心，以及宽敞明亮的读者餐厅等服务设施，优化调整3个馆区原有服务格局、文献库房布局，恢复并扩大了中文图书外借的规模。

### （一）完善功能，提升读者阅读体验

总馆南区恢复服务后，国家图书馆的总建筑面积达28万平方米，居世界国家图书馆第三位，通过改造完善功能，提升读者的阅读体验。总馆南区可为读者提供各类座席千余个。总馆南区的服务时间为周一至周日9时至17时。其中，所有阅览室的开架阅览区面向年满13周岁的读者开放，13周岁至15周岁读者入内须凭借国家图书馆读者卡，其他读者凭国家图书馆读者卡或二代身份证入内。南区所有的闭架阅览区则面向年满16周岁并持有国家图书馆读者卡的读者开放。

改造后，国家图书馆加强一站式资源获取服务。主要包括设立综合阅览室，集中中文图书基藏本阅览服务和保存本阅览服务；设立外文第一、第二阅览室，将外文开架阅览服务和闭架阅览服务合并；增强中文报刊阅览室功能，将中文期刊报纸合订本阅览服务并入等。调整恢复中文图书外借服务，满足公众文献借阅需求。在馆区所有开架阅览室实现RFID管理，便于读者查找文献所在架位；通过遍布全馆的自助检索、架位导航、自助复制等自助服务设备，读者可以高效获取所需资源。

总馆南区的软硬件服务升级，实现无线网络全覆盖。网络带宽加大，无线网络覆盖无盲点；扩大电源容量，增加电源接口数量，调整接口制式，读者使用个人电子设备、利用国家图书馆网络资源更为便利；空调取暖系统、采光照明系统进行改造，读者阅览座席和书架增加辅助照明设施，公共开放空间加强自然采光，读者阅览环境更加舒适。

### （二）以人为本，优化 3 个馆区服务格局

至此，国家图书馆总馆的南北区分工明确，南区提供外文文献、中外文专藏文献的专业性服务和国家典籍博物馆展陈服务；北区提供以中文新出版文献借阅、电子文献、音视频资源服务为主的大众服务。而位于北海公园附近的国家图书馆古籍馆则提供普通古籍、外文善本、旧地方志、家谱文献的研究性服务和临时主题展览服务。

1. 总馆南区

设立国家典籍博物馆；取消原“中国年鉴阅览室”，新设立“年鉴新方志阅览室”；设置综合阅览室，将工具书阅览室与基藏文献阅览室、保存本文献阅览室合并；原 E 栋 4 个外文文献阅览室压缩调整为 2 个，分别迁至 E 栋二层和 D 栋二层；设置集中复印区。将原基藏文献、工具书、台港澳文献、学位论文、外文文献阅览室的人工复印点集中设置在紫竹厅二层与四层出纳台后，阅览室内保留部分自助复印机。F 栋、G 栋、H 栋及 C 栋部分原读者服务区域调整为业务办公区。

基藏外文外借出纳台在南门二层大厅北侧恢复服务，提供近二十年出版的外文基藏图书外借服务。外文文献第一阅览室在 D201 房间恢复服务，提供西文、日文、俄文、东文小语种新书（不含文学、艺术、法律、中国学类）开架阅览服务。提供外文基藏图书闭架阅览服务综合阅览室，在 D227 室恢复服务，提供中文保存本图书、中文基藏图书闭架阅览及中文工具书开架阅览服务。外文文献第二阅览室在 E2-3 恢复服务，提供近两年西、日、俄、朝韩文等期刊开架阅览服务，两年以前西、日、俄、朝韩文等期刊闭架阅览服务以及提供 2000 年（含）以后的外文报纸闭架阅览服务。日本出版物文库阅览室同在 E2-3 恢复服务，提供近两年的日本出版物文库图书开架阅览服务。台港澳文献阅览室在 F203 室恢复服务，提供馆藏台港澳地区及海外华文图书、期刊、报纸文献闭架阅览服务。善本特藏阅览室在 G219 室恢复服务，提供善本古籍（包括制作为缩微胶卷、影印本的善本文献）、新善本、金石拓片、少数民族语文古籍、中外舆图等文献资源闭架阅览服务（原件暂不提供阅览）。敦煌吐鲁番资料阅览室在 G220 室恢复服务，提供馆藏敦煌吐鲁番出土文献缩微胶卷、影印图录及敦煌吐鲁番学研究著作、期刊闭架阅览服务。中国少数民族语文文献阅览室在 G221 室恢复服务，提供近十年的少数民族语文图书、近两年的少数民族语文期刊及当年省级少数民族语文报纸开架阅览服务。

缩微文献阅览室在 D401 室恢复服务，提供馆藏国外博士论文、中文报刊、民国图书期刊、日本政府出版物、英美政府解密资料和早期来华传教士文集、1850 年前西方出版的有关中国的书籍、世界各国语种词典和各国人物传记等胶卷或平片闭架阅览服务。学位论文阅览室在 D427 室恢复服务，提供馆藏博士及硕士论文、博士后研究报告、部分海外华人华侨学位论文闭架阅览服务。国际组织与外国政府出版物阅览室在 F403 恢复服务，提供 2000 年以来联合国总部及专门机

构、联合国相关机构以及欧盟（欧共体）、经合组织、亚洲开发银行文献等开架阅览；提供美国国会信息服务公司、美国政府的出版物等闭架阅览。

“年鉴新方志阅览室”在E5-3恢复服务，提供中文年鉴（含纸本、光盘及网络资源），1949年后出版的地方志、专业志以及1949年前出版的地方志电子版、文史资料、政府公报等。

法律参考阅览室在E6-3东侧恢复服务，提供2010年（含）后学术性中文法律图书，近三年中文法律期刊、公报政报，近三年西文、日文、俄文法律图书，近三年西文、日文、俄文法律期刊开架阅览服务。海外中国问题研究资料中心在E6-3西侧恢复服务，提供2000年后西文中国学图书，2010年后俄文、日文中国学图书，2015年后小语种中国学图书，2011年后西文、俄文、日文中国学期刊，中国学中文译著、专著及中外文工具书开架阅览服务。

2. 总馆北区

将原中文外借室调整至总馆北区一层西侧、北侧，改为“中文图书借阅区”；在总馆北区二层北侧原OPAC大厅增设数字图书馆体验区，在此区域融入OPAC检索查询及办证服务功能；规划将少儿馆调整至北区一层咖啡厅及二层现书店位置；在原少儿馆位置恢复培训讲座区；预留总馆北区四层西侧、五层。

中文图书阅览区位于总馆北区一层南区及二层、三层外环，提供近两年中文图书开架阅览服务、部分图书配套光盘闭架阅览服务以及数字资源检索服务。工具书区位于总馆北区中厅负一层至二层，提供四库全书影印本及相关丛书、各类中外文百科全书、字词（辞）典、书目索引等工具书开架阅览服务。

中文图书借阅区位于总馆北区一层北侧、西侧，提供近年出版的中文图书与部分图书配套光盘的借阅服务，提供首都图书馆联盟还书服务。

中文报纸区服务地点位于总馆北区四层南侧，提供近两年（含当年）国内出版的部分中文报纸开架阅览服务，中文保存本、基藏本报纸闭架阅览服务。中文期刊区位于总馆北区四层南侧，提供近两年（含当年）中国内地出版的中文期刊开闭架阅览服务，中文保存本、基藏本期刊闭架阅览服务。数字共享空间位于总馆北区四层东侧，提供数字资源及互联网服务、多媒体资源阅览服务、手持阅读器借阅服务、残障人士特殊服务、全国文化信息共享工程资源体验与用户信息素质培训等服务。

3. 古籍馆

取消古籍馆原“地方志家谱阅览室”和“地方文献阅览室”。在古籍馆临琼楼一层北侧设立“家谱旧方志阅览室”。

普通古籍阅览室，位于古籍馆文津楼A301，提供明清至民国时期的普通古籍、新中国成立以后的新印古籍、方志、家谱及善本缩微胶卷。家谱旧方志阅览室位于古籍馆临琼楼一层北侧，提供1949年以前出版的地方志、家谱、文史资料、影印旧方志、影印旧家谱等。

### （三）周密部署，完成文献与服务点的搬迁调整

全馆各有关部门认真筹划、精心组织、密切配合、协同作战，承担具体调整工作的典藏阅览

部、古籍馆等部处员工克服时间紧、头绪多、强度大等困难，发扬吃苦耐劳、默默奉献的精神，完成文献与服务点的搬迁调整，确保调整期间服务的正常进行。

1. 文献的搬迁调整

（1）保存本文献及复本库文献的搬迁调整工作

典藏阅览部对保存本文献及复本库文献进行搬迁调整。为了最大限度降低搬迁工作对服务的影响，部门制订周密的搬迁计划。截至 6 月初，历时 3 个月，顺利并提前完成保存本文献及复本库文献的搬迁调整工作，累计调整文献 300 万册 / 件。

（2）基藏文献的整理及回迁。年初进行文献的二次回迁，天竺库房工作人员及馆方接收人员克服困难，做好各种单据的交接，确保文献运输安全。在馆区，工作人员采用先顺书、再上架的办法，确保上架文献的大体有序，上架完毕后，安排员工进行二次顺架，为抽取西文复本刊做好前期准备。此次文献二次回迁，同样未停止读者阅览服务，馆际互借、台港图书、西文图书以及博士论文等文献正常流通，服务工作未受到任何影响。天竺库房管理中心按照馆方的要求，及时腾空 1 号库房，并将剩余文献清点完毕，摆放整齐。二次回迁先后持续 2 个月左右的时间，共计完成回迁文献 73756 箱 3924141 册。

（3）完成天竺库房交接工作。典藏阅览部完成与天竺库房管理中心协调及相关文献移交准备工作。天竺库房管理中心终止运作，典藏阅览部接管天竺库房，配合馆方完成与盛世通公司的交接工作，并完成相关管理制度和规范的制订，对人员、岗位进行核算和培训等工作。

2. 阅览室回迁与调整

典藏阅览部等业务部门根据业务管理处、基建工程办公室对南区维修改造的进度安排以及调整方案，按部就班推进各阅览室回迁，并进行外文文献阅览室面积缩减等细部调整。

（1）总馆南区。9 月 9 日，全部阅览室如期回迁恢复读者服务。在调整过程中，外文文献阅览组先后克服维修期间室藏文献暂存周转、西文期刊大量合流带来的速度延后、无外包工人需自行搬迁等困难，顺利完成这次搬迁任务，体现强大的凝聚力和战斗力，整个外文文献搬迁量达 20 余万册 / 件。

（2）总馆北区。总馆北区的阅览室搬迁调整幅度较大，中文图书阅览区与中文图书借阅区的恢复工作尤为突出。

恢复中文外借服务。6 月，典藏阅览部启动恢复中文外借服务的工作。中文图书外借室由原总馆南区 231 室调整至总馆北区一层西厅和北厅，面积增加 881 平方米，达到 2100 余平方米，单面架架位达到 953 个。上半年主要是进行中文图书外借室恢复的各项筹备工作，包括：制订外借室开放方案；与保卫、基建和后勤等相关部门重新确认外借室读者出入口、与信息技术部沟通，调整网络接口；与海恒等公司沟通，上报硬件设备及系统改造需求；与外包公司沟通，确定并协调人员需求，与信息技术部沟通，对外借文献的整体情况进行书目数据提取；对部分外借财产，主要是 RFID 相关设备，24 小时自助还书机等进行清点，并将自助借还书机存放到阅览室进行调试；7 月 1 日开始外借室文献的搬迁上架工作。8 月 25 日中文外借正式开馆服务。在筹划开馆的两个月时间里，典藏阅览部克服时间紧、任务重、人手少等困难，积极协调人员，加强与相关部门的沟通，同时加大培训力度，在短短两个月的时间里，完成阅览室业务格局规划和布局调整、服务设备配置、RFID 等设备的升级改造、预留外借文献搬迁上架、新员工培训等任务。中文图书外借室在筹建阶段共搬迁图书 337769 册，光盘 16932 张，并根据室藏结构及分类布局规划上架图书 323591 册，光盘 16932 张，组织业务培训 6 场。

中文图书阅览区的调整。中文图书阅览区的搬迁工作自 5 月 15 日正式启动，9 月 9 日各阅览区服务基本调整到位并重新恢复服务，历时近 4 个月，调整涉及图书 50 余万册 / 件，其中天竺回迁图书 4 万余册 / 件，中文图书 43 万册 / 件，经典图书 1.2 万册 / 件，剔除图书 20 余万册 / 件。5 月 15 日、6 月 18 日、7 月 18 日起、8 月 1 日、8 月 15 日先后暂停北区一层南、二层南、二层北及二层西等区域的读者服务工作。调整期间，为保证读者服务正常进行，二层南区、北区采用交替关闭调整的方式。由于北区其他区域逐次关闭，二层南区单侧门禁读者日均达到 7000 余人次，承担馆区绝大多数读者服务压力。进入 8 月下旬，阅览区服务调整进入收尾阶段。8 月 26 日起，恢复二层北的开架阅览服务，8 月 28 日起，逐步恢复三层科技图书阅览区服务。9 月 6 日起，恢复中厅二层中外文工具书开架阅览服务。9 月 9 日起，恢复中厅一层、二层西区、三层西区及北区图书开架阅览服务。

立法决策服务部首先制定法律参考阅览室、海外中国问题研究资料中心的搬迁方案和服务方案，完成阅览室的布局设计、文献搬迁、上架整理、合同签订、新文献接收、电话安装、书架申请等各项工作，法律参考阅览室完成 2 万余册文献的退库工作，海外中国问题研究资料中心完成 1.2 万余册文献的退库工作。

## 四、中国—阿拉伯国家图书馆馆长论坛

10 月 13 日，由文化部、阿拉伯国家联盟秘书处主办，中国国家图书馆、中国对外文化集团公司承办的中国—阿拉伯国家图书馆馆长论坛在中国国家图书馆举行。文化部副部长丁伟、也门文化部副部长沙瓦菲、中国国家图书馆馆长韩永进出席会议并分别发言。文化部对外文化联络局（港澳台办公室）局长助理李立言、中国国家图书馆馆长助理孙一钢，以及来自埃及、约旦、伊拉克、阿曼、突尼斯、阿尔及利亚、黎巴嫩、苏丹、摩洛哥、也门等阿拉伯国家联盟的十余名馆长、专家和国内图书馆界的部分馆长出席活动。

丁伟在发言中指出：图书馆是公共事业的重要组成部分；近年来，中国图书馆的对外交流与合作也非常活跃；为了弘扬和继承丝路精神，促进中阿文明的交融互鉴，推动中阿传统友谊，中阿图书馆管理者应加强项目合作，积极开展馆际交流，进一步深化中阿在图书馆领域的深度合作。

韩永进就促进中阿图书馆交流与合作提出四点建议：一是促进文献资源的共知共建共享；二是联合开展珍贵典籍的保存与保护；三是加快建立“中阿数字图书馆”；四是进一步完善中阿图书馆领域合作机制。

中国—阿拉伯国家图书馆馆长论坛会场

论坛上，中阿图书馆馆长代表就共同关注的建立信息领域合作机制、图书馆资源共享与合作发展、文献典籍保护与利用、数字图书馆发展合作等问题进行研讨交流，并通过《中国—阿拉伯国家图书馆馆长论坛公报（2014 年 10 月 13 日北京倡议）》。

为庆祝“中阿合作论坛”成立 10 周年，落实中央“丝绸之路经济带”和“海上丝绸之路”的战略部署，进一步促进中国与阿拉伯国家及丝绸之路沿线国家之间的文化交流与合作，第三届阿拉伯艺术节于 2014 年 8 月至 10 月在北京等地相继举办。此次论坛是阿拉伯艺术节的系列活动之一。

本次论坛的举办，为即将于 2015 年召开的中阿图书馆信息专家会议打下基础，为建立中阿图书馆信息领域合作机制做了铺垫。论坛增强图书馆区域合作的发展理念，搭建中阿图书馆界的交流平台，填补中国图书馆界与阿拉伯国家图书馆合作的空白，在互信、互利的基础上开展实质性合作方面迈出重要一步，对推进中阿图书馆事业的共同发展具有重要意义。

## 五、海峡两岸公共图书馆事业发展联展暨前瞻论坛

10 月 9—24 日，由国家图书馆和台湾汉学研究中心首度合作策划的“两岸图书馆前瞻论坛”“书海之间　遇见幸福——海峡两岸公共图书馆事业发展联展”在国家图书馆举行。来自广东省立中山图书馆、杭州图书馆、甘肃省陇西县图书馆等大陆 10 家省、市、县三级公共图书馆馆长，以及来自台湾汉学研究中心、台北市立图书馆、苗栗县三湾乡图书馆等台湾公共图书馆的 33 名馆长、学者参加本届公共图书馆论坛与联展活动。

两岸公共图书馆作为社会教育文化事业的重要基地，在传播弘扬优秀传统文化、提高信息资讯服务品质、更新科技服务手段、创新阅读推广内容等方面做出许多富有成效的工作和努力。国家图书馆与台湾汉学研究中心首度携手合作举办前瞻论坛及展览，旨在进一步加强海峡两岸图书馆界的交流合作，分享彼此运营管理的思想理论和实践经验，探索建立两岸公共图书馆界的长效合作机制，实现图书馆事业的共同发展。此次论坛与联展活动是在中共中央总书记习近平提出的“两岸一家亲”理念的指导下，两岸首度联合打造的公共图书馆交流活动。

论坛以“两岸公共图书馆建设成果及永续合作机制”为主题，围绕“两岸公共图书馆馆舍建设、阅读推广、数字化服务”等内容进行研讨，共举办3场论坛活动。来自大陆与台湾的与会代表围绕以上主题进行演讲，通过图片、视频及文字等形式向与会人员充分展示了各馆相关情况，使与会代表充分了解两岸公共图书馆现状。在第三场会议讨论中，双方就两岸公共图书馆发展与合作的前景，特别是今后在两岸图书馆界如何搭建长期有效的合作机制等内容进行深入讨论，现场气氛十分热烈。台湾汉学研究中心曾淑贤主任表示两岸首度合作策划的此次公共图书馆论坛与联展活动意义重大，在个别图书馆之间交流合作的基础上应尽快建立合作平台与机制，寻找合作伙伴，让两岸交流更加频繁与务实。台湾政大教授/理事长薛理桂建议，每年两岸轮流举办公共图书馆论坛或学术研讨会，进行馆员交流活动。广东省立中山图书馆刘洪辉馆长表示，希望利用该馆在孙中山文献、民国文献、华人华侨文献及南海问题国际争端资料国内最全的优势与台湾地区纪念馆与博物馆进一步展开合作。

国家图书馆馆长韩永进、台湾汉学研究中心主任曾淑贤、文化部对外文化联络局（港澳台办公室）局长助理李保宗为海峡两岸公共图书馆事业发展联展剪彩

在论坛举办的同时，“书海之间　遇见幸福——海峡两岸公共图书馆事业发展联展”在国家图书馆总馆北区举行。此次联展从杰出图书馆及图书馆人士、图书馆建筑与空间、阅读推广和图书馆文化创意四个方面集中展现近年来两岸公共图书馆发展与创新的优秀案例。国家图书馆馆长韩永进、台湾汉学研究中心主任曾淑贤、文化部对外文化联络局（港澳台办公室）局长助理李保宗出席展览开幕式活动。此次展览共涉及大陆公共图书馆 34 家、台湾公共图书馆 47 家，是有史以来最为全面展示两岸公共图书馆成就的一次联展活动。该展览展期为两周，得到社会各界的广泛认可以及媒体的热烈报道。

本次展览和论坛契合图书馆事业发展的合作化潮流与趋势，有利于进一步加强两岸图书馆界的交流合作，加深了解，分享彼此运营管理的思想理论和实践经验，对于探索建立两岸公共图书馆界长效合作机制，推动两岸文化领域务实合作产生积极作用。

## 六、全国古籍保护工作会议

10 月 11 日，由文化部主办，国家图书馆（国家古籍保护中心）承办的全国古籍保护工作会议在北京召开。文化部党组副书记、副部长杨志今出席会议并做重要讲话，教育部副部长、国家语言文字工作委员会主任李卫红出席会议并讲话，国家图书馆馆长、国家古籍保护中心主任韩永进做古籍保护工作报告。国家民委、国家宗教事务局、国家中医药管理局和文化部以及全国古籍保护工作部际联席会议成员单位代表，各省（区、市）文化厅（局）长、社文处长，副省级以上公共图书馆馆长，古籍保护专家代表等近 200 人参加会议。

向全国古籍保护先进个人颁发证书

杨志今在讲话中强调，各地文化工作者一定要认真学习、贯彻落实习近平总书记系列重要讲话精神，深刻认识当前古籍保护工作面临的形势和任务。关于下一阶段古籍保护工作的重点任务，杨志今指出，一是要加强组织领导，进一步加大古籍保护工作力度；二是推动部门协作，形成古籍保护工作合力；三是完善工作机制，提升古籍保护工作的规范化、科学化水平；四是加强队伍建设，推动古籍保护工作可持续开展；五是加强古籍开发利用，发挥其传承优秀传统文化、培育社会主义核心价值观的重要功能。

在此次会议上，文化部授予首都图书馆等81个单位“全国古籍保护工作先进单位”称号，授予张昊等157人“全国古籍保护工作先进个人”称号，并向国家图书馆等12家“国家古籍保护人才培训基地”颁牌。广州市、复旦大学、山东省文化厅、浙江省文化厅的有关负责同志分别就开展古籍保护、促进中华优秀传统文化做经验介绍。

## 七、传承文明　服务社会——全国图书馆文献缩微工作成果展

11月26日，由国家图书馆主办、全国图书馆文献缩微复制中心（以下简称“缩微中心”）承办的“传承文明　服务社会——全国图书馆文献缩微工作成果展”在国家图书馆举办。展览展示从1985年至今的30年间，由缩微中心引领各省级公共图书馆，利用缩微技术对馆藏珍贵文献进行抢救取得的累累硕果。

文化部公共文化司巡视员刘小琴，国家图书馆馆长韩永进，中国文献影像技术协会名誉理事长孙承鉴，国家档案局科研所所长、中国档案学会常务理事马淑桂出席开幕式并讲话。仪式由国家图书馆副馆长魏大威主持，来自中国文献影像技术协会、全国文献影像技术标准化技术委员会以及省级公共图书馆代表等近百人参加开幕式。

展览为期26天，并在国家图书馆网站上同步在线展览。期间配合展览举办1场专题讲座，展览期间观众络绎不绝。本次展览分为4部分：序篇、奠基篇、成就篇、创新篇，将我国文献缩微复制工作整体情况展现给观众。第一部分“序篇”展出的为文化学者以及国家领导对我国缩微工作的建议和题词，从任继愈先生对文献保护的建议意见到国务院原副总理谷牧等领导人对缩微工作的寄语和希望，充分展示缩微技术在文献保护过程中的重要性。第二部分“奠基篇”展示我国不断发展的缩微技术、各类亟待保护的珍贵文献和缩微中心下属各成员馆缩微文献抢救的历史，将我国缩微工作的具体内容、历史及缩微中心、全国各成员馆开展缩微工作的情况进行具体描述。第三部分“成就篇”展现多年来缩微中心及各成员馆各个方面丰富的工作成果。30年来，缩微中心先后带领24家成员馆，共同开展珍贵文献抢救工作，缩微拍摄珍贵典籍近15万种，共计6700余万拍，其中善本古籍31759种，报纸4378种，期刊15230种，民国图书98493种。该部分还展出部分成员馆缩微拍摄的精品文献图片、抢救拍摄的胶卷和科研上的相关成就。第四部分“创新篇”展示缩微技术与数字技术融合所取得的成果，即缩微胶片与数字资源如何相互转换，介绍图书馆界利用缩微品开展善本古籍全文数据库、民国文献全文数据库等数据库建设，以及缩微技术相关标准制定所取得的成绩等。此

部分从技术创新及合作创新等方面展示全国缩微工作在新时期新时代的大环境下，自我变革、自我发展的未来之路。

“传承文明　服务社会——全国图书馆文献缩微工作成果展”开幕式

本次展览共展出相关展品415件，其中文献221件，各类胶片134卷，工作设备17台，其他文件43件。展品类型较为丰富，包括国家图书馆藏彩色善本古籍《草木疏校正》《集古印谱》《阅微草堂笔记》及民国图书、民国期刊、民国报纸等原件，通过缩微胶卷重新制作的各种影印书如《赵城金藏》《汲古阁丛书》《中华再造善本》《远东国际军事法庭庭审记录》等。同时，展示的缩微胶片也有不同种类，既有采用传统缩微技术拍摄的黑白缩微胶片，也有缩微中心在全国率先开展拍摄的彩色善本缩微胶片，还有采用数字存档技术拍摄的数字资源缩微胶片。其中还包括我国早期与英法等国家交换的珍贵文献的缩微胶片如《敦煌遗书》《赵城金藏》，以及各成员馆珍贵馆藏文献的缩微胶片。展览中展出各种缩微设备，包括20世纪三四十年代进口的拍照机、拷贝机、近两年从国外引进的数字存档机、国内自主研发的缩微胶片扫描仪等。展览中还展出缩微工作开始之初的一些档案，包括初期文化部图书馆司组织图书馆学习、培训的通知，缩微中心建立之初章程的拟定等文件，以及全国图书馆缩微工作开展20周年之际国家领导人、学者题词的原件、复制件等。

除各类展品外，本次展览还设置多媒体触屏互动、设备互动区、宣传片放映等多种展览方式。其中多媒体触屏中分别放映“善本南迁”纪录片以及全国各公共图书馆缩微工作者多年来工作的老照片、现代工作者们拍摄的工作场景短片，充分展现我国珍贵文献迁移保存的历史以及以缩微形式对文献进行抢救的文献保护工作者们真实的工作场景和工作内容。缩微设备互动区是本次展览的特色之一，分别放置4台型号不同的缩微胶片相关设备，包括缩微胶片扫描仪2台、胶片阅读器 2 台。展期每天有相关工作人员与观众互动进行使用指导。观众在专业工作人员的指导下通过亲手操作进一步了解缩微工作在数字化大背景下，如何将文献保护与读者服务完美结合。展区内布设投影墙，用于投射放映宣传片，展现全国图书馆缩微工作开展的历史、现状以及各种缩微新技术的发展方向。

“传承文明　服务社会——全国图书馆文献缩微工作成果展”参观现场

11 月 26 日开幕式当天，来自中央电视台、北京电视台、《光明日报》《新京报》《京华时报》等 20 多家的媒体记者对展览做相关报道。凤凰资讯、新浪网等多家网络媒体也对本次展览开幕的报道进行转载，影响颇大。其中中央电视台和北京电视台分别在“新闻直通车”“都市晚高峰”两档新闻播报节目中对展览做详细介绍。通过各媒体的报道和介绍，有更多的观众了解了全国图书馆文献缩微工作，来到展厅一睹缩微文献的风采。

## 八、新入藏珍贵文献

### （一）手稿

1.《许宝蘅日记》手稿

7 月 16 日，《许宝蘅日记》等手稿资料入藏国家图书馆名家手稿文库。

许宝蘅（1875—1961），字季湘，晚号夬庐、耋斋，浙江杭州人。1892 年中举，1906 年捐内阁中书，入学部为主事。1907 年由学部保考军机章京，取第一名，任军机章京。民国时，历任总统府秘书、国务院秘书、铨叙局局长、内务部考绩司司长、国务院秘书长等职。1927年任故宫博物院图书馆副馆长，兼管掌故部（现中国第一历史档案馆），主编《掌故丛编》。1956年被聘为中央文史研究馆馆员。许宝蘅博通文史，熟知文献掌故，勤于著述，著有《西汉侯国考》《东汉郡守考》《说文形系》《清代篆人考》等，并以书法、诗词名于世。其篆隶苍劲凝重，行楷飘洒秀逸；诗词多感事抒怀之作，格高韵远、神清意深。又善交友，初入京时即与易顺鼎、顾亚蘧、李柳溪、吴庆坻等老一辈名家酬唱往来。晚年与章士钊、黄娄生、张伯驹、邵章、叶恭绰等人交游酬唱，参加庚寅诗社、稊园诗社等活动。

本次入藏国家图书馆的手稿文献包括许宝蘅日记、书信、诗词稿、札记、任命状以及许氏亲友书信、手迹等，共计186种1560册/件。其中最重要的文献有三类：《许宝蘅日记》手稿，许宝蘅书札、师友书札墨迹、许氏家书，许宝蘅任命状。

《许宝蘅日记》手稿共68册，始于1892年，讫于1960年。日记对清末光绪帝、慈禧太后去世、清帝退位、民初党派斗争等重要事件均有记载，是清末至民国之翔实史料。近年来，清末民初人物的日记虽多有出版，但许宝蘅长期接近权力中心，其日记对政情动态有连续记述，尤其对民初北洋政府中枢动态有完整记载，实属罕见，弥足珍贵。

许宝蘅书札包括许宝蘅写给兄长、侄子的家书及其诗作、札记、书法，也包括一些较有文物价值的文献。许宝蘅师友书札墨迹包括许宝蘅师友吴庆坻、吴士鉴、俞陛云、黄秋岳、夏敬观、郭则沄、傅增湘、陈曾寿、胡嗣瑗、傅治芗、俞平伯、夏仁虎、商衍瀛、顾善先等人的手札、诗文等，另附有许宝蘅收藏的清末名人书札17通。仁和许氏是晚清重要的政治、文化家族，嘉庆、道光以来科甲鼎盛，涌现许多著名人物，如许乃钊、许乃普、许庚身等。许氏家书共147通，历经道光、咸丰、同治、光绪、宣统以至民国时期，包括许氏家族七代人的文字。这批书札文献从不同角度反映晚清至民国时期的社会、政治、文化、生活等多方面的信息，对于研究中国近现代史具有一定史料价值。同时，很多家书反映长辈对子女的教育及训导，讲述为人处世之道，颇可见当时社会风气、道德观念之概貌。

许宝蘅任命状7纸，包括袁世凯任命许宝蘅为铨叙局局长、蒋介石任命许宝蘅为辽宁省秘书长等任命状，具有珍贵的文物价值。

除上述文献外，此次入藏文献中还包括大量许宝蘅未刊诗词、札记及许氏家族日记，具有较高的史料价值。

此次入藏国家图书馆的《许宝蘅日记》手稿等文献种类丰富，内容翔实，涉及晚清及民国时期的政治、经济、学术、文化等诸多方面，具有重要的文献价值，是清末民初北京政治与社会风俗的资料宝库，是中国近现代社会沧桑剧变的真实写照。

2. 韦棣华书信手稿

10月10日，在中国图书馆学会年会“韦棣华女士与中美图书馆事业”主题论坛特别设置的捐赠仪式上，韦棣华女士的曾外孙女苏姗妮·罗兰及其丈夫埃利斯·罗兰向国家图书馆捐赠韦棣华手稿5页及照片、剪报等其他韦棣华相关珍贵文献共计19种52页。其中，手稿内容为韦棣华与家族成员之间的通信，反映其生活经历和社会交往中的细节，为研究者提供难得的第一手资料。这批手稿入藏国家图书馆填补国内韦棣华相关文献的收藏空白。

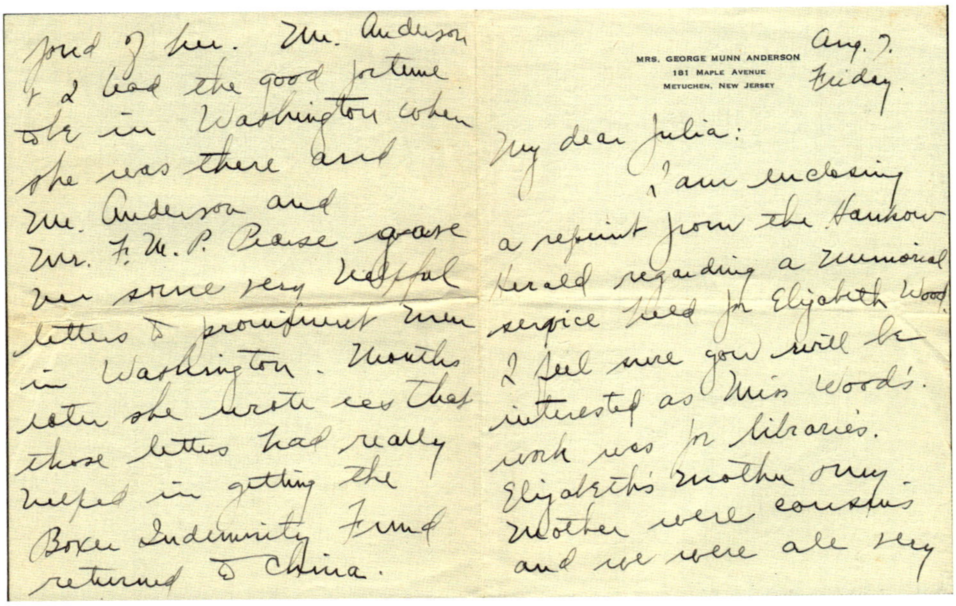
MRS. GEORGE MUNN ANDERSON
181 MAPLE AVENUE
METUCHEN, NEW JERSEY

Aug. 7.
Friday.

My dear Julia:

I am enclosing a reprint from the Hankow Herald regarding a memorial service held for Elizabeth Wood. I feel sure you will be interested as Miss Wood's work was for libraries. Elizabeth's mother and my mother were cousins and we were all very fond of her. Mr. Anderson & I had the good fortune to be in Washington when she was there and Mr. Anderson and Mr. F. W. P. Pease gave her some very helpful letters to prominent men in Washington. Months later she wrote us that those letters had really helped in getting the Boxer Indemnity Fund returned to China.

韦棣华手稿

韦棣华（Mary Elizabeth Wood，1861—1931），近代图书馆学家、图书馆事业家、教育家，近代新图书馆运动的倡导者。1861 年生于美国，1899 年来到中国，在武昌文华书院建立小型阅览室。1909 年主持建立“文华公书林”后资助学生赴美学习图书馆学，学成归国后在文华大学开设图书馆学课程，使之成为中国第一个图书馆教育机构。1922—1923 年，促使美国国会通过议案，将最后一笔庚子赔款退还中国用于发展文化教育事业。其中 50 万美元用于建造北京图书馆。1926 年，代表中国倡导成立国际图书馆及目录学联合会（国际图书馆协会联合会前身），使中国成为 15 个创始国之一。1930 年，为资助中国图书馆事业发展募捐成立韦棣华基金会。1931 年病逝于武昌。

### （二）彝文古籍

11 月 27 日，国家图书馆从私人手中购藏一批彝文古籍，共计 28 种 28 册。

彝文古籍是彝族群众共同创造的文明成果与智慧结晶。新中国成立前彝族地区的彝文和彝文古籍仅掌握在民间知识分子——毕摩等少数人手里，因为藏书条件有限，加之受各种天灾人祸影响，许多珍贵的彝文古籍破损流失，存世十分稀少。因此，保护、抢救彝文古籍已迫在眉睫。据藏家介绍，因文献来源与收藏时间不同，此 28 种彝文古籍分为两个批次：第一批为贵州省赫章县朱明乡及威宁彝族回族苗族自治县板底乡的彝文古籍 15 种 15 册，第二批为贵州省威宁彝族回族苗族自治县和云南省鲁甸县、永善县一带的彝文古籍 13 种 13 册。

此次所购彝文古籍多为清抄本，其内容涉及彝族社会历史、宗教礼俗、文学艺术、哲学思想等诸多方面。例如，清嘉庆间抄本《吉禄拃苏》即为彝族毕摩使用的占卜工具书。本书图文并茂，载有大量人物、动物、星辰及符号插图，收录《占子女生月》《占子女生日》《占子女生时》《占长不命克星关》《读书做官门》等78章内容，对有关古代彝族宗教、天文、历法、民俗及绘画研究大有裨益。抄本《丧礼叙事诗》《洪水泛滥史诗》《赛特阿育传奇》等采用五言或七言诗体，详细记述笃慕丧礼、开天辟地、擎天四条龙、六祖内婚、孝子赛特阿育与天女诺妮的忠贞爱情等彝族史诗神话，语言生动，内涵丰富，对研究彝族文学具有较高的文献价值。抄本《“方国君长”交往书》则叙述彝族各部以家族姻亲关系为基础的结盟交往与武力征伐的历史，为彝族社会发展史及西南地区民族关系史研究提供珍贵史料。此外，《献酒经》《解冤经》《冤过经》《解灾经》《更换祖筒祭祖经》《哭祭经》等清抄本不仅版本年代较早，更是研究古代彝族祭祖祀神、丧葬殡仪、驱魔消灾、祈祷祝福等方面历史的重要文献史料。

这批彝文古籍具有重要的历史文物价值和学术研究价值，不仅进一步充实国家图书馆的彝文文献馆藏，更是彝族历史文化的重要见证。

# 基础业务工作

- 文献信息资源建设
- 文献信息资源组织
- 文献信息资源保存与保护
- 信息系统建设
- 年度掠影

# 基础业务工作

## 一、文献信息资源建设

### （一）中文文献

1. 中文图书：接收缴送 340537 种 912652 册，较 2013 年种增加 14.59%，册增加 17.01%。购买 133883 种 279341 册，较 2013 年种减少 9.66%，册减少 9.42%。接受赠送 6381 种 11223 册，较 2013 年种增加 25.63%，册增加 17.35%。补藏原缺中文图书 7356 种，较 2013 年增加 32.8%。

2. 学位论文：采访 214646 种，较 2013 年增加 1.5%。其中博士论文 50128 种，博士后报告 6700 种，硕士论文 157536 种，海外学位论文 282 种。其中博士后报告采访量较 2013 年增加 39.93%。

3. 台港澳文献：采访图书 23269 种，较 2013 年增加 11%；采访期刊 632 种 9570 册，较 2013 年种减少 8%，册增加 6%；采访报纸 90 种 24255 期，较 2013 年种数持平，期减少 1%。

4. 中文期刊报纸：入藏期刊 10781 种 579674 册，较 2013 年种减少 1.5%，册减少 0.97%；入藏报纸 1524 种 588588 期，较 2013 年种增加 2%，期减少 5.8%。

5. 音像制品和电子出版物：接收缴送 10010 种 24648 盘，较 2013 年种减少 16.52%，盘减少 30.75%；购买补藏 1574 种 5501 盘，较 2013 年种减少 38.66%，盘减少 29.08%；接受赠送 28 种 170 盘，较 2013 年种减少 73.83%。

6. 中文资料：采访非正式出版文献 7259 种 7585 册，较 2013 年种减少 2.38%；存疑文献 998 种 1018 册，较 2013 年种增加 22.15%。

### （二）外文文献

1. 西文文献：订到图书 51370 种 53787 册，较 2013 年册数减少 10.23%；UMI 缩微平片 4798 种，较 2013 年种数增加 1.29%，验收登记其他缩微文献（传记、档案类）118 种 9845 件；补订中国学文献 1975 种，较 2013 年种数增加 13.38%。

2. 东文文献：订到日文图书 19021 种 19340 册，较 2013 年册数增加 3.32%，补订日文中国学文献 1552 种；订到东文图书 4815 种 4976 册，较 2013 年册数基本持平（其中阿拉伯文图书 890 种 931 册，韩文图书 642 种 650 册，越南文图书 783 种 812 册，泰文图书 787 种 791 册，蒙文图书 780 种 835 册，波斯文图书 138 种 160 册，马来文图书 10 种 10 册，印地文图书 785 种 787 册）。

3. 俄文文献：订到 7415 种 7525 册，较 2013 年册数减少 6.82%；补订中国学文献 114 种。

4. 国际组织与外国政府出版物：订到图书 898 种 898 册，期刊 405 册，缩微平片 6526 种 24183 片，光盘 29 种 29 盘。

5. 出版物交换：交换到各类型文献 9452 种 22140 册 / 件（其中图书 5346 种 5505 册，期刊 1370 种 7178 册，舆图 1 种 1 册，平片 2489 种 8297 张，随书光盘 102 种 102 盘，电子出版物 6 种 18 件，音像资料 138 种 1039 件），较 2013 年册 / 件数增加 1.16%。

6. 外文报刊：订到外文期刊 54285 册，外文报纸 21973 份。

7. 外文实体电子资源：订到西文实体电子资源 405 种 586 盘，订到日文实体电子资源 4 种 4 盘。

8. 外文数字资源：开通外文试用数据库 13 个，完成新增 3 个数据库的开通链接交接工作；提交文献资源建设委员会 10 个增订数据库采购方案；完成 PQDT 学位论文的采选工作，选取网络版博硕士论文 5003 篇，成功订购 1800 篇；完成 Verde 电子资源管理系统数据更新 55 条。截至 2014 年 12 月底，外文数据库总量达 150 个，较 2013 年增加 0.7%；新增远程访问数据库 8 个，开通远程访问的外文数据库总量达 58 个。

### （三）古籍文献

2014 年共采访入藏各类文献 22122 种 45919 册 / 件。其中：古籍善本 3 种 29 册，新善本 451 种 544 册，精装精印 31 种 141 册，外文善本 31 种 171 册，手稿 308 种 5103 册件，其他 128 种 365 册，普通古籍 2387 种 8060 册，契约文书 8930 种 8930 件，地方文献 3794 种 13909 册，敦煌吐鲁番学研究书刊资料 386 种 554 册，金石拓片 634 种 836 册 / 件，民文古籍 30 种 30 册、民文书刊 1542 种 1560 册，中文地图 2390 种 3673 册，外文舆图 1005 种 1788 册，年画 14 种 33 件，老照片 58 种 193 件。

### （四）缩微文献

全年共完成拍摄民国图书 883414 拍，报纸 361675 拍，共计 1245089 拍。其中国家图书馆拍摄民国图书 719755 拍，报纸 163659 拍，共计 858976 拍。完成拍摄彩色善本 4209 拍。完成母片拷底 12431 卷，拷贝 8889 卷。完成民国文献 14975 种 2044822 页缩微数字化制作，善本 6655 种 2821788 页缩微数字化制作。

### （五）数字资源

截至 2014 年年底，国家图书馆引进中文数据库总量达 127 个，与 2013 年相比总量增加 2.4%，包括中文少儿数据库 15 个，残疾人数据库 4 个。81 个数据库获得馆外访问授权，与 2013 年持平。其中中文数据库包含的文献数量：中文期刊 2.1 万余种（经查重），中文图书 483274 种 947310 册，中文报纸 2300 种（未查重），中文学位论文 444.25 万篇，中文会议论文 466 万篇，国家标准 44149 条，行业标准 17489 条，专题节目 17988 小时，学术性报告近 4.254 万场，多媒体课程 9301.7 学时，少儿多媒体教学课件 124247 个，音乐 50 万首，语言 55942 集，舞台艺术 1100 部 /3000 小时，影视剧 5000 集，工具书 10855 册（未去重），年鉴 28973 册 / 卷，图片 57.4 万张。IDP 项目完成 336 件敦煌遗书的数字化，上传文献图片 14779 幅；完成 500 片馆藏甲骨拓片影像数据的制作。

### （六）学术讲座资源

2014 年完成讲座拍摄、视频编辑及资料数字化加工 110 场，比 2013 年增加 10%；完成文津经典诵读诗词音频制作 305 首。与相关公司签订专业服务外包合同，将 132 学时的典籍博物馆讲解员培训课程视频制作成课件。拍摄完成 56 场活动，较 2013 年增加 6 场；加工整理培训视频和制作“国家图书馆业务培训视频资料的档案元数据库”，共编目元数据 13 条；拍摄部级领导干部历史文化讲座 15 场，其中小组学习专场 2 场；制作完成“文津讲坛”讲座资源库视频 50 场，讲座数据 50 条；拍摄全馆已解决版权的馆内各种业务培训 253 场，较 2013 年增加 189 场，其中典籍博物馆讲解员培训 186 场、馆内业务培训 5 场、国图文津读书沙龙讲座 62 场并进行数字化制作；完成 2013 年以前（含 2013 年）自建视频资源的档案数字化和编目工作约 400 小时。拍摄完成《我的国图故事》（10 人次）、《国家图书馆》《读者服务》《一期改造工程》《传承与守望》《典籍博物馆》《彩雨润心》《秀我风采》《国图大事记》《平馆藏书》《国家图书馆第十届艺术节》及缩微文献等宣传片及纪录片共 12 部。截至年底，国家图书馆自主采集或以合作方式收集 341 位受访人的口述史视频资源共计约 1070 小时，并采集相关影像资料约 400 小时。

## 二、文献信息资源组织

### （一）中文文献

1. 中文图书：制作中文图书书目数据 270306 种，较 2013 年种增加 2.5%，其中普通图书书目数据 194412 种，少儿图书书目数据 75788 种，盲文图书 106 种。新建名称规范数据 90335 条，完成规范数据与书目数据的同步挂接。完成中文图书加工 931940 册，较 2013 年册增加 14.82%。新建中文标准篇名数据 2081 条，维护中文标准篇名数据 2011 条。

2. 学位论文：完成学位论文编目及书目数据制作 200647 种，较 2013 年增加 1.26%，其中硕士论文 153000 种，博士论文 41489 种，博士后报告 6158 种。博士论文较 2013 年增加 6.71%。

3. 台港澳文献：完成图书编目加工 20638 种 20638 册，较 2013 年持平；制作图书书目数据 22842 种，较 2013 年增加 8%。完成期刊编目 40 种，报纸编目 3 种。

4. 中文期刊报纸：新编期刊书目数据 249 条，完成期刊加工 579674 册。新编报纸书目数据 21 条，完成报纸加工 588588 期。

5. 音像制品和电子出版物：完成登记加工 13667 种 26500 盘，较 2013 年种减少 10.35%，盘减少 29.7%；编目入库 10394 种 20204 盘，不含复本、附件，较 2013 年种减少 7.89%，盘减少 21%；制作书目数据 10458 条，较 2013 年减少 8.4%。完成少儿音像电子文献编目送库 1548 种 2887 盘，书目数据制作 1548 条。

6. 缩微文献：制作缩微品拷底片书目数据 12240 种，缩微品拷贝片书目数据 6663 种。

7. 中文资料：完成非正式出版文献编目加工 7270 种，较 2013 年减少 6.01%。完成存疑文献编目加工 920 种，较 2013 年增加 13.16%。

## （二）外文文献

1. 西文文献：编目加工西文图书 64166 种 67795 册，较 2013 年种数持平；UMI 缩微平片 4799 种，非 UMI 缩微平片 26 种 4387 件，附件 7 册，缩微平片较 2013 年种数增加 1.86%；缩微胶卷 74 种 2765 卷，附件 19 册，较 2013 年种数增加 4 倍。

2. 东文文献：编目加工日文图书 17691 种 18031 册，较 2013 年种数增加 3.31%；编目加工东文图书 4815 种 4976 册，较 2013 年种数增加 0.9%（其中阿拉伯文图书 890 种 931 册，韩文图书 642 种 650 册，越南文图书 783 种 812 册，泰文图书 787 种 791 册，蒙文图书 780 种 835 册，波斯文图书 138 种 160 册，马来文图书 10 种 10 册，印地文图书 785 种 787 册）。

3. 俄文文献：编目加工图书 7006 种 7067 册，较 2013 年种数增加 0.08%。编目加工档案类俄文缩微胶卷和缩微平片 7 种 2735 件。

4. 国际组织与外国政府出版物：编目加工图书 1082 种 1388 册，期刊 219 册，缩微平片 8906 种 21899 片，光盘 1 种 1 盘。各类文献编目加工较 2013 年种数减少 2.49%。

5. 外文报刊：新编目外文期刊 118 种。

6. 外文实体电子资源：西文实体电子资源编目加工 1902 种 2699 盘，附件 18 件；日文实体电子资源编目加工 4 种 4 盘。外文实体电子资源编目加工较 2013 年种数增加 27.5%。

7. 书目数据回溯：美国政府出版物缩微平片书目数据回溯 46280 种 73530 册，印地文、梵文、孟加拉文、尼泊尔文、巴利文、乌尔都文书目数据回溯 22644 种，缩微阅览室未编目缩微文献书目数据回溯 54771 种 76223 件，外文实体音像电子资源书目数据回溯 5911 种。

## （三）古籍文献

全年制作古籍及特藏文献各类书目数据 23401 条，完成敦煌吐鲁番文献篇名数据整合 4902 条（其中新建 NLC03 数据 2249 条，删除 NLC01 数据 2653 条）。

## （四）数字资源

1. 中文数字馆藏整合

根据《国家图书馆“十二五”规划纲要》中关于“加强文献信息资源整合与揭示”的工作部署，编制《国家图书馆文献资源整合工作方案（2014—2015 年）》，重点开展古籍、民国文献以及 1949 年之后中外文文献资源各类元数据整合。在此方案基础上，制订《数字资源部数字馆藏整合实施方案》，开展数字馆藏元数据清洗工作。编制《国家图书馆中文数字馆藏元数据著录规范》及相应数字馆藏元数据清洗和映射规则，为中文数字馆藏增加用于描述数字资源特征的内容、用于馆藏管理的内容、反映数字馆藏内容形式与载体类型的内容，以及揭示资源学科特征的内容，为元数据清洗工作和数字资源加工流程调整奠定基础。

2. 基于 FRBR 概念模型的书目数据整合

在现有书目数据基础上，利用计算机软件程序识别书目数据中的标志信息，实现 FRBR 化的书目信息组织，改变传统书目数据的扁平结构，呈现作品在不同时期、不同出版者、不同衍生作品的复杂情况。选定责任者对象，初步建立实体汇集规范。2014 年选取 500 名多产作者的全部作品，依照初定的处理原则和数据标记方法对书目记录进行 FRBR 化数据构造试验，运用 FRBR 著作、内容表达和载体表现的实体层次重新构造书目数据体系。截至 2014 年年底，已完成对“哈代”“法布尔”“莫言”“蒲松龄”“关汉卿”“陀思妥耶夫斯基”“张恨水”“司马迁” 8 个人物的作品汇集，分析作品、内容表达、载体表现层面的实体关系，重新构造书目数据体系，共完成 7577 条 FRBR 数据建立。

3. 元数据仓储

完善《元数据仓储数据整合映射规则》，制定联建元数据标准，对各类资源的元数据进行清洗、整理、加工、组织及存储，为文津搜索系统及其他整合项目提供元数据。2014 年共接收 44 批外购数据库元数据，其中中文外购数据库元数据 39 批，外文外购数据库元数据 3 批，外文外购数据库元数据样例 2 批。对接收的各类元数据进行核查、登记、存储，对存在的问题及时进行反馈解决，并制定元数据相应的映射规则用于数据整合。接收 2013 年唯一标识符数据、1—5 批征集资源元数据及 53 个栏目的自建数字资源元数据、名称规范数据，对国家图书馆发布与服务系统、联合编目系统的元数据进行持续更新。提交至文津搜索系统 113 批符合发布条件的数据库元数据，提供 12 批中文外购数据库的元数据。

4. 数字资源门户系统（Metalib）和开放链接系统（SFX）管理与更新

全年完成数字资源门户系统（Metalib）中资源配置、开放链接系统（SFX）中电子期刊资源激活、target 的配置、数据库列表的更新维护等工作。2014 年年底新增库数 23 个，修改库数 47 个，删除库数 26 个。截至 2014 年年底，国家图书馆开通数据库总量达 361 个，国家图书馆 SFX 系统中已激活电子期刊记录 98115 条、电子图书 114473 条。

5. 电子报纸资源整合

依据《国家图书馆文献资源整合工作方案（2014—2015 年）》，深入调研馆藏电子报纸资源现状，完成《国家图书馆电子报纸整合调研报告》，提出电子报纸整合设想，力求通过搭建统一展示与发布平台，提升数字馆藏的统一揭示与服务能力。

## 三、文献信息资源保存与保护

### （一）数字资源保存与保护

1. 自建数字资源入藏

截至 2014 年 12 月 31 日，国家图书馆自建数字资源典藏库房正式入藏光盘 47.8 万盘，其中 2014 年完成自建数字化资源入藏 69249 盘，同比增加 138%。

完成国家图书馆数字资源库房管理系统建设工作，整理导入历年入库典藏的各类自建数字资源光盘信息39.4万张，系统运行正常，性能测试合格，实现自建数字资源库房的科学有效管理。

完成数字资源质检迁移专项任务。数字资源质检迁移专项任务是国家图书馆数字资产清查工作之一，针对2008年以前入藏的自建数字资源和2010年前入藏的音像电子出版物进行光盘数据可迁移性校验，核查数据完整性、有效性和可用性。项目历时3年，于2014年全部完成，累计完成馆藏自建音视频数字化资源光盘质检33387张，成功迁移32497张，22131种，文件59028个；自建文本图像数字化资源光盘质检44605张，成功迁移35872张，131750种332263册，图像25172066页；馆藏音像电子出版物光盘质检215999张，成功迁移205714张，109942种。

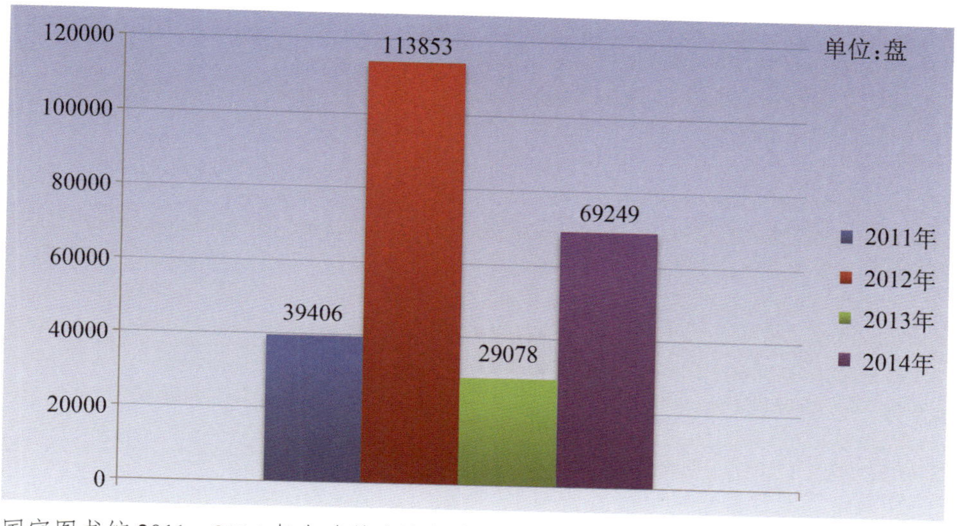


国家图书馆2011—2014年自建数字资源光盘入藏量对比

2. 数字资源长期保存

全年共完成中文图书、博士论文、数字家谱、敦煌IDP数据、数字方志、数字善本、电子报纸、网页采集、馆藏音像电子出版物、馆藏自建音视频数字化资源、发布级数字资源共计11大类96077册14397798页280.43TB的数字资源的长期保存，完成3大类资源共计224722册56206480页135TB数据的长期保存数据回溯整理。长期保存总量（415.43TB）比2013年（310.12TB）增加33.96%。截至2014年年底，国家图书馆的长期保存数字资源总量达到1147.22TB。

2014年，长期保存数据安全性检查采用效率较高的全盘检查方式，对所有保存有数据的磁带介质进行检查。全年共完成检查1487盘次，全面保障长期保存数据的安全性和磁带介质的健康性。

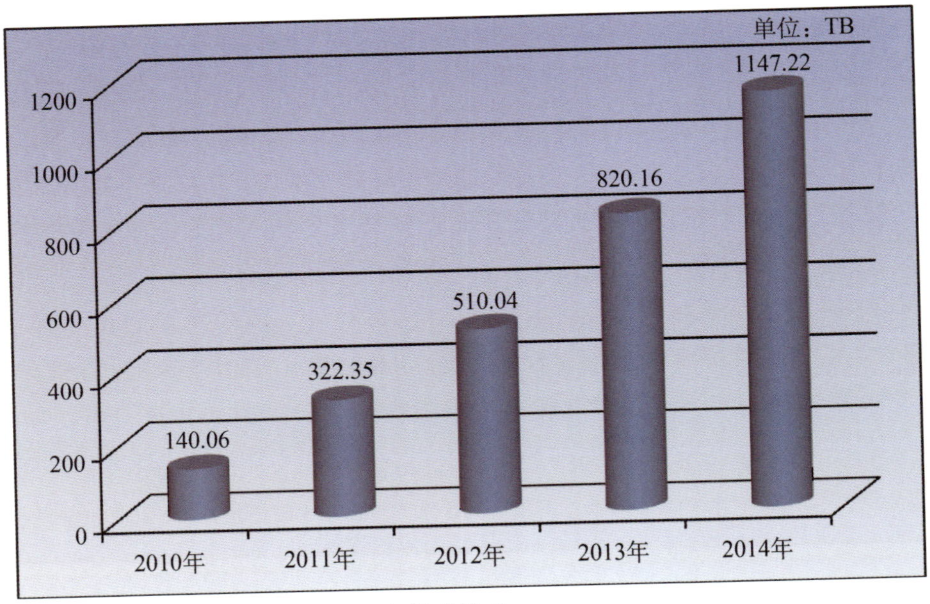


国家图书馆长期保存数据总量近年增长情况

## （二）文献修复与保护

1. 文献修复

2014年共制作修复档案72条，拍摄藏品修复前后照片103张，完成藏品修复152册/件。其中名家手稿68册/件，金石拓片30册/件，样式雷28册/件，线装古籍19册/件，舆图2件，单张年画5张。启动“古籍文献及修复用纸张纤维原料与显微图谱”“古籍修复用纸自行抄造研究”“西文古籍传统烫金技术研究”等科研项目的研究工作。参加2014年中国图书馆年会，并在会议期间向观众现场展示古籍修复技艺。

在总馆南区改造工程中，完成文献修复室改造规划设计工作，针对修复室建设专业性、技术性强的特点，设计科学、全面、详细的装修改造方案，且为后期外文及民国文献修复室的建设做出预留。完成西文文献修复室主要设备的采购和安装并进行调试工作，基本完成修复材料的采购工作。传统烫金工艺、传统大理石花纹纸制作工艺等西文文献修复技术的攻关工作取得初步成果。

在传习培训方面，作为国家级古籍修复技艺传习中心，完成国家古籍保护中心下达的各项任务。其中，由杜伟生同志以师带徒方式为8位徒弟授课、辅导，总计300学时以上。制作完成《名家公开课·杜伟生古籍修复课程（一）》高清录像1集60分钟。在首都联合职工大学国家图书馆分校开设的“文物鉴定与修复专业”相关课程中承担大量的教学工作，总计达200余学时。以长期跟随工作的方式，为中国艺术研究院图书馆培训古籍修复人员1名，为河北省邯郸学院图书馆培训学员2名，总计培训时长6个月。

2014年文献修复组荣获由中央组织部、中央宣传部、人力资源社会保障部、科技部联合授予的“第五届全国杰出专业技术人才先进集体”称号，朱振彬获“第十二届全国技术能手”称号。

2. 文献保护

继续对国家图书馆 13 个重点书库的温湿度进行每周监测：总馆北区四库全书库、善本临时书库（总馆北区负三南七南八库、北四库）、典藏阅览部旧报库、民国期刊库、基藏库五层、十四层、保存本库，古籍馆后二库、中三库、前五库、善本临时书库负一层和普通古籍阅览室。统计和调查文津楼各古籍书库近 3 年温湿度情况和漏雨情况等并递交报告。在古籍馆和总馆善本库房安装温湿度远程自动检测系统。检测 5 个重点库房的二氧化硫、二氧化氮和 TVOC 等有害气体 2 次，检测空气微生物 4 次。购入 20 箱天然樟脑和部分防鼠药，投放于总馆、文津街馆区及天竺库房的重点库房。冷冻杀虫新入藏文献 57 批次 485 箱 91 包，共计 15000 册 / 件，冷冻函套 500 个。

检测总馆南区新修缮善本库房 TVOC 7 次，甲醛和氨两次，二氧化硫和二氧化氮 1 次，购置一批活性炭、杀虫喷雾和天然樟脑。检测善本阅览室 TVOC 两次，甲醛 1 次；调整典籍博物馆展厅灯光在 50Lx 以内。检测展厅的温湿度、甲醛和 TVOC，其中 TVOC 检测 11 次。

古籍保护实验室组织申报文化部重点实验室，并成功入选"文化部首批认定文化部重点实验室名单"，更名为"古籍保护科技文化部重点实验室"；对纸张物理强度检测仪器进行计量校准，制作实验室宣传材料；购置和安装色差仪、高温灭菌锅等 6 件实验室仪器和配件。

检测古籍馆装具 28 个，指标如下：冷抽 pH 值 64 个，表面 pH 值 18 个，白度 22 个，碱保留量 7 个，高锰酸钾 7 个；检测古籍保护中心纸样 18 批 40 种，指标如下：定量 37 个、厚度 36 个、白度 35 个、纤维成分 37 个、冷抽 pH 值 38 个、耐老化白度值下降 34 个、高锰酸钾值 1 个、聚合度 1 个、裂断长 1 个、湿抗张 1 个、耐折度 1 个、伸缩率 1 个、撕裂指数 1 个、尘埃度 1 个、紧度 1 个；老化缩微胶卷一批，检测抗张强度和耐折度；与档案科学技术研究所合作，制作和老化字迹样品 36 个，检测老化前后的色差。

起草国家标准两项：《图书馆古籍书库基本要求》和《信息与文献　图书馆和档案馆的图书、期刊、连续出版物及其它纸质文献的装订要求方法和材料》。报批国家标准一项：《信息与文献　字迹的耐久性　要求和试验方法》。完成行业内规范一项：《民国时期库房建设规范》。新立项国家标准两项：《图书冷冻杀虫技术规程》和《古籍函套技术要求》。参与 ISO/TC 46 2014 年国际会议的筹备工作并撰写中国古籍保护与纸张脱酸标准化进展介绍中英文材料。

在研文献保护科研项目 6 项。召开更换名家手稿硫酸纸袋论证会，提交名家手稿纸张脆化研究项目进展报告。

接待国内外各单位、个人参观学习 20 余次，包括香港中文大学、广东省等多家图书馆、新加坡图书馆、哈萨克斯坦多家图书馆、艺术研究院、吉林省图书馆、海南省图书馆、泰国公主秘书、复旦大学图书馆两批、深圳图书馆等。宣传文献保护工作基本知识，提供实验室的建设和保护工作建议和咨询：南京博物院、金陵科技学院、复旦大学、中山大学、东北师范大学、解放军医学图书馆、社会教育部援非设备等；与充氮设备公司、脱酸设备进口公司等多家单位开展合作研究。

为首都联合大学古籍修复大专班文献保护课程授课 100 学时，为古籍保护中心培训班授课 40 余学时。

2014 年 2 月，缩微文献拷底片库从天竺库区回迁至总馆南区 D 栋地下库房。库房内采用人工可控光源，无自然光侵扰；采用 24 小时中央空调，换气更加均匀。通过合理规划设计，拷底片库目前存放的胶片柜增加至323个，胶片存储能力大大提高。完成国家图书馆母片库和拷底片库的实验性核查工作，对历年来不同批次不同种类的缩微胶片的保存条件和品相现状进行抽样检查，为今后的长期保存保护提出针对性意见和建议。

完成文化部创新项目“缩微文献长期保存保护研究”课题，通过老化试验和相关数据检测，推定醋酸综合征对涤纶胶片的影响，为今后胶片的保存保护实践提供支持。同时该项目组研发醋酸气体浓度的探测装置，是较为实用的库房环境的监测工具。

## 四、信息系统建设

2014年，国家图书馆数字资源门户、联合编目、馆际互借和文献传递、特色资源发布、WAP网站等上百个应用系统运转稳定，保证传统业务和基础服务正常开展；实现Aleph系统主题规范控制模式调整，解决长期以来由主题词控制机制不完善带来的诸多问题；进行办公自动化系统、档案管理等系统的日常管理和升级改造，为员工提供便利的工作办公环境；在全馆范围内开展应用系统普查工作，进一步强化应用系统运行管理制度，提升应用系统管理水平；开展多个专项任务，围绕核心业务系统进行深度挖掘和延伸拓展，丰富读者服务途径和模式，不断提升国家图书馆信息化水平。

1.Aleph500系统

完成Aleph500系统日常管理和咨询解答工作，及时处理和回复相关各类业务报文，完成系统各类馆藏和书目数据的批处理和提取工作，2014年处理共计117批次，数据量达5128万条，是全部系统数据量的3倍，较2013年增加约150%。仅配合总馆南区恢复服务与阅览室调整工作，即完成数据处理量达1128万条，处理批次是2013年的3倍，处理量较2013年增加16倍。

实施Aleph系统主题规范控制模式调整项目，实现书目库（NLC01库）和规范库（NLC11库）的主题词同步更新功能；更新名称规范库(NLC10库)数据；批修改近350万的书目数据；删除主题词中的重复数据；挑选全部书目中的非规范词近6000条并做处理，有效提升国家图书馆编目工作效率和数据质量。

主题规范控制模式调整项目的成功完成，不但解决国家图书馆长期以来由主题词控制机制不完善带来的诸多问题，实现主题规范库和书目主题标引词的规范性与一致性，也为进一步利用主题规范词开展更优质的读者服务打下基础。此次项目实施积累的成功经验，也为未来联合编目系统进行规范控制模式调整提供很好的借鉴，届时由本次主题规范模式调整带来的好处将进一步扩大，可惠及全国1000多家成员馆。

2. 档案管理系统

完成办公自动化系统2013年公文档案数据向档案系统的导入工作，新增刊物和日报周报的归档。解决档案接口方面的归档数据不全问题，重新归档2013年5月到2014年年底的所有公文。完成与新版办公自动化系统归档接口的调整。

3. 办公自动化系统

继续做好办公自动化系统的日常管理和OA账号变更处理等工作。为提升系统性能，更好地满足国家图书馆的内部工作需求，完成对办公自动化系统的升级，新系统于2014年4月14日正式上线运行，显著提升系统的兼容性、便捷性和完善性。

4. 多媒体展示系统

多媒体展示系统平台以日常更新和专题制作相结合的方式，定期发布文津经典诵读、展览讲座、每周一库、每日课堂、创新服务、新闻通告等，向读者推送馆内服务调整信息推送、数字图书馆创新服务的宣传和展示等。除日常节目制作外，还配合不同活动制作专题节目，为春节、清明、五一、端午、中秋、馆庆、国庆、APEC会议等制作开馆情况介绍节目，制作服务宣传周、国图艺术中心宣传、光荣榜等节目。多媒体展示系统已成为国家图书馆宣传工作的重要媒介之一，并为员工和广大读者打造一个实时快捷的宣传展示平台。

5. 应用系统普查

开展国家图书馆应用系统普查工作，对应用系统的软硬件信息、运行管理、数据备份、信息安全等方面进行全面统计，对普查结果进行科学分析，完成《国家图书馆2014年应用系统调查分析报告》。此次普查工作，进一步强化应用系统运行管理制度，提升应用系统管理水平，为制定应用系统分类分级管理办法打下坚实基础。

6 信息化专项建设

为做好国家图书馆信息化建设，继续负责国家图书馆各应用系统项目的测试和验收。组织相关软件的测试工作，完成多个业务系统的测试工作，如OA办公自动化系统测试，为“动漫奖评审综合管理系统”提供软件测试技术支持；组织信息化建设项目的验收工作，完成“国家图书馆资源镜像系统”“国家图书馆立法决策服务平台触摸屏发布管理系统（二期）”“数字资源库房管理系统”“国家图书馆企业应用支撑平台”“全国图书馆参考咨询协作网网站”“民国时期文献保护网网站改版”等多个馆内信息化项目的验收工作；对“523二期”项目、“全国古籍普查平台”三期、“党政图书精细化服务平台”项目、“外文元数据整合计划”等多个信息化项目申请进行调研、审核及回复，为国家图书馆信息化建设提供技术可行性及合理性建议或解决方案。

# 年度掠影

## 【依托缴送管理平台构建新型催缴模式】

2014 年，国家图书馆依托缴送平台积极创新催缴模式，出版物呈缴工作由最初通过信函、电话等方式驻馆催缴，再到点对点登门催缴，发展到现在借力出版局和出版集团等管理机构进行调研式催缴。“三位一体”的立体催缴模式首先依托驻馆催缴优势，摸清各地出版特色和缴送情况，拟定外出催缴工作计划和重点难点问题；其次是充分发挥缴送平台统计功能，从地方新闻出版管理单位需求出发有针对性地做好各地区缴送和出版分析报告，用事实说话，用国家图书馆永久保存文献的重要历史意义与各机构取得理念上的认同；最后借助地方管理机构搭建的沟通平台，积极宣传国家图书馆接受缴送文献后续所提供的各项服务和理念，与各出版机构达成履行缴送义务光荣的共识后，再有针对性地采用点点方式上门与出版单位沟通，解决个性问题。这种新的催缴模式既提高工作效率又加大缴送工作的宣传力度，取得很好的催缴效果。

## 【学位论文收藏中心配合国务院学位委员会抽检博士学位论文】

国家图书馆学位论文收藏中心是国务院学位委员会指定的全国唯一负责全面收藏和整理我国学位论文的专门机构，依据《中华人民共和国学位条例暂行实施办法》接受全国学位授予单位呈缴的学位论文。

根据国务院学位委员会、教育部 2014 年 1 月 29 日颁布的《博士硕士学位论文抽检办法》，为保证博士生培养质量，国务院学位委员会办公室决定 2014 年度抽检的博士学位论文从国家图书馆调用。国家图书馆学位论文收藏中心对分散在采访到馆、编目过程中、待装订库房、外包及保密等多环节工作流程中的博士学位论文逐一筛查，按照要求快速准确地向国务院学位办提供相关博士学位论文电子文档 5200 种，圆满完成这项工作，赢得国务院学位办的好评，从而全面提升国家图书馆作为国家博士学位论文最终保障基地的地位。

## 【中文报纸书目数据维护与整理工作取得新进展】

国家图书馆于 2013 年开始对中文报纸书目数据进行梳理，逐条核对书目数据、馆藏数据、单册数据，力求全面、准确地揭示馆藏。针对无挂接单册数据，在书目数据中增加 STA 字段进行屏蔽；对有挂接单册数据，核对挂接及编目内容是否准确，并修改相关错误。该项工作历时两年，截至 2014 年 11 月，全面完成 Aleph 系统中输出的 9372 条（含港台报数据 738 条）报纸书目数据的核查整理工作。根据最新的连续出版物著录国家标准，维护现报数据 1462 条、新中国成立后创刊的过报数据 2602 条、民国报纸数据 4570 条。由于民国报纸和新中国成立后过报的单册情况比较复杂，编目员进入过报报库核查每种过报的单册信息，最终整理出无馆藏报纸数据 207 条，对其中 196 条做删除处理。至此，国家图书馆中文报纸书目数据维护及与单册实体的核对工作全部完成。

## 【中文期刊所附光盘正式纳入国家文献资源总库】

2013年以前国内图书馆没有形成系统的随刊光盘采编、加工、服务管理模式，国家图书馆的随刊光盘也一直处于收存但未整理状态，对此，国家图书馆于2010年设立课题，专门研究中文期刊所附光盘的管理与利用问题。根据课题研究报告成果以及统计数据等一手材料，2013年国家图书馆制订并通过《期刊所附光盘入藏及编目加工操作方案》，依据此方案，2014年中文报刊采编组对2013年之前（含2013年）积压的随刊光盘进行整理。该项工作历时两年，截至2014年11月，共整理随刊光盘10806张，并编制含有全部光盘基本信息的目录清单。连续性电子期刊和部分期刊电子附件由音像电子出版物采编组进行采编加工，此部分光盘共9648张。中文期刊属于连续出版物，随刊光盘的加工入藏工作也具有连续性，随着积压光盘整理完成，新出版期刊附盘的采编加工工作也纳入国家图书馆常规工作程序，随刊光盘相关的工作有序开展。系统整理过的随刊光盘将为国家文献资源总库提供一种新的资源来源。

## 【设立书目数据维护与整合组】

回溯书目数据组更名为书目数据维护与整合组，科组职责主要包含书目数据和名称规范数据的维护与整合两方面内容。

书目数据维护主要是配合服务格局调整、总馆南区开馆和历史书目数据质量优化。2014年，完成调整文献的核查、馆藏地修改与加工工作，其中清史文献4974册，工具书764册，年鉴6309册，经典图书806册，光盘447张，维护数据1249条。重视书目数据质量的持续提高，整合中文书目数据库中“疑似重复数据”约53000条，修改民国图书主题与分类标引30103条，维护民国书目数据4290条，处理涉密、限制发行范围文献23000余册。

全年维护名称附加成分不合理的规范数据5483条、含有旧规范检索点字段的规范数据5453条，并挂接相应的书目数据。同时，利用《中国分类主题词表(第二版)》中的人名主题维护名称规范数据，向中文名称规范联合数据库(http://cnass.cccna.org）上传数据390000条，推进名称规范数据的共建共享工作。

## 【组织完成Aleph系统基于叙词表主题规范控制模式调整项目】

主题规范控制是国家图书馆书目数据建设的重要内容，是提升书目数据查全率和查准率的重要保障。国家图书馆使用的Aleph 500系统，其支持基于标题表的先组式主题规范控制模式，与实际标引工作中使用的基于叙词表的主题规范控制模式不匹配，导致无法实现对全部主题词的规范控制、书目主题词与规范库主题词不能同步更新等问题。

自2012年起，国家图书馆对Aleph系统主题规范控制模式、服务模式及软件集成系统进行调研，并与国外此类规范系统进行比较研究，提出叙词表主题规范控制模式调整方案，包括主题规范库和书目主题数据同步更新的规范控制模式调整方案和历史数据统一控制的处理方案以及规范显示、服务模式调整方案两部分。自2013年设立专项组织实施，2014年完成Aleph系统书目库和规范库的主题词同步更新等功能的定制开发，主题词批转换、重复数据删除等相关数据处理工作，成功实现基于叙词表主题规范控制模式调整功能。

该项目的实施，对历史数据还进行系统梳理和修正，解决书目主题标引工作中重复、轮排著录主题词造成的数据冗余和数据错误等问题，保证同一主题各类文献的有效聚集与检索，提高书目数据的查全率和查准率。

**【中文引进数据库使用统计】**

截至2014年年底，国家图书馆正式引进、有一定使用时间的中文数据库127个，包括中文少儿数据库15个，残疾人数据库4个。其中：无法统计使用情况的有28个，占数据库总量22%；可直接或间接获取统计数据的数据库有99个，占数据库总量78%。同2013年相比数据库总量同比增加2.4%，可获取统计数据的数据库增加1%，不可获取统计数据的数据库增加7.7%。

**【加大中文商业数据库元数据收集力度】**

为进一步促进中文商业数据库元数据收集工作的规范化和制度化，研究制定《中文外购商业数据库元数据仓储工作规范》，提高数据要求，加强数据审核，进一步梳理内部流程，规范相关部门职责。按照工作规范与数据库商确定数据内容，约定元数据提交周期及时更新数据，对于后续数据问题及时沟通解决。截至2014年年底，本年度共获取42批次中文商业数据库元数据共计61620698条，比2013年全年数据量增加2倍，其中新增数据库7个；共收集68个数据库的元数据，占中文商业数据库总量的54%，其中，全文型数据库40个，数值事实型数据库16个，多媒体型数据库12个。中文商业数据库的元数据是图书馆开展资源整合的基础数据之一，元数据收集工作为国家图书馆的资源建设、数据整合与读者服务提供有力的数据保障。

**【拓展与上海市分中心合作模式，推动本地化服务】**

全国图书馆联合编目中心（以下简称中心）是“中心—分中心—成员馆”架构，中心通过分中心向成员馆用户提供更加本地化的服务。2014年，中心与上海市分中心达成一致，对上海市分中心所有用户账号进行统一管理分配。原上海市分中心账号也由全国中心进行统一规范化管理，本次共规范成员馆代码116个，创建成员馆馆代码227个。通过整合用户账号体系，使得联合编目系统内管理的规范化，为中心和分中心系统间数据的互通打下基础。

名称规范库是图书馆书目控制的重要组成部分。由于名称规范库维护成本较高，目前在公共图书馆体系内使用名称规范控制的馆还比较少。中心与上海市分中心合作进行名称规范共享。利用上海市分中心系统支持名称规范控制的有利条件，向上海市分中心提供名称规范数据和日更新，通过这种方式尝试推广名称规范数据在全国图书馆领域的应用。

**【参加第二届全国党员教育培训教材展示交流活动】**

为促进新形势下党员教育培训材料开发建设，由中组部、国家新闻出版广电总局、国家图书馆联合举办，中组部党员教育中心牵头组织实施“第二届全国党员教育培训教材展示交流活动”。

8 月 4 日，国家图书馆对寄、送到馆的参选文献进行登记、核查，对电子版数据进行拷贝和汇总，并安排专架存放。共接收来自全国各省市、兵团、中央和国家机关各部委、高校、企业以及解放军总政治部、组织部等 105 家参评单位的 606 种 5484 册文献，分为政治理论、党的建设、综合知识三大类。

## 【获世界知识产权组织（WIPO）托存图书馆资格】

6 月，国家图书馆获得世界知识产权组织（WIPO）托存图书馆资格，成为中国内地唯一一家世界知识产权组织文献托存图书馆。至此，国家图书馆正式获得文献托存资格的国际组织与外国政府总量增至 16 家。

世界知识产权组织成立于 1967 年，是联合国组织系统负责管理知识产权事务的专门机构，出版物涉及知识产权诸多方面，涵盖条约、协定、法律法规文本、国际分类、国际标准、手册和指南等。国家图书馆 5 月与世界知识产权组织恢复联系并申请加入托存图书馆计划，6 月获得批准通过，7 月收到第一批免费赠送出版物。这批出版物完成编目加工后向读者提供免费阅览服务。国家图书馆通过与国际组织建立友好互利的合作关系，为满足广大读者对国际组织和外国政府出版物特色馆藏资源的需求开辟有效途径。

## 【全国 RDA 理论与实践培训班在北京举办】

举办 RDA 理论与实践培训班

9 月 14—20 日，国家图书馆在北京举办全国 RDA 理论与实践培训班。来自全国各地编目领域的学者及公共图书馆、高校图书馆的专业馆员 170 余人参加培训。

RDA（Resource Description Access）全称资源描述与检索，是新的国际性编目规则。国家图书馆师资团队针对 RDA 在国内普及程度低的现状，就课程教材、授课内容及形式进行充分讨论与准备，在编写《RDA 全视角解读》的基础上，形成授课讲义、工具手册和练习册等系列培训教材。培训分为认知 RDA、解析 RDA 和应用 RDA 3 个部分，就 RDA 的思想基础、编制过程、结构内容、综合编目及本地化应用策略等重点问题进行详细讲授，并组织学员参观相关业务科组现场答疑，在提高业界对 RDA 认知程度的基础上，普及推广国际编目新规则。

【第五届全国文献采访工作研讨会在天津召开】

9 月 25—26 日，由国家图书馆主办，中国图书进出口（集团）总公司、中国出版传媒商报、中国图书馆学会资源建设与共享专业委员会、天津图书馆共同协办的第五届全国文献采访工作研讨会在天津召开。全国文献采访领域的专家及代表近 180 人参加会议。国家图书馆副馆长、中国图书馆学会副理事长陈力，天津市文化广播影视局副局长金永伟，中国图书进出口（集团）总公司副总经理林键，天津图书馆馆长李培，中国出版传媒商报总编助理张维特，中国图书馆学会资源建设与共享专业委员会副主任、国家图书馆外文采编部主任顾犇出席开幕式并致辞。

研讨会以“数字出版对文献资源建设的影响”为主题，设主旨报告、主题论坛、专家发言和分组专题讨论 4 个议程，旨在进一步推动全国图书采访工作领域学术研讨，促进同行业工作人员交流，构建图书馆采访人员、出版者和书商之间的交流平台，加速图书行业的国际化进程。与会者就馆藏发展政策新趋势、文献资源协调新发展和文献资源建设新思路等问题进行了探讨。

第五届全国文献采访工作研讨会在天津召开

【中国国家图书馆与哥伦比亚国家图书馆建立出版物交换关系】

9 月，中国国家图书馆与哥伦比亚国家图书馆正式建立出版物交换关系，就各自所需的图书、期刊、报纸、光盘、缩微文献等展开交换。经反复协商，确定交换重点是政府出版物，哲学社会科学领域重要学术成果，中国学、哥伦比亚学文献等。哥伦比亚国家图书馆是继巴西国家图书馆、哥斯达黎加国立图书馆、古巴国家图书馆和智利国家图书馆后，中国国家图书馆在拉丁美洲建立交换关系的第 5 个国家图书馆。至此，中国国家图书馆已与 117 个国家、地区的 552 家图书情报机构建立出版物交换关系。

出版物交换是中国国家图书馆行使对外文化交流职能的窗口，是世界各国各地区了解中国文明成果及社会主义现代化建设成就的途径。此次两馆交换关系的确立对中国国家图书馆西班牙语文献资源建设意义重大，有助于推动中文出版物在拉丁美洲地区的传播。

**【解决外文文献资源积压问题】**

2014 年，国家图书馆整合编目力量，统一工作标准，开展业务培训，开创跨科组业务协调机制，彻底解决外文待编目文献资源积压的问题。近年，由于国家加大文献资源建设的支持力度，国家图书馆外文图书购藏规模加大，资源信息组织压力骤增，从而出现一定数量的文献积压。全年累计完成各类外文文献编目约 8000 种，解决外文文献资源积压，提高用户利用外文馆藏的时效性。在解决文献积压的同时，跨科组业务协调机制还对加强业务交流、增强人才储备、促进标准统一以及提升组织凝聚力起到重要作用，为解决业务难度探索一条新途径。

**【外文文献书目数据回溯工作进入收尾阶段】**

2014 年，国家图书馆外文文献书目数据回溯工作进入收尾阶段，完成各类外文文献回溯编目加工 18 万册 / 件，其中缩微阅览室藏未编目西文缩微文献书目数据制作 54771 种 76223 件，国际组织与外国政府出版物阅览室藏未编目美国政府出版物缩微平片书目数据回溯 31568 种 84035 件，包括印地文、梵文、孟加拉文、尼泊尔文、巴利文、乌尔都文在内的东方小语种文献卡片目录回溯制作 22644 种。至此，国家图书馆馆藏缩微文献、东方小语种文献书目数据回溯工作进展顺利，基本完成小语种文献的计算机编目回溯工作，为全面揭示馆藏、提高文献利用率奠定坚实的基础。截至 2014 年 12 月，外文文献回溯编目加工累计达 170 万册 / 件，涉及图书、缩微制品、音像制品、古籍、手稿等各类型馆藏文献。

**【继续推进外文图书目次数据建设】**

2014 年，外文图书目次数据建设工作取得阶段性进展。4 月进行 5 次数据测试，并按计划进度提取 2012 年度待匹配目次书目数据 50741 条，5 月交付数据提供商进行全流程匹配工作。在匹配过程中，解决非机读目录格式字段不能进行匹配等具体问题，最终确定有效匹配目次数据 30041 条，7 月完成目次库项目付款。国家图书馆外文图书目次数据建设工作于 2011 年正式启动，是国家图书馆对数据进行深度挖掘、对服务不断创新的重要举措。

**【国际组织与外国政府出版物网络资源整合服务平台稳中求进】**

2014 年，国家图书馆继续推进“国际组织与外国政府出版物网络资源整合服务平台”建设工作，更新网页内容 4 次，新增资源库 34 个，维护变更资源库 7 个，定期为读者推荐新书目录、发布新闻动态，确保平台全年平稳运行。该服务平台于 2012 年 8 月正式运行。经过两年更新维护，平台从试运行过渡到第二阶段开发建设。期间，国家图书馆针对国际组织文献出版由印刷型向网络型发展的新特点，选取31家重要国际组织开展调研，获取各机构出版物类型及数量，特别是网络资源开放存取政策，撰写《国际组织与外国政府数字资源开放程度调研报告》，为今后调整特色馆藏资源建设方向及揭示途径提供参考依据。

**【召开国家图书馆典籍封藏技术专家研讨会】**

5月29日，召开国家图书馆典籍封藏技术专家研讨会，国家档案局、国家博物馆、首都图书馆、北京大学图书馆、故宫博物院及国家图书馆的相关负责人、专家参加会议。典藏阅览部主任王志庚做“典籍封藏技术在国家图书馆的应用情况”的报告，全面介绍国家图书馆在典籍封藏技术研究发展方面的各项情况，专家讨论提出典籍封藏技术的标准确定、材料选择、封存时间等问题及建议。典籍封藏技术是指将文献置于高阻隔包装材料内，采用抽真空、充惰性气体等技术处理后密封保存，以延长文献的保存期限。具体包括脱氧封藏、真空封藏、充气封藏3种技术工艺。典藏阅览部自2011年以来针对典籍封藏技术开展全面调研，现已逐步进入产品试用阶段。

**【实施长期保存数据规范化回溯处理】**

在长期保存工作实施初期，保存的数据多为散碎文件，文件数目庞大，没有校验码，不易管理和检查。大量散碎文件占用保存系统TSM数据库大量空间。根据长期保存系统的规范要求，2014年实施长期保存数据规范化回溯处理，对长期保存系统中保存的所有数据进行全面的梳理和核查，对不符合长期保存规范的数据进行规范化处理和回溯整理。为了保证回溯处理过程中长期保存数据完整、一致和安全，制定一个较为完整的操作流程，在整个流程中，每一步骤均有严格的检查、核对和操作记录。此项工作共计整理中文图书、博士论文、哈佛燕京数据三大类6个批次资源224722册56206480页135TB数据。将原始以“页”为单位保存的数据，改为以“册”为单位保存，避免散碎文件在传输时造成的丢包和带宽闲置，更高效地利用网络带宽，也大大降低TSM存储管理软件消耗的内存和CPU，明显提高数据的查找速度，更加便于数据的准确提取。

**【实施长期保存数据全盘检查】**

国家图书馆的长期保存工作从2010年8月开始进行，在保存数据的同时，数据核查的工作也同时进行。在2013年7月之前，一直采用一定时间段内按比例抽查的策略进行数据核查。随着长期保存数据量逐年增加，这种按比例抽检的方式工作量越来越繁重，需要花费的时间、占用的存储资源越来越多，而未抽检到的磁带又存在一定的安全隐患。为全面保障长期保存数据的完整性、有效性、可用性，在充分调研业界案例的基础上，经过多次测试和实验，国家图书馆在2014年开始实施长期保存全盘检查，对长期保存系统中的所有保存有数据的磁带介质进行全盘检查。在全盘检查中，共完成长期保存系统中有数据的918块磁带的全盘检查。数据检查结果均正常，没有发现损坏数据，也没有发现损坏磁带介质。

**【开展存储系统核查】**

随着存储系统中链接的在线应用系统的增多、系统访问率的提高、系统复杂度的提升，应用系统对存储系统的性能要求越来越高。国家图书馆存储设备的老化，存储设备的淘汰与升级，应用系统的数据迁移与合理管理已经成为存储系统管理的重要内容。同时，建设异地灾备系统需要明确存储系统中应用系统、数据存储、链路通道等相关情况。2014 年国家图书馆实施存储系统核查工作，在全馆范围内面向所有连接到存储系统的应用系统进行调研，共对 3 个部门、13 个应用系统、26 个商业数据库以及 3 个使用近线存储空间的应用系统、在线服务的商业数据库、所有使用近线存储系统的应用系统和项目进行全面调研。通过该工作的实施，详细了解存储空间使用情况、存储需求变化量、存储空间未来增加趋势等，归纳汇总近线存储的应用系统的存储空间使用情况。此次调研的结果，不但可以作为存储管理策略制定的参考依据，而且可以作为今后实施数据迁移和异地灾备系统相关策略制定的参考依据。

**【国家图书馆培训中心为社会培养古籍保护人才】**

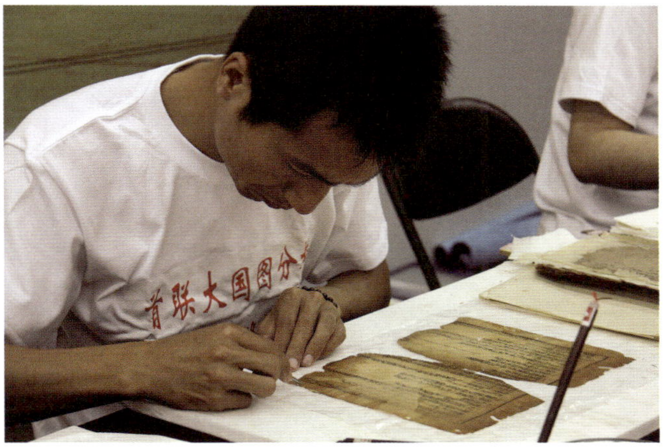

2014 年首都联合职工大学国家图书馆分校新生正在学习古籍修复课程

3 月 9 日，首都联合职工大学国家图书馆分校举行“文物鉴定与修复专业（古籍鉴定与修复方向）”2014 级新生开学典礼。2014 级录取新生共 30 人，其中在籍 21 人，旁听 9 人。7 月，首都联合职工大学国家图书馆分校“文物鉴定与修复专业（古籍鉴定与修复方向）”2012 级的 23 名学生经过两年半的学习顺利毕业，其中在籍 18 人，旁听 5 人，这是该专业自 2009 年招生以来的第四批毕业生。7 月 22 日—8 月 1 日，国家图书馆培训中心举办古籍修复基础班（暑期班），招收学员 27 人，学习内容包括蝴蝶装、包背装、线装、金镶玉的制作，函套的制作，古籍修复技艺基本流程和操作。8 月 3—9 日，国家图书馆培训中心联合浙江省非物质文化遗产项目木版水印技艺传承人魏立中举办木版水印培训项目，招收学员 8 人，此次集中授课结束后，每月固定时间练习指导。木版水印培训学习内容包括组稿、勾描、选材、上样、刻板、调色、印制等。此次非物质文化遗产项目传承人与图书馆联合开展非遗技艺培训在国内尚属首次。8 月 11—22 日，国家图书馆培训中心举办古籍修复基础班（暑期班），招收学员 12 人。10 月 13—18 日，国家图书馆培训中心举办典籍知识培训班，招收学员 14 人，学习内容包括中国古代典籍简史、敦煌文献、佛经文献、宋元明清时期的古籍版本理论知识、名家手稿、西文善本、样式雷图档、中国少数民族文字古籍等。

【培训中心为国家典籍博物馆培训讲解员】

为做好国家典籍博物馆筹备开馆工作，培养一支优秀的讲解员队伍，自2013年12月至2014年5月，国家图书馆培训中心实施完成对讲解员的专业培训。培训内容分为基础培训阶段和强化培训阶段。基础培训阶段内容主要有图书馆典籍知识、讲解员基本功训练、突发事件应对及救护常识、现场观摩学习等。强化培训阶段内容主要有邀请国家博物馆、首都博物馆等专家为讲解员进行强化串讲；请古籍馆的策展、布展专家为讲解员介绍展览的主题、思路，展厅的展线及重要展品；开展“每天讲一个展品”活动；定期组织讲解员集体学习，通过答疑、讨论等形式，加强对讲解词的理解和背诵，同时集思广益，对讲解词进行改造、丰富和规范等。整个培训期间，根据课程进程和安排对讲解员进行分阶段、分形式考核。

国家典籍博物馆讲解员接受基本功培训

【“中国记忆”项目开展多项专题口述史料、影像资料等文献资源采集及视频文献在线发布】

2014年，“中国记忆”项目专题文献资源建设工作继续开展。从3月开始，“东北抗日联军”（第三批资源建设）、“我们的文字”“中国远征军”等专题相继启动，赴国内11个省（自治区、直辖市）的60多个市县采集口述史料、影像资料等视频文献资源。其中，东北抗日联军专题第三批资源建设对抗联老战士孟宪德、抗联后代冯伟等人进行口述史访问，采集口述史料约19小时。“大漆髹饰”和“蚕丝织绣”两个延续性专题共采集4个非物质文化遗产项目及其传承人的影像资料、口述史料约 30 小时。“我们的文字”专题采集 30 个与我国各民族文字相关的非物质文化遗产项目及其 30 位传承人、多位相关专家的影像资料、口述史料约 400 小时。中国远征军专题在云南采集 7 位远征军老战士、2 位归国抗战华侨、3 位其他抗战亲历者及 4 位相关专家的口述史料 30 余小时。

9 月 18 日，“中国记忆”项目实验网站发布“东北抗日联军”专题第三批资源建设新采集和收集的 10 位东北抗日联军老战士及抗联后代的口述史料。9 月 18 日至 10 月 22 日，国家图书馆连续在官网首页每天推出一位，共计 35 位东北抗日联军专题受访人的口述史视频。12 月 30 日，“我们的文字”专题文献资源——包括 18 位非遗传承人的口述史片段、29 部非遗项目专题片、1 部宣传片以及相关电子书等，在“中国记忆”项目实验网站“我们的文字”专题页面发布，并在“掌上国图”手机门户同步上线。

“中国记忆”项目“东北抗日联军”专题老战士口述史发布页面

## 【《我的国图故事》老馆员口述史资料采集与整理】

为迎接国家图书馆建馆 110 周年馆庆，并作为“中国记忆”中的重要组成部分，启动“国图记忆”项目——《我的国图故事》老馆员口述史资料采集和整理。《我的国图故事》旨在记录国家图书馆历史，以影视和文字的形式，对为国家图书馆事业做出重要贡献的老馆员的亲身经历和宝贵经验进行抢救，丰富馆史资料，传承和发扬国图人的优良传统。2014 年共完成《我的国图故事》老馆员 10 人次的口述史资料采集与整理拍摄工作。

《我的国图故事》工作组对国家图书馆原副馆长孙承鉴进行口述史访问

**【阮益谦夫妇向国家图书馆捐赠家藏文献】**

4月3日，美籍华人阮益谦夫妇家藏文献捐赠仪式在国家图书馆举行。副馆长张志清代表国家图书馆接受捐赠并向阮益谦夫妇颁发捐赠证书。古籍馆等相关部门的负责同志参加活动。

阮益谦先生生于重庆，1957年移居美国。加州大学伯克利分校毕业，科罗拉多大学硕士。阮益谦先生荣休后，致力于服务多个美国华人团体。阮益谦先生出身名门，其外曾祖父张玉明为清代海军将领并参加甲午战争；外祖父为国民党陆军中将冯次淇，参加过北伐战争及抗日战争；其父阮荣博士为农业专家，广州岭南大学毕业，曾代表联合国至新疆考察。阮益谦先生携夫人此次捐赠的文献共计13种13册，如《第四军纪实》《中国国民党年鉴》(1929年)、《广东受降纪述》《中国抗战史》《国父遗教纲要》等，多为民国时期抗战文献和国民党文献。因属家藏文献，书中或有其家人事迹、照片，或有题签名章，具有珍贵的文献价值和史料价值。

**【入藏《杜甫全集校注》手稿】**

10月15日，山东大学教授张忠纲先生向国家图书馆捐赠《杜甫全集校注》手稿1种3280册叶，捐赠仪式在国家图书馆举行。副馆长张志清、人民文学出版社副总编辑周绚隆等出席捐赠仪式。张志清副馆长代表国家图书馆接受捐赠并向张忠纲先生颁发捐赠证书。

“杜甫全集校注”古籍整理项目酝酿于1976年，由人民文学出版社承担出版，并约请山东大学萧涤非教授担任主编。萧涤非于1978年召集廖仲安、张忠纲、郑庆笃和焦裕银等学者组建杜甫全集校注小组。1991年萧涤非先生去世后，编纂工作一度停滞。2009年，山东大学重新启动“杜甫全集校注”项目。2012年，“杜甫全集校注”获得国家出版基金的支持。2014年，《杜甫全集校注》由人民文学出版社出版面世。该书编录谨严、校勘审慎、注释详明、评论切当、附录完善、体例完备、规模宏大。从 1978 年立项，到 2014 年正式出版，历经 36 个春秋，从最初主事的萧涤非先生，到重新主持编撰工作的张忠纲先生，再到新加入的年轻学者，汇集三代学人的心血。全书共 12 册 680 万字，其书稿多达 3280 册叶，字里行间无不反映出每位参与者的苦心孤诣，体现该书编纂、出版的艰难历程，具有重要的学术和史料价值。

张忠纲先生捐赠《杜甫全集校注》手稿，由名家手稿文库永久保存，进一步丰富国家图书馆名家手稿文库的学术著作收藏。

# 服务工作

- 立法决策服务
- 重点教育科研和生产单位的信息服务
- 社会公众服务
- 业界服务
- 年度掠影

# 服务工作

## 一、立法决策服务

### （一）基础业务建设

1. 专藏文献建设

完成法律参考阅览室和中国学文献阅览室回迁方案的制订、文献上架及退库、数据状态修改以及阅览室开馆服务等工作。

完成馆藏边疆文献摸底调研工作，并根据区域与专题相结合的原则，对调研数据进行分类筛选、甄别并完成相关调研报告定稿。

2. 咨询档案整理

实现既往参考咨询档案和工作档案的全面普查、整理、分类和数字化。完成1949—1997年全部业务咨询档案和工作档案数字化，完成1998—2013年“两会”档案照片的编辑、整理、汇总、印制和归档工作。

3. 专题数字资源建设

完成国家图书馆立法决策服务平台、国家图书馆部委分馆内网平台、部级领导干部历史文化讲座网站、国家图书馆舆情监控平台、中华人民共和国法律法规信息服务系统、海外中国学研究资料中心网站、中法中国研究信息资源网、全国省级公共图书馆决策咨询服务协作平台等专题数字资源的维护与更新建设。

完成省情概况数据库、国情概况数据库、各国议会数据库、国际组织数据库、世界遗产数据库、外交国防情报信息库、“海外观点”专题数据库、“智库报告”专题数据库、民国法律法规数据库等专题库的维护与更新建设。

4. 基础业务应用系统建设

深化国家图书馆立法决策服务机构知识库建设。完成《立法决策服务机构知识库发展规划（2014—2016年）》《立法决策服务机构知识库管理办法——部门文件部分》及《立法决策服务机构知识库管理办法——科研文献部分》的制定。对机构知识库运行服务情况追踪调研，根据业务需求，不断完善服务，为部门档案数字化和科组管理科学化提供良好的平台与环境。

### （二）重点服务项目

1. “两会”服务

2014年，国家图书馆为“两会”提供专题文献信息资料1314篇文章，36个专题；专题文献信息专报47篇文章，5个专题，35831字；完成“两会”舆情监测信息报送44期，541篇（传统媒体信息报送26期，346篇；新媒体信息报送18期，195篇）；完成“两会”专题咨询3件（全国政协委员1人次，1件；全国人大代表2人次，2件）；宣传册发放600份。其中，舆情监测产品《2014两会舆情综报》《微博舆情跟踪》被誉为"2014年国图'两会'最具特色的服务保障"，受到全国人大领导的表扬和肯定。

厉行节约，全面提升信息技术服务水平。国家图书馆贯彻"十八大"精神，响应中央"八项规定"，按照全国人大和全国政协的部署，厉行节俭，在不降低服务质量的前提下，节省成本，精心准备相关电子信息资源。在继续开设馆内"'两会'咨询服务处"的同时，深化与全国人大、全国政协密切合作搭建的分别置于全国人大网的"代表服务专区"和全国政协网站下的"国家图书馆大会信息服务平台"和"国家图书馆两会服务平台"服务，扩充平台数字资源数量。截至2014年，该平台涵盖图书90万册、期刊9.7万余种、中文论文832.3万余篇、中文报纸1600余种。创新服务手段，应需推出"'两会'服务平台"移动数字图书馆——Ulib(基于U盘的客户端程序，与U盘绑定，即插即用)，为"两会"代表、委员提供便捷的获取国家图书馆文献信息资源和服务的方式和途径。

为全国省级公共图书馆地方两会服务工作提供支持。2014年1月发布《2014年国家图书馆两会专题信息资料目录》，并借助"全国省级公共图书馆决策咨询服务协作平台"，为省级公共图书馆提供包括"两会"服务、内参专报、专题咨询在内的立法决策服务产品等近4000条数据，海外中国问题研究资料中心、国情概况、国际组织等特色专题数据库46个，文津图书、九星电子报、新书推荐等电子书刊资源12个，为地方"两会"服务提供后援支持，得到相关省级公共图书馆的好评。

2. 国家立法决策服务

2014年，面向中共中央、全国人大、全国政协、国务院（含各组成部委）、中央军委（含各总部）、最高人民检察院、最高人民法院完成立法决策咨询总计1069件。为促进中央和国家机关立法决策的科学化和民主化进程提供信息保障和服务。

《两会媒体信息专报》《热点报送》《专题报告》《新书推荐》《国务院研究室舆情信息专报》《境内外媒体"财税专题"信息专报》《国图决策参考·食品药品安全委托研究》《民政部观点摘编》《民政部养老舆情》《国图决策参考·国防外交专题》《海外中国问题研究资料中心通讯》以及《外文期刊中国研究篇目汉译目录》等服务产品得到用户的积极反馈和肯定。

以中央某机构"5·23"项目、国家食品药品监督管理总局合作项目等为抓手，主动走访重点用户，商讨进一步合作的机制、路线、项目等。由此巩固国家图书馆立法决策服务核心用户群，在深化合作关系基础上提升服务品质。

3. 部级领导干部历史文化讲座

全年举办部级领导干部历史文化讲座13场，其中历史文化类讲座12场、艺术类讲座1场，参加讲座的人数累计达1707人次。讲座累计举办217场。

继续维护升级部级领导干部历史文化网站。完成2013年讲座数据的整理、录入工作，以及音视频数据的转换工作。完成2014年讲座数据的基础整理及数据制作工作。适时开通部级领导干部历史文化讲座网站试运行，并根据领导需求完善栏目调整和设计，为部级领导干部提供远程服务。

完成1—12月的讲座参考资料、1—11月活页文选、1—10月讲座光盘的编辑工作。完成2013年部级领导干部历史文化讲座大字本、光盘的出版、印制工作。完成2002—2010年部长讲座光盘增补制作工作，以满足各级领导干部日益增长的学习需求。辅助中央国家机关工委完成2014年新版车证的设计、制作工作。全年累积递送图书、光盘、讲座资料60余次。

4.“5·23”项目

根据中央某机构“三服务”工作指示，国家图书馆以宏富的图书馆藏为基础，在成功策划并组织实施“数字图书服务平台”项目一期的基础上，继续开展项目二期和三期的建设。截至2014年，该项目二期已完成网站设计、资源加工和系统建设等工作，现已进入试运行阶段。三期已初步完成功能需求书的制定，并提交馆方审核。

5. 全国省级公共图书馆决策咨询服务协作平台

在数字图书馆推广工程总体建设规划下，完成全国省级公共图书馆决策咨询服务协作平台的试运行与上线发布工作。平台最终形成一级栏目10个，二级栏目35个，共拥有包括服务产品、专题数据库、电子书刊、互动交流、FAQ在内的资源66个，数据3941条，涉及建设单位9家，外挂链接58个，仅自建资源一项已达15G，覆盖范围涵盖政经文史各大领域。自平台开通以来，共有来自8家试点成员馆（黑龙江省图书馆、福建省图书馆、湖北省图书馆、南京图书馆、四川省图书馆、新疆维吾尔自治区图书馆、首都图书馆、陕西省图书馆）用户1866次访问。

启动并完成平台成员馆管理系统建设，开通8家试点成员馆子平台，并围绕平台操作使用、数据规范等内容做讲解和交流；举办全国省级及副省级市公共图书馆参考咨询部主任工作会议，初步形成联络机制；面向业界开展培训4次（分别为河北省图书馆业务培训班、吉林省图书馆业务培训班、湘鄂赣皖四省公共图书馆馆长培训班、舆情监测业务培训班），获得业界好评。

6. 中国边疆文献研究中心建设

中国边疆文献专题系列数据库建设与馆藏中国边疆文献整理出版工作稳步推进。完成钓鱼岛、南海等边疆文献专题数据库库结构搭建工作，包括功能需求设计、字段设置等，并完成本年度数据制作任务。开展馆藏边疆文献摸底调研工作，并完成调研报告定稿工作。完成《钓鱼岛图籍录》的整理、送审、定稿等工作。完成《南海图籍录》的分卷编辑审定工作，目前正在进行全部文稿的统稿审定及相关出版事项的协商工作。

参与国家海洋局“海峡两岸钓鱼岛宣传教育项目”，与福建师范大学闽台区域研究中心、清华大学保钓资料研究中心、台湾世新大学合作，分别在福建师范大学和国家图书馆联合举办“钓鱼岛历史与主权”图片展，并面向社会公众举办有关钓鱼岛专题讲座2场，著名学者郑海麟、谢必震等应邀担任主讲。

7. 立法决策服务平台的推广与服务

完成来自近百个IP网段、19家机关部委用户的日常访问、浏览与下载等平台维护工作。完成2014年全国人大“两会”平台和全国政协“两会”平台的升级与改版工作，新增农业部分馆平台。截至 10 月底，平台拥有“两会”专题、民政新闻、国图观察、民航管理等个性化资源 32 个，拥有各国背景资料、省市情资料库、新书简讯、边疆文献数据库等自建资源 12 个，拥有民国法规、古代典籍、在线讲座等馆网链接 11 个，拥有北大法律信息网、慧科中文报纸、方正电子图书等外购资源 19 个。

立法决策服务部荣获“全国文化系统先进集体”称号

立法决策服务部外交与国防组（海外中国问题研究资料中心）荣获中央国家机关青年文明号

## 二、重点教育科研和生产单位的信息服务

2014 年，完成社科类咨询 1651 件，其中代检索课题 169 件，一般性咨询 1482 件，同期分别增加 48.20%，-7.14%，59.01%。完成科技咨询辅导性咨询 1980 件，同比增加 71.13%；完成科技查新 231 件，同比减少 12.83%；专题检索和事实查询 108 件，同比增加 4.85%。完成论文收引查证业务 3194 件，同比增加 19.89%。馆藏复制证明和专题检索证明 1650 件，同比增加 7.77%。

开展竞争情报类咨询量 1539 件次，其中中央国家机关 178 件次，重点生产、科研教育单位 1308 件次，一般读者 53 件次。因部分用户所要求提交服务产品的频次有所增加，故同期增加幅度较大，为 113.75%。完成国家图书馆舆情专报项目，其中每日舆情专报 248 期，月度舆情分析报告 12 期，敏感舆情专报 10 期。合作用户 42 个，其中中央国家机关 5 个，事业、科研、教育单位 23 个，企业用户 14 个。承接年度服务项目 33 个，其中媒体监测类项目 20 个，舆情分析类项目 4 个，信息参考类项目 9 个。承接专题项目 36 个，其中媒体监测类项目 22 个，舆情分析类项目 2 个，信息参考类项目 10 个，其他类项目 2 个。新增年度服务项目 6 个。自 6 月起，为文化部办公厅提供“文化领域上半年舆情态势分析报告”，作为其在中宣部相关会议上的汇报材料，获得用户的肯定和好评。另外，为文化部政策法规司提供社会主义核心价值观、国家文化软实力、弘扬优秀传统文化、文艺座谈会和十八届四中全会、外事工作会议、互联网大会、城镇化等专题项目 10 个。

馆际互借与文献传递系统全年接收文献传递、馆际互借、国际互借请求 47928 件，同比增加 18.44%。其中文献提供中心接收文献传递请求 26701 件，满足 18923 件，满足率为 70.87%；馆际互借接受文献请求 19078 件，满足率为 94.93%；国际互借请求 2149 件，满足率为 78.41%。BALIS 文献传递系统共接收请求 745 件，同比减少 13.77%。接受党政军等特殊专题委托服务 8 件。自 2013 年 11 月 20 日与 CALIS 正式开通合作以来，截至 2014 年 12 月 31 日，已有 177 所高校图书馆用户通过合作平台发来馆际互借和文献传递申请 19302 件，有力提升国家图书馆对图书馆界的资源保障能力。

## 三、社会公众服务

### （一）到馆读者服务

2014 年，全年共接待到馆读者 3981706 人次，与 2013 年相比，减少 4.91%。全馆流通书刊 24863517 册次，与 2013 年相比，减少 10.36%。各类咨询 103.26 万件，与 2013 年相比，减少 0.14%。其中一般咨询 102.37 万件，与 2013 年相比，减少 0.30%。办理读者证卡 23.67 万个，与 2013 年相比，增加 1.94%。数字共享空间接待到馆读者 356012 人次，与 2013 年同期相比，增加 25.0%。

## （二）参考咨询服务

2014 年，总咨询台累计口头咨询 211709 人次，OPAC 机检 74023 人次，现场代查 12371 人次。与去年同期相比，口头咨询同比增加 5.03%，OPAC 机检同比增加 6.52%，现场代查同比增加 63.40%。其中总馆南区咨询台自 9 月 9 日起恢复服务，到 12 月底累计口头咨询 19968 人次，OPAC 机检 10910 人次，现场代查 2827 人次。呼叫中心接待读者总计 42871 人次，其中提供语音服务 16497 人次，人工解答 26374 人次。与 2013 年同期相比，呼叫中心接待读者总数增加 10.7%，语音服务增加 12.2%，人工解答服务人次增加 9.9%。处理有效邮件 896 封，同比减少 8.6%。其中对 538 封有效邮件进行直接作答，同比无明显变化。对 358 封有效邮件转发其他相关部门处理，同比减少 18.63%。虚拟咨询接收表单咨询 1634 人次，实时咨询 3204 人次。数字共享空间接受到馆读者现场咨询、远程读者电话咨询 157548 条。解答各类读者咨询信件及馆长信箱信件 38 封。

数字图书馆推广工程全年解答地方馆咨询 1.7 万余次。数字资源采访组解答读者及馆员咨询累计 280 件，与 2013 年持平。接收咨询的途径主要有读者直接咨询、馆员直接咨询、邮件转发咨询等。

## （三）新媒体服务

1. 国家图书馆官方网站服务

国家图书馆网站启动新版建设工作，完成不同用户群体调研，在调研基础上策划网站栏目调整，对所有服务内容和资源进行重新归类和划分，确定多屏适应技术路线，形成 3 版首页栏目设计框架，设计 13 版首页方案，并开展系统搭建和后台数据加工整理工作。全年网站访问量 130307.7 万人次，与 2013 年相比，增加 25.75%。

2. 数字电视服务

开展基于北京歌华有线数字电视平台的国家图书馆服务栏目调整，增加地方城市特色资源展示，2014 年已完成模板设计及修改、数据制作和代码编辑。将原有电视服务名称“国图空间”改为“书藏天下”，另修改 3 个栏目和 1 个子栏目名称，删除 1 个栏目和 4 个子栏目，新增“城市文化”栏目及下属 5 个子栏目、网页 200 个、图片 330 个。全年继续进行数字电视服务资源内容的加工和转制，完成 1140 条图文信息和 220 场视频审校，290 场视频转制工作；完成资讯类文化播报栏目数据 13000 条，页面 19000 余个。完成静态页面发布信息 71868 条，总页面 133415 个；视频发布 872 个，时长总计 920 小时。截至 2014 年年底，双向交互数字电视服务在北京地区已覆盖 400 万户家庭。

与各地公共图书馆合作，完成资源与服务的落地工作，先后面向江苏常州市、浙江绍兴市、天津市泰达区推送基于双向交互数字电视的图书馆资源内容，2014 年新完成面向佛山图书馆的电视资源提供，共为地方推送资源图文类 1059 条，视频类 812 场次，使国家图书馆的电视资源覆盖以上城市 90 万户家庭。

完成广东中山“农家书屋”项目 2000 家书屋的电视资源服务，新开展广州番禺市和云浮市

21万户家庭约67万人的电视图书馆服务。

继续开展基于中国国际广播电视网络台（CIBN）的互联网电视服务，完成70场视频内容、共计54小时的服务推送更新，覆盖全国400万户家庭。

3.IPTV服务

2014年，中国网络电视台网站中的国家数字图书馆专区累计更新每周一库50次、最新动态117次、文化播报283条、书刊推荐68本、馆藏精品8个、文津讲坛22场，国家图书馆文津图书奖链接1条，专区累计UV（独立访问人数）18129人。

4. 国家图书馆官方微博微信服务

国家图书馆分别在2014年1月和4月开通腾讯官方微博和微信公众平台订阅号服务。腾讯官方微博内容与新浪官方微博内容一致且同步更新，国家图书馆微信公众平台订阅号内容现在主要以服务引导性信息推送为主，主要包括讲座预告和公告等栏目。截至12月底，国家图书馆新浪官方微博粉丝总数为185775人，增加17.8%；腾讯微博听众数7350人，微信公众平台10300人。所有服务用户总数共计203425人次。微博发布总数2260条，同比增加26%；用户评论总数为3651条，回复问题共666条，同比增加73.9%；用户总@数为37264条，同比增加163.6%；回复私信总数共490条，同比增加528.2%。

2014年国家图书馆官方微博先后举办“春节漫谈”“第九届文津图书奖获奖图书有奖竞猜”“国图艺术中心音乐周”和“图书馆服务在我身边”系列微博活动，获得光明网、人民网官微积极互动、读者和微博用户积极参与，社会反响良好。

5. 触摸屏展示服务

完成国家图书馆馆区触摸屏200种电子报纸的日常更新和维护工作；100种总馆电子期刊和50种少儿馆少儿期刊的处理、分发及触摸屏展示；更新新书1200本；更新50场学术讲坛视频、100张老照片、50种85张年画和8场古籍珍品Flash视频；对2013年40种期刊进行调整，替换原有的25种期刊，同时完成新替换期刊和原有期刊资源的日常更新；完成塔里木数字图书馆触摸屏用资源更新，并现场进行实地部署和培训。配合完成馆区“书海之间，遇见幸福”海峡两岸公共图书馆事业发展联展、第十二届中国国际网络文化博览会、中日韩在华青年建筑师作品巡展、数字图书馆体验区展览等4场展示活动。

6. “印象数图”国家数字图书馆体验区

9月9日对公众提供服务，日均接待读者千余人。体验区突破传统展览模式，运用科技手段，通过灵活、趣味、互动的方式全面展示国家数字图书馆的建设成果，使社会公众更直观地感受到国家数字图书馆带来的优质用户体验，更好地了解、使用和分享国家数字图书馆提供的资源与服务。体验区内的硬件设备包括投影仪、PC机、液晶电视、液晶触摸屏、透明液晶屏幕、功放设备、手持设备等20余类共计115件。读者服务主要包括接待个人与团体参观、提供读者信息咨询、体验区展项讲解、数字设备操作演示、新技术推广等。体验区的微杂志上线，通过微信朋友圈在网络传播，利用生动创新的形式对体验区进行全面介绍，得到广大读者的好评。

7. 统一用户管理系统相关数据

截至 2014 年 12 月 31 日，统一用户管理系统总注册人数 3316982 人，其中物理卡注册读者 1881283 人，实名注册读者 811185 人，非实名注册读者 624489 人。总注册人数较 2013 年增加 26%。全年共回复读者意见 1088 封，其中 mylib 邮箱转发读者意见 762 封，dzxx 转发的读者意见反馈的回复 214 封，文津搜索转发读者意见 53 封、馆长信箱转发 26 封和移动平台转发 33 封。全年远程资源访问次数达 5307996 次；资源访问次数 2578158 次，约为 2013 年全年访问次数的 1.5 倍。

8. 移动服务

2014 年，国图手机门户制作发布 3 个移动专题，文津经典诵读内容 730 条；短彩信平台向读者发送“文津经典诵读”短信共计 1211231 条，展览讲座短信 85147 条，外借书籍催还短信 1372 条；应用程序引入读览天下期刊 500 余种，有声资源 23862 集，回复读者邮件 425 封；移动阅读平台新增 25000 册图书及 500 余种期刊，完成 24 期专题制作，推广至全国 145 家地方图书馆，累计接待电话、QQ 咨询百余人次，来馆交流 6 次，处理读者邮件咨询 23 封，配合推广工程组织的培训班授课 12 次；“掌上国图”微信平台公众号于 10 月 9 日开通，完成有关“移动阅读平台专题图书推荐”的微信专题推送 7 期，为移动阅读平台引入大量访客，关注数 2268 人；发送 # 阅读平台专题图书推荐 # 微话题 14 条，并有 47 人转发。另外，国家图书馆举办多次读者活动，包括 2014 年中国图书馆年会展览、2014 年国家图书馆读书周、M 地铁图书馆，让更多更大范围的读者了解使用国家图书馆移动服务。

## （四）少儿服务

2014 年，国家图书馆少年儿童馆共接收新到室文献 27083 册，接待到馆读者 169806 人，文献提供量为 1276964 册，文献下架量为 10682 册，接待集体参观 54 场 1922 人，接待个人参观 94 场 4310 人；年内开展丰富的儿童阅读推广活动，举办文津少儿讲坛 12 场，参与活动读者人数 2550 人，举办各类故事会 140 余场，讲读故事 240 余个，参与活动读者 5000 余人，举办儿童读物与影展活动 24 场，观影读者达 1000 余人；开展“阅读推广进校园”活动，年内走进校园 7 所，开展专题阅读讲座 9 场，近 1450 名师生参与活动；在开展读者服务和各项活动的同时，面向业界同行举办培训 8 场，面向家长志愿者举办培训 4 场。编制《绘本 100——2014 全国少年儿

“走进图书馆，迈进人生课堂”专题讲座在万寿寺小学举办

童绘本阅读年指导书目》，这是我国图书馆界首个百本经典绘本推荐书目，也是全国少年儿童图书馆、绘本馆、学校及其他教育机构和家庭开展儿童阅读的重要参考依据。该书目是在《全国少年儿童图书馆基本藏书目录》的基础上，从3000余册绘本中遴选100种编制完成，也是“2014全国少年儿童绘本阅读年”系列活动的指导书目。各阅览区域开展一系列面向13—15岁青少年读者的服务，包括北区中文图书区的青少年读者需求调研、图书推荐，走进学校为在校学生提供阅读指导和社会实践大课堂等。

国家典籍博物馆为建立健全公共教育体系，推进博物馆与图书馆的业务融合，扩大典籍博物馆社会影响力，策划推出“走进典籍博物馆大课堂”系列活动。在经过几次试讲后，于11月4日正式启动，并于当日开展首场活动“跟着赵广智爷爷走进‘样式雷’”。典籍大课堂推出一系列青少年体验式教育课程，通过多种手段揭示文献的历史、文化价值，采用知识点讲授、实地展品讲解、多媒体手段运用、与青少年互动等多种项目结合的方式，内容涉及历史、地理、科技、文学、书法、文字、数学、医药、艺术、国学等二十大类课程。通过典籍大课堂系列青少年体验式教育课程，让中小学生走进国家典籍博物馆，近距离接触和感受中华典籍穿越历史的恒久魅力。2014年相关课程已推出13次，受众数千人，受到家长、学生和媒体的一致好评，社会反响热烈。

“走进典籍博物馆大课堂”系列活动启动

## （五）弱势群体服务

2014年，国家图书馆继续深入开展面向残障人士的数字图书馆服务，在社科基金重点项目“图书馆面向残疾人的服务模式与规范研究”的框架下，通过网络平台完成面向残疾人用户的网络调研，对山东省图书馆、临沂市图书馆盲人服务情况进行调研，与山东省部分市县残联的工作人员举行座谈，把握残疾人用户信息需求。不断扩容中国盲人数字图书馆网站和中国残疾人数字图书馆网站资源量，满足不同层次残障人士知识信息需求。截至 12 月底，完成 350 册电子图书资源的遴选工作，累计发布电子图书 950 册，音乐 548 首，在线讲座 51 场，文津图书奖获奖图书 20 本，讲座预告 35 场；中国盲人数字图书馆网站和中国残疾人数字图书馆网站点击量达 2670 万次，较去年同期增加 17.5%。

北区数字共享空间是中国盲人数字图书馆、中国残疾人信息无障碍技术支撑体系的示范应用基地。2014 年指导并辅助残障读者上机 1352 人次，较去年同期增加 5.7%。

自 2014 年 11 月起，国家图书馆数字共享空间每月定期开展“关爱夕阳·老年课堂”老年读者培训课程。活动根据读者对相应课程内容的了解程度，每期课程分为基础篇、提高篇和答疑篇。答疑篇采用一对一的方式对老年读者进行实时操作指导。此外还走出馆舍走进社区为老年读者提供图书馆使用以及微博微信等现代交流技术的培训讲解工作。年内“关爱夕阳”老年读者培训共设计课程 7 讲，每讲课程平均培训 50 人次。

数字共享空间开展老年读者培训活动

## （六）第九届文津图书奖

第九届文津图书奖颁奖活动于 4 月 23 日在国家图书馆学津堂举行。中国科学院和中国工程院院士，中国科学院原院长、第十一届全国人大常委会副委员长路甬祥，中国残疾人联合会副主席、中国狮子联会会长王乃坤，国家图书馆馆长、文津图书奖组委会主任韩永进，文化部公共文化司巡视员、文津图书奖组委会副主任刘小琴，国家图书馆副馆长、文津图书奖社科类图书评审分委会主任陈力，中国残联理事、中国盲人出版社社长张伟，中国盲人协会主席李伟洪，中国狮子联会副会长张国筠，中央人民广播电台中国广播联盟秘书长伍劲松等领导出席活动。文津图书奖组委会、专家和媒体评审委员会、获奖图书作者和出版单位以及来自全国的公共图书馆、读者、青少年代表等200余人参加活动。国家图书馆、中国盲文图书馆、中国狮子联会、中央人民广播电台中国广播联盟在此次活动中联合推出文津图书奖第一届至第八届获奖图书专家书评集萃有声读物，取名“又见文津”，为广大盲人和渴望以“听书”途径感受阅读的朋友送去一份温暖。颁奖现场，韩永进、王乃坤、李伟洪、伍劲松共同为“文津听书”活动揭幕，中央人民广播电台播音主持人现场演绎“又见文津”获奖推荐图书片段。新华网对颁奖活动进行现场视频直播，各地读者也通过数字图书馆推广工程官网共享现场实况。《人民日报》、人民网、国家图书馆等官方微博同步发布获奖图书书单。

国家图书馆馆长韩永进，中国残疾人联合会副主席、中国狮子联会会长王乃坤，中国盲人协会主席李伟洪，中央人民广播电台中国广播联盟秘书长伍劲松共同为“文津听书”活动揭幕

本届评选工作呈现出几个新亮点：①首次将微博等新媒体方式引入到评选工作中，吸引年轻读者的关注，增强与读者的互动性。②参评图书数量创历届之最，通过全国读者、出版社、图书馆以及专家等图书推荐渠道，本届参评图书达到1300种。③参与度和社会影响力不断提升，联合评审单位数量大幅增加到53个图书馆。最终，经过推荐参评、初评、终评等程序，第九届文津图书奖共评选出获奖图书10种、推荐图书52种。

文津图书奖自2004年设立以来，先后累计有60多个图书馆成为联合评审单位，300多家出版社推荐参评图书6000余种，共评出获奖图书89种、推荐图书361种；举办和评选活动相关的

“文津读书沙龙”活动300余场，参与人数达8万余人。

5月15—30日，第九届文津图书奖获奖图书展览在国家图书馆总馆北区一层大厅举办，同时启动全国巡展工作。5—12月间，全国20多个省市公共图书馆、高校图书馆等举办第九届文津图书奖获奖图书展览，并开展一系列包括仪式、讲座、资料发放和留言征集等形式多样、内容丰富的宣传推广活动。

### （七）培训、讲座、展览

2014年，举办培训、讲座、参观、展览等各项活动共接待读者156.97万人次，与2013年相比，增加140.35%。其中：举办对外展览19场，共计138.05万人次；开办公益性讲座288场，共计7.23万人次；组织培训482批，共计1.52万人次；接待参观1935批，共计7.33万人次；其他活动45场，共计2.84万人次。

1. 讲座

社会教育部策划举办“国图讲坛”各系列讲座总计130场。推出“非物质文化遗产保护讲座月”“走近大师、致敬经典：纪念梅兰芳、周信芳诞辰120周年”“纪念毛泽东《为人民服务》发表70周年”“大数据专题研究”等新的讲座系列，承办“核心价值观百场讲坛”王蒙专场、钓鱼岛专题系列、东京审判专题系列等讲座，配合图书馆服务宣传周、科技活动周等大型专题活动及节假日举办相关活动，继续举办“中国古今经典小说研究”“二十四史研读”等系列讲座。国图流动讲坛通过全国公共图书馆讲座联盟平台覆盖范围继续扩大，与宁夏回族自治区图书馆、福建省图书馆、辽宁省图书馆、内蒙古包头市图书馆等合作举办讲座26场。全年接待读者超过4.5万人次。同时继续开展文津经典诵读项目，通过国图网站、手机平台每天为读者推出一条中华传统美德格言与一首古代诗词赏析，弘扬中华民族传统美德，传播经典。

“核心价值观百场讲坛”王蒙讲座专场

古籍馆举办“文津讲坛”50场，接待读者10840人次，包括“中外交流史”系列讲座10讲，“纪念甲午中日战争120周年”系列讲座8讲。“中国典籍与文化”讲座全年举办12讲，接待读者1946人次，其中“先秦诸子百家经典”系列讲座5讲，“《商君书》与公元前四世纪的秦国改革”4讲。

国家典籍博物馆系列讲座以“弘扬中华文化，关注人文情怀”为目标，紧密结合珍贵馆藏，多角度地解读中华文化史中留下的典籍国宝，让观众对中华民族源远流长的优秀文化及震撼人心的民族瑰宝有着深刻的认识，从而培养强烈的爱国主义精神和民族自豪感。自9月10日正式开馆以来，组织专题讲座13场，听众1200余人次，不仅使观众对展览主题和展品有更深入的了解，而且深化典籍博物馆的服务内涵，收到良好效果。

梅葆玖先生做《梅兰芳的艺术成就及中国京剧艺术在海外》主题讲座

参考咨询部“每日课堂”全年共举办363场。全馆共有169位员工参与讲课，共计150个课题，课题栏目分为：国图概况、资源、服务、检索方法和技巧、图书馆相关小知识、国图政策、国图项目介绍7类。受众7744人次，平均每天21人次，发放讲义7000余份，听众提问927次。

5—12月，国家图书馆数字共享空间开展“数字资源与服务”读者培训课程。根据读者群体及需求层次，分设4类主题，共计20讲课程，每讲听众平均45人次，与2013年同期持平。

2. 培训

2014年，国家图书馆培训中心举办馆内员工继续教育培训24场，培训员工1182人次，与2013年相比减少25%；举办面向全国图书馆界业务辅导培训14场，培训学员1080人次，与2013年相比增加27%；完成首都联合职工大学国家图书馆分校“文物鉴定与修复（古籍鉴定与修复方向）”专业招生21人，与2013年相比减少20%；完成国家图书馆培训中心与北京大学合办的信息管理专业在职研究生学历教育招生14人，与2013年相比减少36%；继续承担2012年与武汉大学信息管理学院合作的14名在职研究生的教学工作；面向社会公众培训项目举办培训班6期，培训学员89人次，与2013年相比增加50%。2014年10月起开始承担文化部老年大学西区分校的组建和教学教务管理工作，服务文化部系统离退休人员200余人。

3. 展览

7月15日，国家典籍博物馆试运营，9月10日正式开馆。截至12月31日，自办展览25个（含内部展览），其中国家典籍博物馆开馆首展“国家图书馆馆藏精品大展”9个，“丝绸的记忆——中国蚕丝织绣暨国家级非物质文化遗产项目特展”“我们的文字——非物质文化遗产中的文字传承”等其他展览16个；共接待参观团体438家，累计接待各界观众247514人次。其中，为中央领导、政策研究专家、国际汉学专家、国内外图书馆业界同人等提供重大参观接待服务194场；举办部级领导干部参观专场，百余位在京部级及以上干部参观国家典籍博物馆；国家行政学院、中央社会主义学院、中央文化干部管理学院、北京市教委、北京市委党校等单位将国家典籍博物馆作为干部培训的重要课堂之一，先后组织千余名各领域在京培训干部前往国家典籍博物馆参观学习。国家古籍保护中心联合北京地区高校进行试点，举办“典籍文化走进校园”系列巡展活动。展览部承接此次巡展，联系接洽清华大学、北京大学、中国人民大学等 11 所知名高校，整个巡展展期 82 天，观展人数超过 10 万人次。此外，还举办第九届文津图书奖展览、中国古代典籍简史展、古籍保护计划成果展、“丝绸的记忆——中国蚕丝织绣暨国家级非物质文化遗产项目特展”的全国巡展 32 场。古籍馆的“中国传拓技艺展”在武汉市图书馆、桂林图书馆进行巡展。

立法决策服务部积极参加国家海洋局“海峡两岸钓鱼岛宣传教育项目”，与福建师范大学闽台区域研究中心、清华大学保钓资料研究中心、台湾世新大学合作，分别在福建师范大学和国家图书馆联合举办“钓鱼岛的历史与主权”图片展，取得良好效果。其中在国家图书馆参观该展览的读者达 10 万人以上。

工作人员为国家典籍博物馆首展之金石拓片展布展

## （八）文创产品开发

作为国家典籍博物馆的重要组成部分，为使书写在古籍中的文字活起来，实现让观众把博物馆带回家的目标，国家典籍博物馆在文创产品开发、设计与经营上广开言路，创新思路，先后组织相关人员前往国家博物馆、故宫博物院、首都博物馆、世界艺术馆、中国美术馆、上海博物馆、南京博物院、天津博物馆等地进行调研；引进合作，与法兰瓷、芊芊港、宝瓷林等数十家业界实力雄厚的公司合作策划具有馆藏特色的礼品，与湖州、常州等国有文物商店开展合作，成立旧物商店。与十余家公司进行联系，沟通策划，对 70 余种产品打样设计。上架销售自有设计产品近 40 件，包括笔记本、笔、便签盒、信笺、笔筒等文具类，首日封、明信片、邮折、邮册等邮品类，领带、背包、茶叶套装、茶具、瓷器等其他类，并采取引进合作、优势互补的方式，选取和典籍博物馆相关性礼品，如复仿类、礼品书类、留真类、瓷器类、剪纸类等 200 余种。

国家典籍博物馆现有文创艺术品销售区域3个，专业营销设计人员8人，通过政府采购等方式配置有完整的收银系统、专用货柜及防盗系统，可为到馆参观观众提供良好的休闲购物环境。

## 四、业界服务

### （一）全国图书馆联合编目中心开拓创新，稳步发展

2014年，全国图书馆联合编目中心坚持公益性服务，加强业界服务力度，不断拓展创新服务内容。年内新增江西省、河南省2个分中心，分中心总数达到28个。全年新增成员馆309家，较2013年同期用户增加21.6%。成员馆总数达到1782家，累计数据用户2289家。除国家图书馆外，成员馆全年上传书目129267条，质量监控员共审核数据40757条；用户全年下载数据量超过800万条，较2013年同期用户下载量增长18%，最大单月下载量达87万余条；中心数据库各类数据总量达到11918779条，其中中文书目6967620条，外文书目3544282条，名称规范1288217条，主题规范118660条；联合馆藏总量达到29076422条，新征集馆藏2235481条，馆藏揭示覆盖图书馆达到62家。新的馆藏展示接口基本成型，全国图书馆联合编目中心服务方式由垂直服务向内容服务转变，为成员馆用户和社会用户提供更多选择。

1. 举办全国图书馆联合编目中心2014年度工作会议

7月2—3日，全国图书馆联合编目中心在吉林长春召开2014年度工作年会，来自43个图书馆的107名代表参会。会议分享2013年度全国图书馆联合编目工作的经验和成果，探讨全国图书馆实体资源馆藏整合、构建联合目录的模式，并规划2014至2015年度联合编目的具体工作。国家图书馆副馆长陈力在讲话中着重指出联合编目工作的重要性以及在全国图书馆事业中的地位，对联合编目事业近年来的发展高度肯定，并提出对联编发展的指导意见。全国图书馆联合编目中心主任毛雅君做大会报告，回顾总结2013至2014年间联合编目中心工作，同时从中国国家书目、联合馆藏建设、异构名称规范控制和可供书目平台4个方面提出联合编目中心未来的工作设想，并对下一年度工作进行部署。会议对2013年度分中心管理成绩突出的成员馆、数据质量优秀和监督控制优异的集体和个人进行表彰和奖励，同时授予南京图书馆力博软件"图书馆友好合作单位"奖。会议分别从数据质量、馆藏揭示以及可供书目方面介绍中心的最新进展，对数据质量进行分析，提出全国实体资源馆藏体系建设的思路，分享国家图书馆采访数据的建设现状和思考，探讨可供书目的可行性。特邀国家图书馆研究馆员卜书庆从书目数据规范控制的意义入手介绍规范控制的建设和应用等内容。在经验交流环节，吉林省图书馆副馆长张勇介绍该馆采编工作和与全国图书馆联合编目中心的多年合作，黑龙江省采编部副主任邓小妩介绍该馆基于现有图书馆系统构建全省流动图书馆服务体系的工作，辽宁省采编部副主任姚红介绍该馆部署和使用联合编目异构上载接口的情况。根据用户的反馈，设立数据质量控制与质量监控员机制、联合编目系统应用及用户服务拓展两个分会场，与会代表围绕数据质量、名称规范、国家书目和联合目录建设等几个议题进行深入交流和探讨。

全国图书馆联合编目中心 2014 年度工作会议

2. 举办上传资格高级培训班

8 月 19—22 日，全国图书馆联合编目中心 2014 年上传资格高级培训班在北京举办，114 名来自全国各公共图书馆、高校图书馆或图书供应商的相关人员参加培训。培训内容包括中文图书书目数据上传格式、音像电子出版物数据格式以及联合编目系统操作方法。授课老师对编目规则进行讲解，并通过大量实例阐述规则的具体应用。全国图书馆联合编目中心还先后通过主办和合办的方式举办 2 场培训，其中 6 月在广东湛江培训 45 人，9 月在内蒙古包头培训 168 人。通过各地区的书目数据培训，提高各地图书馆的编目水平，为提升各地图书馆的服务能力发挥积极作用。

### （二）开展业界培训，提高整体水平

1. 召开全国省级及副省级市公共图书馆参考咨询部主任工作会议

5 月 26 日，全国省级及副省级市公共图书馆参考咨询部主任工作会议在国家图书馆召开。这是数字图书馆推广工程乃至我国图书馆界首次召开的全国省级及副省级市公共图书馆参考咨询部主任工作会议。会议旨在规划和协调我国公共图书馆在参考咨询领域的业务协作，建立有效的业务协作联络机制和日常工作制度，共同促进公共图书馆参考咨询业务的发展，来自全国 30 家省级公共图书馆和 14 家副省级市公共图书馆的 57 名参考咨询业务管理者参加会议。

国家图书馆副馆长魏大威出席会议并致辞，指出全国图书馆参考咨询协作网和全国省级公共图书馆决策咨询服务协作平台项目是借助推广工程在网络建设、系统建设、资源建设以及规范建设方面取得的成果，为图书馆参考咨询服务的深化和发展打造良好的服务环境，奠定坚实的工作基础。国家图书馆参考咨询部主任王磊和立法决策服务部主任卢海燕分别就全国图书馆参考咨询协作网和全国省级公共图书馆决策咨询服务协作平台整体建设规划以及 2014 年工作计划做详细通

报。立法决策服务部徐燕、参考咨询部黄伟杰分别介绍2个平台的内容设计、服务方式和运行维护等并进行操作演示。在充分听取报告的基础上，与会代表围绕“日常工作联络和运行机制”“如何开展文献资源共建和共享”“培训内容、对象及方式”“网站内容建设与服务”4个议题分组讨论。与会者希望国家图书馆借这2个平台，加强各馆之间的沟通、交流和协作，共同推进参考咨询和决策咨询业务的快速发展。

全国省级及副省级市公共图书馆参考咨询部主任工作会议

2. 开展业务研修

2014年，国家图书馆先后与南京图书馆、河北省图书馆合作，分别就图书馆科技查新服务和图书馆特色资源开发及利用等主题开展业务研修，共有来自2个省级公共图书馆的6位参考咨询馆员参与研修活动。通过研修活动，南京图书馆与国家图书馆积极协作，培训一支结构较为完整的科技查新员和查新审核员业务团队，为科技查新业务在南京图书馆的最终确立做好人员方面的准备；河北省图书馆通过研修活动，为本馆开展基于红色文献的特色资源数据库制作、参考咨询项目设计、科研立项以及相关主题社会教育活动规划奠定业务基础。

3. 举办基础业务培训

2014年，借助全国图书馆参考咨询协作网这一平台，国家图书馆与河北省图书馆、吉林省图书馆联盟、湘鄂赣皖四省公共图书馆联盟合作，分别在秦皇岛市图书馆、吉林省图书馆和湖北省图书馆举办图书馆参考咨询业务培训班。共有来自6个省的500余名基层图书馆参考咨询业务主管馆长、部门主任和业务骨干参加培训。参考咨询基础业务培训的授课讲师，是从国家图书馆以及公共图书馆、高校图书馆长期从事参考咨询业务的参考咨询馆员中遴选产生，通过系统讲解参考咨询业务原理、方法和技巧，并结合大量具体案例的剖析，与学员们分享参考咨询服务中的服务理念、应用系统与工作经验。

12月1日，国家图书馆在北京举办全国省级公共图书馆决策咨询服务协作平台培训班，协作平台各试点成员馆相关业务部门负责人参加培训。与会人员在听取2014年协作平台建设进程之后，主要围绕协作平台操作使用、数据加工规范等内容做全面而深入的讲解和交流；通过实机操作环节，对协作平台的管理和使用有更直观的感受，提升培训效果；就操作中出现的问题进行沟通与交流，为协作平台的功能优化与完善提出宝贵建议。此次培训起到提高公共图书馆开展决策咨询工作的能力水平，共同推进协作平台快速发展的作用。

4. 加强学术研究，引领少儿阅读

4月28—29日，由中国图书馆学会主办、国家图书馆少年儿童馆承办、丰子恺儿童图画书奖组委会协办的2014全国少年儿童阅读年活动启动仪式暨全国图书馆员绘本讲读高级研修班在国家图书馆举办。研修班是国家图书馆少年儿童馆首次面向国内图书馆界开展的馆员培训，通过系统化的课程设计与丰富的培训内容，提高国内少儿馆馆员对绘本的认识，为未来各地少儿馆开展绘本阅读活动奠定基础。国家图书馆馆长助理汪东波出席启动仪式并致辞。来自国内绘本研究、出版和阅读推广领域的多位专家学者到会授课，来自全国图书馆界、出版界、教育界的专家学者及少年儿童代表200余人参加本次活动。启动仪式结束后，全国图书馆员绘本讲读高级研修班的序幕正式拉开。研修班围绕绘本的基础理论知识、绘本创作及阅读推广三方面进行课程安排，对绘本相关理论及经验进行传播和讲述。

馆长助理汪东波全国图书馆员绘本讲读高级研修班上致辞

7月30日—8月2日，由国家图书馆、中国图书馆学会、安徽省文化厅联合主办，中国图书馆学会未成年人图书馆服务专业委员会、国家图书馆少年儿童馆、安徽省图书馆学会、休宁县文化广电新闻出版局、休宁县图书馆等单位承办的“照亮童年——绘本的可能性”高峰论坛在安徽省休宁县举办。全国政协常委、副秘书长、民进中央副主席朱永新，儿童文学作家梅子涵，台东大学儿童文学研究所教授林文宝，童书插画家姬炤华，早期阅读教育研究者孙莉莉，中国海洋大学儿童文学研究所所长朱自强，日本福音馆书店童话编辑部编辑长唐亚明等众多业内专家学者应邀出席论坛活动。来自图书馆界、出版界、教育界的专家学者及从业人员代表200余人参与本次论坛。在为期两天的活动中，参会代表围绕绘本的文化意义、绘本的阅读与推广、图画的艺术价值、绘本的延伸活动、绘本的文学性以及绘本的编辑与出版等内容进行深入研讨。

“照亮童年——绘本的可能性”高峰论坛

## （三）以行业组织为依托，融合数字技术，为图书馆事业发展打下坚实基础

1. 发挥中国图书馆学会作用，共谋业界健康发展

（1）开展2014“网络书香·数字图书馆建设与服务宣传推广项目”

5月、6月和8月，分别在重庆、河南和宁夏三地组织开展“网络书香·数字图书馆建设与服务宣传推广项目”系列活动，主要包括启动仪式、高级研讨班、数字阅读体验、展览、视频播放、问卷调查和摄影展等内容。活动首次由文化部公共文化司指导，国家图书馆、中国图书馆学会和各省（区、市）文化厅（局）主办，各省图书馆和省图书馆学会承办。期间，各级公共图书馆、部分高校图书馆馆长及业务骨干760余人参加活动，数字图书馆体验区和展览接待参观5000余人次，收集各类调查问卷及留言册600余份。

“网络书香·数字图书馆建设与服务”宣传推广项目（河南站）活动

活动期间，数字图书馆体验区通过统一的设计和编排，凸显数字图书馆的高新技术元素，融合了地方图书馆特色，利用现有数字图书馆技术和资源，挂接多样化媒体终端，拓展服务手段和服务方式，呈现新媒体环境下的体验式数字图书馆智慧服务站，为重庆、河南、宁夏三地的读者和社会公众展示别

具特色的“数字盛宴”。此次活动对于推动我国数字图书馆建设、提升图书馆服务效能，培养公众的数字阅读习惯，推动创新性国家建设，在全社会营造全民终身学习和热爱阅读的良好氛围有着重要意义。

（2）开展中华古籍保护计划成果宣传推广活动

为更好地在全国图书馆界和广大读者及社会公众中进行古籍保护的理念普及和宣传推广，国家图书馆（国家古籍保护中心）和中国图书馆学会联合各省、自治区、直辖市文化厅（局）于第九个“文化遗产日”期间开展中华古籍保护计划成果宣传推广活动。6月12日，此次活动启动仪式在安徽省图书馆举行。国家图书馆副馆长、国家典籍博物馆常务副馆长李虹霖，安徽省文化厅党组成员、副厅长丁光清，中国图书馆学会秘书长霍瑞娟，国家古籍保护中心办公室副主任王雁行等领导和安徽省各古籍重点保护单位代表及新闻媒体、社会公众约200余人出席启动仪式，仪式由安徽省图书馆馆长、安徽省古籍保护中心主任、安徽省图书馆学会理事长易向军主持。仪式上，丁光清副厅长和李虹霖副馆长先后致辞，并通过电子屏启动在江苏、北京、广东等十地共同举办的中华古籍保护计划成果宣传推广活动，中国图书馆学会秘书长霍瑞娟重点介绍本次宣传推广活动，与会领导和社会公众共同参观中华古籍保护计划成果展。

丁光清副厅长和李虹霖副馆长共同启动中华古籍保护计划成果宣传推广活动

同期，本活动在安徽、江苏、北京、广东、重庆、河北、福建、陕西、山西、广西等10个省、自治区、直辖市100余家图书馆举办，展览、讲座、读者互动和体验活动等内容丰富，精彩纷呈，全国参加系列活动人数约695000人次，受到全国136家新闻媒体的关注和报道。通过一系列丰富多彩的活动，让广大读者和社会公众近距离感受古籍的魅力，了解古籍知识，体会到古籍独特的价值和保护古籍的重要意义。

（3）开展民国时期文献保护计划宣传推广活动

为加强民国时期文献保护工作宣传，推动保护工作的进一步开展，国家图书馆和中国图书馆学会联合主办民国时期文献保护计划宣传推广活动。推广活动结合讲座、展览、培训班等多种形式开展，并以省份为单位进行面向全省图书馆的巡展和巡讲，6月、9月、11月分别在安徽、四川、广东三地举办，将推广活动深入基层（参见“重点文化工程”之“民国时期文献保护计划”相关条目）。

（4）举办2014“全国图书馆未成年人服务提升计划”相关活动

7月3—4日，由文化部公共文化司指导，国家图书馆、中国图书馆学会主办，广西壮族自治区图书馆、广西图书馆学会承办的2014“全国图书馆未成年人服务提升计划”（广西站）巡讲在广西壮族自治区图书馆报告厅举办。来自广西壮族自治区各市（州）、县（市、区）图书馆的160余名馆长、业务骨干和图书馆员参加此次巡讲活动。

2014“全国图书馆未成年人服务提升计划”（广西站）授牌仪式

7月31日—8月1日，由国家图书馆、中国图书馆学会、安徽省文化厅主办，中国图书馆学会未成年人图书馆服务专业委员会、国家图书馆少年儿童馆、安徽省图书馆学会、休宁县文化广电新闻出版局、休宁县图书馆共同承办的“全国绘本阅读推广高峰论坛暨全国未成年人服务提升计划（安徽站）”在安徽省休宁县举办。中国图书馆学会常务理事、国家图书馆馆长助理汪东波，安徽省文化厅副厅长宰学明，休宁县副县长马学华等领导和来自全国图书馆界和相关业界的专家学者，各省、自治区、直辖市公共图书馆、少儿图书馆、中小学图书馆和绘本馆，出版界及媒体和图书馆相关技术的代表共计240余人参加本次高峰论坛。

（5）召开全国数字图书馆建设与服务联席会议第十五次会议

8月7日，全国数字图书馆建设与服务联席会议第十五次会议在宁夏回族自治区图书馆召开。会议由国家图书馆承办，宁夏回族自治区图书馆协办。文化部公共文化司巡视员刘小琴、宁夏回族自治区文化厅副厅长王正儒出席会议并致辞，联席会议各成员单位有关负责人、宁夏回族自治区图书馆馆长韩彬、中国图书馆学会秘书长霍瑞娟等21人出席会议。会议由文化部公共文化司巡视员刘小琴和国家图书馆副馆长魏大威共同主持。

本次会议主题是“数字环境下图书馆信息安全”，重点讨论数字环境下图书馆信息安全工作面临的问题和挑战，以及图书馆信息安全基础设施建设、标准规范与规章制度建设、技术手段、人员培训等。国家图书馆副馆长魏大威以“构建图书馆信息安全堡垒”、上海图书馆副馆长刘炜以“上图数字图书馆近期进展与打算”、中科院文献情报中心馆长助理张智雄以“如何保障数字信息真实可信？——挑战、要求和实践”、北京大学图书馆馆长朱强以“CALIS信息安全对策研究”、浙江大学图书馆副馆长黄晨以“CADAL项目信息安全策略”、文化部全国公共文化发展中心副主任李建军以“共享工程知识产权管理实践”、中央党校图书馆系统与技术保障中心主任刘燕飞以“党校图书馆信息安全问题的思考”、国防大学图书馆副馆长李抒以“国防大学数字图书馆信息安全情况介绍”为主题分别进行专题发言，既包括宏观上的制度建设、政策规范，又包括具体的案例分析。专题发言后，与会代表就会议主题进行深入交流和讨论。

刘小琴在会议总结中指出，本次会议交流了图书馆信息安全工作的国内外研究现状、政策规范，研讨信息安全工作的主要问题和对策，各成员单位对信息安全问题提高认识，对图书馆信息安全的概念、内涵、范围认识更清晰、更准确。鉴于不同的人员对图书馆信息安全的认识程度不同，在今后的工作中各成员单位应进一步加强信息安全知识的普及，重视制度建设，增加设备配置投入，加强防范技术措施和手段，加大实施过程中的执行力，不断提高人员素质。加强信息安全课题研究和标准制定工作，并制作一些实务性工具，为预防和解决同类问题提供帮助。

全国数字图书馆建设与服务联席会议第十五次会议

（6）举办“网络书香·掠美瞬间”数字图书馆推广工程摄影大赛及优秀作品巡展

为突出数字图书馆在丰富公众文化生活方面的积极作用，体现数字图书馆推广工程建设成果，通过摄影的形式，倡导大众阅读，呼吁社会关注，同时加强图书馆工作者之间的联系，中国图书馆学会和国家图书馆联合推出“网络书香·掠美瞬间”数字图书馆推广工程摄影大赛，定格感动瞬间，展现阅读魅力。1月27日—3月17日两个月间，面向全体会员、各地图书馆工作者及关心数字图书馆推广工程建设和发展的各界人士共征集优秀摄影作品2838张，其中大众组别作品2625张，专业组别作品269张。经过严格评审，最后共评选出专业组与大众组奖项138名。“4·23”世界读书日期间，在国家图书馆举行大赛颁奖仪式，并举办首站优秀摄影作品展览。之后，在北京、重庆、安徽、河南、广西、赤峰、宁夏、厦门、广东等十地进行优秀摄影作品巡展。据统计，全国各站活动中，前来参观的学会会员和社会公众共约46万人次。

“网络书香·掠美瞬间”数字图书馆推广工程摄影大赛优秀作品巡展

（7）召开中国图书馆学会国家机关图书馆分会成立大会

2月25日，中国图书馆学会国家机关图书馆分会成立大会在国家图书馆古籍馆临琼楼召开。来自中央编办电子政务中心、全国人大图书馆、国家发改委宏观经济研究院、民政部图书馆等21家国家机关图书馆的负责人参会。国家图书馆副馆长陈力出席会议并讲话，会议由国家图书馆馆长助理孙一钢主持。

大会审议通过《中国图书馆学会国家机关图书馆分会章程》，并选举产生分会第一届常务理事会及分会主任、副主任、秘书长等领导职务。会上，与会代表结合分会特点，对分会2014年工作要点进行充分讨论，并对分会今后的工作以及分会会员单位之间的工作协调等方面内容进行深入交流。

新任分会主任陈力对分会的成立给予充分肯定和高度评价。他指出，分会的成立具有开创性，分会处于初创阶段，各项工作还有待进一步完善，今后要突出分会特色开展分会工作，组织分会活动。国家图书馆将充分利用自己的馆藏优势和多年来立法决策服务工作经验，以国家机关图书馆分会为平台，积极参与分会各项工作，充分开展相关业务交流，为分会的发展做出贡献。同时，希望分会会员及各常任理事单位能够积极参加分会的各项活动，充分交流，共同为分会的发展贡献力量，不断推进自身及我国图书馆事业的发展，为国家立法决策提供支撑和保障。

国家机关图书馆系隶属于中共中央及其所属各部委、全国人民代表大会、国务院及其所属各部委、中国人民政治协商会议、中央军委及其所属各总部的图书馆（包括信息中心）总称。中国图书馆学会国家机关图书馆分会是中国图书馆学会的分支机构，挂靠国家图书馆，业务上受中国图书馆学会指导，是经民政部批准依法成立的学会组织。旨在利用自身在馆藏资源、人力资源、服务经验和对外联络等方面的优势，为中央国家机关图书馆界的文献保障、服务协作、人员培训和服务拓展等各个方面提供全方位的支持和服务，促进我国图书馆事业更好发展。

2. 图书馆标准化相关工作

（1）标准化工作项目征集与立项工作

全国图书馆标准化技术委员会（以下简称图标委）秘书处面向社会征集 2014 年度图书馆领域标准制修订项目及标准化科研建议项目 17 项，其中标准制修订建议项目 11 项，文化行业标准化研究建议项目 6 项。经征求图标委委员和相关专家意见，最终上报标准化工作建议项目 10 项，其中标准制修订建议项目 9 项（含国家标准制修订建议项目 6 项、文化行业标准制修订建议项目 3 项），文化行业标准化研究项目 1 项。根据文化部批复，上述 10 项项目全部获准立项；另受文化部文化科技司委托，图标委还承担 2 项文化标准化研究项目的研制工作。9 月 30 日，国家标准化管理委员会正式发布本年度图标委新立项国家标准制修订计划项目 9 项。

截至 2014 年年底，图标委共立项国家标准制修订计划项目 22 项，文化行业标准制修订项目 34 项。

（2）已有标准项目管理

①标准制修订项目审查。组织 8 项文化行业标准的审查，其中，《学位论文元数据规范》于 6 月由文化部正式发布，10 月 1 日起实施；“公共图书馆评估指标”系列 6 项经专家审查、修改后已完成报批工作；《图书馆数字资源长期保存信息包封装规范》已通过专家审查，并进入送审稿的修改阶段。组织 2 项国家标准的审查，其中，《图书馆视频资源数字化加工规范》根据审查意见在修改中；《中国机读目录格式》经审查已正式向文化部及国家标准委提交报批文件。同时，《图书馆馆藏资源数字化加工规范　第 2 部分：文本资源》《图书馆馆藏资源数字化加工规范　第 3 部分：图像资源》《图书馆馆藏资源数字化加工规范　第 4 部分：音频资源》3 项国家标准于 9 月底正式发布。

②标准化研究项目鉴定。完成《“十二五”期间文化行业标准化重点工作领域》《乡镇图书馆业务统计与评估指南》《图书馆移动服务标准研究》和《图书馆总分馆服务和流动服务标准研究》等 4 项文化行业标准化研究项目的审查鉴定。

③在研项目管理。7—8 月，对图标委归口管理的 9 项标准化工作项目进行中期检查，包括 3 项国家标准制订项目、3 项文化行业标准制订项目以及 3 项文化行业标准化研究项目。2 月，组织业界专家召开文化行业标准制定重点项目《图书馆参考咨询服务规范》讨论会。组织报送 2014 年新立项国家标准制修订项目、文化行业标准制修订项目及文化行业标准化研究项目的工作合同及协议书。

（3）图标委换届筹备工作

图标委第一届委员会任期已满五年。2014 年，图标委启动换届工作，完成第二届委员会委员征集、换届文件的筹备等，相关报批文件已提交文化部文化科技司及国家标准化管理委员会。

3. 结合数字技术，应对发展瓶颈与业务转型，实现文献缩微工作可持续发展

（1）召开全国图书馆文献缩微工作“十三五”预研专家座谈会

12 月 18 日，国家图书馆邀请部分缩微中心成员馆就编制全国图书馆文献缩微工作“十三五”时期发展规划在北京召开专家座谈会。来自全国 17 家成员馆的馆领导，全国图书馆文献缩微复制中心主任李晓明、副主任张阳、副主任王浩及国家图书馆相关部处负责人员和代表共计 30 余人参会。会议由国家图书馆副馆长魏大威主持，国家图书馆馆长、党委书记韩永进出席会议并讲话。韩永进在会上简要回顾“十二五”期间全国图书馆文献缩微工作，并指出，“十三五”规划是指导未来发展的纲领性文件，制定时应遵循“议大事、懂全局、管本行”的基本原则，从提高文献缩微抢救能力、提升缩微文献服务水平、强化缩微保存保护能力、加强缩微工作保障力度 4 个方面重点开展预研工作。李晓明简要概述“十三五”规划的总体思路和重点工作。与会代表结合各地实际展开讨论，并就“十三五”期间如何更好地开展文献缩微工作提出众多宝贵意见和建议，内容涉及工作定位、管理制度、激励制度、数字缩微、标准体系、人才培养、科学研究、宣传推广等各个方面。魏大威表示，国家图书馆作为牵头单位，将与各馆密切合作，做好全国图书馆文献缩微工作“十三五”规划制定工作，为促进全国图书馆文献缩微事业更好更快发展打下坚实基础。

全国图书馆文献缩微工作“十三五”发展规划预研工作启动

（2）召开中国文献影像技术协会、全国文献影像技术标准化技术委员会 2014 年年会

11 月 26 日，中国文献影像技术协会（以下称中国文影协）、全国文献影像技术标准化技术委员会（以下称全国文影标）在国家图书馆召开 2014 年年会。来自全国档案馆、图书馆、学校、科

研单位、军事机构的中国文影协理事、全国文影标委员、会员单位代表共70余人参加会议。全国文影标会议由秘书长李健主持。魏大威主任委员做全国文影标2013年工作总结、2014年计划落实情况通报，马淑桂委员通报参加2014年ISO/TC 171年会情况，李健秘书长介绍2015年换届事宜。中国文影协会议由秘书长李晓明主持。魏大威理事长就中国文影协秘书长、常务理事变更相关事宜做说明，从学术活动、教育培训工作和编辑出版工作3个方面做中国文影协2014年度工作总结；缩微中心副主任王浩介绍参加2014年海峡两岸缩微学术交流活动情况，李晓明秘书长通报协会会费收支、年检、税审等工作情况。

中国文影协、全国文影标2014年年会

（3）召开2014年全国公共图书馆技术部主任会议

4月28—30日，由全国图书馆文献缩微复制中心主办、天津图书馆承办的2014年全国公共图书馆技术部主任会议在天津召开。天津图书馆馆长李培、全国图书馆文献缩微复制中心主任李晓明先后致辞。会议由天津图书馆副馆长李茁主持，来自国内19个省、市、自治区公共图书馆的40多位主管缩微工作的负责人参加会议。李晓明在会上总结2012—2013年度全国缩微工作进展，部署2014年重点工作。会议就2012—2013年度各成员馆拍摄情况、拍摄质量问题以及数据编目问题进行总结与问题分析，并分别对2012年、2013年期间缩微建设产量及质量名列前茅的全国图书馆文献缩微工作先进集体、优秀管理者和先进个人给予表彰。共有7家省级图书馆获得"全国缩微工作先进集体"称号，7人获得优秀管理者称号，15人获得先进个人称号。与会人员就"数字缩微示范馆建设及数字缩微推广""馆际间合作模式的创新发展"及"文献缩微抢救方向"等全国缩微工作议题进行分组研讨。

2014 年全国公共图书馆技术部主任会议

（4）举办 2014 中国图书馆学会年会“数字与缩微——文献影像事业的可持续发展”分会场

10 月 11 日，由全国图书馆文献缩微复制中心承办的 2014 中国图书馆学会年会第 16 分会场“数字与缩微——文献影像事业的可持续发展”在北京建国国际会议中心召开。全国图书馆文献缩微复制中心主任李晓明，副主任张阳、王浩出席会议。全国各地百余位图书馆同仁参会。本次会议以“数字与缩微”为主题，会上，李晓明首先对全国图书馆文献缩微工作进行规划与展望，指出将数字技术和缩微技术结合起来是实现图书馆文献影像事业可持续发展的有效途径。国家档案局档案科学技术研究所所长马淑桂、天津图书馆副馆长李茁、中国人民大学副教授钱毅、中国文献影像技术协会理事傅涛分别就档案界缩微与数字技术应用、地方图书馆缩微数字化系统建设、数字档案信息保存技术标准和缩微与数字一体化等热点话题做主题报告和交流探讨。

（5）举办 2014 年全国公共图书馆缩微技术培训班

9 月 22—23 日，由全国图书馆文献缩微复制中心主办，湖北省图书馆承办的 2014 年全国公共图书馆缩微技术培训班在武汉举行。湖北省图书馆馆长汤旭岩、副馆长刘杰民，全国图书馆文献缩微复制中心主任李晓明、副主任王浩出席开班仪式并分别致辞。全国 19 家公共图书馆的 50 余名缩微业务骨干参加此次培训。来自全国图书馆文献缩微复制中心的陈月婷、宁波、刘永久、张文增 4 位老师分别以“缩微胶片数字化原理及操作”“数转模技术原理”“数转模技术操作及标准规范”“FP505 冲洗机原理及操作”为题做专题讲座，并结合实践经验集中讨论工作中遇到的问题。培训结束后，全体学员经考试获得结业证书。

4.《中国图书馆分类法》编委会开展的工作

（1）召开“后台数据与前端服务”业务座谈会

6月19日，由国家图书馆《中国图书馆分类法》（以下简称《中图法》）编委会、中文采编部主办的“后台数据与前端服务”业务座谈会在国家图书馆综合楼多功能厅召开。国家图书馆馆长助理、《中图法》编委会副主任委员兼主编汪东波主持会议，《中图法》编委会部分在京委员以及国家图书馆中文采编部、外文采编部、数字资源部、信息技术部等部门的相关人员参会。美国肯特州立大学曾蕾教授做关于“后台数据与前端服务”的专题报告，通过大量国外实例介绍各种资源的后台数据与前端服务的关系，后台规范数据（包括主题词表、分类表、名称规范等规范数据）可为前端提供更好的可视化知识服务；此外，还介绍虚拟国际规范文档（VIAF）的发展情况，以及加入虚拟国际规范文档（VIAF）对于规范数据建设、书目资源展示、文献数据关联的益处。与会人员就图书馆用户服务平台建设、规范文档建设、书目数据FRBR化以及关联数据发布与应用等相关问题与曾蕾教授进行深入讨论和交流。

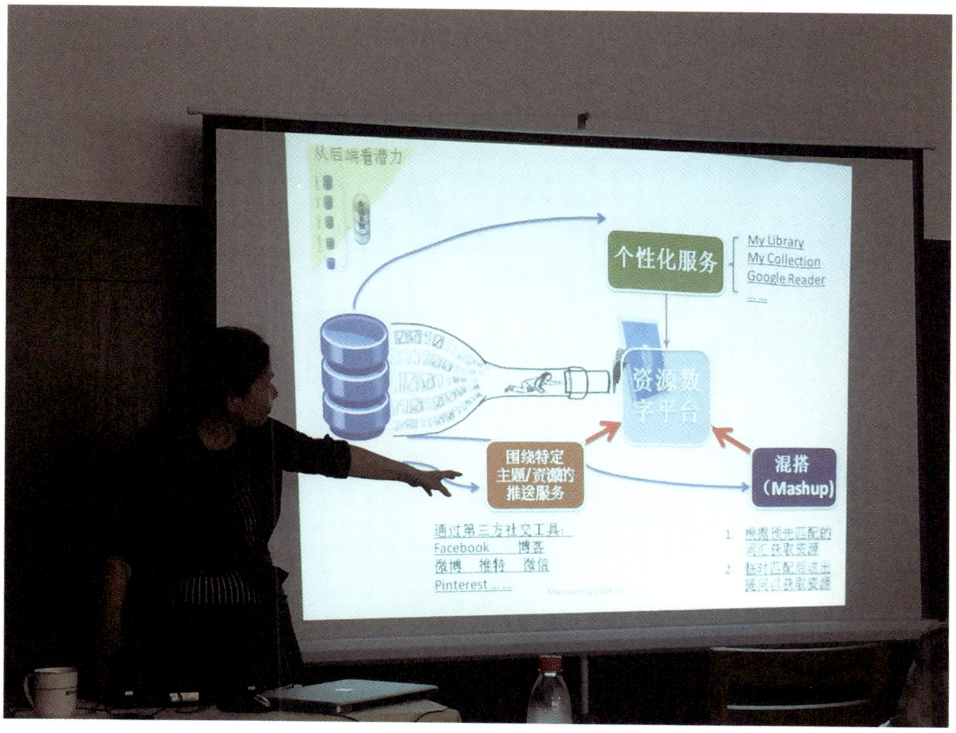


曾蕾教授在“后台数据与前端服务”业务座谈会上做报告

（2）召开网络环境下《中国图书馆分类法》《中国分类主题词表》发展与应用学术研讨暨工作会议

10月29日—11月1日，为推动网络环境下《中国图书馆分类法》（《中图法》）、《中国分类主题词表》（《中分表》）的更新维护与应用服务的发展，由国家图书馆《中图法》编委会主办，中国图书馆学会信息组织专业委员会与山东省图书馆协办的网络环境下《中图法》《中分表》发展与应用学术研讨暨工作会议在山东济南召开。会议中心主题为网络环境下分类法词表的编制与更新及可视化、关联化、智能化等的研究。国家图书馆副馆长、《中图法》编委会主任委员陈力，山东省图书馆馆长李西宁和国家图书馆馆长助理、《中图法》编委会副主任委员兼主编汪东波出席会议。来自全国的《中图法》编委会委员、特邀专家、论文作者以及用户代表参会。在学术研讨会上，来自高校、科研院所及图书情报机构的侯汉清、卜书庆、王军、常春、司莉、贾君枝、薛春香等7位专家及委员，围绕网络环境下分类法、主题词表的发展、主题揭示方法与《中图法》服务版构想、杜威十进制分类法（DDC）的新发展、网络知识组织系统的关联建设、网络环境下词表管理系统的编制、基于《中图法》《中分表》知识库的自动标引等主题做专题发言。论文作者代表及《中图法》编委会香港委员兼用户代表也就相关问题进行发言。与会者就发言内容进行提问，并展开热烈讨论。

《中图法》编委会委员兼常务副主编卜书庆对即将于2015年出版的《中分表》第三版的审校工作及内容修改进行布置和说明。各参会委员及代表对编委会工作任务，《中图法》的改进、应用与推广、使用培训等问题充分交换意见。

陈力副馆长在网络环境下《中图法》《中分表》发展与应用学术研讨暨工作会议上致辞

# 年度掠影

**【ISSN 中国国家中心开展管理与咨询工作】**

ISSN 中国国家中心全年完成国内外电子邮件咨询 180 件，电话咨询 3219 件；审核 ISSN 申请材料 1023 份，办理 ISSN251 个，办理 ISSN 证书 233 个；建立卡片目录 251 张，核对刊物 1696 种，新建和更新 CNMARC 数据 559 条，新建和更新罗马化数据 568 条，传送 ISSN 国际中心数据 4059 条。停用 ISSNMARC 启用 MARC21 格式编目，并将历史数据回溯性地由 ISSNMARC 转换为 MARC21，全年维护数据 5000 条。按月度将新数据及更新数据输出并送至国际中心，在原数据基础上增加中文原文著录，即启用 880 字段；完成核查来自国际中心的“核心资源”数据；开展光盘版及网络版刊物数据的整理，补送国际中心数据库；借助国家图书馆网站 ISSN 中心网页，发布已申领 ISSN 的数据信息（详版），满足业界利用；依据 ISSN 国际中心发展动态及相关编目规则，加强数据制作标准化建设，不断提升 ISSN 中心业务工作。

6 月，ISSN 中国国家中心派代表参加第 20 届 ISSN 国际中心全体会议，并被选为新一届理事会成员。

**【国家图书馆农业部分馆成立】**

4 月 14 日上午，农业部与国家图书馆签订合作协议暨国家图书馆农业部分馆揭牌仪式在农业部隆重举行。文化部原副部长、国家图书馆名誉馆长周和平，农业部副部长牛盾共同为国家图书馆农业部分馆揭牌。国家图书馆馆长韩永进、农业部机关服务局局长魏百刚签署合作框架协议。

国家图书馆农业部分馆成立授牌仪式在农业部举行

国家图书馆将为农业部分馆建设个性化信息平台，提供数字资源触屏阅读服务；根据农业部工作需求和专题调研题目，有重点地开展文献信息支撑保障服务；支持农业部分馆特色资源库建设，提供文献资料、专题数据库及数字化服务等方面的保障；承担分馆有关文献资源（包括传统书刊及其他数字资源）的代采、代编目加工业务等，在认真了解农业部信息需求的基础上，提供及时、便捷、优质的信息服务，为农业部科学民主决策发挥更大的作用。

## 【“钓鱼岛历史与主权”图片展在国家图书馆开展】

9月18日上午，由国家海洋局主办、国家图书馆中国边疆文献研究中心和国家海洋局宣传教育中心承办的“钓鱼岛历史与主权”图片展在国家图书馆开展。

本次图片展分为“钓鱼岛是中国的固有领土”“日本窃取钓鱼岛”“美日对钓鱼岛私相授受”“钓鱼岛上空的阴霾”和“神圣领土不容侵犯”5个部分，展出200余幅图片资料，其中有许多是首次向公众展示。展览通过大量历史资料图片和法律文件，详细展示钓鱼岛及其附属岛屿自古就是中国固有领土的历史和法理依据。展览表明，从大量史实来看，中国古代先民最先发现并命名钓鱼岛，中国对钓鱼岛实行长期有效的管辖，无论从历史还是从法理角度来看，钓鱼岛及其附属岛屿是我国领土不可分割的一部分，中国对其拥有不容争辩的主权。任何对历史的歪曲，都不能改变钓鱼岛属于中国的事实。

“钓鱼岛历史与主权”图片展在国家图书馆开展

展览持续至10月6日，社会观众免费参观。本次展览得到读者的热切响应，来馆参观读者达10万人次以上。该展览不仅使社会公众较为全面了解钓鱼岛主权属我的历史，同时也使国家图书馆社会教育职能得到充分体现。国家海洋局海洋发展战略研究所、清华大学图书馆保钓资料收藏研究中心、福建师范大学闽台区域研究中心和台湾世新大学协办此次活动。

## 【《国图决策参考》工作研讨会暨国家食品药品监督管理总局委托国家图书馆研究项目总结会在京召开】

10月29日上午，《国图决策参考》工作研讨会暨国家食品药品监督管理总局委托国家图书馆研究项目总结会在国谊宾馆召开。会议由国家食品药品监督管理总局副局长、国务院食品安全委员会办公室副主任王明珠主持，国家图书馆名誉馆长周和平、馆长韩永进、副馆长刘惠平，以及来自国家食品药品监督管理总局和国家图书馆立法决策服务部的相关人员出席会议。

立法决策服务部主任卢海燕代表国家图书馆汇报研究项目工作开展情况。围绕研究项目专门成立工作组，联合总局建立每月例会制度，商议《国图决策参考》选题和内容等。经过一年努力，目前已完成《国图决策参考》12期和《国图专题研究资料》13份。项目组取得的成果以及《国图决策参考》等信息产品得到王明珠等总局参会领导的高度认可，并表示将继续支持双方合作，在食品药品监管工作方面为社会提供更多“正能量”。周和平、韩永进、刘慧平等馆领导对项目组人员提出要求。会议就如何进一步加强合作深入交流意见。

此次研讨会进一步明确国家图书馆与总局深化合作、加强沟通、提高质量、开拓创新的愿景和目标。双方表示，将在互信、互助、互惠的基础上共同把脉发展大局，服务国计民生，推动食品药品安全社会共治格局的形成。

## 【国家图书馆部委分馆馆长联席会议暨国家图书馆立法决策服务平台服务年会召开】

11月28日上午，国家图书馆部委分馆馆长联席会议暨国家图书馆立法决策服务平台服务年会在国家图书馆文会堂召开。来自国家图书馆中央编办分馆、国家图书馆人力资源社会保障部分馆、民政部档案资料馆、全国人大信息中心等多家部委分馆的馆长以及立法决策服务平台中央国家机关用户负责人等应邀出席会议。国家图书馆馆长助理孙一钢出席会议并代表馆领导讲话。国家图书馆立法决策服务部主任卢海燕及相关部处负责人参会。会议由立法决策服务部副主任张洁主持。会上，相关负责人对国家图书馆立法决策服务部2013、2014两年的工作内容做详细汇报，并提出未来的几点努力方向。与会嘉宾就各自的工作情况、面临的形势、立法决策服务平台使用情况、未来的服务需求等在会上进行深入交流。

部委分馆馆长联席会议既是国家图书馆与中央国家机关共同建立的服务国家立法和大政方针政策制定的有效合作机制，同时也是促进交流与成果共享的重要渠道。此次会议对深化国家图书馆与部委分馆和立法决策服务平台中央国家机关用户之间交流，进一步提升立法决策服务水平具有重要意义。

国家图书馆部委分馆馆长联席会议暨国家图书馆立法决策服务平台服务年会

## 【第四届全国馆际互借与文献传递研讨会召开】

9月15—17日，由国家图书馆主办，浙江图书馆协办的第四届全国馆际互借与文献传递研讨会在杭州召开。国家图书馆馆长助理汪东波和浙江省文化厅副厅长柳河在开幕式上致辞，来自各级公共图书馆、高校图书馆、科研院所图书馆、各情报机构等101家单位的近170位代表参加会议。会议主题为“变革与发展：数字时代的馆际互借与文献传递”，主要研讨馆际互借与文献传递服务在数字时代的创新与发展。与会代表围绕“新技术下文献提供服务的发展”“资源共建共享”“公共图书馆文献提供服务面临的困惑”和“工作实践经验分享”等问题展开深入、务实的探讨，同时表达加强资源合作存储，促进文献提供机构合作的愿望。会议收到学术论文百余篇，评选获奖论文26篇，并结集出版《第四届全国馆际互借与文献传递研讨会论文集》。

第四届全国馆际互借与文献传递研讨会

## 【国家图书馆读书周期间开展网络信息保存服务宣传活动】

12月22—28日国家图书馆读书周期间，数字资源部开展形式多样的网络信息保存服务宣传活动，进一步了解读者对网络信息资源的服务需求，提高图书馆网络信息保存服务的公众获知度与利用率，活动取得良好效果。除在微博、微信进行线上宣传互动外，总馆北区二层读书周活动区还进行现场有奖调查活动，展示国家图书馆网络信息保存保护工作。工作人员向读者介绍国家图书馆网络信息保存保护项目、网络资源保存的重要意义，推广国家图书馆互联网信息资源保存保护中心网站的免费代存档服务，鼓励读者提名采集网站与采集领域，回答读者的疑问，提高网络信息保存保护工作的社会参与程度，现场气氛热烈，读者络绎不绝。本次活动共回收调查问卷

145 份，收获网站提名 100 多个，有效推动网络信息保存服务的开展。

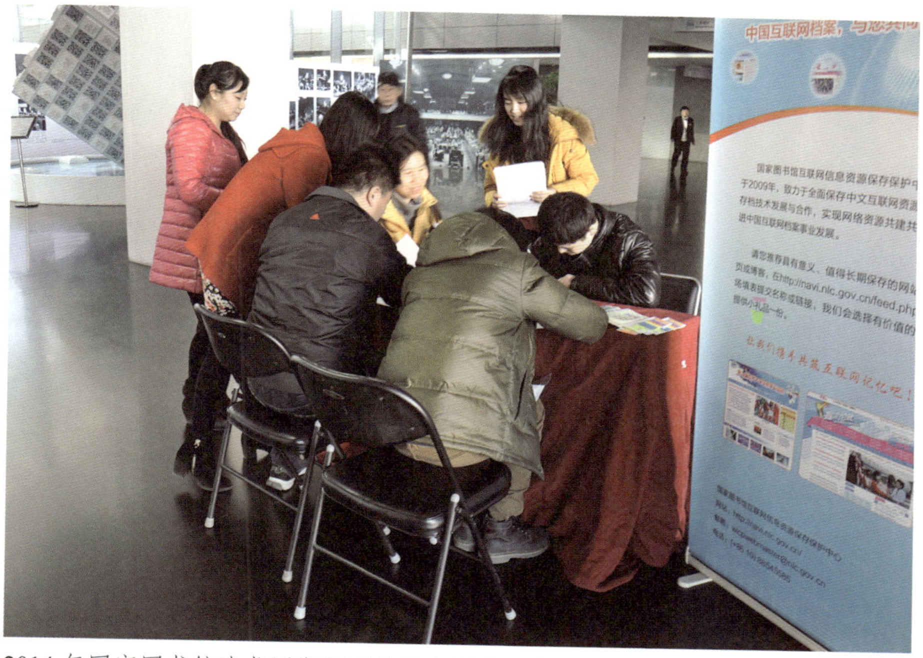


2014 年国家图书馆读书周期间网络信息保存服务宣传活动现场

**【“基于数字电视的应用示范建设”成果汇报会在江苏常州举行】**

由文化部和科技部共同组织实施的国家科技支撑计划“文化资源数字化关键技术及应用示范建设”项目坚持以先进技术为支撑、重点项目为抓手，在强化基础研究的同时，积极着手示范性工作的开展和落实。9 月 17 日，该项目“基于数字电视的应用示范建设”成果汇报会在江苏常州举行。国家图书馆、江苏省常州市图书馆、浙江省绍兴市图书馆、安徽省马鞍山市图书馆以及天津泰达图书馆 5 家单位，代表全国各级图书馆进行基于数字电视的图书馆创新服务汇报。

5 家图书馆依据电视受众的需求，结合广电网络交互式服务的技术特点，为家庭用户打造特色鲜明的电视图书馆服务：深受读者喜爱的名家讲座、书画艺术赏析、地方文化民俗、地方名人专题片、戏曲专题等，极大丰富了数字电视公共文化资源展示与服务内容。图书馆数字电视服务十分重视利用信息与网络技术推动图书馆现代与传统业务高度融合，自主研发基于交互数字电视平台实体馆藏的文献检索、图书期刊借阅等功能。数字电视服务以图书馆业务为核心，通过跨领域合作与相关文化机构建立良好的合作关系，纳入青少年教育、普法知识等文化资源，有力地拓宽公共文化资源服务范围，针对基于数字电视平台的公共文化资源展示与服务示范发挥实质的标杆作用。

当前，我国包括数字图书馆服务在内的全国公共文化服务网络正在逐步形成，文化资源数字化的规模和水平也不断提高、标准规范逐步完善。以公共图书馆为示范点，基于数字电视的文化资源展示与服务平台建设正是公共文化服务机构利用新媒体技术推动科学进步与文化创新融合的典型应用。在科技部“文化资源数字化关键技术及应用示范”项目建设中，数字图书馆交互数字电视平台建设作为重要组成部分，赋予电视这种传统设备以新的技术和应用，将图书馆的文化资源与服务延伸到每个家庭的客厅。

“基于数字电视的应用示范建设”成果汇报会

**【国家动漫公共素材库建设】**

国家动漫公共素材库是由扶持动漫产业发展部际联席会议办公室主办、国家图书馆承办的动漫领域公共性动漫素材服务平台。2014年，国家动漫公共素材库项目二期建设按照项目规划，完成二期平台研发招投标，进行平台开发、二期精品素材资源定制、购买，开展平台宣传推广等工作。

国家动漫公共素材库二期动漫素材资源依旧以民族历史性题材为主题，进行相应素材资源的制作和加工。二期资源建设包含建筑、民俗、军事、服饰、传统艺术、少数民族、动植物、科学技术、自然景色等九大精品专题素材子库，从动漫生产源头上推动优秀民族文化元素进入主流的动漫创作领域。在资源建设过程中，充分发挥国家图书馆馆藏优势，深入挖掘各类珍贵文献资源，对甲骨模型、年画矢量图及古籍书中民俗、服饰等珍贵馆藏资源进行加工。同时重点建设特有的、稀缺的资源，选取基于中国古典文化的中国古现代建筑、传统家具和文物及传统神话素材、Flash矢量素材，扩充素材库的深度与数量。目前正在建设的动漫素材交易、动漫素材定制合作模块，将进一步完善国家动漫公共素材库的功能，满足国内动漫企业的实际需求，同时间接打通中小动漫企业与大型动漫企业之间的合作壁垒，形成以大为主、以中小为辅的动漫产业生产链，促进我国动漫产业的蓬勃发展。

为配合国家动漫公共素材库宣传，7 月 10—11 日，国家动漫公共素材库作为参展商亮相上海第十届中国国际动漫游戏博览会。此次展览以搭建展场、展板、素材视频展示、宣传片等形式进行展览，展会上素材库得到动漫企业、专业人士的广泛关注。10 月 17—20 日，国家动漫公共素材库亮相第十二届中国国际网络文化博览会。在本届网博会的展览中，国家动漫公共素材库从库中精选出甲骨、民俗年画、古代园林、现代建筑、古代家具、动植物等高精度模型等素材资源，通过 3D 立体展示、多媒体触摸屏等方式，让动漫素材直观、立体地展现在观众及动漫游戏业内人士的面前。文化部部长蔡武、副部长项兆伦、部长助理刘玉珠等领导参观展览。

国家动漫公共素材库引起动漫行业和社会的广泛关注，光明网、人民网、新华网、《光明日报》《中国文化报》等各大媒体对素材库的资源建设、行业应用等做报道。

第十二届中国国际网络文化博览会国家动漫公共素材库展区

**【为地方、军队数字图书馆提供服务】**

2014 年，国家图书馆继续加强与塔里木油田的合作，积极准备各类资源，现场进行系统更新和资源加载，及时解决用户反馈的系统运行故障、远程资源访问等问题。在 2013—2014 年一年的技术服务期内，国家图书馆共完成 2 次大的网站改版，并以每月一次的频率对网站二级页面、三级页面进行推荐内容的更新，新增三级“图书”页面、“少儿图书”页面。新增 1 万册纸本图书、1.6 万册电子图书、125 场讲座视频、40 种桌面电子期刊、40 种触摸屏电子期刊、169 张年画、69 张老照片、1 个名人手稿视频、1 届文津图书奖等资源。提供 6 万册电子图书、40 种镜像期刊、200 余份电子报纸、3 万余幅图片、150 册维文电子图书、18 个远程数据库以及阅览室 47 个远程数据库的在线访问和更新服务。完成门户网站、数字资源镜像系统、单点登录系统、电子报系统、触摸屏系统、图书馆管理系统等的日常巡检和维护工作。在此基础上，完成2013—2014年度运行管理工作，获得项目的圆满结项。策划新的系统功能改造、资源增加、功能拓展等方面的新功能，签署2014—2015年度的运行管理合同，继续为塔里木油田提供包括数字图书馆网站、图书管理系统、资源镜像系统、电子报系统、触摸屏展示系统、远程资源、电子阅览室、虚拟现实阅读站、国图特色资源等系统、内容及其附属设备的正常运转管理。截至2014年年底，为油田代购选定的5000册纸本图书进行代购和调拨并进行数字化加工；筛选60种少儿图书资源，更新触摸屏一体机展示资源；更新、升级、部署资源镜像系统，为油田用户提供更加个性化、方便化的服务；对油田数字图书馆系统和图书管理系统进行日常管理和维护，保证油田数字图书馆系统正常运行。同时，为塔里木油田开通移动服务，为其提供移动阅读体验。

继续进行总后数字图书馆的运行管理工作，多次与总后勤部档案馆沟通，撰写总后勤数字图书馆二期建设方案；针对总后提供的资源样例数据，开发了数据提取程序；远程、现场解决总后勤数字图书馆运行过程中出现的问题。继续维护中国人民解放军总后勤部档案馆、中国人民解放军第二炮兵政治部、厦门图书馆、澳门科技大学等合作单位的资源镜像服务，以现场、网络远程、电话等多种方式为合作单位提供数字资源更新、系统维护、技术支持等服务，确保应用系统的稳定运行。

**【移动服务资源宣传推广活动】**

12月22—28日国家图书馆2014年读书周期间，信息技术部以“开创数字时代全民移动阅读新模式”为主题，在总馆北区二层“印象数图”体验区开展系列活动，对“掌上国图”微信服务号、数字图书馆移动阅读平台等移动服务资源和内容进行宣传推广。活动借助体验区内常设的展板、视频短片播放向读者讲解国家图书馆各移动服务项目的服务内容及使用方法，并配有专门的设备供现场体验。另外，读书周举办前期利用OPAC查询机屏保、电脑贴图以及微信标签架，对“掌上国图”微信公众号进行前期宣传预热。期间通过“关注有礼”的形式与读者互动，引导读者了解使用微信公众号。通过此次读书周活动，“掌上国图”微信公众号每天都有130人以上新增用户，最高一天接近400人。

**【全国文献影像技术标准化技术委员会参加ISO/TC 171第27次年会】**

ISO/TC 171第27次会议于5月12—16日在位于南非比勒陀利亚的南非国家标准局召开。国家图书馆缩微中心副主任张阳、信息技术部主任助理李志尧及来自国家档案局档案科学技术研究所的马淑桂所长和王熹作为中方代表参加会议。

此次年会的主要任务是各分委员会分别讨论相关标准草案和更新工作计划。来自美国、英国、中国、法国、德国、加拿大、澳大利亚、南非、日本的专家代表共30余人参会。5月12日举行全体会议开幕式，ISO/TC 171主席Mr.Gerard Cathaly-Pretou（法）、秘书长Ms.Betsy A.Fanning（美）、南非国家标准局代表等分别在开幕式上致辞。Ms.Betsy A.Fanning秘书长在讲话中就大会的日程安排和分组情况等向与会代表做详细介绍。5月12—15日，3个分委员会分别召开会议，对各自负责的相关标准和工作计划进行深入细致的讨论，形成 18 项 ISO/TC 171 委员会决议和近百项分委员会决议。根据全国文影标的要求和安排，中方代表除参加全体大会之外，主要参与第一、第二分委员会的会议和相关标准的讨论。5 月 16 日，召开全体人员总结大会，与会代表对各项决议依次进行表决。会议还通过了相关人事安排和有关联络事宜。

## 【2014 年海峡两岸档案暨缩微学术交流会在台北召开】

5 月 24—31 日，由中国文献影像技术协会、中国档案学会、台湾中华档案暨资讯微缩管理学会共同主办的 2014 年海峡两岸档案暨缩微学术交流会在台北第一大饭店召开。此次会议是自 1992 年以来两岸三学会共同举办的第 23 次两岸档案暨缩微学术交流会，来自海峡两岸档案、缩微及文献影像界的专家、学者 120 余人出席会议。以中国档案学会名誉理事长（国家档案局局长、中央档案馆馆长）杨冬权为团长，四川大学档案馆馆长党耀武、福建省档案局馆长丁志隆为副团长的 29 人代表团赴台湾参会，国家图书馆信息技术部总工程师王乐春、缩微文献部副主任王浩作为代表团成员赴会。

会议以“档案文献的信息化经验、发展与趋势”为主题。两岸档案与文献工作者围绕“档案文献信息化的主要经验”“档案文献信息化中存在的问题”“档案文献信息化建设的发展趋势”等议题，相互交流工作经验、切磋学术观点，共同探讨两岸档案界未来的发展趋势。中国档案学会、中国文献影像技术协会代表团组织撰写 16 篇论文（其中档案学会 10 篇，文献影像技术协会 6 篇），有 12 篇论文在大会上做发言。

## 【中国非物质文化遗产保护出版成果展暨非物质文化遗产保护讲座月举办】

6 月 14 日—7 月 26 日，中国非物质文化遗产保护出版成果展在国家图书馆稽古厅、右文厅举办，展览由文化部主办，中国非物质文化遗产保护中心、国家图书馆联合承办。文化部非物质文化遗产司司长马文辉、副司长王福州，中国非物质文化遗产保护中心常务副主任罗薇，国家图书馆副馆长、党委副书记刘惠平等出席展览开幕式，仪式由国家图书馆副馆长兼国家典籍博物馆常务副馆长李虹霖主持。展览共展出 1800 余种 3000 余册图书和 100 余部非遗主题纪录片。内容分为四部分：第一部分以我国非遗保护 10 多年的发展历程为时间轴，将重要的出版成果与非遗保护大事件相呼应，配以生动的视频和文献实物予以展示；第二部分是各类非遗项目的出版成果精品，内容涉及法规与政策、普查与名录、理论研究、学科建设等，涵盖民间文学、传统音乐、传统美术、传统戏剧等领域；第三部分是各省区市选送的非遗保护出版成果撷英；第四部分“数说”非遗出版，对相关出版成果进行数据统计与分析。此次展览是我国首次对全国范围内非遗保护工作出版成果的集中展示，吸引众多观众参观，各大媒体予以广泛报道。

展览开展当天，非物质文化遗产保护讲座月活动同时拉开帷幕，邀请多位非物质文化遗产保护领域的专家担任主讲嘉宾，就非遗保护相关话题进行讲演。自 2007 年以来，国家图书馆每年都会举办非遗保护题材的讲座。2012 年，文化部非物质文化遗产司首次联合国家图书馆，面向读者举办大规模的非遗保护系列讲座。2012 年和 2013 年，这种活动都是以“讲座周”的形式呈现给读者的。2014 年，非遗保护系列讲座首次推出“讲座月”的形式，在内容、数量和持续时间上又有进一步突破。活动从6月14日—8月2日，共安排专题讲座11场，内容涵盖非遗保护的整体概况、非遗保护立法情况及解读、非遗保护的典型案例、非遗知识介绍以及国内知名专家介绍川昆艺术、古琴、口头文学、节气、南音、传统饮食、传统礼仪的知识和保护现状等多个方面，所有讲座都结合图片、视频或现场表演来进行。

中国非物质文化遗产保护出版成果展

**【国家典籍博物馆开馆首展之金石拓片展】**

7月15日，国家典籍博物馆开馆（试运行）暨国家图书馆馆藏精品大展开展，金石拓片展是首先展出的4个精品展之一，位于国家典籍博物馆第五、六展厅。金石是我国历史上一种重要的文献载体。国家图书馆自创建之初的京师图书馆时期就重视金石拓片的收藏。多年来，通过购藏、捐赠、拨交、自拓等方式，逐步形成今天的规模。国家图书馆现藏甲骨35651片，石刻实物数百

国家典籍博物馆开馆首展之金石拓片展厅

件，金石拓片 26 万余件，其中有顾广圻、叶昌炽、章钰、梁启超等拓片专藏，量大质精。此次展览选取先秦至明清及近现代时期的馆藏甲骨实物、金石拓本精品及部分石刻实物。

**【国家典籍博物馆开馆首展之敦煌遗书展】**

7 月 15 日，国家典籍博物馆开馆首展之敦煌遗书展在国家典籍博物馆第八展厅开展。敦煌遗书指 1900 年在甘肃敦煌莫高窟发现的 4 至 11 世纪多种文字的写本和印本、拓本文献，总数约 6 万件。其中 90%以上为佛教经典，其余为经、史、子、集四部书籍以及官私文书等文献，被誉为“中国中古时代的百科全书”。敦煌遗书是我国的重要文化遗产，也是国家图书馆古籍善本四大专藏之一。国家图书馆收藏的敦煌遗书已达 16579 号，写卷长度为世界各大藏家之首，是世界收藏敦煌遗书最丰富的单位之一。此次展览甄选 54 件馆藏敦煌遗书精品，从多角度展现我国中古时期辉煌灿烂的文化。

国家典籍博物馆开馆首展之敦煌遗书展厅

**【国家典籍博物馆开馆首展之善本古籍展】**

7 月 15 日，国家典籍博物馆开馆首展之善本古籍展在国家典籍博物馆第一展厅开展。国家图书馆现收藏善本古籍 30 余万册，继承了南宋以来的历代皇家珍藏，包括内阁大库、翰林院、国子监南学所藏的宋元旧刻，以及清末以来历届政府拨交的敦煌遗书、《赵城金藏》《永乐大典》、文津阁《四库全书》等。经政府调拨、工作人员南北访求与众多藏书家的捐赠转让，国家图书馆从海内外吸纳近世南北各大藏书家毕生所聚的稀世珍品，使得馆藏宋刊元椠、明清佳刻、名家稿本、精校精抄的品种数量至为宏富。此次展览从国家图书馆馆藏善本古籍中精选出存世早、版本精、对中国文化具有重要影响的典籍120余种进行展示。在展示这些珍贵历史文物的同时，也希望勾勒出中华文化的发展脉络。

国家典籍博物馆开馆首展之善本古籍展厅

**【国家典籍博物馆开馆首展之“咫尺天下”舆图精品展】**

8月16日，国家典籍博物馆开馆首展之“咫尺天下”舆图精品展在国家典籍博物馆第三展厅开展。此次展览由“世界地图”“国家地图”“省区地图”“城市地图”“海洋地图”“山川地图”“园林地图”“交通地图”“族姓地图”9个单元组成，共计60余件展品，量大质精，既包含宋代石刻地图拓本、明清绘本和刻本地图，也包括国外出版的地图，是迄今为止国家图书馆藏舆图展览的最高规格，展示了中国古代地图的发展历程。整个展览运用智能照明解决方案，将最佳的展示效果和照明质量相结合，有效衬托出舆图的精美之处，同时符合中华民族儒雅的气度与风格。通过整体色调和局部色彩的协调统一，有意识地突出展览重点，增强观众体验效果，最大限度地展现中华民族的舆图精华和辉煌成就。

国家典籍博物馆开馆首展之舆图精品展《福建舆图》展示效果

【国家典籍博物馆开馆首展之名家手稿展】

7月15日，国家典籍博物馆开馆首展之名家手稿展在国家典籍博物馆第九展厅开展。国家图书馆现藏500多位近现代名人的4000余件手稿，包括近现代著名作家、学者、科学家等各界名人的重要著作。此次展览由“名家手稿文库建设历程”“名家手稿文库专藏精品”“名家手稿与近现代中国”“名家手稿的保存与保护”4个部分组成，共展出手稿141种，其中包括梁启超、王国维、鲁迅、郑振铎、巴金、傅雷等手稿专藏，另有陈独秀、老舍、曹禺、丁玲等诸多名家的文章手迹，多为其代表作或具有史料价值的重要文献。展览还设计先进的多媒体互动“体感阅读”，吸引大批观众。

国家典籍博物馆开馆首展之名家手稿展厅

【国家典籍博物馆开馆首展之西文善本展】

7月15日，国家典籍博物馆开馆首展之西文善本展在国家典籍博物馆第七展厅开展。国家图书馆西文善本的收藏以外文汉学著作居多，并兼顾各学科领域中的重要著作。此次展览从馆藏5万余册西文善本藏书中精选56种58册（其中2册为中文善本），不少西文善本是第一次面向公众展示。展览按照时间顺序，分为“明清时期来华传教士藏书”“近代来华外国学者藏书”“近现代中国学者藏书及近年入藏精品”3个单元，使参观者通过展览了解西文善本在中国的传播和中西文化交流。除传统的展柜典籍展示，还利用触摸屏、投影等设计中西书籍发展史、西文善本多媒体翻页展示等多媒体项目，并结合展品内容展演莎士比亚戏剧、远西奇器图说，让参观者能够更为直观地翻阅西文善本，了解其中的内容和装帧形式。展览开展以来观众参观踊跃，除普通参观者外，还吸引不少国外专家学者。

国家典籍博物馆开馆首展之西文善本展厅

【国家典籍博物馆开馆首展之样式雷图档展】

8月1日，国家典籍博物馆开馆首展之样式雷图档展在国家典籍博物馆第四展厅开展。此次展览展示清代主持皇家建筑设计的雷氏家族设计、绘制和写作的建筑图样与文字档册。“样式雷图档”已入选《世界记忆名录》，被列为世界文化遗产的故宫、天坛、颐和园、避暑山庄、清东陵、清西陵等建筑群都在其中。通过此展览，观众能够了解中国古代的建筑思想以及建筑工程学的发展概貌。

国家典籍博物馆开馆首展之样式雷图档展厅

## 【国家典籍博物馆开馆首展之中国少数民族文字古籍展】

8月1日，国家典籍博物馆开馆首展之中国少数民族文字古籍展在国家典籍博物馆第十展厅开展。中国境内现存民族古文字约30种，形成大量民族文献。作为记录和传承民族传统文化的重要载体，民族文字古籍具有重要的文物、文献、文字价值。此次展览共展出国家图书馆藏民族文字古籍珍品65种2774册（叶），装帧形式丰富多样，历史悠久，最古老展品的年代可追溯至公元4世纪。展览内容按照文种排布，分为：佉卢字、焉耆—龟兹文、于阗文、粟特文、突厥文、藏文、回鹘文、西夏文、察合台文、契丹文、女真文、蒙古文、彝文、满文、东巴文、哥巴文、傣文、水文等文种以及多文种合璧文献，介绍民族文字的源起、发展和传播历程。展览还通过多媒体形式展示玄奘取经小游戏、三百佛像图纪录片播放以及馆藏民族文字古籍精品图录演示。此次展览多角度、全方位地将我国少数民族文字古籍展示在世人面前，以供更多的读者了解和研究。

国家典籍博物馆开馆首展之中国少数民族文字古籍展厅

## 【国家典籍博物馆开馆首展之中国古代典籍简史展】

7月15日，国家典籍博物馆首展之中国古代典籍简史展览在国家典籍博物馆第二展厅开展。此次展览依时间主轴划分为先秦两汉时期、魏晋南北朝隋唐五代时期、宋元时期及明清时期4个部分，内容涵盖数千年间中国典籍在形制与内容上的发展与演变。各部分内容均以典籍制作形制、典籍承载内容及相关历史故事为统一逻辑脉络进行铺陈叙述，从文字的产生、典籍的萌芽，到历代典籍的出版和制作，分阶段展现重要典籍以及相关的人物与事件，注重促进典籍发展演变的“人”的因素，从而表现中国古代光辉灿烂的典籍历史，帮助观众在知悉各历史时期典籍形态特点的同时，形成对典籍发展历史的整体认知。除了展厅的主体内容外，以典籍发展大事记为主要内容的“典籍长河”则将丰富浩繁的典籍发展历史凝练为200余个重要的时间节点与历史事件，并借助具有视觉冲击力的展示形式让参观者以最短的时间了解中国典籍的发展历史。

国家典籍博物馆开馆首展之中国古代典籍简史展厅

**【国家领导人参观国家典籍博物馆】**

8月26日上午，全国人大常委会原副委员长许嘉璐莅临国家典籍博物馆，在国家图书馆馆长、党委书记兼国家典籍博物馆馆长韩永进的陪同下参观馆藏精品大展。9月26日，全国政协副主席李海峰，文史和学习委员会、新闻出版界委员等一行40人到国家图书馆就公共文化服务体系建设问题进行调研，馆长韩永进及副馆长陈力、李洪霖，馆长助理孙一钢出席调研座谈，并陪同参观国家典籍博物馆。10月6日下午，中共中央政治局原常委、国务院原副总理李岚清莅临国家典籍博物馆，参观正在举办的“国家图书馆馆藏精品大展”，韩永进陪同参观。

**【国家典籍博物馆开馆嘉宾座谈会召开】**

9月10日下午，国家典籍博物馆开馆嘉宾座谈会在国家图书馆召开，中国工程院院士傅熹年、国家图书馆研究馆员李致忠、国家博物馆副馆长陈履生等近20位专家参加座谈会。会上，各位专家充分肯定典籍博物馆的9个精品大展，强调这是一场真实、精彩、震撼人心的展览盛宴，为很多图书馆、博物馆较好保护古籍、珍藏但不知如何利用提供引导性的参照。同时，专家就展览中存在的问题进行商榷，如：展品太珍贵，囿于外界环境影响无法提供长期展览是珍贵典籍展的突出问题之一；展品通俗易懂的介绍十分必要，需要提供让普通观众能理解、能接纳的介绍说明等；建议该展览日后通过轮流展览等形式，办成常规展、系统展，办出典籍博物馆自己的特色。副馆长李虹霖就专家的一些疑问予以解答，并表示会充分参考各位专家的意见，带动图书馆界典籍博物馆的发展。

**【世界知名汉学家参观国家典籍博物馆】**

10月29日，中共中央政治局委员、中央书记处书记、中宣部部长刘奇葆出席在国家图书馆举行的2014“汉学与当代中国”座谈会，30余位与会代表中有20位分别来自美、英、意、韩、德等17个国家的世界知名汉学家，中方专家包括中国艺术研究院终身研究员刘梦溪、厦门大学教授易中天等知名学者。会后，各国汉学家参观国家典籍博物馆展览，国家图书馆馆长韩永进等馆领导班子成员陪同，汉学家们对展览展示的博大精深的中华优秀传统文化给予高度评价。

**【“国风·秦韵”陕西民间美术精品展开展】**

11月1日，由中共陕西省委宣传部、陕西省文化厅、中国国家图书馆主办的“国风·秦韵”陕西民间美术精品展在国家典籍博物馆开幕。展览展出包括剪纸、刺绣、皮影、木版年画、泥塑、面花、陶瓷、画工粉本、手绘门帘、农民画等在内的11个品类，几乎囊括陕西民间美术的精品，是对陕西民间美术的一次梳理和汇总，也是时隔10年陕西民间美术再度晋京展示。展出作品是从几万件收藏中遴选出的精品，绝大部分为陕西省艺术馆的藏品，少部分为向相关地县文化馆和民间藏家征集所得，具有综合性、代表性、民俗性、珍贵性等特点，全面反映陕西传统民间美术的面貌与成就，对民俗学、艺术学、人类文化学的研究具有重要意义。

**【“走进典籍博物馆大课堂”启动仪式及首场活动“跟着赵广智爷爷走进‘样式雷’”举办】**

11月4日，由国家典籍博物馆主办的“走进典籍博物馆大课堂”系列活动启动，首场活动“跟着赵广智爷爷走进‘样式雷’”同时在国家典籍博物馆举行。国家图书馆馆长兼国家典籍博物馆馆长韩永进，国家图书馆副馆长兼国家典籍博物馆常务副馆长李虹霖，北京市教委社会大课堂办公室主任高付元，建筑学家梁思成先生之女、著名记者梁再冰女士，中国古建筑模型工艺师、中

中国古建筑模型工艺师赵广智在“走进典籍博物馆大课堂”与少年儿童现场互动

央民族大学外聘教授赵广智先生，以及近200名中小学生（含部分聋哑儿童）参加活动。“跟着赵广智爷爷走进‘样式雷’”以国家典籍博物馆首展之一的“样式雷精品图档”为依托，邀请赵广智先生与小学生进行互动，让中华传统文化和技艺渗透在青少年的生活和生命中。

**【“走进典籍博物馆大课堂之名家带你临名碑”活动在国家典籍博物馆举行】**

12月18日，“走进典籍博物馆大课堂之名家带你临名碑”活动在国家典籍博物馆金石拓片厅举行。国家图书馆副馆长兼国家典籍博物馆常务副馆长李虹霖、中国文房四宝协会会长郭海棠出席活动并致辞。中国书法家协会理事、行书专业委员会委员王学岭，中国书法家协会会员、中国文房四宝协会副会长廖达敏，中国书法家协会学术委员会委员黄君等书法名家，以及60余名中学生书法爱好者参加活动。活动分为“名家话名碑”“大家来临摹”“名家点评”“走进国家典籍博物馆”4个环节。此次活动将金石拓片和我国的书法艺术完美结合，借助典籍博物馆中的大量名碑名帖，让青少年在临摹学习中，了解博大精深的书法文化，体味中国文字之美，感受中华优秀传统文化的源远流长。

**【赖少其书画作品及文献史料展举办】**

12月26日，由国家图书馆、安徽省文化厅主办的“大将手笔·家国情怀——赖少其书画作品及文献史料展”在国家典籍博物馆开幕。国家图书馆馆长韩永进、合肥市委宣传部副部长罗平、赖少其艺术馆馆长于在海出席开幕式并致辞。文化部原副部长、国家图书馆名誉馆长周和平参观展览。

展览以20世纪30—50年代的文献史料为佐证，展示杰出的革命文艺战士、当代著名书画艺术大师赖少其创作的国画、版画、书法、篆刻等艺术作品，集中反映赖少其在民族救亡、祖国解放、社会建设和文化工作中的艰苦奋斗和曲折经历，清晰展现他各个阶段版画作品的变化发展，尤其是在深入皖南调研古代明清徽派版画和三雕艺术之后，重视中外传统创作手法，着力表现现实生活题材，创作大幅套色版画，开创“新徽派版画艺术”。

**【“我们的文字——非物质文化遗产中的文字传承”展览举办】**

2014年12月30日—2015年2月26日，由文化部非物质文化遗产司和国家图书馆共同主办，中国民族图书馆协办的“我们的文字——非物质文化遗产中的文字传承”跨年大展在国家图书馆总馆南区国家典籍博物馆开展。本次展览是继“年画中的记忆”“大漆的记忆”和“丝绸的记忆”后，文化部非遗司和国家图书馆共同举办的第4个中国记忆系列专题展览。

展览共分6个部分，包括中国文字概说、文字的书写、文字的传播、文字与艺术、文字与生活、文字的传承与未来，集中展示文字的历史变迁与发展现状，特别从与中国文字相关的非遗项目中挖掘文字的内涵与魅力。展览共展出文献、传承人作品等实物300余件，邀请24个非遗项目的21位代表性传承人来到现场，其中各少数民族文字书法的代表性传承人同聚一堂，共同书写我们的文字，贝叶经制作技艺、湖笔制作技艺、木活字印刷技术等10余个非遗项目的代表性传承人在现场演示制作过程。21 位传承人将自己的作品捐赠给国家图书馆永久收藏。展览以文字起源与发展为纵向脉络梳理从文字起源到今天的现状；以文字的种类与谱系为横向脉络，覆盖包括 10 余种已经消失的文字在内的中国各民族传统文字；以文字的书写、传播、应用和传承等命题为拓展，侧重非遗角度，串联起仓颉传说、各种文字书法、造纸技艺、填字谜游戏等 63 项非物质文化遗产项目。展览期间，设置丰富多彩的读者互动活动，包括非物质文化遗产专题纪录片展映、摹写民族文字、木版水印和古籍修复现场教学、“舌尖上的文字”美食与文字体验活动等，并举办 7 场“我们的文字”专题系列讲座，邀请相关领域专家学者以印章（篆刻）中的文字美、中国少数民族文字文物、女书的魅力、从文字到谱字、汉字与历史文化、汉字的性质与结构以及汉字与单词的对话等主题为读者解读文字的魅力。本展览在国家图书馆展出后，在全国各地图书馆巡展。知识普及型读物《我们的文字》于展览开幕当天同步开始发售，国家图书馆向传承人、读者代表及巡展图书馆赠送该书。

国家图书馆于 2014 年启动中国记忆项目“我们的文字”专题文献资源建设。该专题是国家图书馆中国记忆项目中心迄今为止规模最大、涉及领域、地区、民族最多的一项专题资源建设，拍摄与文字有关的各级非物质文化遗产项目 30 项、传承人及专家 37 人，采集影像资料、口述史料共计约 400 个小时。基于这些资源编辑制作的 29 部非遗项目专题片、18 位非遗传承人的口述史和 1 部宣传片，于展览开幕当天在国家图书馆网站中国记忆“我们的文字”专题页面发布，并在“掌上国图”手机门户同步上线。另外，以“我们的文字”为主题，国家图书馆首次与北京京港地铁有限公司合作开展“地铁图书馆”阅读推广系列活动。公众可以在此次展览现场、北京地铁 4 号线车站及车厢内等场所通过扫描二维码浏览相关页面、观看视频或阅读电子书。

“我们的文字”展览各民族文字书法传承人共同书写“羊年大吉”

"我们的文字"专题文献资源发布页面

以"我们的文字"为主题的专题资源库、展览、书籍和讲座等立体阅读推送的方式，体现国家图书馆如何更好地发挥社会教育职能，引领图书馆界积极拓展推广阅读的方式，改变社会读书氛围，倡导国民阅读风气。

## 【2014 新春雅集活动举办】

1 月 22 日，马年新春雅集活动在国家图书馆古籍馆举办。来自中国楹联学会、中华书局、北京大学、首都师范大学、中央财经大学、国家图书馆的楹联专家、书法家等，以及楹联、书法爱好者齐聚一堂，品读楹联图书，欣赏春联书法，畅谈春联文化。与会人员首先观看国家图书馆收藏的 40 余部楹联类古籍和上百本关于对联文化和知识的现代图书，随后楹联名家一起座谈春联历史和文化、讲解名联，最后书法家们与大家一起书写春联，共同庆祝春节的来临。与会专家和学者一致认为，春联文化博大精深，具有中国优秀传统文化的深厚底蕴，是中华民族的瑰宝，应当一代一代地传承和发展下去。

**【清宫遗珍——“天禄琳琅”“石渠宝笈”典籍书画展举办】**

4月19日，由国家图书馆和辽宁省文化厅主办、辽宁省图书馆和辽宁省博物馆承办的清宫遗珍——“天禄琳琅”“石渠宝笈”典籍书画展在辽宁省博物馆开幕，国家图书馆副馆长张志清出席开幕式。国家图书馆特借展品5种5册，分别是宋绍兴两浙东路茶盐司刻本《资治通鉴》、宋绍定临江军刻本《朱文公校昌黎先生集》、金刻本《南丰曾子固先生集》、元刻本《学易记》和清抄本《易小传》，均为清宫天禄琳琅藏书的精品，其中《朱文公校昌黎先生集》和《学易记》与辽宁省图书馆所藏合璧展出，颇为难得。展览至5月11日结束。

**【“纸墨传芬——国家图书馆、上海图书馆、复旦大学图书馆中华古籍保护成果联展”举办】**

11月30日—12月5日，为配合复旦大学中华古籍保护研究院成立暨国家古籍保护人才培训基地揭牌，“纸墨传芬——国家图书馆、上海图书馆、复旦大学图书馆中华古籍保护成果联展”在复旦大学博物馆举办。展览展示国家图书馆、上海图书馆提供的馆藏敦煌、宋元明清历代刻本及家谱碑帖等修复精品，以及复旦大学图书馆收藏的清代及民国稿本14种、明清抄本36种。国家图书馆提供的展品包括敦煌遗书、善本古籍、金石拓片、西域文献、年画等在内的12册/件珍贵藏品。

**【“中国传拓技艺展”在武汉、桂林巡展】**

6月，在第九个“文化遗产日”来临之际，国家图书馆分别与武汉图书馆、桂林图书馆联合举办“中国传拓技艺展”，以便展示中国传拓技艺的丰富内涵和独特魅力。国家图书馆提供2012年举办的“中国传拓技艺展”的设计、方式和展板等资料，武汉馆和桂林馆结合馆藏文献、地方特色等，对传拓技艺这一中国特有的古老的保存文献的方法进行全方位揭示和普及。

武汉图书馆的展览于6月13日在武汉图书馆一楼大厅正式开幕，展出《淳化阁帖》《三希堂法帖》等馆藏碑帖7部、古籍2部及部分传拓技艺的参考书籍，共计10个展柜的展品。本次展览是武汉图书馆首次对传拓技艺进行全面展示，也是其馆藏碑帖第一次与读者见面，对宣传与推动传拓技艺的保护与传承具有重要意义。桂林图书馆的展览自6月14日至20日，作为其“中国古籍保护计划推广活动”三大版块中的一个展览，展出桂林图书馆建馆以来的精品拓本以及桂海碑林博物馆所藏拓片。除展览外，还举办传拓技艺现场演示和专题讲座。通过巡展的文化推广方式，传拓知识和方法得到更多人的了解和关注。

**【国图艺术中心试运行发布会暨首批战略合作协议签约仪式举行】**

1月8日，国图艺术中心试运行发布会暨首批战略合作协议签约仪式在国家图书馆举行，国家图书馆馆长周和平，中央歌剧院党委书记嬴枫，中央民族乐团党委书记孙毅，国家图书馆副馆长陈力、张志清、王军、李虹霖，馆长助理孙一钢、汪东波，以及新闻媒体记者等出席发布会。周和平、张亚峰、嬴枫、孙毅先后致辞。馆长助理孙一钢代表国家图书馆分别与中国歌剧舞剧院、中国东方演艺集团、中央歌剧院、中央民族乐团的负责人签署战略合作协议，并介绍国图艺术中心的整体情况。

国图艺术中心隶属国家图书馆，是集文艺演出、艺术交流、电影放映、会议培训等多功能于一体的现代化综合文化设施。艺术中心建筑面积达5000余平方米，包含音乐厅、电影厅和培训中心三部分。音乐厅可容纳1008人，拥有当今国内一流的舞台、音响、灯光设备，可满足交响乐、戏剧、舞蹈等不同演出需要。

这次发布会正式宣告历时两年的国图音乐厅改造工程完工并更名为“国图艺术中心”交付使用。

**【“中西荟萃　经典演绎——国图艺术中心试运行音乐周”举行】**

1月15日，国图艺术中心开业，为期五天的“中西荟萃　经典演绎——国图艺术中心试运行音乐周”活动正式开始。参加此次音乐周活动的演出团体为中国东方交响乐团、中国歌剧舞剧院交响乐团、中央歌剧院交响乐团和中央民族乐团。

1月15日、16日晚，国图艺术中心上演两场“威尔第歌剧选段精粹——东方交响乐团交响合唱音乐会”，艺术家们演绎意大利歌剧大师威尔第最具代表性的《纳布科序曲》《茶花女前奏曲》等歌剧选段。17日晚，中央民族乐团“国风雅乐”音乐会，演出曲目有中国优秀民乐精品《良宵》《赛马》，外国名曲改编作品《卡门序曲》等。18日晚，中央歌剧院音乐会版普契尼歌剧《图兰朵》，演出由我国著名指挥家、中央歌剧院院长俞峰先生指挥，多名中央歌剧院最具实力的歌唱家担纲主唱，乐团和合唱团参与演出人数达180人。19日晚，中国歌剧舞剧院交响乐团演出“好莱坞经典电影音乐视听交响音乐会”，国图艺术中心音乐厅全新的声场效果，加上现场配以大屏幕投影展示的好莱坞电影经典画面，使音乐会现场达到高水平的视听效果。国图艺术中心试运行音乐周活动圆满落幕。

**【“良辰美景——2014非遗展演”举办】**

为纪念我国第九个“文化遗产日”，6月14—15日，“良辰美景——2014非遗展演”在国图艺术中心上演。此次展演由文化部非物质文化遗产司、中国昆剧古琴研究会和国家图书馆共同举办，意在加大国之瑰宝昆曲、古琴的推广与宣传力度，传播和弘扬我国非物质文化遗产。

良辰美景——2014非遗展演

6月14日的昆曲专场，是“川昆”

400 年来的首次出川晋京。“川昆”是昆曲在川、渝两地流播而生成的艺术形态，对川剧艺术产生重要的规范作用，是当代川剧的重要组成部分，也是昆曲重要的地域流派。它使用西南官话，借用高腔锣鼓，化用其他声腔的声乐演唱方法，强化副、丑等行当的曲白表演等，此次演出的《坠马》《教歌闹街》《醉隶》等精彩川昆折子戏，都显示出川昆对昆剧经典的极大拓展和创造。6 月 25 日的古琴专场，特别邀请在琴界颇具影响力和代表性的姚公白、龚一、李祥霆等国家级非遗传承人和古琴名家，演奏《古风操》《流水》《广陵散》《渔樵问答》《梅花三弄》《忆故人》《离骚》等古风名曲。

**【协办第十二届中国国际合唱节】**

7 月 29 日，第十二届中国国际合唱节暨国际合唱联盟青少年合唱教育大会开幕。国图艺术中心作为唯一的协办单位，7 月 30 日至 8 月 4 日承接来自中国、美国、菲律宾、葡萄牙、斯洛文尼亚、罗马尼亚等 10 余个国家的 22 支合唱团体专场音乐会及合唱节闭幕式，累计接待中外演员 1000 余人，观众近 7000 人。

合唱节上，国图艺术中心上演的合唱专场音乐会有中国校园合唱新作品音乐会暨北京市陈经纶中学经纶之声合唱团音乐会、中国合唱新作品音乐会、禹王治水交响合唱音乐会、菲律宾罗布克儿童合唱团音乐会、葡萄牙茉莉花中文合唱团音乐会、美国南加州大学索顿室内合唱团音乐会、欧洲理想与现实合唱团音乐会、罗马尼亚“牧歌”国家室内合唱团音乐会等。其中，美国旧金山游子吟合唱团联合中央歌剧院交响乐团及合唱团带来的“禹王治水交响合唱音乐会”，追溯中华文明源头，歌颂古代先贤，用合唱表达中华民族的价值观和宇宙观。“中国合唱新作品音乐会”是此次合唱节支持中国音乐创作的有益尝试，入选本场音乐会的合唱作品代表中国当代合唱创作的最高水平。

8 月 4 日，国图艺术中心举行第十二届中国国际合唱节总决赛暨闭幕式颁奖典礼。广东深圳龙岗纯美声音女教师合唱团、匈牙利佩奇市男声合唱团、广州荔湾区青少年宫合唱团分别荣获总决赛第一、二、三名。文化部外联局局长张爱平、国家图书馆馆长韩永进、国际合唱联盟主席麦克·杰·安德森、中国对外文化集团公司董事长张宇、西城区人民政府副区长梁昌新、中国合唱协会理事长田玉斌出席闭幕式并为总冠军颁发奖牌。

**【满天星业余交响乐团国家图书馆音乐沙龙举办】**

11 月 3 日晚上，满天星业余交响乐团国家图书馆音乐沙龙在国图艺术中心上演。本次艺术活动由国家图书馆与满天星业余交响乐团共同举办，旨在“做普及优秀音乐的使者，为全面素质教育做贡献”。满天星业余交响乐团由教授、将军、部长、省长、大学校长、院士等爱乐之友组成，在乐团常任指挥、音乐总监、中国青年交响乐团首席指挥夏小汤的指挥下，以小提琴独奏、大提琴独奏、弦乐四重奏、手风琴与乐队、萨克斯与乐队等形式演奏多首中国及世界经典名曲。乐团与留美博士、钢琴家刘琉和南开大学学生合唱团合作演出由郭沫若作词，中共中央政治局原常委、国务院原副总理李岚清作曲的钢琴协奏曲“鉴真东渡随想曲”。

李岚清同志出席观看音乐会并即兴上台发表感言，对高雅艺术的普及与发展寄予期望并指出方向，对国家图书馆为长期推动高雅艺术做出的贡献给予极大的鼓励，并对国家图书馆为举办本次音乐会所提供的大力支持表示赞许和感谢。中央机关各部委以及国家图书馆部长讲座的部分领导一同出席音乐会。国家图书馆馆长韩永进、副馆长刘惠平、副馆长王军、馆长助理孙一钢陪同观看演出。

# 国家数字图书馆建设

# 国家数字图书馆建设

## 一、硬件设施建设

### （一）总馆南区网络系统改造

国家图书馆总馆南区网络系统改造集成项目自2014年8月10日开始进行正式施工，累计铺设5700多个有线网信息点、安装103台交换机，实现总馆南区办公区、读者服务区网络全面开通；完成总馆南区办公区、读者服务区的无线网络全覆盖，共安装254个无线接入点，包括250个室内无线接入点和4个室外无线接入点。

### （二）总馆南区机房改造

国家图书馆总馆南区机房改造项目根据国家标准GB 50174—2008的A级机房规范要求于2014年8月1日开始实施，年内完成设备安装、机房电气、机房暖通、行为监控、动力监控、机柜、大屏显示、系统调试等各项工作。改造施工采取边使用边改造方式，施工过程中机房网络服务除必要的切换过程外未发生长期中断。

系统设计立足于高起点，采用国际先进、成熟、实用的技术，构建合理并适当超前的技术体系架构，用以确保长时间的技术领先。各系统通过集成，实现资源和信息共享，增强对机房的运营管理能力，提高设备利用率，降低能耗，实现现代化科学的机房管理。系统软、硬件配置采用模块化、开放式结构，以适应系统灵活组织、扩展和系统集成整体提升的需要。

总馆南区机房具有高可靠性，对可能存在单点故障的环节在设计上尽可能减少其对整个系统的影响并具有足够的备份能力。各系统设计及产品选型都具有超前性和扩充性，系统实施方案具有可扩展性，同时对隐蔽性工程有足够的前瞻性。在保证先进性和适用性的前提下，尽可能地节约成本。在功能设置方面体现出使用的综合性，以取得较好的经济效益。

### （三）存储建设

建有磁带库、磁盘阵列、光纤导向器组成的整体存储系统，总存储量达到2270TB。其中磁盘阵列主要用于在线/近线存储，总容量达930TB，为多个应用系统提供存储空间；共有2台磁带库用于离线存储，总容量1340TB，实现海量数字资源的长期保存。

截至2014年年底，在线存储系统为52台服务器提供存储空间，涉及系统42个，涵盖国家图书馆绝大部分业务；离线存储系统中保存的长期保存数据达到1147.22TB，包含期刊、博士论文、中文图书、数字方志等13类资源。

## 二、数字资源建设与发布

### （一）数字资源建设

截至2014年年底，国家图书馆数字资源总量达1024.45TB（较2013年总量增加149.95TB），主要来源为电子报纸呈缴5.28TB，外购数据库71TB，馆藏特色资源数字化856.92TB，网络导航和网络资源采集62.4TB。其内容单元主要包括电子图书3671058种4138056册，电子期刊57943种，电子报纸15237种5207371篇，会议论文5073228篇，音频资料1099669首，视频资料131982小时（讲座按每场1小时计）。

1. 电子报纸呈缴

国家图书馆接受电子报纸呈缴119种，存储量5.28TB。

2. 外购数据库

国家图书馆外购数据库共计277个，包括中文数据库127个，外文数据库150个。其中，已完成本地镜像数据库105个（包含子库），占用本地存储约71TB。现有中文引进数据库包含的文献数量为：中文图书483274种947310册，中文期刊21000种，中文报纸1389种，中文学位论文4442500篇，中文会议论文4660000篇，国家标准44149条，行业标准17489条，专题节目17988小时，学术性报告42500场，多媒体课程9301学时，少儿教学课件124247个，音乐500000首，语言55942集，舞台艺术1100部3000小时，影视剧5000集，工具书100855册（未去重），年鉴2180种28973册，实物影像4000副。

**外购数据库类型及数量**　　单位：个

| 数据库类型 | 中文库数量 | 外文库数量 |
|---|---|---|
| 全文数据库 | 64 | 88 |
| 文摘/索引数据库 | 12 | 25 |
| 数值/事实数据库 | 28 | 25 |
| 多媒体数据库 | 20 | 0 |
| 工具型数据库 | 3 | 1 |
| 复合型数据库 | 0 | 11 |
| 合计 | 127 | 150 |

**外购数据库所含主要内容单元及数量**

| 文献类型 | 中文数量 | 外文数量 | 合计 |
|---|---|---|---|
| 电子图书 | 483274种947310册 | 2512623种2512623册 | 2995897种3459933册 |
| 电子期刊 | 21000种 | 32425种 | 53425种 |
| 电子报纸 | 1389种 | 13335种 | 14724种 |

续表

| 文献类型 | 中文数量 | 外文数量 | 合计 |
|---|---|---|---|
| 学位论文 | 4442500 篇 | 519350 篇 | 4961850 篇 |
| 会议论文 | 4660000 篇 | 413228 篇 | 5073228 篇 |
| 音频资料 | 555942 首 | 0 首 | 555942 首 |
| 视频资料 | 77789 小时 | 0 小时 | 77789 小时 |

3. 数字化资源

国家图书馆特色数字化资源全文超过 2.6 亿页，资源存储量 856.92TB。包括：现代文献电子图书 626927 种 626927 册 202578059 页；博士论文 245521 种 33400186 页；音频资料 543727 首；视频资料 53935 小时；民国时期图书 47771 种 50733 册 9601500 页；民国期刊 4515 种 5050000 页；民国法律 11118 件 37199 页；年画 607 种 734 幅；海外民国文献数字化 549 种 19280 页；善本古籍甲骨实物影像 6575 种 11732 幅；甲骨拓片影像 6274 种 8503 幅；敦煌写卷书目数据 1.6 万条，全文影像 2948 卷 120814 拍；石刻拓片影像 23995 种 29472 幅；地方志全文影像 6868 种 3340000 叶；地方志全文文本 3123 种 1971200 叶；西夏文献全文影像 124 种 4909 页；西夏论著全文影像 1202 种 9793 页；善本老照片 7264 种 7328 幅；永乐大典 38 种 14930 页；宋人文集 513 种 162237 页；家谱 2626 种 2707687 页；海外回归古籍善本 8313 种 1258227 页；善本胶卷转换数字资源 265 种 1174689 页；中国古代典籍 1084 种 1 亿字。

2014 年，国家图书馆通过实体馆藏资源数字化、地方馆数字资源征集、数字资源交换、海外资源数字化回归、国内外机构联合共建等不同方式组织建设的数字资源达 133726GB，同比增加 126%。现代文献、善本古籍、视频资源分列资源建设量的一到三位，现代文献和视频资源建设量增幅明显，善本古籍和特色资源建设量与往年基本持平，民国文献和地方资源建设量有小幅下降。不同文献类别的全年资源建设量如下：

现代文献：中文图书 62186 册，其中图像扫描 1840.5 万页，全文识别 0.81 亿字；博士论文 6000 种 110.3 万页。资源建设量 100844.55GB。

民国文献：民国图书 15074 种 17030 册 311.3 万页；海外回归民国文献 400 页。资源建设量 1526.37GB。

善本古籍：家谱谱系整理 21 种；家谱图书数字化 8 册；徽州善本家谱 243 种；甲骨拓片影像 500 种；敦煌写卷全文影像 4 万拍；哈佛燕京图书馆善本全文影像转换 189 种；善本缩微胶卷转换 220 种 8165 册。资源建设量 14062.4GB。

视频资源：馆藏录像带数字化 717 种 738 小时；馆藏高密度视频光盘数字化 107 种 244 小时；馆藏激光唱片数字化 1874 种 26139 首 2050.85 小时；馆藏密纹唱片数字化 78 种 192 首 87 小时；业务培训讲座 29 场；学术讲座 100 场；文津讲坛 50 场；重大活动专题片 44 场；文津经典诵

读314种4.74小时。资源建设量10790.26GB。

特色资源：援疆期刊13种148期9749页；为其他单位代加工文献1117册53.7万页。资源建设量347.48GB。

地方资源：来自17个地方馆、23个资源包，资源内容涵盖民国文献、家谱、中文图书、专题视频资料、少年儿童资源、少数民族资源、非物质文化遗产等馆藏特色数字资源；来自全国公共图书馆自建数字资源登记元数据151万条；全国公共图书馆讲座联盟数据4千条。资源建设量6155.3GB。

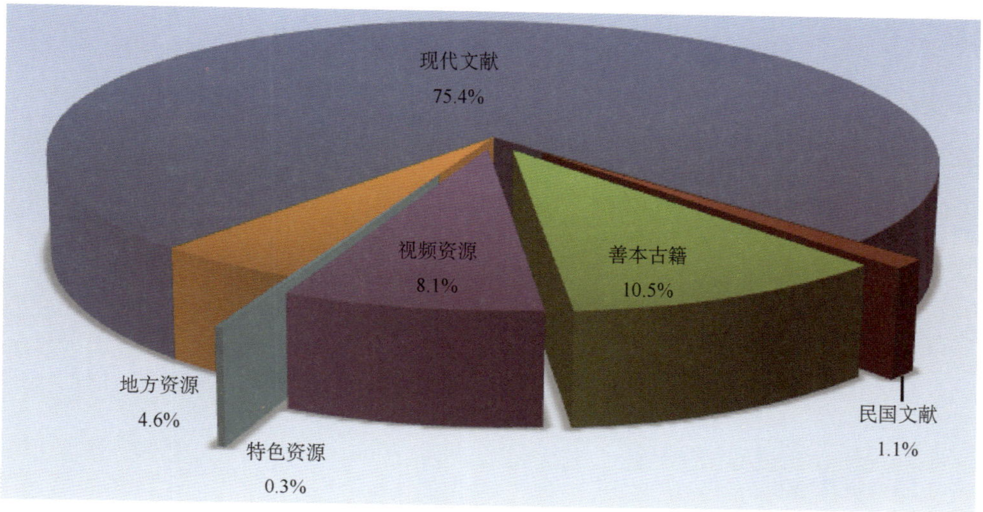


2014年不同文献类别自建数字资源建设量分布

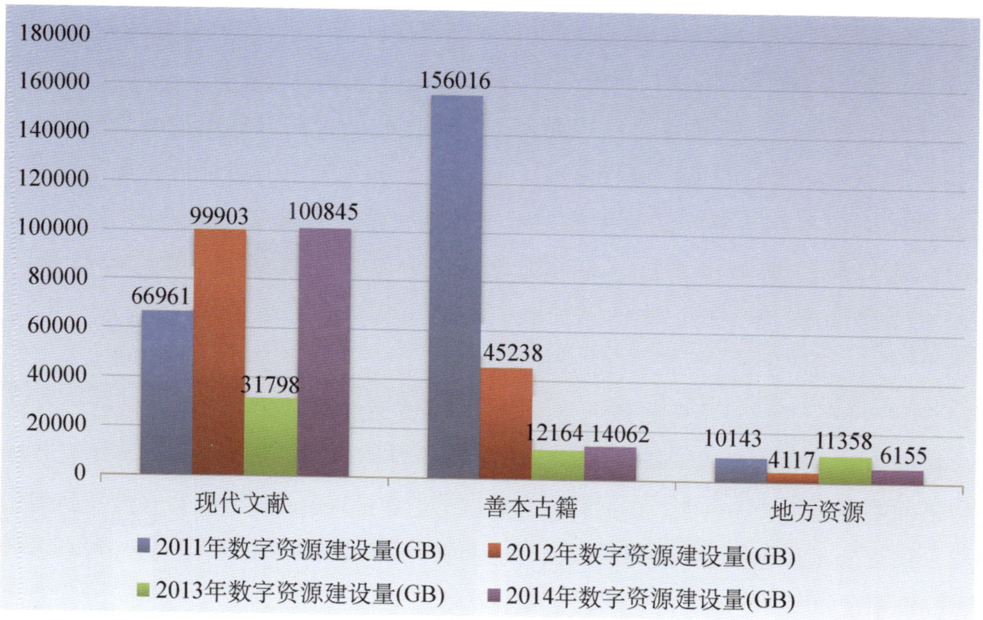


国家图书馆2011—2014年自建数字资源建设量对比（一）

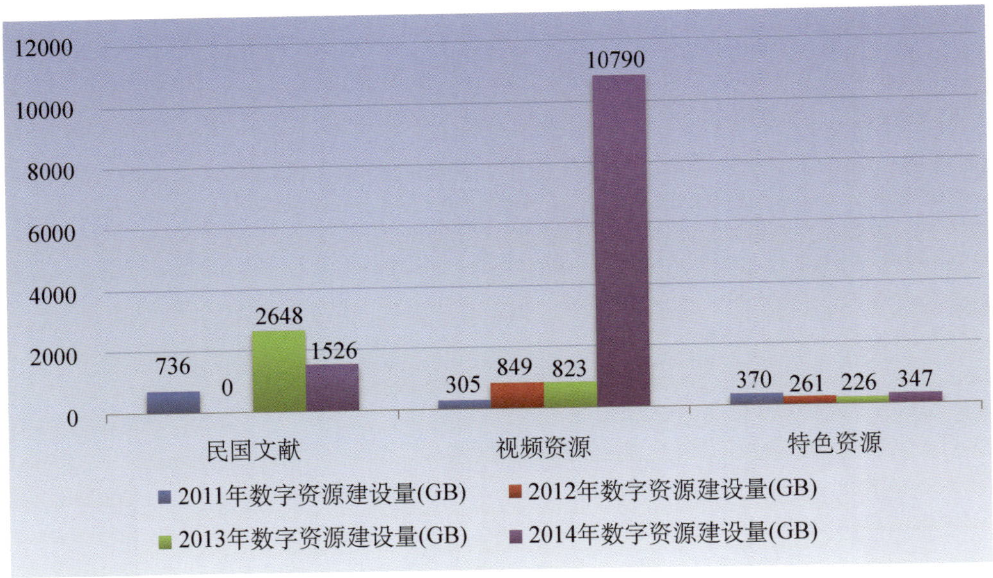


国家图书馆2011—2014年自建数字资源建设量对比（二）

除常规数字化任务外，国家图书馆还对网站和多媒体动画、数字电视和IPTV节目、中国政府公开信息整合国图分站等新媒体资源进行原生资源采集或数字资源二次加工，启动民国报纸数字化项目。

4. 网络信息资源建设

国家图书馆网络导航资源主要包括国内外图书馆导航、电子报刊导航、新农村建设专题导航、农林导航等，总计近2万项。网络资源采集已保存我国5万余个政府网站信息（每半年更新一次）、315种中文电子报纸以及中国学、开放存取、奥运会、航空航天、日本地震核泄漏、雅安地震等110个专题信息，网络采集资源存储量共计62.4TB。

2014年，针对学科导航URL易失效的问题，对图书馆学科导航、农林导航、电子报刊导航3个导航进行维护。以机器自动检测与人工检查相结合的方式对找到失效的URL人工进行审核，对于地址变更的情况进行修改，对于地址永久失效的情况进行删除。截至12月底，共完成新增数据518条，删除无效数据527条，修改数据276条。图书馆学导航全库总量6905条，同比上年减少0.2%，图书馆学新闻全库总量2656条，与上年持平；农林导航资源全库总量9028条，与上年持平；电子报刊导航全库总量1364条，与上年相比增加0.4%。

2014年，政府公开信息整合服务平台国图分站资源建设完成103万余条政府公开信息采集与加工，按照10%比例进行人工校验，同时进行10个热点专题汇集，完成上述所有数据的发布和服务，该网站月访问量4万次。在保证已有数据维护和管理的基础上，积极开展新数据采集工作，全年采集数据8万余条，并进行元数据标引和数据导入测试。完成本项目与地方馆联合建设的元数据标准制定，完善《政府信息元数据著录规则》。截至12月31日，政府公开信息全库总量2070668条，与2013年相比增加8.3%；政府公报新增30期，全库总量58种13029期，与2013

年相比增加0.2%。

网络信息采集与保存工作在原有实践基础上，起草制定《国家图书馆互联网保存保护中心规划（2015—2017）》，从国家网络安全的角度重新进行中心定位、建设方向和原则的制定，同时完成项目联建元数据标准的制定。本年度共完成2万个政府网站存档工作和事件专题网络资源存档工作，中国政府网站采集的数据容量为16.5TB，比去年增加63.9%。大幅增加专题采集数量并提供局域网服务，全年共采集专题18个，比去年增加80%；全年发布专题总量达到43个。同时，积极开展国外网站采集和服务，2014年试验性采集国外网站78个，网站涉及美国、欧洲和日本的政治、军事、文化等内容，并安排逐步发布。国家图书馆互联网信息保存保护中心网站增加“政府网站存档”和“国外网站存档”栏目，分别用于展示采集和发布完成的中央政府网站存档数据，大部制改革存档数据和国外网站存档数据。在“中国事典”栏目中，新增2009年至2014年已发布完成的专题数据存档的展示。年内完成昌黎图书馆中国事典栏目的数据更新工作，提供1TB专题存档数据和索引数据，并新增页面用于数据展示。

5.“掌上国图”资源建设

“掌上国图”继续加大资源建设量，丰富资源服务形式。国家图书馆手机门户新增视频讲座150场，视频总时长247.26小时，41.66GB。新增学位论文数据9632条；包括元数据：数据库数据9632条，对象数据：中文摘要9622个，英文摘要9604个，共计19226个，MARC数据9632条，存储量244.8MB。建设“丝绸的记忆——中国蚕丝织绣暨国家级非物质文化遗产项目特展”“又见文津”“国家图书馆精品大展”3个专题，共计23.4万字，图片1540张，音频431分钟，存储量3.98GB。外购资源方面，继续购入“手机知网”“读览天下”2种商用移动资源，其中“手机知网”包括4个数据库：《中国学术期刊网络出版总库》（手机版）、《中国重要会议论文全文数据库》（手机版）、《中国重要报纸全文数据库》（手机版）、《中国工具书网络出版总库》（手机版）；读览天下包含商业财经、生活休闲、艺术传媒、通信科技、文学教育、人文科学、政法时事、医学保证各类优秀期刊595种，并实时更新。另外，采购云图数字有声图书馆资源共23862集，包括评书相声、戏曲、电视电台节目、有声书摘、精品广播剧等类别。

6.国家图书馆公有领域图书版权筛查工作

2014年，“国家图书馆公有领域图书版权筛查项目”开展第六期工作，完成征集50976条书目数据和规范数据，制作已进入公有领域数据31880条，未进入公有领域数据13240条，无法判断是否进入公有领域数据5088条，与2013年相比，筛查数据总量增加7094条，增加16%。本年度首次开展已数字化民国图书的版权甄别工作，共完成甄别数据30246条，使数字化民国图书版权状态得以明确，为国家图书馆数字资源服务与进一步整合利用提供有力保障；新增“尚未进入公有领域”“无法判断是否进入公有领域”筛查结果，厘清馆藏民国图书诸种版权状态，为今后的开发利用工作奠定坚实基础。

7. 数字资源征集工作

国家图书馆征集资源存储量共计28.85TB，主要包括地方志、民国文献、老照片、家谱、专题视频、非物质文化遗产、少数民族资源、少年儿童资源和馆藏特色资源等。

2014年，面向全国副省级以上公共图书馆、国家数字图书馆分馆进行数字资源征集，共收到29个馆48个资源包的征集申报，包含近6.7万余种内容单元，覆盖民国文献、地方文献、老照片、碑帖、专题视频等多种主题类型。依据国家图书馆相关数字资源建设规范以及数字资源整合发布要求，对23个资源包、12736种征集资源的数据质量、版权状态进行检查，完成验收的资源及时通过计算机网络、新媒体等途径向国家图书馆注册用户和合法授权用户提供阅览服务。同时，制订“征集数字资源整合方案（草案）”，促进征集资源的进一步整合利用。

**征集资源2014年度验收资源量统计**

| | |
|---|---|
| 资源种数 | 12736种 |
| 版权证明材料 | 843份 |
| 长期保存图书类 | 534929页 |
| 长期保存图片类 | 10384幅 |
| 长期保存音视频类 | 26586分钟 |
| 长期保存存储量 | 6.2TB |
| 发布服务图书类 | 707169页 |
| 发布服务图片类 | 11651幅 |
| 发布服务音视频类 | 26585分钟 |
| 发布服务存储量 | 0.26TB |

8. 数字资源补藏工作

开拓数字资源建设方式，深入研究馆藏补藏需求，调研国内外数字资源生产建设情况，探索数字资源补藏思路与实践方法，最终制定补藏方案，并通过其他单位补藏民国图书数字资源7437种1810774页，补藏珍贵家谱数字资源413种600035页，补藏古籍图书数字资源18种450000页。通过补藏，国家图书馆拓展数字资源建设渠道，丰富馆藏数字资源内容，有效减少数字化过程中的损耗，有利于保护本馆实体文献。同时，为加强数字资源补藏协调，国家图书馆也利用本馆数字资源协助其他单位完成资源补藏和建设工作，共计提供民国图书数字资源17540种2489423页，家谱数字资源82种

657155 页。

9. 数字版权捐赠工作

继续拓展版权授权与资源获取渠道，通过主动寻访、发布和寄送《版权捐赠启事》等方式扩大版权捐赠宣传，动员权利人捐赠版权。截止到 12 月底，共回复 354 次版权捐赠咨询，正式签订《作品版权转让与授权合同》29 份，接受 61 种图书的版权捐赠。

10. 唯一标识符注册

全年完成唯一标识符注册 108206 条，其中包含中文图书、博士论文等馆藏自建特色资源 84251 条，地方视频资料、馆藏特色资源、民国文献、家谱、非物质文化遗产、少儿资源、少数民族资源等征集资源 23955 条。

## （二）数字资源发布

截至 2014 年年底，国家图书馆数字资源发布总量达 734.52TB（同比 2013 年增加 113.52TB），占数字资源建设总量的 71.7%。其中，馆域网发布服务占发布资源的 81%，互联网远程授权访问占发布资源的 19%。已发布数字资源的内容单元包含：电子图书 3532411 种 3996447 万册，电子期刊约 57780 种，电子报纸约 15039 种，学位论文 5203281 篇，会议论文 5073228 篇，音频资料 668293 首，视频资料约 79559 小时。

1. 电子报纸呈缴

国家图书馆接受呈缴的 119 种电子报纸中，有 37 种实现馆域网发布，数据量 1.5TB，占全部缴存报纸种数的 31.1%，占缴送数据总量的 28.4%。

2. 外购数据库

277 个外购数据库均已在馆域网发布。其中，109 个数据库授权许可馆域网服务，占全部外购数据库的 39.4%；168 个数据库授权许可互联网远程访问，占全部外购数据库的 60.6%。

3. 馆藏特色数字化资源

国家图书馆已发布馆藏特色数字化资源存储量为 636.85TB，占全部馆藏特色数字化资源的 62.2%。

4. 征集资源

征集数字资源已发布资源的存量约为 20.38TB，占全部征集资源存储量的 70.6%。

5. 网络导航和网络采集资源

网络导航数据采取建设即发布的方式，并保持定期更新维护，全部实现互联网服务。网络资源采集发布资源的存储量为 4.79TB，占全部网络资源采集存储量的 7.7%。相关统计数据见下表。

各种来源数字资源建设和发布情况汇总表

| 资源类型 | 建设数量 | 存储量（TB） | 发布数量 | 发布存储量（TB） | 发布比例（%） | 备注 |
| --- | --- | --- | --- | --- | --- | --- |
| 呈缴（电子报） | 119 种 | 5.28 | 37 种 | 1.50 | 28.40 | |
| 外购数据库 | 277 个 | 71 | 277 个 | 71 | 100 | 存储量只含镜像到本地存储的数据库 |
| 馆藏特色数字化资源 | — | 856.92 | — | 636.85 | 62.20 | |
| 征集 | — | 28.85 | — | 20.38 | 70.60 | |
| 网络导航和网络资源采集 | 2 万项导航，5 万个政府网站，315 种电子报，110 个专题信息库 | 62.40 | 2 万项导航，315 种电子报，76 个专题信息 | 4.79 | 7.70 | |
| 合计 | — | 1024.45 | — | 734.52 | 71.70 | 发布比例按存储量统计 |

## 三、应用系统和平台建设

### （一）统一用户管理系统建设

统一用户管理系统是将国家图书馆所有读者用户进行统一管理，完成用户实名注册和认证等功能的综合性系统。截至 12 月 31 日，系统总注册人数 3316982 人，其中物理卡注册读者 1881283 人，实名注册读者 811185 人，非实名注册读者 624489 人。总注册人数较 2013 年增加 26%。

1. 统一用户系统的硬件、网络、数据库、中间件、应用软件等的管理工作。进行定期监控，及时处理日常故障。对系统架构进行优化，部署数据库双机环境，提升系统可靠性。

2. 读者权限的管理工作。对不同类型读者进行资源库的权限赋予和修改。目前，物理卡用户远程可访问资源 174 个（中文 82 个、外文 48 个、自建 44），比 2013 年增加 19 个；实名注册用户远程可访问资源 114 个（中文 32 个、外文 38 个、自建 44），比 2013 年增加 12 个。全年新接入外购数据库并开放远程访问权限 6 个，调整更新数据库信息 9 个，取消 1 个资源远程访问权限，及时解决美国国会文献库、维普期刊等多个资源库在使用过程中发现的问题。

3. 统一用户系统的读者服务工作。全年共回复上千条读者意见。

## （二）异地灾备中心建设

正在建设的国家图书馆异地灾难备份系统，不但可以提高国家图书馆核心业务系统的风险抵御能力，避免或减少灾难打击和重大事故对国家图书馆及国家数字图书馆核心业务系统和重要系统造成的损失，确保核心业务系统的数据安全和作业持续性，而且可以实现核心业务数据异地实时同步复制、非核心业务数据以及各类数字资源异地保存。该项目分为灾备中心机房建设、光纤链路建设、灾备系统 3 个子项目同步进行建设，2014 年完成灾备中心机房和光纤链路的建设和验收，为灾备系统的建设及上线运行奠定坚实的基础。

## （三）掌上国图移动数字图书馆服务体系完善

国家图书馆不断创新服务形式，将图书馆的服务和资源搬上移动平台，推出基于手机、平板电脑等多终端的移动服务形式，形成“掌上国图”移动数字图书馆服务体系。该服务体系包括短彩信系统、手机门户、应用程序等多种服务形式，使图书馆真正实现随时、随地、随身。

随着移动技术发展和读者需求的变化，国家图书馆逐步推进服务体系的完善。其中，手机门户采用 HTML5 技术对界面进行改版升级，优化用户的使用体验；重新划分栏目板块，方便读者使用；整合后台内容发布系统，实现资源的统一管理与发布；完善后台统计分析功能，辅助服务决策。“国家数字图书馆”应用程序在“微阅书刊”栏目下新增“读览期刊”模块，实现 500 余种期刊的原版在线试读及下载，并专门开发大屏客户端于“印象数图”体验区展示，读者可扫描二维码下载阅读；添加“听书”模块，实现在线播放、离线下载、断点续听等各种功能，并建设后台音频导入系统，保证听书资源的顺利发布与统计管理。

## （四）完成读者门禁与流量管理系统升级

国家图书馆读者门禁与流量管理系统是管控外来人员进出公共阅览区，并对人员进出流量进行统计的数字化出入控制系统。2014 年，随着国家图书馆政策调整及南区重新开馆，读者门禁与流量管理系统完成全面升级。功能方面，实现灵活配置各个阅览室读者准入年龄控制，实现各阅览室查询或导出某段时间内读者的出入记录；软件与终端运维方面，除及时进行系统 bug 修复服务、定期数据库巡检及优化外，为全馆新增或迁移门禁系统提供支持。

## （五）版权信息管理系统

2014 年，版权信息管理系统规范运行管理工作，系统管理员加强监测，积极排查系统服务器的相关漏洞，解决处理数据索引服务器内存占用溢出、无法快速登录、上传书单数据无法解析查重等问题，处理服务器异常关机、排除服务器内存误报警等情况，不断提升运行能力。制定并完善版权信息管理系统的著录原则和办法，整理数字资源版权相关信息和数据，进行版权信息回溯数据著录，录入外购、征集和自建等资源的授权数据（包括公有领域图书、版权捐赠图书、文津图书奖图书、地方馆征集资源）218590条，与2013年相比增加550%，为梳理各类数字资源版权状态，有效利用数字资源奠定基础。

版权信息管理系统作为数字图书馆推广工程管理平台软件建设标准中选配推广的系统，为展示系统整体建设情况，确定版权信息管理系统的展示数据项为馆点版权作品数、授权状态分类作品数、授权类型分类作品数、用户范围分类作品数，达到更全面揭示版权管理系统中的文献数量及其版权信息的目的。

### （六）文献数字化加工中心项目

文献数字化加工中心场地规划为国家图书馆总馆北区五层，面积约1200平方米，内设普通纸质文献数字化加工区、古籍文献数字化加工区和音视频文献数字化加工区。依据文献数字化加工中心场地特点，征求中心系统软件开发商意见，设计网络结构，规划中心布局，计算硬件成本，撰写《国家图书馆文献数字化中心设备方案》，并经专家论证会通过。

## 四、信息安全建设

### （一）开展网络安全大检查

为进一步加强网络安全建设，保证业务系统稳定运行，国家图书馆于2014年3月开展网络安全大检查，共分3个层面：一是完成网络安全体系检查；二是对491台重要服务器进行漏洞扫描，并针对国家图书馆门户网站等13个网站采用应用级漏洞检测及人工外网渗透的方式重点检查；三是排查各部门服务器、计算机终端的杀毒软件安装情况，并完成全馆125台Windows操作系统服务器的卡巴斯基防病毒软件安装工作，安装比例达到73%。

### （二）加强“两会”期间信息安全保障工作

为保障国家图书馆网络在2014年“两会”期间安全畅通，各大系统安全、可靠运转，依据实际情况细化、修订突发事件应急预案，提高应对网络攻击、数据通信的防控能力；安排技术骨干进行信息安全保障值班，做到紧急事件及时处置；提高技术防控等级，升级入侵防御系统；落实信息安全通报工作，严格执行“零事件”报告制度。

### （三）全年网络信息安全情况

2014年，国家图书馆未出现重大网络事故，全年共阻断来自互联网的攻击70万余次，隔离垃圾邮件160万封，查杀感染病毒计算机309台，解决邮件被删除、盗用等问题177次。加强

VPN 账号管理流程，两次开展全馆服务器信息系统漏洞扫描检测。

## 五、数字图书馆体验区建设

完成数字图书馆体验区“印象数图”建设工作。由信息技术部牵头，数字资源部、业务管理处、后勤服务中心、保卫处等多个部门共同组成体验区建设项目小组，全力保障项目建设，在区域设计规划、多媒体互动展示、影片拍摄制作、互动创意设计、现场施工部署等诸多方面进行充分的论证，以生动有趣的方式将国家数字图书馆呈现给公众。在把控项目进展的同时，注意各项细节的完善，为读者带来最良好的用户体验感受。数字图书馆体验区于 9 月 9 日在国家图书馆总馆北区原 OPAC 大厅正式面向公众开放。已接待众多读者及业界同人前来参观体验，日均接待千余人。体验区设置国家数字图书馆工程、数字图书馆推广工程、数字资源展示体验、数字图书馆互动体验、印象未来畅想、寄语数图互动等多个展示体验区域，运用科技手段，通过灵活、趣味、互动的方式向读者全面展示国家数字图书馆建设成果，让许多读者通过“零距离”体验的方式，了解、使用、分享国家数字图书馆提供的资源与服务，并通过身临其境的视听技术手段，引导读者及图书馆界同仁对图书馆在未来社会中的角色与定位进行畅想与思考。

“印象数图”数字图书馆体验区上线之后，吸引诸多媒体关注，多家媒体对体验区进行相关报道，《文化报》《北京日报》《图书馆报》等就体验区上线进行相关报道。

“印象数图”数字图书馆体验区序厅

“印象数图”数字图书馆体验区之国家数字图书馆工程展区

## 六、标准规范建设

### （一）标准规范出版物

2014年6—12月，国家数字图书馆工程标准规范项目系列丛书《国家图书馆音频资源元数据规范与著录规则》《国家图书馆视频资源元数据规范与著录规则》《国家数字图书馆长期保存元数据规范与应用指南》《国家数字图书馆长期保存信息包封装标准规范与应用指南》《国家图书馆学位论文元数据规范与著录规则》《国家图书馆期刊论文元数据规范与著录规则》《国家图书馆电子连续性资源元数据规范与著录规则》《国家图书馆家谱元数据规范与著录规则》《国家图书馆拓片元数据规范与著录规则》《国家图书馆甲骨元数据规范与著录规则》《国家图书馆舆图元数据规范与著录规则》《国家图书馆古籍元数据规范与著录规则》共计12种，陆续由国家图书馆出版社出版。

至此，国家数字图书馆工程标准规范丛书完成全部29种图书的出版工作。

### （二）图书馆移动服务标准研究

标准规范作为数字图书馆建设的基础，是开发利用与共建共享资源的基本保障，是保证数字图书馆的资源和服务在整个数字信息环境中可利用、可互操作和可持续发展的基础。图书馆界在移动服务建设方面还没有现成的规范依据，国家图书馆在参照和遵循信息化方面的相关国际标准和国家标准的基础上，对图书馆移动服务标准进行研究，重点对移动资源的建设、组织与管理进行规范，形成《图书馆移动服务标准研究报告》，建立起一套科学、完整、体系化的公共图书馆移动服务标准框架。

## 七、工程管理

2014 年，国家数字图书馆工程进入验收准备的一年，在做好整体验收准备的同时，国家图书馆按照既定工作计划和工程管理流程继续推进在建项目进展，对已建项目进行系统完善与运行管理。异地灾备项目机房建设分项已完成建设，进入试运行；完成光纤链路建设分项的敷设施工工作；灾备系统建设分项已完成招标工作，即将进入项目建设。文献数字化中心建设方案已基本确定，设备采购准备工作已准备就绪，为文献数字化加工中心的搭建奠定基础。元数据分布式管理系统已完成对功能软件的开发、部署实施、交付测试和初验工作，完成初验评审会，基本完成该项目 41 个数据库的入库工作，系统进入试运行。元数据加工系统已完成成品软件部分的到货验收工作，定制软件部分已完成交付测试工作，正在准备初验。完成工程核心系统第三方测试和评价工作，评测国家数字图书馆的技术领先性、适用性，为工程整体验收提供依据。进行数图工程国家验收筹备工作，结合国家图书馆建设数图工程实际情况，以国家电子政务及信息化项目相关验收办法及规定为参考，形成数图工程整体验收工作方案初稿，并参照《国家重大建设项目档案验收办法》对各部门数图工程相关文档情况进行梳理，为工程整体验收做好准备。

## 八、宣传外联与科学研究

### （一）召开 2014 图书馆现代技术学术研讨会

11 月 4—7 日，2014 图书馆现代技术学术研讨会“数字资源揭示——海量数据环境下图书馆资源发现之路”在国家图书馆召开。研讨会邀请国内外图书馆领域的专家、学者和广大从业人员，围绕数字图书馆大数据、数字图书馆检索技术、数字图书馆服务整合、数字图书馆技术发展前瞻等方面的内容，共同探讨数字资源揭示及相关领域的发展现状及未来趋势，并由国家数字图书馆、国家科学数字图书馆、CALIS、NSTL 共同 OPEN TALK 数字图书馆发展，文津搜索、EDS、SUMMON 和 PRIMO，讨论图书馆“资源发现”。

2014 图书馆现代技术学术研讨会 Open Talk 现场

## (二)在2014年中国图书馆年会上展示数字图书馆移动阅读平台

10月10—12日，2014年中国图书馆学会年会·中国图书馆展览会在北京举办。国家图书馆策划并设计搭建数字图书馆推广工程体验区，数字图书馆移动阅读平台是其中的7个部分之一。该平台由国家图书馆联合各地图书馆共同建设，汇集7万余册优质电子图书、上千种电子期刊、3万余张图片、千余场视频、短片以及各地图书馆的优秀特色资源。平台的展示吸引众多普通参观者和图书馆界同仁的注意。现场通过模拟大手机触屏向参观者展示数字图书馆移动阅读平台，并提供手机和iPad等多个终端设备供参观者体验阅读。在互动空间，精选图书设计制作成书墙，参观者扫描喜欢的图书书封上的二维码便可到平台进行阅读。现场参观者纷纷注册体验阅读，并提出宝贵意见。数字图书馆移动阅读平台真正成为用户随时随地随身的图书馆。

数字图书馆移动阅读平台亮相2014年中国图书馆年会展览会

## (三)编发数字图书馆发展研究与技术动态

跟踪最新的信息技术，深入研究数字图书馆发展的方向，探索新技术在数字图书馆中的应用。全年完成《图书馆增强现实技术探究》《图书馆知识共享空间》《普适计算环境下的新一代图书馆》《利用Mashup提升图书馆服务能力》4期数字图书馆发展研究专报和4期《技术动态》的编发工作。

# 年度掠影

## 【唯一标识符在国家图书馆文津搜索系统中应用】

2014年，国家图书馆开展唯一标识符系统在文津搜索系统、OPAC系统的应用整合研究，提取一部分唯一标识符注册数据提交给文津搜索系统及OPAC系统，进行实验性探索。通过唯一标识符将纸本图书与电子图书关联起来，读者在OPAC系统进行检索后，可通过唯一标识符技术直接访问想要的资源，而不必到馆进行实体书的借阅，从时间上、经济上都可以给读者带来极大的便利。唯一标识符在文津搜索系统中得到应用，将会从资源组织到数据展示等方面发挥重大作用。

## 【版权信息管理系统数据回溯工作稳步推进】

2014年，国家图书馆全面开展版权信息管理系统回溯数据制作工作，研究确立各类型数字资源的版权信息数据著录规则，根据历年来各类数字资源版权甄别结果，遵照著录规则，共计制作版权合同信息476条、授权信息517条、授权清单规范数据218590条，整理版权授权材料1229份，并完成版权授权材料整理报告。制作回溯数据的主要对象是近年来国家图书馆通过数字资源征集、数字版权捐赠和公有领域图书筛查项目建设的版权资源。版权信息管理系统数据回溯工作旨在利用版权信息管理系统这一平台，对国家图书馆近几年外购、征集和自建等不同来源的数字资源版权的状况做出梳理和统一展示，及时了解和掌握国家图书馆数字资源版权情况。

# 重点文化工程

- 中华古籍保护计划
- 数字图书馆推广工程
- 民国时期文献保护计划
- 年度掠影

# 重点文化工程

## 一、中华古籍保护计划

2014年，国家图书馆（国家古籍保护中心）根据文化部要求，围绕习近平总书记关于弘扬中华优秀传统文化系列讲话精神，对“中华古籍保护计划”各大项目进行重点推进，在古籍普查、古籍修复、人才培养、古籍数字化、海外中华古籍调查与合作保护、法律法规建设、出版整理、宣传推广等方面取得阶段性成果。

### （一）《中华古籍保护计划“十三五”时期发展规划》预研工作

启动《中华古籍保护计划“十三五”时期发展规划》预研工作，向全国各省级古籍保护中心、相关行业古籍保护中心和全国古籍保护专家广泛征求意见、建议，整理形成《全国古籍保护工作意见汇编》；于9月举行两场研讨会，听取省级古籍保护中心领导、专家代表等提议，总结经验与不足，为制定《中华古籍保护计划”十三五”时期发展规划》奠定基础。

### （二）全国古籍普查登记工作

配合部级联席会议成员单位领导、古籍保护专家，赴新疆、云南、内蒙古等地开展督导，对各地工作规划、古籍普查进度、古籍保护人才培养、古籍修复与保护等项工作进行检查、指导。

截至2014年年底，全国已有28个省、直辖市、自治区以及2家中央直属机关单位，近700余家古籍收藏单位完成古籍普查登记工作，完成普查数据量134万条。

全国41家单位9部《全国古籍普查登记目录》正式出版（其中天津图书馆全3册31812条，中国中医科学院图书馆全1册6005条，黑龙江省图书馆全1册5360条，重庆市33家收藏单位全2册10260条，陕西省图书馆全3册20529条，青海省图书馆全1册5124条，湖南图书馆全4册35427条，河南大学图书馆全1册6437条，南开大学图书馆全1册11281条）；继续推进《中华古籍总目》编纂工作，修订完善《中华古籍总目》编目手册，开展《中华古籍总目》简帛卷、敦煌卷著录规则编写工作。

“全国古籍普查平台”已登记数据97万余条，国家古籍保护中心为全国42个服务器网点提供技术维护服务；全国古籍普查登记数据库是“中华古籍索引库”发布平台，2014年投入使用，发布数据17余万条。

### （三）国家珍贵古籍名录评审工作

4月，《第四批国家珍贵古籍名录图录》正式出版。

8月，正式启动第五批《国家珍贵古籍名录》和全国古籍重点保护单位评审工作，全国共计

7381 部古籍、22 家古籍收藏单位参与申报（含补报）。组织召开 2014 年全国古籍评审工作会议，邀请全国 85 位专家，采取分组形式进行初评、复审，并上报评审结果。

## （四）古籍保护人才培养工作

全年共举办“全国古籍普查登记目录审校人员培训班”“古籍鉴定与保护研修班”“古籍修复技术培训班”“全国传拓技术培训班”“古籍数字化培训班”等各类培训班 17 期，培训学员 742 人次。其中在北京举办的第六期“全国古籍普查登记目录审校人员培训班”专门培训中直系统古籍收藏单位审校人员，对推进中直机关单位古籍普查登记进度具有重要作用；第九至十一期“古籍鉴定与保护高级研修班”面向古籍收藏单位业务骨干，邀请著名专家授课，重点开展“书志”撰写训练，使学员专业水平得到综合提升；在云南、新疆举办的“少数民族古籍修复技术培训班”，分别进行藏文和察合台文古籍修复技术培训，对促进少数民族古籍修复工作具有开创意义。

拓宽人才培养渠道，完善人才培养体系，创建培训基地、高校、传习所三位一体古籍保护人才培养新模式。在全国建立 12 家“国家古籍保护人才培训基地”，其中 9 家基地成立后即承办国家古籍保护中心的培训任务；与复旦大学、中山大学合作开展培养古籍保护硕士学历教育工作，2014 年内已开始招生报名工作；11 月 30 日，复旦大学中华古籍保护研究院暨国家古籍保护人才培训基地正式挂牌成立；在国家级古籍修复技艺传习中心附设天津、山东、辽宁、甘肃、云南、中山大学 6 家国家级古籍修复技艺传习所，聘请经验丰富的老师傅以师带徒的形式传授技艺，并将教学过程拍摄制作成视频培训教材。

编纂古籍保护系列教材，开展《古籍保护理论与实践》《古籍普查教材》编纂工作。

## （五）珍贵古籍数字化工作

推进“中华珍贵典籍资源库”建设项目，安徽、浙江、福建、南京、湖南、广西、河南、新疆、吉林、辽宁、上海、山东、山西、重庆、云南及首都图书馆共 16 家单位古籍数据资源提交至国家古籍保护中心，共计约 24 万拍 16TB。完成该项目 26 万拍古籍影像数据的验收加工服务商招标工作。推进馆藏善本缩微胶片转数字化工作，完成善本缩微胶片数字化加工项目图像扫描、图像前检工作 336 万拍，图像处理、目次标引、格式转换、质量验收 200 余万拍，提交数字资源部终检 170 余万拍。启动哈佛燕京图书馆赠送古籍数字资源 189 种 1052 册 94755 个图像的验收工作。

## （六）古籍整理出版工作

2014 年，《中华再造善本》（续编）完成全部出版任务。累计入库 554 种 942 函 4266 册另 3 轴 11 册 / 叶 270117 叶。续编中 29 种选目已于一期印制完成，因此《中华再造善本》（续编）583 种选目已全部印制完毕。完成向 110 所高校配发《中华再造善本》（续编）的工作。完成 433 篇汉文古籍提要及 29 篇少数民族文字古籍提要的撰写和审校工作，交付出版。

推进《中国珍贵典籍史话丛书》编纂出版工作和《国家珍贵古籍名录》中古籍题跋整理项目。

《中国珍贵典籍史话丛书》首批厘定选题100种，2014年年底已交付出版12种。前三批《国家珍贵古籍名录》中古籍题跋收集整理工作基本完成，共接收85家单位数据约3400条60万字；第四批《国家珍贵古籍名录》中古籍题跋收集整理工作启动，接收数据200余条。

3月完成《中华医藏》编纂项目工作方案最新修改并上报文化部，由文化部与国家中医药管理局就项目开展进一步沟通；组织专家开展《中华医藏总目提要》约稿、撰写工作及《中华医藏简明目录》编纂工作。

创办《书志》丛书，重点整理刊载国家珍贵古籍书志，同时刊载其他专题文献资料，与中华书局正式签订《书志》（第一辑）出版合同，并开展宣传、约稿、征稿工作，累计收稿51万余字，第一辑已交付中华书局。

### （七）国家级古籍修复中心及全国古籍重点保护单位建设与管理

加强对国家级古籍修复中心、全国古籍重点保护单位的管理，推进古籍修复工作科学化、规范化。组织专家研究编制《国家珍贵古籍修复费用参考试行标准》，对修复工具需求进行调研，组织专家论证和考察，完成为31家省古籍保护中心和12家国家古籍保护人才培训基地古籍修复工具的采购、配发工作，共计20余种30多个规格。

支持开展“天禄琳琅”专项修复；在全国范围内开展国家珍贵古籍破损及修复情况调查，收集整理29个省中心及古籍收藏单位的反馈材料，据此策划国家珍贵古籍修复科研项目，以便条件成熟时开展抢救性保护和修复。

### （八）海外中华古籍调查与合作保护

3月，国家图书馆副馆长张志清率团赴美国参加北美东亚图书馆协会年会并做报告；同期与加拿大不列颠哥伦比亚大学图书馆总馆商谈合作意向；6月26日—7月2日，在北京举办第八期古籍鉴定与保护高级研修班，此为国家图书馆建馆以来首次面向海外中文古籍图书馆进行古籍鉴定、编目工作的集体培训，来自北美、英国等地区24家单位28位高级馆员参加培训；推进《北美地区中文善本古籍书目》编纂工作，共有10家海外馆向国家图书馆提交馆藏中文善本古籍书目数据。

### （九）全国古籍保护工作会议

10月11日，召开全国古籍保护工作会议，总结经验，部署工作，授予全国81家单位、157人全国古籍保护工作先进单位和先进个人称号，并向12家“国家古籍保护人才培训基地”颁牌。（参见“特别记载”之“全国古籍保护工作会议”）

### （十）少数民族古籍保护工作

国家古籍保护中心协助新疆、西藏两地古籍保护中心开展古籍普查登记工作。新疆已完成13481部179769册古籍普查登记，西藏完成拉萨、山南地区古籍普查后续工作，启动日喀则、昌都地区和布达拉宫、哲蚌寺、萨迦寺等重点收藏单位普查工作。在两地开展古籍修复中心建设工作，配备相关设备和用品，培训古籍修复保护人员，协助指导两地古籍数字化工作。10月，新疆维吾尔自治区古籍修复中心正式成立。

### （十一）古籍保护标准规范建设及科研管理

完成《汉文古籍特藏藏品定级》系列国家标准相关部分报送审批和立项审批工作；完成《拓片修复技术规范与质量要求》行业标准立项审批工作。在全国范围内向有关专家和单位征求古籍保护研究课题推荐意见，收到25家单位共55份推荐课题，为初步形成中华古籍保护计划研究课题指南及相关管理办法奠定基础。

### （十二）中华优秀传统文化推广工作

文化部部长蔡武参观2014年中国图书馆年会中华古籍保护计划展示体验区

在2014年中国图书馆年会期间举办“中华优秀传统文化论坛”，论坛分为名家论坛和专业论坛两场：名家论坛邀请王蒙、吴建中、张本义等知名学者与会，围绕“中华优秀传统文化在现代社会的传承、转化和创新”“图书馆（古籍保护中心）在传承中华优秀传统文化中的作用”等问题作演讲并进行现场论辩，引起各界广泛关注；专业论坛邀请国内古籍保护领域知名专家、学者研讨并通过《图书馆古籍工作者倡议书》。倡议书对宣传古籍保护工作重要意义、构建中华优秀传统文化传承体系起到重要导向作用。设立“中华古籍保护计划”展示体验区，采用多种现代技术，展示传统典籍文化的魅力；特设多个互动活动，让观众现场体验雕版印刷、古籍修复、传拓技艺，了解古籍保护知识；同时邀请北京知名中医专家现场义诊，让观众深入感受传统中医药典籍和中医文化；设置“中华古籍保护计划”成果展，以文字、数据、图片等形式，全面展示中华古籍保护计划工作成果，取得良好反响。

6月，委托中国图书馆学会秘书处在安徽、江苏、北京、广东等十省50家公共图书馆开展中华古籍保护计划成果宣传推广活动，内容包括中华古籍保护计划成果展、古籍保护讲座、古籍修复技艺展示等读者活动和省内宣传推广。9月至12月，举办“册府千华——国家珍贵典籍特展”，在国家图书馆以及山东、江苏、浙江、湖北4家省级图书馆同时开展，共展出国家珍贵古籍1000部，引起社会热烈反响。

与《光明日报》合作，面向海内外公众启动“我与中华古籍”有奖征文活动，共收来稿1500余篇；邀请古籍保护专家和资深编辑、记者开展征文评选工作，在中华优秀传统文化论坛上举办颁奖典礼并在《光明日报》组织征文选登10期，受到社会广泛关注。全年在《中国文化报》刊发专版4期，其他媒体新闻报道数十篇。编发《中华古籍保护计划专报》11期。

“我与中华古籍”有奖征文活动启动仪式现场

开展“中华传统文化实践基地”建设，在全国范围内选取山东省尼山书院和大连白云书院，挂牌作为首批“中华传统文化实践基地试点单位”，开展试点工作。

## 二、数字图书馆推广工程

2014年是数字图书馆推广工程全面推广阶段的第二年。按照工程建设规划与实施步骤的相关要求，本年度工作以提升我国公共数字图书馆标准化、一体化建设为重点，围绕应用系统平台建设、数字资源建设、数字图书馆服务等工作开展，全面部署，有效推进，严抓落实，圆满完成各项工作。

### （一）完善工程综合管理

为加强推广工程规范运行，2014年年初，国家图书馆增设数字图书馆推广工程办公室，负责工程部署推进与日常管理。负责制订工程2014年度工作规划及实施方案，并协调相关部门做好项目计划。协调各部处进行预算编报，并定期开展经费执行情况调查与调控。配合文化部完成2014年推广工程中央补助地方专项资金申请，确定并落实工程经费分配方案。同时在规划中将公共少儿图书馆纳入推广范围，完成地市级以上图书馆全覆盖，引导各级图书馆将工作重点转移到资源建设和服务提升上来。

继续开展业务管理办法的编制工作，确保工程稳定运行。协助文化部主管司局制定《中央补助地方数字文化建设专项资金管理办法》《文化部重点数字文化工程管理办法》等制度文件。同时推进《国家图书馆“数字图书馆推广工程”暂行管理办法》的起草与修订。

开展2014年实施情况报送，完成两次工程运行情况报告。继续完善地方图书馆工作反馈机制，及时掌握、协调各地图书馆工程实施。开展2013年数字图书馆推广工程项目绩效评价工作，绩效评价得分为88.6分，综合绩效级别为“有效”。

## （二）推进网络和平台建设

继续开展虚拟网、专网搭建。截至2014年年底，已完成52家图书馆虚拟网联通，完成34家省、市级图书馆专网联通。

标准化综合服务平台部署取得进展，运行管理平台、统一用户管理系统、唯一标识符系统、版权信息管理系统及政府公开信息整合服务平台共计完成省市级图书馆144次部署。

数字图书馆移动阅读平台正式上线，并开通145个地方分站，平台现有7万余册优质电子图书及500余种电子期刊资源，为广大读者提供数字阅读新体验。在技术条件成熟的地区，为当地公共图书馆开展电视服务提供技术和资源支持，截至2014年年底，已与5家图书馆开展项目共建。

## （三）开展数字资源建设

进一步推进数字资源联合建设工作。联合全国33家省级公共图书馆、114家市级公共图书馆共同开展资源建设，充实资源建设主体。同时拓展资源建设内容，新增唯一标识符注册与维护、地方文献数字化、网事典藏项目。此外还根据前期项目实践，修订相关项目标准规范，加强标准化管理。为加强对资源建设的业务指导，工程相关部门通过多种方式解决资源建设工作实操性问题，为推广工程资源建设工作提供技术保障，并为相关项目提供技术支持和软硬件系统维护。同时完善统筹管理，协助省级图书馆开展数字资源联建工作，完成2013年度联建数据验收。截至2014年年底，推广工程2013年度资源联合建设工作已建设发布政府信息数据44万余条、自建资源元数据19万余条。

继续开展普适型数字资源的共享服务与维护工作。年内新增资源量达14TB，截至2014年年底，推广工程向全国各级公共图书馆共享数字资源总量超过130TB。继续开展少数民族地区数字文化帮扶工作，年内通过硬盘镜像方式向少数民族地区推送资源量超过60GB，截至2014年年底，推广工程向少数民族地区推送的镜像资源量近40TB。

在开展数字资源建设的同时，起草《国家图书馆“数字图书馆推广工程”资源建设管理办法（讨论稿）》，并开展各地公共图书馆资源建设情况与需求情况调研，以提高工程资源建设工作的科学性。

## （四）举办宣传推广活动

2014年，推广工程继续开展“网络书香”品牌系列活动，加强活动策划与宣传推广，扩大品牌知名度，全面深化工程影响力。春节期间，联合全国100余家公共图书馆举办“网络书香过大年”活动，设计制作移动阅读平台展览，策划“网络书香·掠美瞬间”摄影比赛，开展在线答题活动。活动受到读者的广泛欢迎，专题页面的访问量为6万人次，其中，新春答题共有135家图书馆的读者提交答卷6852份。从舆情监测上显示，“网络书香过大年”在全国各地方、各级别的多家媒体被报道97次。移动阅读平台在活动期间，访问页面达60828个，平均每位用户进行6.48次访问。访问人数和页面访问量比去年同期增长50.03%和25.07%。世界读书日期间，联合全国各省、市级图书馆开展“网络书香·世界读书日”系列活动，通过“网络书香·掠美瞬间”优秀摄影作品展、数字资源掘宝大赛、“图书馆故事随手拍”创意微视频大赛等活动引起社会各界对推广工程的广泛关注。全年各项活动共吸引16万余人次直接参与。丰富多彩的宣传活动极大提升公众对推广工程的关注，有效引导读者充分享受工程资源与服务。

10月，在2014年中国图书馆年会上设计并搭建数字图书馆推广工程体验区，向与会代表和公众展示推广工程实施成果，吸引近2000人次参观体验。此外，还筹办“印象数图”数字图书馆体验区，以大型数字互动沙盘直观展现推广工程带动下各地数字图书馆建设的突出成绩。

借助多种媒体开展宣传报道。利用推广工程网站编发各类新闻105篇。通过文化报手机报发稿3篇，文化报专版1篇。在文化部网站发布推广工程活动专题4个，新闻7篇。配合“网络书香”活动在新华网开展专题宣传。编发国家数字图书馆工作专报1期。向实施推广工程的各地图书馆馆长及联系人推送手机报10期。推进推广工程新版网站改版工作，并编写新版工程宣传册。

2014年年初，推广工程召开宣传员培训班，对2013年度宣传工作进行总结和表彰，对2014年全年宣传工作进行整体部署。同时，建立宣传员定期在线沟通机制，收集编发各地稿件，并通过与宣传员沟通联系，挖掘、整理各地数字图书馆建设与服务素材，为推广工程宣传素材库建设提供丰富资源。

### （五）深化培训工作

2014年，推广工程配合系统平台广泛部署、宣传推广深入推进、资源联合建设全面开展、参考咨询业务提升等工作进展，共开展培训21次，全年培训人数共2100余人次，较2013年增加近1倍。

在深入策划培训内容的同时，推广工程还探索培训形式创新。“馆员研修”培训针对每位学员量身订制培训内容；系统平台基础软件培训联合高校力量，夯实省馆馆员技术基础。此外，还建设推广工程在线培训平台，将推广工程历年培训内容进行整理，与各地共享；协助文化部面向基层文化队伍开展“推广工程网络书香讲坛”在线培训工作，年内制作优秀讲座6期，通过互联网面向基层人员开放访问，培训人数超过6万余人，进一步扩大培训的覆盖面，拓展基层文化队伍的视野，壮大数字图书馆建设人才队伍；接待各地图书馆44人来国家图书馆学习交流。

## 三、民国时期文献保护计划

### （一）文献普查工作

继续扩大文献普查登记范围，与上海图书馆、黑龙江省图书馆、大连图书馆、广西桂林图书馆、广东省立中山图书馆完成普查协议签订；开展2014年民国文献书目数据查重质检，截至2014年年底，系统共上传质检后的书目数据20.7万条，馆藏数据50余万条；民国时期文献联合目录系统改造完成，进入试运行。结合民国时期文献保护工作分别在安徽、四川和广东举办培训班，向学员讲授民国图书著录、标引和馆藏数据描述以及普查平台介绍、数据上传等内容。培训对确保民国时期文献联合目录数据的规范化与标准化起到了重要作用。本年度首次开展专家实地指导普查工作，对黑龙江省图书馆、大连图书馆的民国图书编目进行现场指导，两馆均反映专家指导细致到位，针对性强，效果显著。

### （二）文献专题调研及征集工作

继续调研海外民国时期文献存藏情况，实地考察圣彼得堡俄罗斯国家历史档案馆、圣彼得堡国立大学图书馆、圣彼得堡俄罗斯国家图书馆、俄罗斯国立图书馆、大英图书馆、伦敦大学亚非学院图书馆等机构民国时期文献收藏和保护状况并完成调研报告，发订 3 批美国国家档案馆所藏涉华民国档案，协调征集文献回归馆内的数据质检和验收工作，开展北平审判文献史料征集调研，尝试开展俄罗斯国家社会政治史档案馆文献征集。

### （三）文献整理出版工作

1. 加快“对日战犯审判文献丛编”的出版

2014 年，“对日战犯审判文献丛编”系列已出版《远东国际军事法庭证据文献集成》（50 册）、《横滨审判文献汇编》（105 册）、《马尼拉审判文献汇编》（53 册）、《远东国际军事法庭判决书》（中英文合集，3 册）、《东京审判历史图片集》等文献。其中，《远东国际军事法庭证据文献集成》新书首发式暨出版座谈会于 12 月 12 日在国家图书馆举办，同时配合举办馆藏东京审判图片展及两场专题讲座。

2. 开展 2014 年民国时期文献整理出版项目申报评审

继续在全国开展民国时期文献整理出版项目申报评审工作，调动各地参与文献保护的积极性，推动文献保护各项工作的开展。4 月，向各省级公共图书馆等单位发放出版项目申报通知。5 月，在北京召开 2014 年民国时期文献整理出版项目专家评审会，经专家评审，从 22 家单位 46 个申报项目中遴选立项项目 28 个，包括《民国外交史料汇编》《二战日军暴行报刊资料汇编》《广东省政府公报》等。正式出版《中国人民抗日战争纪念馆藏日本强掳中国赴日劳工档案汇编》60 册。

3. 规划“日本战争罪行文献整理出版”项目

为纪念中国人民抗日战争暨世界反法西斯战争胜利 70 周年，特别策划《国际检察局关于特别事件和战争嫌疑犯的档案》（第一辑）、《侵华日军日记》《侵华日军家书》等出版项目，将陆续出版。

### （四）数据库建设

启动“抗战时期图片资源库”和“对日战犯审判专题文献数据库”建设，首批建设资源包括约 1.3 万张抗战时期图片和 4.9 万页东京审判庭审记录。2014 年已完成部分图片项目著录、数据标引及发布页面结构设计等工作。

### （五）科研工作

编制完成“民国时期文献库房建设规范”，对文献存藏单位的民国书库建设具有实用性的指导意义；委托南京图书馆开展的“民国时期文献检测及国内外脱酸技术调研”项目已结项。项目围绕国内近现代纸张酸化状况和国内外规模化脱酸技术研发应用情况进行检测和调研，为开展民国时期文献脱酸工作提供理论基础。

### （六）宣传工作

民国时期文献保护网正式改版，各栏目更新内容，全方位宣传民国时期文献保护工作；分别在安徽、四川和广东举办民国时期文献保护宣传推广活动，活动包括民国时期文献保护工作成果展、保护工作培训班及专家讲座，培训学员近200人次。

在《国家图书馆学刊》2014年第2期上刊发“民国时期文献保护”专栏，组织学术论文4篇，宣传保护工作。不定期印发“国家图书馆简报·民国时期文献保护计划工作专报”，全年共印发6期。

# 年度掠影

**【“网络书香过大年”马年春节活动举办】**

2014年马年春节期间，数字图书馆推广工程联合全国100余家公共图书馆共同举办“网络书香过大年”新春系列活动。活动自1月27日至2月28日，在推送丰富精品资源、提供全方位文化服务的基础上，还制作专题网页，设计新春趣味在线答题、新春讲座，策划“网络书香·掠美瞬间”摄影比赛以及移动阅读体验等丰富的内容。国家图书馆在原有资源的基础上新增报纸、音频两种类型资源和60余种中文电子期刊及少数民族语文期刊，借助虚拟网一并开放给各省市图书馆读者使用。移动阅读体验活动依托国家图书馆联合全国各地公共图书馆共同建设的移动阅读平台开展，平台集搜书、评书、看书、藏书于一体，提供4万余册最新优质电子图书、千余种电子期刊、3万余张图片、千余场视频、短片及各地方馆的优秀特色资源，读者在各活动馆现场体验，享受只需简单注册即可免费阅读的乐趣，受到读者的广泛欢迎。在参加国家图书馆统一策划的活动内容之外，各地图书馆结合地方特色开展形式多样的数字文化活动，比如贵州省图书馆开展“百万公众网络学习工程·网络书香飘贵州”活动，其中在线答题已有470万余人次参与，答题读者覆盖全省；辽宁省图书馆开展“我喜爱的数字资源”评选活动，增强图书馆与读者间的互动。

“网络书香过大年”马年春节活动

**【数字图书馆推广工程宣传员培训班在北京举办】**

3月13—14日，由国家图书馆主办、中央文化管理干部学院承办的数字图书馆推广工程宣传员培训班在北京举办。国家图书馆副馆长魏大威、文化部公共文化司监督管理处处长朱渤出席开班仪式并致辞。来自全国45家副省级以上图书馆（含长沙、昆明）的宣传员代表及部分获表彰的图书馆代表共50余人参加培训。此次培训对2013年度宣传工作优秀参与馆进行表彰，浙江图书馆等6家省市图书馆荣获2013年优秀供稿单位，贵州省图书馆等6家省市图书馆荣获“网络书香”活动优秀宣传单位称号。颁奖仪式后，数字资源部主任曹宁为参会代表介绍数字图书馆推广工程“网络书香”系列宣传工作进展，并对2014年度规划进行说明。同时，国家图书馆还邀请来自贵州省图书馆、陕西省图书馆、十堰市图书馆、长沙市图书馆4家图书馆代表与各馆分享2013年度数字图书馆宣传工作经验。

数字图书馆推广工程宣传员培训班

**【“网络书香 · 世界读书日”系列活动举办】**

2014年世界读书日期间，数字图书馆推广工程联合全国各省、市级图书馆开展“网络书香·世界读书日”系列活动。活动期间，在国家图书馆总馆北区二层举办“网络书香·掠美瞬间”优秀摄影作品巡展开幕式，并陆续在全国10家省市级公共图书馆巡回展出，借此引发公众对数字阅读的兴趣，呼吁更多的读者了解和使用数字图书馆；策划数字资源掘宝大赛，引导读者畅享海量数字资源与服务魅力。大赛共吸引146家图书馆读者提交答卷1930份，并利用微博开展“掘宝广播站”，对活动进行微博宣传，最终选出90名读者进行奖励；启动“图书馆故事随手拍”创意微视频大赛，共收到机构和个人的参赛作品 51 部，并制作专题页面进行展示。系列活动引起社会各界对工程的广泛关注。

**【数字图书馆推广工程资源联合建设培训班在陕西举办】**

4 月 24—25 日，由国家图书馆主办、陕西省图书馆承办的数字图书馆推广工程资源联合建设培训班在西安举办。来自全国 31 家省级图书馆的 81 名资源建设相关负责人参加培训。网络资源典藏专题库之政府信息、数字资源元数据仓储建设是推广工程 2014 年重点开展的两个资源建设项目。本次培训班重点围绕这两个项目做详细讲解和上机实践，并对实践中的问题现场答疑。培训班还邀请专家做题为“馆藏特色资源专题库建设”的报告，使学员开阔视野，提高业务素养。未来两年，推广工程将加大资源建设与整合揭示力度，加快构建海量数字文化资源库群，服务全国读者。

**【数字图书馆推广工程基础软件系统师资培训班在济南举办】**

5 月 27—29 日，由国家图书馆主办、山东大学承办的数字图书馆推广工程基础软件系统师资培训班在济南举办。来自全国 30 家省级图书馆和山东省内 17 家市级图书馆的 170 余名应用系统管理员参加培训。培训班邀请山东大学计算机科学与技术学院的讲师全面介绍 Linux 操作系统、Oracle 数据库、Websphere 中间件的使用，并结合推广工程平台软件应用，以上机实践的方式提升基层图书馆人员的系统平台应用水平。培训安排结业测验的环节，学员均以优异成绩完成测验。本次培训以培养师资的方式增强地方图书馆的技术应用和指导能力，学员将把从培训班上学到的知识带回基层，开展本区域内的培训，为提升各地市级图书馆馆员的专业技术水平、推动推广工程系统平台部署工作顺利完成发挥积极作用。

**【数字图书馆推广工程应用软件系统师资培训班在北京举办】**

7 月 16—17 日，由国家图书馆主办的数字图书馆推广工程应用软件系统师资培训班在北京举办。来自全国 31 家省级图书馆的 57 名推广工程应用软件系统负责人及管理员参加培训。国家图书馆馆长助理孙一钢出席开班仪式并讲话。本期培训主要涉及推广工程的各个核心业务模块，包括资源和服务认证集成、唯一标识符、移动阅读平台、运行管理平台以及推广工程交流平台等，均由国家图书馆相关业务专家授课并通过上机实践现场指导。此次培训不仅让学员全面了解推广工程的软件系统整合与应用工作现况，深刻理解省级图书馆在省内建设中承上启下的重要职责，也进一步增强省级图书馆的技术应用和技术指导能力，带动各省优秀师资队伍的建设，助力省级图书馆开展本省范围内的区域性培训，更好地保障推广工程应用软件平台的全面部署以及与各馆本地系统的整合。

**【2014 年数字图书馆推广工程体验区亮相中国图书馆年会】**

10 月 10—12 日，2014 年中国图书馆学会年会 · 中国图书馆展览会在北京召开。国家图书馆紧扣“馆员的力量：改革 发展 进步”的年会主题，策划设计并搭建数字图书馆推广工程体验区。体验区分为“推广工程运行管理平台”“移动阅读平台”“数据中的推广工程”“数字图书馆的信息公路”“海量资源和分层服务”“网络书香”“融合发展中的数字图书馆”等7个部分，着重展示推广工程的建设内容和阶段性成果。其中，“融合发展中的数字图书馆”围绕大数据和云计算在数字图书馆的应用、信息资源组织可视化、数字资源整合、网络资源采集与保存、全媒体服务等方面内容阐释数字图书馆的未来发展趋势，形象而生动地向公众展示万物互联时代的数字图书馆。现场还设置实时咨询和微博留言墙等区域，参观体验区的业界人士分别就数字文化建设、数字图书馆的发展建设等内容深入交流。

文化部部长蔡武参观2014年中国图书馆年会展览会数字图书馆推广工程体验区

**【数字图书馆推广工程标准规范培训班在重庆举办】**

10月21—24日，由国家图书馆主办、重庆文化艺术职业学院承办的数字图书馆推广工程标准规范培训班在重庆顺利召开。国家图书馆数字资源部副主任吕淑萍、重庆文化艺术职业学院副院长宋延军出席开班仪式并致辞。来自全国33家省级图书馆的75名从事推广工程建设的相关专业技术人员参加此次培训班。培训班通过对国内外数字图书馆标准规范建设情况、元数据标准规范建设及应用、文献数字化加工标准规范建设及应用、数字图书馆资源建设中的版权管理等内容的全面讲解，解决各地图书馆在推广工程资源联合建设工作中的实际问题，强化各馆在数字资源建设中的标准化与规范化控制，为未来推广工程资源联合建设工作的深入开展和有效整合打下基础。

## 【数字图书馆推广工程举办馆员研修培训班】

9—11 月，国家图书馆组织开展 4 期数字图书馆推广工程馆员研修培训班，研修班由学员自主报名并选择课程，以个性定制的方式保证课程的针对性、实效性。其中 3 期为专题研修班，每期专题班设计 7—8 个专题，包括唯一标识符、移动阅读服务、数字资源长期保存、数字资源版权管理、网络资源采集与整合、元数据仓储建设、文献数字化加工、数字电视等；另外设有 1 期基础研修班，由数字资源建设方面的专家对数字资源建设全流程进行介绍，之后进入数字资源部和信息技术部进行实践操作。研修班实践操作均为国家图书馆一线工作内容讲解，有利于提高学员的实际操作水平。此次培训班共培训各地方图书馆馆员 33 人。

## 【数字图书馆推广工程全国少儿馆馆长培训班举办】

12 月 1—3 日，国家图书馆主办数字图书馆推广工程全国少儿馆馆长培训班，少年儿童图书馆纳入数字图书馆推广范围。国家图书馆馆长韩永进、副馆长魏大威，文化部公共文化司副司长陈彬斌出席开班仪式。来自全国近 60 家省、市级少儿图书馆的 70 余位代表参加培训。培训班上，魏大威做题为“数字图书馆推广工程建设”的主旨报告，详细阐述我国数字图书馆建设成果、推广工程的建设内容、实施进展以及下一步重点工作。国家图书馆相关部门负责人分别就数字图书馆的业务建设与发展、标准规范体系建设、数字图书馆书目建设，推广工程数字资源合作与共建共享、网络和系统平台建设，少儿图书馆数字阅读与服务等内容做说明和解读。分组讨论中，与会代表就少儿数字图书馆建设以及推广工程未来发展规划等议题进行深入交流。

数字图书馆推广工程全国少儿馆馆长培训班

【数字图书馆推广工程2014年度数字资源联合建设培训班举办】

为确保推广工程数字资源联合建设工作顺利进行，2014年11—12月，国家图书馆按照东、中、西分期培训的模式，分别在北京、湖南和广西举办3次资源联合建设培训班，来自全国33家省级图书馆、114家地市级图书馆的近300位资源联建相关负责人员参加培训班。培训班汇报总结2013年度资源联合建设情况，并重点围绕2014年度资源联合建设实施方案进行专项解读。针对政府公开信息整合、元数据仓储2个延续项目，不仅细致讲解项目建设标准和要求，还邀请2013年度建设成果突出的浙江省图书馆、湖北省图书馆、新疆维吾尔自治区图书馆等14家地方馆进行经验分享。针对地方文献数字化、唯一标识符注册与维护和网事典藏3个2014年度新增项目，培训班着重对项目整体建设方法和工作流程进行详细解读。

【2014年中国图书馆展览会文化创意作品册府大方受好评】

2014年7月，国家图书馆社会教育部受国家古籍保护中心委托，为在农展馆举办的2014年中国图书馆年会·中国图书馆学会年会·中国图书馆展览会的1号馆中华古籍保护计划展示体验区中心位置设计互动艺术装置。在国家图书馆副馆长张志清领导下，创意团队经过几个月的设计、施工，“册府大方”于10月10日在农展馆正式落成。“册府大方”包含近200个二维码，参观者用手机识别二维码即可了解相关珍贵典籍的介绍和古籍保护知识。该创意主要体现地标性、艺术性、知识性和科技感等特点，展出后引起众多媒体关注，赢得图书馆界和社会公众广泛好评。

2014年中国图书馆展览会创意作品——册府大方

**【2014 年民国时期文献整理出版项目专家评审会在北京召开】**

5 月 6 日，国家图书馆在北京召开 2014 年民国时期文献整理出版项目专家评审会。中国社会科学院荣誉学部委员杨天石教授、清华大学历史系刘桂生教授、中共中央党史研究室黄修荣研究员、中国社会科学院近代史研究所步平研究员等近 20 位专家参加评审。国家图书馆副馆长陈力主持会议。

2014 年是国家图书馆第二次面向全国开展民国时期文献整理出版项目的评审立项工作，得到各方的积极响应。除省级公共图书馆外，高校图书馆、市级公共图书馆、博物馆也积极参加。截至 4 月底，共收到 22 个单位申报的 46 个项目，项目内容丰富，形式多样，涉及民国时期社会、经济、政治、文化、外交等各个领域。评审会上，国家图书馆业务管理处处长高红介绍民国时期文献整理出版项目的整体策划及前期工作开展情况。与会专家在充分交流意见的基础上，对 46 个项目逐一进行评审，对民国时期文献以及档案资料的整理工作提出很多建设性意见和建议。

2014 年民国时期文献整理出版项目专家评审会

**【民国时期文献保护计划宣传推广活动暨民国时期文献保护工作培训班在安徽省图书馆举办】**

为加强民国时期文献保护工作宣传，推动保护工作的进一步开展，6 月 12 日，由国家图书馆、中国图书馆学会、安徽省文化厅主办，安徽省图书馆、安徽省图书馆学会承办的民国时期文献保护计划宣传推广活动启动仪式暨民国时期文献保护工作培训班开班仪式在安徽省图书馆举行。国家图书馆副馆长、国家典籍博物馆常务副馆长李虹霖，安徽省文化厅党组成员、副厅长丁光清，中国图书馆学会秘书长霍瑞娟，安徽省图书馆馆长易向军和国家图书馆业务处副处长梁爱民出席仪式。来自安徽省图书馆界的专家学者以及民国时期文献保护工作培训班学员 50 余人参加本次活动。丁光清、李虹霖先后致辞。李虹霖代表国家图书馆向安徽省图书馆颁发感谢状，霍瑞娟代表中国图书馆学会向安徽省图书馆学会颁发感谢状。仪式结束后，与会人员共同参观民国时期文献保护计划成果展。图文并茂的展览，滚动播放的音视频资料给参观者留下深刻的印象。

培训班上，梁爱民副处长做题为“民国时期文献保护计划概况”的报告，国家图书馆研究馆员刘小玲、朱芊就民国时期文献的著录、标引进行授课，全国图书馆联合编目中心索晶讲解联合目录系统操作及使用。淮北师范学院教授傅瑛、安徽省图书馆副馆长张海政分别做“民国时期安徽文献概说”“安徽省图书馆民国文献的存藏及保护情况介绍”的专题报告。

民国时期文献保护计划宣传推广活动启动仪式

## 【抗战文献暨民国时期文献整理出版座谈会在北京召开】

为纪念中国人民抗日战争暨世界反法西斯战争胜利 69 周年，抗战文献暨民国时期文献整理出版座谈会于 9 月 3 日在国家图书馆隆重召开。会议旨在对过去三年的民国时期文献整理出版成果进行总结回顾，并邀请相关机构及学者建言献策，以便将民国时期文献整理出版工作向纵深推进。国家图书馆馆长韩永进出席会议并讲话。来自全国省级图书馆的代表、档案馆以及各研究机构的专家学者近 50 人参加会议。

民国时期文献保护计划自 2012 年启动以来，在各地图书馆的积极参与下，在学界专家的支持指导下，民国文献普查、海外文献征集以及整理出版工作均取得重要成果，特别是文献整理出版工作结出丰硕果实。目前，已出版的文献包括《远东国际军事法庭庭审记录》《二战后审判日本战犯报刊资料选编》《济南五三惨案史料汇编》《首都图书馆藏革命历史文献书目提要》《民国时期电影杂志汇编》《淮海战役史料汇编》以及民国时期社会调查、经济调查、司法统计、教育统计、新闻史料汇编等共38种1400余册，形成“民国时期文献资料丛编”“对日战犯审判文献资料丛刊”“抗日战争文献史料丛编”“民国时期珍稀档案、日记、手札系列”“革命历史文献资料丛编”等六大系列，民国时期文献的整理出版初步形成体系与规模。其中国家图书馆通过整理征集到馆文献开展对日战犯审判历史文献的出版工作，得到中央领导和社会各界的一致好评。同时通过组织全国各文献存藏单位申报出版项目等工作，截至2014年共立项51个，这些项目均得到民国文献保护经费的资助，得以顺利出版。

座谈会会场集中展示出版成果千余册，包括《远东国际军事法庭庭审记录》《远东国际军事法庭证据文献集成》《远东国际军事法庭判决书》《二战后审判日本战犯报刊资料选编》《东京审判历史图片集》等一批文献史料，它们很多都是首次与大家见面，这些成果颇具文献价值和学术价值，将在推动审判日本战犯学术研究方面发挥重要作用。

抗战文献暨民国时期文献整理出版座谈会

**【民国时期文献保护工作培训班在四川举办】**

9月18日，由文化部公共文化司指导，国家图书馆、中国图书馆学会、四川省文化厅主办，四川省图书馆、四川省图书馆学会承办，成都市锦江区图书馆协办的民国时期文献保护计划宣传推广活动启动仪式暨民国时期文献保护工作培训班开班仪式在成都市锦江区图书馆隆重举行。中国图书馆学会副理事长、国家图书馆副馆长陈力，中国图书馆学会副秘书长仲岩，四川省文化厅公共文化处处长杨红梅，四川省图书馆馆长赵川荣和四川省图书馆学会理事长李忠昊出席仪式。来自四川省图书馆界的专家学者以及民国时期文献保护工作培训班学员200余人共同参加本次活动。陈力在仪式上致辞，并分别向四川省图书馆、四川省图书馆学会和成都市锦江区图书馆颁发感谢状。

培训班上，陈力做题为“民国时期文献保护计划概况”的报告。国家图书馆研究馆员刘小玲、朱芊就民国时期文献的著录、标引进行授课，国家图书馆副研究馆员延卫平讲解“全国联合编目系统民国时期图书馆藏编制和添加”。四川省图书馆学会秘书长、四川省图书馆副馆长王嘉陵，四川大学图书馆副馆长林平分别做“民国时期文献的保护与利用”“民国文献现状、保护与利用——以四川大学图书馆为例”的专题报告。民国时期文献保护计划成果展同期举办并在四川省图书馆学会网站举行线上展览。

民国时期文献保护工作培训班

**【民国时期文献保护计划宣传推广活动在广东举办】**

11月25日，由国家图书馆、中国图书馆学会、广东省文化厅联合主办，广东省立中山图书馆和广东图书馆学会承办的民国时期文献保护计划宣传推广活动广东站启动仪式在广东省立中山图书馆隆重举办。国家图书馆副馆长、中国图书馆学会副理事长陈力，广东省文化厅副厅长陈杭，广东省立中山图书馆馆长刘洪辉、副馆长倪俊明出席仪式。来自广东省图书馆界的专家学者以及民国时期文献保护工作培训班学员70余人参加本次活动。陈力、刘洪辉分别致辞。陈力分别向广东省立中山图书馆和广东省图书馆学会颁发感谢状。仪式结束后，与会人员共同参观民国时期文献保护计划成果展。展览图文并茂，音视频资料滚动播放，现场还展示部分珍贵的民国文献，使参观者能更好地了解项目开展的意义。该展览在广东省图书馆学会网站举行线上展览。

培训班上，陈力做题为“民国时期文献保护计划概况”的报告，中山大学历史系教授李吉奎做“谈民国文献与民国史研究”的讲座，倪俊明做“近代民国报刊文献的史料价值及其保护整理”的专题报告。国家图书馆专家就民国时期文献著录、标引等进行授课。

民国时期文献保护计划宣传推广活动

**【首个“南京大屠杀死难者国家公祭日”纪念活动】**

12 月 12 日，首个“南京大屠杀死难者国家公祭日”到来前夕，《远东国际军事法庭证据文献集成》首发式暨出版座谈会在国家图书馆举行。国家图书馆馆长、党委书记韩永进，上海交通大学党委副书记朱健，东京审判中国检察组顾问倪征燠之女倪乃先，中央档案馆副馆长杨继波分别致辞。会议由国家图书馆副馆长陈力主持，国内多位近代史、中日关系、抗日战争研究专家以及“东京审判”中国法官梅汝璈的子女等 40 余人参加座谈会。韩永进在致辞中指出：搜集、整理与研究远东国际军事法庭相关文献资料，对还原历史真相、妥善处理现实与未来中日关系具有重要的现实意义。国家图书馆将继续构建东京审判完整资料体系，加快“对日战犯审判文献丛编”和“抗日战争文献史料丛刊”等系列文献的整理出版，服务国家战略，支持学术研究，提供公众利用，为国家文化建设发挥更大作用。

《远东国际军事法庭证据文献集成》包括检方和辩方提交的呈堂证据，为日文部分，共约 3 万页，精装 50 册。主要内容包括：远东国际军事法庭设立的基础资料、一般阶段部分、日本的基本战争准备；有关中国问题部分，涉及中日战争重要的历史事件，如“九一八事变”“七七卢沟桥事变”南京大屠杀、日本在华鸦片贸易等；日本与德意三国同盟谋划与合作；日本对苏联的侵略；日本对法属印度支那、对荷属东印度、菲律宾、马来西亚、泰国、缅甸等地的侵略；日本对战争法规的违犯与战争暴行等六个部分。它充分证明了日本在二战历史上对中国乃至亚太地区人民所犯下的种种残虐罪行，是揭露日本侵略罪行的一桩桩铁证，具有重大历史意义和现实意义。中国社会科学院、中央档案馆、中国人民抗日战争纪念馆、吉林省档案馆各获赠一套。

同日，为期两周的“历史的审判——馆藏东京审判图片展”在总馆北区开展。这是国家图书馆首次向公众集中展示海外征集的馆藏东京审判相关历史图片。展览通过展板的形式共展出图片160余幅，内容包括战争罪行、正义审判和历史记录3个部分。此外，12月13日、12月21日在学津堂举办2场专题讲座，分别由南开大学日本研究院院长宋志勇教授和中日共同历史研究中方首席委员、中国抗日战争史学会会长步平研究员讲授。

《远东国际军事法庭证据文献集成》首发式暨出版座谈会

# 文献开发

- 善本古籍的开发
- 普通古籍的开发
- 民国文献的开发
- 文献数字化
- 年度掠影

# 文献开发

2014年，国家图书馆在古籍和民国文献领域进行力度较大的开发工作，《中华再造善本》续编的编纂出版工作全部完成，一批大型的历史文献影印出版，有关古籍的数字产品面世。

## 一、善本古籍的开发

《中华再造善本（续编）》的出版印制工作至2014年年底全部完成，涉及明代编、清代编以及少数民族文字编的554种4266册善本古籍（参见“重点文化工程”之“一、中华古籍保护计划”）。

《思溪藏》是南宋时期刊刻的一部大藏经。目前国内仅有数家单位收藏有宋版《思溪藏》的零本，唯独国家图书馆的收藏较为系统，达到5000卷左右，十分难得。2014年，国家图书馆开始与有关出版单位合作，整理出版这部珍贵的佛教典籍。

“天禄琳琅”是清代内府藏书的精华所在。国家图书馆自2013年启动“天禄琳琅”珍贵古籍修复专项，对现存馆藏之书进行原生性保护。2014年，国家图书馆又与出版机构合作，以出版的方式对这批珍贵文献进行再生性保护。

此外，整理出版馆藏善本中的《金粟山大藏经》《经史证类大观本草》《沈氏砚林》《西清砚谱》《千家诗》《履巉岩本草》《御制耕织图》，以及金石拓片中的《三希堂法帖》《快雪时晴帖》《伯远帖》《中秋帖》等。而年画、清代样式雷建筑图档等馆藏中的特色文献也开始系统整理，随着这批文献的出版面世，将对学界产生深远的影响。

## 二、普通古籍的开发

按照专题整理与开发馆藏文献，在史籍史料、文学艺术、哲学宗教、金石文献、综合文献等方面都有重要图书出版，为学界提供全面系统的研究资料。

史籍史料方面，一是《明清法制史料辑刊（第二辑）》（全72册），收录刑案说帖类的法制史料文献，分为三大类：成案类，主要包括《秋谳汇案》《秋谳必览》等29种文献；说帖类，主要有《嘉庆年说帖》《说帖类编》《刑部说帖揭要》等8种文献；其他类，《审看拟式》《明刑管见录》2种。二是《中国大运河历史文献集成》（全80册），汇集元、明、清三代关于运河的专门著作130余种，为研究者提供便利，也为关心运河及其历史文化遗产的人们提供基本的阅读材料。每种书均有简短的内容提要，介绍作者生平和写作背景、主要内容、史料及应用价值、版本流传情况等。三是《清末民国图书馆史料汇编》（全22册），收录清末民国时期的各类图书馆史料160

种，包括图书馆法规、图书馆协会、图书馆学教育、图书馆事业、图书馆史等五方面的内容，涵盖图书馆概况、指南、章程、计划书、馆务报告、调查资料、职员录、纪念册等各方面，涉及全国各地各类型图书馆的馆史。

文学艺术方面，一是《楚辞文献丛刊》（全80册），选编《楚辞》历代重要版本、名家批注本，以及楚辞研究著作200余种，涉及海内外图书收藏机构和个人数十家。编者历经数年，将《楚辞》相关文献的重要版本几乎搜罗殆尽，是目前《楚辞》学界收录最全、使用底本最精的参考文献，其中的大量孤本、秘本均为首次刊印，将推动楚辞和古代文学的深入研究。二是《清代闺秀集丛刊》（全66册），收录清代（含部分清末民初）女性（401位）之诗、文、词别集及其附录403种，按照作者生卒年时间顺序编排，而且每种别集前撰写作者小传一篇，具有重要的文献价值。三是《国家图书馆藏鲁迅未刊翻译手稿》（一函6册），为至今从未影印刊行过的鲁迅译文手稿，既包括《小约翰》这样的长篇，也包含不少短篇乃至短文随笔，涉及苏俄、日本、德国、英国等国作家的作品共十余种近800页。

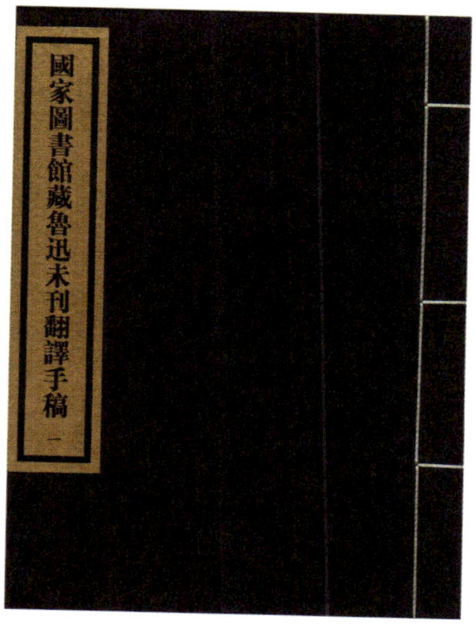


《国家图书馆藏鲁迅未刊翻译手稿》

《清代闺秀集丛刊》

哲学宗教方面，主要是《子藏》系列图书的出版。《子藏·法家部·韩非子卷》（全45册），收录目前所知有关《韩非子》之白文本、注释本、节选本、校勘本、批校本及相关研究著作等105种。其中，国家图书馆所藏明庄元臣《韩子弋腴》、清朱锡庚《韩非子校正》、民国间佚名撰《读韩非子》，是难得一见的手稿本，现初次公布。《子藏·道家部·鹖冠子》（全6册），收录目前所知有关《鹖冠子》白文本、注释本、节选本、稿抄本、批校本及各类研究著作等55种。国家图书馆藏明弘治九年碧云馆活字本《鹖冠子》3卷，为目前所知碧云馆刻书唯一传世本；清黄丕烈校跋明抄本、清蒋凤藻校跋明嘉靖间刊本、今人朱学勤校跋明刊《十子》本等均为难得一见的名家批校本。这些校本的收录，大大丰富《鹖冠子》研究所需的文献资料。

金石文献方面，《国家图书馆藏石鼓文研究资料汇编》（全8册）充分挖掘馆藏优势，将国家图书馆藏40余种石鼓文研究资料汇为一编，对这些零篇遗珠进行系统性和全面性的搜集整理，对先秦史、金石学等相关研究将大有裨益。

综合文献方面，《稀见清代民国丛书五十种》（全96册）收录清朝到民国的50部丛书，把每部丛书作为编排单元编纂，分册目录具体著录每一部丛书的子目情况，还按照笔画顺序制作《丛书子目书名索引》和《丛书子目著者索引》。

重视以方志、家谱为主的地方文献的开发，先后与黑龙江省地方志办公室、洛阳市地方史志办公室、宁波市地方志编纂委员会办公室、海盐县史志办公室、蒲县地方志编纂委员会办公室等单位合作开展所属区域方志的整理与出版；深入挖掘家谱内容，在广泛搜集、精心考辨的基础上，编辑出版《国家图书馆藏家谱唐宋元人序跋汇编》一书；在此前开展《绍兴丛书》《泰州文献》《无锡丛书》等地方文献丛书的基础上，积极参与策划和整理出版《国家图书馆藏衢州古籍》《宁海丛书》等。

《国家图书馆藏石鼓文研究资料汇编》

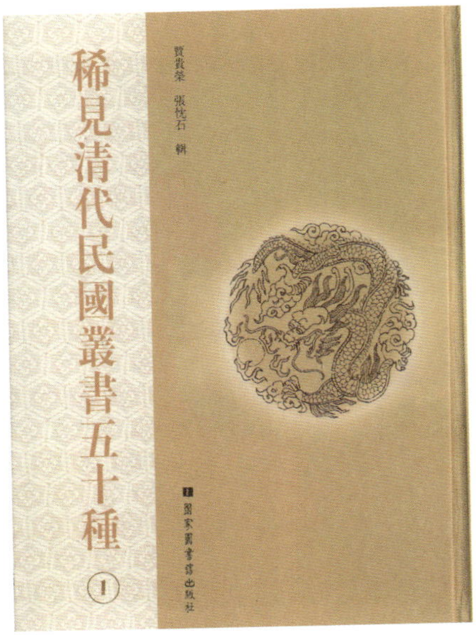

《稀见清代民国丛书五十种》

## 三、民国文献的开发

在“民国时期文献保护计划”的推动下，2014年的民国文献开发更具规模和体系，逐渐形成民国文献资料丛编、民国期刊资料分类汇编、外文类影印图书、名人日记信札、抗战及对日战犯审判文献等多个系列。

民国文献资料丛编，一是《民国审计院（部）公报》（全29册），这是民国时期重要的国家级官方审计出版物，收录民国时期《审计院公报》32期，《审计部公报》102期，合计134期。二是

《民国时期高等教育史料汇编》（全 50 册），系统收录北京大学、燕京大学、复旦大学、中央大学、浙江大学、武汉大学、湘雅医学院、中山大学、云南大学、华西协和大学等 64 所高校的校史资料 206 种，内容涵盖学校或院系概况、年刊、年鉴、毕业纪念册、规章制度、工作报告、教职员和学生名录及通讯录、选课指导、入学简章等。三是《民国时期外交史料汇编》（全 140 册），分为档案和期刊两部分，档案部分主要收录民国间北京政府外交部档案，包括驻外各使馆星期报告、外交文牍、外交部收发电稿、外交部参事厅收电簿、外交部条约司译件以及外交部存底之重要外交文献等；期刊部分主要收录《外交公报》《国民外交杂志》《外交评论》等 20 种期刊。四是《民国时期图书馆学报刊资料分类汇编：儿童图书馆卷》（全 3 册），收录 1909—1949 年间 118 种报刊上刊登的有关儿童图书馆（含中小学图书馆及公共图书馆附设儿童图书室）的文章 356 篇，内容包括儿童图书馆法令、理论探讨、实务工作、全国各地儿童图书馆办馆情况等，书后附篇名索引。

抗战及对日战犯审判文献，一是《抗日战争史料丛编：第一辑》（全 100 册），汇辑抗战时期军事、政治、经济等方面的重要文献数千种，第一辑主要收录军事方面的文献近 500 种，内容包括历次战役的战斗详报、战纪、总结、检讨等，历次军事会议的纪要、会议录；抗日战争战略、战术的研讨，陆、海、空军的战斗画报，抗战英烈传记，缴获日军的密件、日记辑要。另外还包括对日军战术的研究、供国民党中高层阅读的《情报摘要》等内部文件，以及“中统”“军统”编纂的秘密文件《调查专报》。二是《马尼拉审判文献汇编》（全 53 册），将马尼拉审判的审判速记录、法庭证据等原始档案文献整理影印出版，对研究二战史及日本暴行具有重要价值。三是《横滨审判文献汇编》（全 105 册），将横滨审判的审判速记录、法庭证据等原始档案文献整理影印出版，以翔实的史料充分揭露日本战犯所犯下的累累罪行。四是《远东国际军事法庭证据文献集成》（全 50 册），本次出版的为日文部分。法庭证据集中提出日本法西斯的罪证，对日本侵略中国、南京大屠杀、太平洋战争、虐待战俘等罪证进行详细的梳理，特别是对日本军国主义和侵略政策的发展过程有详细的展示，涵盖整个东亚地区 20 世纪总体历史概况。五是《二战后审判日本战犯

《抗日战争史料丛编：第一辑》

《马尼拉审判文献汇编》

报刊资料选编》(全6册)，从当时国内外出版的近100种报刊中辑录5300余条相关新闻报道，全方位呈现二战后盟国对日本甲级、乙级、丙级战犯审判的过程，客观反映当时国内外舆论界对审判日本战犯的态度与期望、审判进程的实时报道以及日本战犯罪责的探讨等。

根据馆藏文献内容与载体形式的不同特点，采取原文影印、目录编制与主题文献分类汇编等多种方式对馆藏文献进行不同深度的揭示与有序化整理，影印出版《北洋官报》《顺天时报》；编制出版《民国时期连环图画总目》《国家图书馆藏毛边书举要》等。参与中华书局策划的《中国近代出版史料长编》出版项目，选择国家图书馆藏1912—1949年出版的普通古籍以及新善本中的红色出版物，其中每种民国时期出版的普通古籍选录1—3幅书影，红色出版物图书一般收录封面、版权页及一页正文，从而全面反映民国时期的出版状况。

2014年，全国图书馆文献缩微复制中心和各成员馆历经两年时间共同编制的《全国图书馆缩微文献联合目录·民国编》由国家图书馆出版社出版。该书收录2013年6月底前拍摄的民国时期文献联合目录共18卷，其中民国图书13卷、民国期刊3卷、民国报纸1卷、索引1卷，是近年来全国图书馆珍贵文献抢救事业在保护与建设方面并举的成果体现，意义深远。全国图书馆文献缩微复制中心还与国家图书馆出版社合作出版《历代人物传记资料丛刊》，项目底本约65000拍13万页，成书16开，全200册，收录目前为止国内最全的历代人物资料，具有非常重要的史料价值。

## 四、文献数字化

2014年，国家图书馆在历史文献的数字化方面取得重要成果："中华再造善本数据库"于2012年开始建设，将"中华再造善本工程"中影印出版的珍贵古籍善本进行图像数字化，至2014年完成一期，收录古籍善本757种，以后不断更新。"中国古籍影印丛书查询系统"依托国家图书馆，一期收录1949—2010年间中国内地新编影印古籍丛书457种，涉及古籍7万余种。该数据库分类体例统一、检索手段完备、文字校勘精准，反映影印古籍丛书领域的出版成果，方便学者及图书馆界的利用。

# 年度掠影

## 【整理出版《二战后审判日本战犯报刊资料选编》】

作为“民国时期文献保护计划”重点资助项目，国家图书馆典藏阅览部承担的《二战后审判日本战犯报刊资料选编》（全6册）于2014年4月由国家图书馆出版社正式出版。该项目于2011年年底启动。该书收录自1945年7月至1949年3月国内外重要报刊对日本战犯审判的相关新闻报道，包括《大公报》《申报》《新华日报》《字林西报》《泰晤士报》《纽约时报》《读卖新闻》《星洲日报》等近100种报刊中辑录的5300余条重要新闻资料，内容包括战犯审判的准备工作、远东国际军事法庭审判、中国主导的审判、美国主导的审判、英国主导的审判及其他国家主导的审判六部分。全方位地客观再现二战后同盟国对日本战犯审判的动态历史过程，反映当时国内外舆论界对审判日本战犯的态度和期望、审判进程的实时报道以及日本战犯罪责的探讨等。特别是国民政府在南京、上海、徐州、保定、广州、汉口、沈阳、台北、太原等地对日本乙、丙级战犯的审判，资料中搜集关于战犯抓捕、搜集侦查罪证、审判以及执行判决结果的全过程，连载审判战犯的起诉书和判决书，充分揭示日本战犯在中国犯下的大量罪行，是研究日本战争罪行及相关审判的重要文献。

《二战后审判日本战犯报刊资料选编》

## 【策划调研《国家图书馆馆藏东亚同文书院中国调查报告汇编》项目】

《国家图书馆馆藏东亚同文书院中国调查报告汇编》是“民国时期文献保护计划”年度重点资助项目。项目基于馆藏进行充分调研，对日本东亚同文书院自20世纪初开始的、以“中国学”为名、组织学生长期持续有规模地对中国各地进行广泛调查的调查报告，进行系统整理和分类，通过底本搜集、数字化加工，编辑目录等方式，主要收入未曾影印出版的东亚同文书院旅行日志及调查报告，特别是20世纪20年代至40年代的珍贵稿本，总量约1500余册。调查以地域为范围，以专题为主线，内容有政治、经济、教育、金融、工业等方面，还包括开展某一地区的专题调查如皮革业、米粉业、棉花、外贸、交通状况等，文献资料极具价值。此文献也是国家图书馆的特色馆藏，这些调查资料和旅行日志为日军的侵华战争提供重要情报，是日本对中国别有企图的佐证，也是研究近代中国历史特别是经济、文化、政治、社会、军事等问题的重要材料，具有较高的学术价值和现实意义。

**【《二战日军暴行报刊资料汇编》项目】**

《二战日军暴行报刊资料汇编》是“民国时期文献保护计划”的支持项目，主要内容是对第二次世界大战期间，日军在中国犯下种种暴行的新闻报道资料进行搜集整理。日军在中国的暴虐横行，当时国内外新闻媒体和记者都进行及时报道和揭露，这些新闻史料保留珍贵的历史信息，是重要的一手资料。该套丛书计划收录1937年7月至1945年8月日本侵华期间国内外重要报刊有关日军暴行的新闻报道，一方面对现存报刊进行爬梳整理，另一方面通过数据库进行辅助检索。内容主要包括日军对中国平民犯下的各种罪行（包括南京大屠杀、武汉大轰炸等）、鸦片侵略、细菌战、虐待俘虏、奴役华工等，是日本侵华的罪证体现。通过系统搜集整理这些珍贵的新闻资料，对于研究日军战争罪行、抗日战争、反法西斯战争等，都有重要的史料价值和现实意义。

**【整理出版《民国时期图书馆学报刊资料分类汇编》】**

该项目以国家图书馆馆藏范围内民国时期报刊为整理对象，对刊载的图书馆学相关的论文进行全面系统的收集整理，按照主题对其进行分类汇编，并结集出版。本项目自2012年启动，至2014年已完成对包括《图书馆学季刊》《江苏省立苏州图书馆馆刊》（1929年11月—1932年4月）、《江西图书馆馆刊》（1934年11月—1935年7月）、《中法汉学研究所图书馆馆刊》（1945年3月—1946年10月）、《燕京大学图书馆报》（1931年1月—1939年8月）等在内的91种图书馆学核心期刊，《教育部公报》《关声》《北碚》等在内的130余种人文社科类报刊的查检，共收集整理资料10000余条。拟按图书馆学理论、图书馆法规、儿童图书馆、影像资料等主题分卷出版。2014年，《民国时期图书馆学报刊资料分类汇编·儿童图书馆卷》由国家图书馆出版社正式出版。本套丛书对民国报刊中散见的一手材料进行收集整理并影印出版，作为研究资料，其原始性、权威性、可靠性极高，同时其分类结集出版的方式也便于学者查检使用。

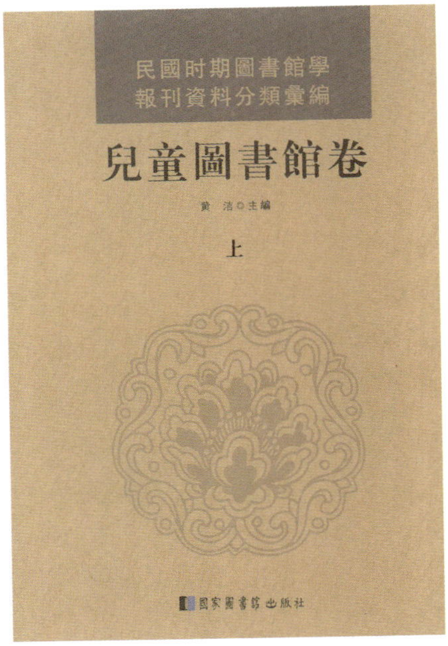

《民国时期图书馆学报刊资料分类汇编·儿童图书馆卷》

**【整理出版《北洋官报》】**

《北洋官报》是清末创办最早、最有影响的地方政府官报，1901年12月创办至1912年11月停刊，共出版3325期。其内容以政府公报为主，包含圣谕广训，上谕，本省政治、学务，近今时务，外省新闻，各国新闻等。设有宫门钞、奏议录要、析法摘要、文牍要录、畿辅近事、外省新闻、各国新闻等栏目，是研究清末新政及民初历史的重要史料，具有一定的进步意义。国家图书馆馆藏缺藏较多。2014 年，国家图书馆通过与首都图书馆和上海图书馆合作完成整理出版，将整套《北洋官报》从 1901 年创刊至 1912 年终刊底本全部收集补齐，共 88 册。

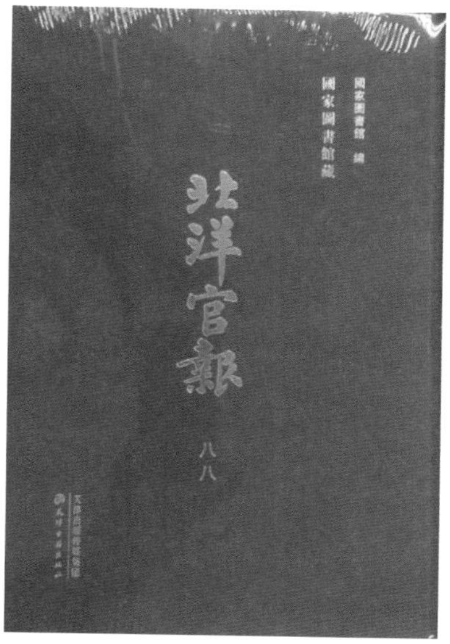

《北洋官报》

**【整理出版《顺天时报》】**

《顺天时报》是日本东亚同文会在中国创办的一份中文报纸，1901 年 12 月在日本浪人中岛真雄主持下创刊于北京，后由日本公使馆正式接管，并接受日本外务省的资助，成为后者在华的机关报，是研究近代日本在华新闻事业的重要资料。因受治外法权保护，敢于言说，在当时的政府和民间都具有很大的影响力。该报详细记载清末到民国时期我国政治、经济、文化、社会等方面的时事内容，早期较为关注清末新政、立宪运动，相关报道较为详尽，后期随着中日冲突的发展，该报的真面目日益暴露，遭到抵制，最终停刊。2014 年，国家图书馆典藏阅览部开展《顺天时报》整理出版工作。该项目以馆藏为基础，重新整理出版 1907—1930 年报纸共计 140 册，同时保存数字化成果。

《顺天时报》

**【整理开发《民国金石书画报刊集粹》(北平卷)】**

该项目以整理开发国家图书馆馆藏书画报刊文献为主，收录民国时期重要书画报刊 6 种，分别是《艺林旬刊》(共 72 期)、《艺林》(共 118 期)、《湖社月刊》(共 150 期)、《故宫周刊》(共 510 期)、《故宫月刊》(共 33 期)、《故宫旬刊》(共 32 期)。这些报刊都是民国时期优秀书画作品发表的重要平台，保存有丰富的书画资料。

**【完成《大公报》数字化项目】**

《大公报（Ta Kung Pao，1902—1949）》由英敛之创办，在 20 世纪 20 年代陷入困境，由吴鼎昌、张季鸾、胡政之于 1926 年接办，此后声誉大振，在中国近现代新闻事业发展中占有重要地位，以“不党、不卖、不私、不盲”为办报宗旨，是当时最具影响力的报纸之一，具有较高的资料价值和学术研究价值。国家图书馆藏有该报创刊号，文献保存较为完整。一直以来，《大公报》

的研究备受学者青睐，文献使用需求较大。由于文献数量巨大，检索极不方便，因此数字化显得尤为重要和紧迫，2014 年，国家图书馆通过合作的方式，实现《大公报》数字化，除天津版外，将新中国成立前的各地方版也收集齐备，包括汉口版、重庆版、桂林版、上海版、香港版等，共完成 187474 版数字化加工。建成数据库后将为读者服务和学术研究提供便利。

**【出版《大漆髹饰传承人口述史》】**

6 月，国家图书馆中国记忆项目中心将“大漆髹饰”专题文献资源建设采集相关非物质文化遗产项目 21 位国家级传承人和 4 位省级传承人的音视频口述史料转化为文字稿，整理成口述史文章，并进行编辑校对，配以口述史访问工作手记、注释和 400 余幅图片，由国家图书馆出版社正式出版《大漆髹饰传承人口述史》。全书分上下两册，共计 34 万字，是国家图书馆中国记忆项目中心整理编写的第一部口述史专著。

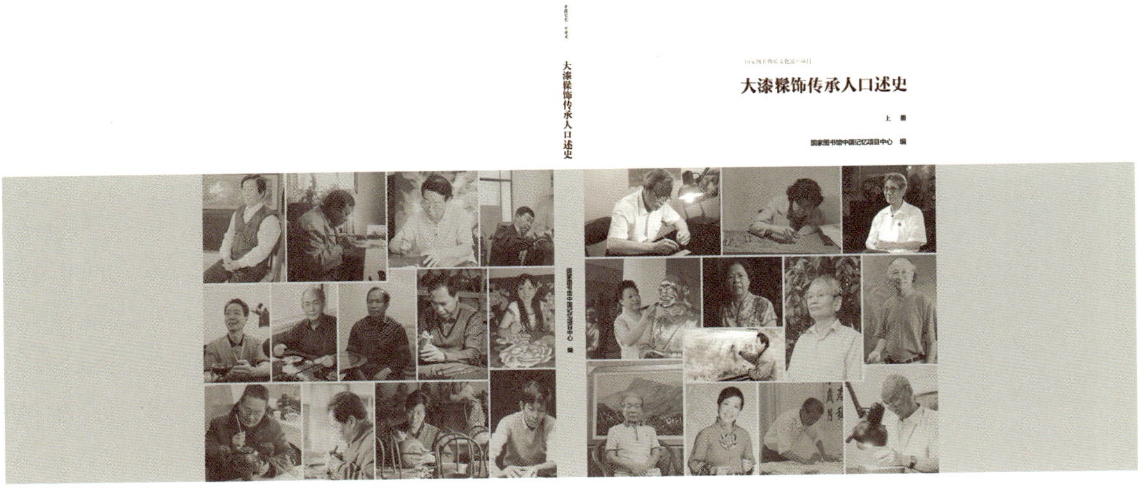

《大漆髹饰传承人口述史》(上、下卷)

【出版《中国记忆丛书 · 我们的文字》】

12月30日，在“我们的文字——非物质文化遗产中的文字传承”展览开幕当天，国家图书馆中国记忆项目中心编著的知识普及型读物《我们的文字》由清华大学出版社同步出版发行。该书搜集馆藏文献中大量与中国各民族文字相关资料，并以中国记忆项目“我们的文字”专题口述史料、影像资料等文献资源为基础，配以300余幅图片（包括众多馆藏古籍善本图片），将与文字有关的60余个非遗项目融入其中，内容纵向贯穿文字发展全部历程，横向覆盖我国全部30余种传统民族文字和10余种已经消失的古代文字，并从文字与民俗、文字与艺术、文字崇拜、文字的记录与传播等不同角度来解读文字主题。

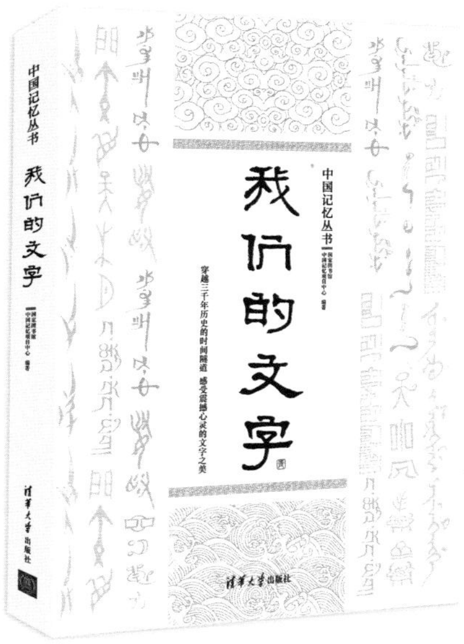

《中国记忆丛书·我们的文字》

# 学术与科研

- 科研项目
- 学术成果
- 博士后科研工作站
- 图书馆事业发展研究

# 学术与科研

## 一、科研项目

### （一）立项情况

2014年，共立项49项。国家级科研项目立项7项，经费533万元。其中：社科基金项目6项135万元，科技支撑计划1项398万元。部级项目立项（国家文化科技提升计划）1项，经费60万元。馆级项目立项41项，经费66万元。其中：重点项目2项10万元，一般项目18项35万元，青年项目21项21万元。（参见“统计资料”之“四、科研立项与结项”）

### （二）结项情况

2014年，共结项14项。国家级科研项目结项2项，其中：社科基金后期资助项目1项，国家质检公益性行业科研项目专项1项。部级项目结项（文化部国家文化科技提升计划）3项。馆级项目结项9项。（参见“统计资料”之“四、科研立项与结项”）

## 二、学术成果

2014年，国家图书馆员工正式发表的成果包括：著作类（包括参与编撰等）47部，论文333篇，标准7项。

## 三、博士后科研工作站

截至2014年年底，国家图书馆博士后科研工作站（以下简称工作站）共有合作导师9人，主要研究方向包括图书馆事业发展战略研究、文献信息组织、数字图书馆、古典文献学研究与古籍保护。已出站人员8人，在站人员11人。在站人员中：2012级7人，2013级2人，2014级2人，古典文献学7人，图书馆学4人；全职4人，兼职7人；女5人，男6人。

2014年，为迎接人力资源社会保障部和全国博士后管委会组织的2015年度博士后综合评估工作，工作站对现行的站内管理制度进行梳理和检查，对与《国家图书馆博士后科研工作站管理办法》（2012 年）相关规定或现实需求不相适应的规章制度进行修订，工作站管理制度得到进一步完善，工作规范化程度得到进一步提升。与此同时，工作站紧密围绕图书馆事业发展重点，积极开展学术研究，一个科研与业务相互促进、科研与人才培养相互支撑的良性互动机制逐渐形成。

博士后进出站及日常管理情况：工作站将李虹霖研究馆员增补为博士后导师；发布 2014 年招生简章，收到 20 余份进站申请书，分两批组织进站面试，最后确定招收 2 名 2014 级博士后人员；组织开展 2 名 2012 级博士后和 1 名 2013 级博士后中期考核，分两批完成 2 名 2013 级博士后开题论证；组织召开 1 名 2011 级博士后和 2 名 2012 级博士后人员的出站报告鉴定会；办理通过 1 名 2012 级博士后人员的延期出站申请。国家图书馆全年向工作站投入经费 22 万元，实际支出 19.5 万元，主要用于博士后人员工资和补贴发放，进站面试、开题论证、中期考核及出站鉴定等会议费用，以及日常办公支出。

召开博士后出站报告鉴定会

科研项目与学术交流情况：组织开展第 55—56 批博士后面上资助项目和第 7 批博士后特别资助项目申请工作，共获批面上资助二等项目 1 项和特别资助项目 1 项，国家图书馆馆级项目 1 项；在站博士后全年出版专著 2 部，发表论文 20 余篇，参加学术研讨会 20 余人次；组织 2012 级博士后在馆内开展学术报告 7 场，反响良好。

## 四、图书馆事业发展研究

### （一）图书馆事业发展政策研究

1．与文化部公共文化司建立业务协调机制，受托开展政策研究

为有效推动图书馆事业政策研究，并为政府决策提供支撑，国家图书馆与文化部公共文化司各部处就图书馆事业发展有关政策问题进行不定期专题交流，建立起业务协调机制，受公共文化司委托完成一系列调查研究和文件起草工作，包括：

（1）《公共图书馆法》立法支撑研究

就《公共图书馆法》相关立法工作提供专题支撑研究，就民办图书馆的政策扶持、与高校和科研系统图书馆的开放合作、理事会制度建设、读者权益保护、知识产权利用、总分馆制建设等关键问题展开调研，并组织召开多次专家研讨会和立法工作会，先后3次对法条进行修改。

（2）《全国公共图书馆事业发展“十三五”规划》编制工作

承担文化部委托的《全国公共图书馆事业发展“十三五”规划》编制及预研工作。为广泛听取业界专家及各级公共图书馆对“十三五”规划编制的建议，国家图书馆组织召开座谈会，并起草《公共图书馆“十三五”规划起草提纲》，初步梳理公共图书馆事业“十三五”时期主要发展目标、指标、重点任务、项目及政策建议。

《全国公共图书馆事业发展“十三五”规划》编制工作座谈会

（3）《省、市、县三级公共图书馆业务规范》编制工作

该项目是文化部基本公共文化服务标准化工作中的一项重要内容，于2014年3月正式委托国家图书馆围绕我国各级公共图书馆的不同职能及其对业务工作的需求，研究制订我国省、市、县三级公共图书馆业务规范。

《省、市、县三级公共图书馆业务规范》编制工作讨论会

国家图书馆建立开放工作机制，联合首都图书馆、上海图书馆、湖北图书馆、山东图书馆、嘉兴图书馆、东莞图书馆等近10家省、市、县图书馆，分别组建各级公共图书馆业务规范研制小组，由国家图书馆统一规划、协调、部署调研与起草工作。各研制小组在2014年明确各级公共图书馆业务规范细化框架，并完成各级业务规范的初稿编制工作。

（4）《公共数字文化项目管理办法》起草及调研工作

为加强文化共享工程、数字图书馆推广工程、电子阅览室建设计划等公共数字文化惠民工程专项经费的监督管理，同时对各工程资源建设、平台建设、服务活动、标准规范建设和人员培训等重点工作进行协调统筹，整合提升公共数字文化惠民工程的社会服务效能，2014年3月，公共文化司委托国家图书馆组织开展相关调研及文件起草工作。目前，《公共数字文化项目管理办法》（建议稿）及起草说明已提交司务会审议。

2. 受文化部其他司局、其他相关部委、地方政府委托，开展基于相关政策制定的调查研究工作

受文化部财务司委托，就“十二五”以来我国公共图书馆事业发展状况进行分析研究，对公共图书馆发展的基本情况、存在的问题进行全面梳理，并提出进一步发展建议。研究结果已以专文形式刊登在《文化发展统计分析报告（2014）》。

受文化部科技司与教育部语言文字应用管理司委托，承担“我国文化场馆语言文字应用调查及对策研究”项目。旨在通过对我国文化场馆语言文字使用情况的实地调查和相关政策文件梳理，了解现状和问题，并提出今后一段时期推动我国文化场馆语言文字规范化工作的对策建议，为《中华人民共和国国家通用语言文字法》的修订提供参考。2014年，国家图书馆组织项目组成员在广东、陕西、湖北、安徽4个省市开展深入调研，撰写调研报告，并对新中国成立以来各地区文化场馆应用的政策文件进行全面梳理。

受河北省廊坊市文广新局委托，研究院与南开大学商学院和河北工业大学合作，承担廊坊市公共文化服务体系示范区创建制度设计课题研究工作。2014年，课题组完成《廊坊市乡镇公共文化资源整合服务现状及目标需求分析报告》和《国内外公共文化资源整合服务研究与实践

调研报告》，起草组织协调、经费保障等9项制度设计方案，并围绕制度设计方案代拟6个政策文件。

国家图书馆于2012年年初启动对各地区公共图书馆服务体系的调研工作，并于2012年年底至2013年年初陆续出版东莞、天津、山西、杭州等地区调研报告，取得良好反响。2014年6月，武汉市文化局和武汉市图书馆主动与国家图书馆研究院取得联系，达成合作意向，联合华中师范大学信息管理系专家团队，共同开展武汉地区公共图书馆服务体系调研。

## （二）组织出版与图书馆事业发展相关的出版物

国家图书馆通过撰写编发出版物对国内外的理论研究与实践经验进行总结梳理，为全国各级公共图书馆、业务主管部门以及相关从业人员提供参考。

1. 策划编写内部刊物

2014年，国家图书馆继续编写《图书馆政策研究参考》《图书馆决策参考》和《业界动态》3个内部刊物。其中《图书馆政策研究参考》和《图书馆决策参考》已成为各级文化主管部门制定图书馆政策、了解国内外图书馆事业发展的重要参考，两个刊物全年围绕MOOCs与图书馆、公共图书馆理事会制度、政府购买公共图书馆服务、贫困地区图书馆事业发展、国内外文化记忆项目实践等多个专题开展深入研究。《业界动态》主要面向馆领导和中层干部及时报道国内外图书馆领域乃至公共文化领域的重大政策、重要进展、主要事件等。全年编发《图书馆政策研究参考》4期、《图书馆决策参考》12期、《业界动态》40余期。

2. 推进《中国图书馆事业发展报告（蓝皮书）》数字图书馆事业发展卷和农村图书馆事业发展卷的编纂工作

《中国图书馆事业发展报告（蓝皮书）》是国家图书馆作为综合性研究型图书馆，联合业界专家共同开展事业发展研究的一个重要载体。继2012卷后，2013年8月启动《数字图书馆发展专题研究报告》，2014年度完成全书初稿的审校工作，正在组织各专题进行修改；2014年2月启动《农村图书馆事业发展专题研究报告》，首次对我国农村地区图书馆事业的发展历程、现状、经验成果及存在问题进行全面系统梳理，已完成初稿的审校工作。

3.《我国图书馆事业发展政策文件选编（1949—2012）》

2014年10月正式出版。这是业界自1982年河北大学图书馆学系的内部刊物出版以来，对我国1949—2012年的图书馆事业发展政策进行的第一次全面梳理。收录国家级政策文件312篇，各地区政策文件223篇，为业界开展图书馆事业发展历史研究提供翔实资料。

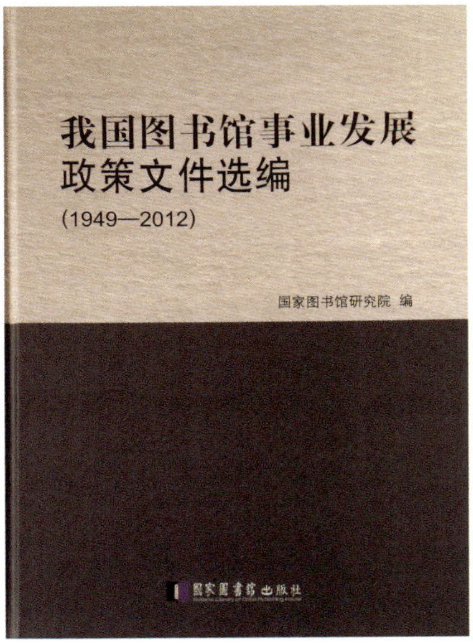

编辑出版《我国图书馆事业发展政策文件选编（1949—2012）》

4.《2013年中国公共图书馆事业发展基础数据概览》小册子

在文化部财务司的支持下，研究院每年编印内部资料《中国公共图书馆事业发展基础数据概览》，分析当年全国、各地及各级公共图书馆事业发展主要数据，并提供横向与纵向对比数据及排名情况。《2013年中国公共图书馆事业发展基础数据概览》于2014年11月编印完成，寄发相关部委及地方主管部门、副省级以上图书馆、其他研究机构和业界专家共计300余份。

5.《国外图书馆法律选编》

2014年7月正式出版。收录17个国家93部相关图书馆法律法规，是截至目前国内最为全面、系统翻译国外图书馆法律的参考工具书。内容包括图书馆法、国家图书馆法、公共图书馆法、呈缴法、版权法、公共借阅权法等。

# 编辑与出版

- 《中国图书馆学报》
- 《国家图书馆学刊》
- 《文献》
- 《中国图书馆年鉴》
- 《国家图书馆年鉴》
- 国家图书馆出版社专业文献
- 年度掠影

# 编辑与出版

## 一、《中国图书馆学报》

《中国图书馆学报》严格执行双向匿名审稿制度，在初审阶段增加互审机制；在编辑加工阶段，增加编稿次数。严格遵守学术规范和编辑出版规范，认真执行国家有关编校质量的规定。针对目前学术文章中常见的多作者挂名现象，2014年，在“投稿指南”中特别提出：“本刊推崇求实、创新、自律的科研精神，鼓励独创或跨界合作。”在审稿过程中对此严格审核。2014年起规范版权授权管理，要求每篇文章的所有作者必须签署《论文著作权授权书》，如该文属于课题项目研究成果，须由课题负责人签字授权。

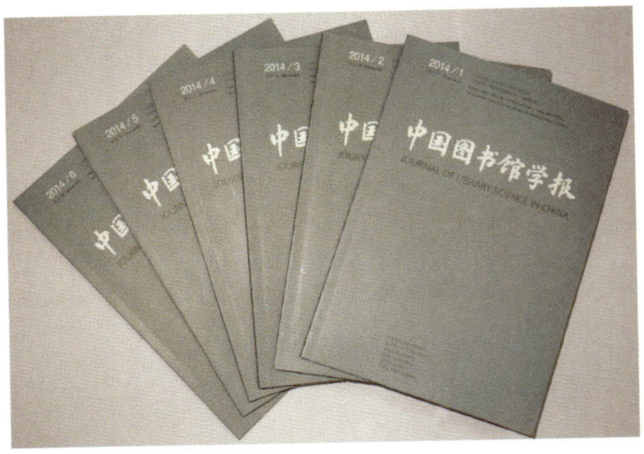

《中国图书馆学报》2014年全6期

在栏目设置方面，除已有的研究论文、综述评介、探索交流、专题研究外，策划于2015年开设“前沿论坛”栏目，刊发具有前瞻性、战略性和思想性的重点文章。在国际化方面，所有文章加注DOI号，实现资源全球定位；在所有非英文参考文献后加注英文。另对英文长摘要、ORCID号及基金项目和通信作者的英文信息需求情况做调研，拟于2015年推出期刊国际化的新举措，促进国内学术研究成果的国际传播和影响力。

《中国图书馆学报》入选“中国人文社会科学综合评价AMI”顶级期刊获奖证书

《中国图书馆学报》连续多年被评为全国优秀图书馆学期刊。在北京大学《中文核心期刊要目总览（2011年版）》、南京大学《中文社会科学引文索引来源期刊目录（2014—2015年）》、中国社会科学院《中国人文社会科学核心期刊要览（2013年版）》及武汉大学《中国学术期刊评价研究报告（2013—2014年）》中均居图书馆、情报与文献学类期刊第一位。还被国际上许多著名的检索期刊如《乌利希国际期刊指南》《图书馆文献》和《最新连续出版物题录》等收录。2012 年成为首批获得国家社科基金资助期刊之一。2014 年 11 月，中国社会科学院中国人文社会科学评价中心发布的《中国人文社会科学期刊评价报告（2014 年）》中，《中国图书馆学报》入选中国人文社科顶级期刊，并在所有人文社会科学顶级期刊中排名第五。

全年共收到稿件 1414 篇，中文双月刊发文 67 篇，英文年刊发文 14 篇。进一步完善网站功能，增加网站的英文版以及“图书馆学期刊编辑出版专业委员会”功能模块。通过国家图书馆国际交换组，发行至世界 300 个国家和地区的国家图书馆及相关地区的图书馆。

## 二、《国家图书馆学刊》

2014 年，《国家图书馆学刊》全年来稿量约 2000 篇，刊发 102 篇，另刊登“业界动态”24 篇。主要栏目有“专题研究”“公共图书馆研究”“管理与服务”“信息组织”“数字图书馆”“交流与借鉴”“图书馆史研究”等。为充分反映当期图书馆学研究与图书馆事业发展的重点和热点，本年度共筹划 6 组“专题研究”，分别于第 1 至 6 期刊出：图书馆与科学数据，民国时期文献保护，图书馆法人治理研究，特殊群体服务研究，古籍保护工作，阅读推广研究。同时，为增加刊物的信息量，增设“业界动态”栏目。

《国家图书馆学刊》2014 年全 6 期

为加快学术交流，缩短论文发表时滞，与中国学术期刊（光盘版）电子杂志社签订《期刊优先数字出版合作协议》，将印刷版期刊录用稿件择优进行优先数字出版，即在其主办的“中国知网”（www.cnki.net）上先于印刷版期刊出版，取得良好效果。

## 三、《文献》

2014 年《文献》共出版 6 期，刊发各类稿件 130 篇。主要栏目有“目录学研究”“刻书研究”“出土文献研究”“批校题跋研究”“书札整理研究”“石刻墓志研究”“辑佚与辨伪”“海外遗珍”“藏书史研究”“中外文化交流”“文史新论”等，并根据组稿情况，灵活设置专题栏目，集中探讨学界共同关心的话题。

《文献》2014 年全 6 期

12月9日,《文献》编辑部在北京召开编委扩大会议，邀请本刊学术顾问、境内编委以及来自北京地区高校、出版单位的著名学者30余人参加。与会专家在一致肯定《文献》工作成绩和学术贡献的同时，还对《文献》未来的发展提出很多建设性的意见和建议。

## 四、《中国图书馆年鉴》

《中国图书馆年鉴2014》全面反映2013年中国图书馆事业的发展状况。正文采用分类编辑法。设立特载、纪事、专文、图书馆事业、学术交流、法律法规与政策性文件、专业文献、统计资料、年度大事记、图书馆活动图辑、索引等11个栏目。其中“特载”栏目重点反映全国第五次公共图书馆评估定级、第四批《国家珍贵古籍名录》暨古籍普查重要发现发布、2013年亚洲图书馆馆长论坛召开、《远东国际军事法庭庭审记录》出版、2013年中国图书馆年会召开等年度内在全国图书馆界产生重大影响的事件；“专文”栏目重点登载我国古籍保护工作进展、民办图书馆发展现状、国家公共文化服务体系示范区图书馆建设等年度热点问题。

《中国图书馆年鉴2014》

2014卷共收到原始稿件235万字，图片605幅；最终定稿100万字，图片150幅。12月交付国家图书馆出版社出版。

## 五、《国家图书馆年鉴》

《国家图书馆年鉴2014》全面记录国家图书馆在2013年的工作全貌，系统、准确地反映国家图书馆2013年各项事业的发展情况，为读者了解和研究国家图书馆提供基础数据和资料。全书共分为“综述”“特别记载”“基础业务工作”“服务工作”“国家数字图书馆建设”“重点文化工程”“文献开发”“学术与科研”“编辑与出版”“对外交流与合作”“机构与人员”“设施建设与安全保卫”“党建与员工活动”“统计资料”“重要文件选编”“媒体报道”“年度大事记”以及“综合索引”18个栏目。本卷在上一卷结构框架的基础上，对局部做补充调整：“特别记载”栏目增加“新技术的研发与应用”；“基础业务工作”栏目中，“文献保存

《国家图书馆年鉴2014》

与保护”改为“文献信息资源保存与保护”，“文献信息系统建设”改为“信息系统建设”；“学术与科研”栏目中，“图书馆政策研究”改为“图书馆事业发展研究”。《国家图书馆年鉴 2014》于 10 月由国家图书馆出版社出版，全书共计 55 万字，图片 120 幅，统计表 29 个，另外推出光盘版（中英文对照）。

## 六、国家图书馆出版社专业文献

国家图书馆出版社 2014 年度出书 357 种，比去年同期增加 31%；其中新版书 345 种，比去年同期增加 33%；重印书 12 种，比去年同期减少 8%。年度销售额收入稳步增长，发货码洋 13077 万元〔不含教育部为百所高校配备《中华再造善本（续编）》经费〕，比上年同期增长 18%。

### （一）重点图书的出版

《中华再造善本（续编）》完成全部出版任务（参见“重点文化工程”之“一、中华古籍保护计划”）。完成 2014 年度国家出版基金项目《任继愈文集》的编辑出版工作（参见“年度掠影”之“《任继愈文集》出版”）。《全国古籍普查登记目录》已出版《天津图书馆古籍普查登记目录》《中国中医科学院图书馆古籍普查登记目录》等 12 种目录。积极策划、申报并承担“民国时期文献保护计划”项目中《中国人民抗日战争纪念馆藏日本强掳中国赴日劳工档案汇编》《远东国际军事法庭证据文献集成》等 19 个项目，已出版其中 10 种。完成出版“十一五”国家重点图书出版规划项目《张开模藏戚蓼生序本石头记》；出版国家古籍整理出版“十一五”重点规划项目《南京大学图书馆藏稀见方志丛刊》《重庆图书馆藏稀见方志丛刊》《湖南图书馆藏稀见方志丛刊》《中国科学院文献情报中心藏稀见方志丛刊》；出版“十二五”国家重点图书出版规划项目《中国人民抗日战争纪念馆藏日本强掳中国赴日劳工档案汇编》；完成 2011—2020 年国家古籍整理出版规划项目《国家图书馆藏石鼓文资料汇编》；完成国家古籍整理出版经费资助项目《北京大学图书馆藏程砚秋玉霜簃戏曲珍本丛刊》《澳大利亚藏太平天国原刻官书丛刊》《美国普林斯顿大学东亚图书馆藏〈永乐大典〉》《楚辞文献丛刊》的出版；完成国家社科基金后期资助项目《大规模协同知识管理》。

### （二）申报项目和参评奖项

1. 成功获批列入国家社科基金后期资助项目推荐申报出版机构，成为图书馆、情报与文献学项目优先承担单位（参见“年度掠影”之“国家图书馆出版社获批列入国家社科基金后期资助项目推荐申报出版机构”）；获批 2014 年第一批国家社科基金后期资助项目《大规模协同知识管理》；积极申报 2014 年第三批国家社科基金后期资助项目，《中国图书馆史》项目获批准。

2. 申报各类重点项目

积极申报 2014 年度国家出版基金项目（参见“年度掠影”之“《任继愈文集》《远东国际军事法庭证据文献集成》获 2014 年国家出版基金立项”）；《中国人民抗日战争纪念馆藏日本强掳中国

赴日劳工档案汇编》《东亚同文书院调查中国资料丛编：1910—1944》《汉唐地理总志钩沉》3个项目获批“十二五”国家重点图书出版规划增补项目；《国家图书馆古籍善本精品图录》《周一良批注经典文献十种》《国家图书馆藏样式雷图档》获批2011—2020年国家古籍整理出版规划增补项目；积极申报2014年新闻出版改革发展项目库，《中国国家图书馆藏印谱汇编》《对日战犯审判文献数据库》2个项目获批准；《普林斯顿大学东亚图书馆藏永乐大典》《澳大利亚藏太平天国原刻官书丛刊》《文求堂书目》获2014年度国家古籍整理出版资助（参见“年度掠影”之“《普林斯顿大学东亚图书馆藏永乐大典》等3种图书获2014年国家古籍整理出版资助项目立项”）；《清代阿拉善旗蒙古档案译文选编》《清代阿拉善旗蒙古档案选编》《首都历史博物馆馆藏清代契约文书》3个项目获国家清史资助。

3. 优秀图书评奖

《清代军机处随手登记档》获2013年优秀古籍图书奖一等奖，《中国古籍珍本丛刊·天津图书馆卷》《北京大学图书馆藏稀见方志丛刊》获2013年优秀古籍图书奖二等奖（参见“年度掠影”之“《清代军机处随手登记档》等3种图书获2013年度优秀古籍图书奖”）；《古老的农夫　不朽的智慧——中国、朝鲜和日本的可持续农业考察记》获第十三届引进版社科类优秀图书奖；《朱生豪译莎士比亚戏剧手稿》《雪域宝典——西藏自治区〈国家珍贵古籍名录〉古籍图录》获第二届华文出版物艺术设计大赛优秀奖；《聆听智者的声音：香山讲坛演讲录（第四辑）》《大漆中的记忆》《中国图书馆分类法（未成年人图书馆第四版）》《名人与图书馆（续编）》4种图书入选《2014年全国中小学图书馆（室）推荐书目》。

4. 数字出版项目

进一步完善已有《中华再造善本》数据库、“中国影印古籍丛书书目查询系统”数据库数据，新开发的“民国时期文献总库”及“中国历代人物传记资源平台”有序进行。积极开展中央文化企业数字化转型升级工作。申报文化产业发展专项资金项目“抗战及近代中日关系资源服务平台”获批为2014年重点项目；申报“特殊历史文献数字出版管理系统及其应用”获得中央文化企业数字资源库建设项目资金支持；“古籍数字出版基地”申报中央文化企业国有资本经营预算支出项目获得资金支持；申报“古籍修复知识网络系统”获批文化部国家文化科技提升计划项目立项。

# 年度掠影

## 【《原国立北平图书馆甲库善本丛书》出版座谈会召开】

《原国立北平图书馆甲库善本丛书》出版座谈会

1月17日，由国家图书馆主办的《原国立北平图书馆甲库善本丛书》出版座谈会在北京召开。国家图书馆馆长周和平、文化部公共文化司巡视员刘小琴、国家出版基金规划管理委员会办公室副主任祁德树、中国出版协会古籍出版工作委员会秘书长黄松出席座谈会。中国工程院院士傅熹年，全国古籍保护工作专家委员会主任李致忠，北京大学教授孙钦善、龚鹏程、朱凤瀚等国内学术界、图书馆界、出版界的著名专家学者，以及文化部、国家新闻出版广电总局、国家图书馆的相关工作人员参加会议。座谈会由国家图书馆副馆长张志清主持。

国家图书馆于2010年7月策划实施甲库善本编纂出版工程，并被列为当年度国家出版基金项目，也是近年来国家出版基金资助力度最大的古籍出版项目。2013年出版完成，采用上下双栏影印，精装大十六开，全书共计1000册，按经、史、子、集、丛部，共收录原国立北平图书馆甲库善本藏书2621种。这套丛书不仅数量庞大，而且不乏存世孤本，都是极富学术研究价值的珍贵资料，具有重要文献价值和版本价值。它和“再造善本”互为补充，成为古籍再生性保护的经典范例。

## 【国家图书馆出版社获批列入国家社科基金后期资助项目推荐申报出版机构】

国家社科基金后期资助项目设立于2004年，是国家社会科学基金项目主要类别之一，该项目通过对已基本完成且尚未出版的人文社会科学基础研究的优秀学术成果的资助，来鼓励广大人文社会科学工作者潜心治学，扎实研究，多出优秀成果，进一步发挥国家社科基金在繁荣发展哲学社会科学中的示范引导作用。该资助项目于每年4月、10月各集中通讯评审一次。经过努力争取，2014年1月，国家图书馆出版社成功获批列入国家社科基金后期资助项目推荐申报出版机构，成为图书馆、情报与文献学项目优先承担单位。全国哲学社会科学规划办公室公布的当年国家社科基金后期资助项目推荐申报出版机构共计50家，多为高校学术出版社。

**【《任继愈文集》《远东国际军事法庭证据文献集成》获2014年国家出版基金立项】**

国家出版基金是由中央财政出资设立、由国家出版基金管理委员会负责管理的国家级出版资助基金，也是继国家自然科学基金、国家社会科学基金之后的国家设立的第三个文化基金。主要用于对不能通过市场资源完全解决出版资金的体现国家意志、传承中华文明、弘扬时代精神，真正能够造福当代、惠及后世的优秀公益性出版物给予直接成本补助，旨在保证对推动社会主义文化强国建设、提高国家文化软实力、实现中华民族伟大复兴中国梦和人类文明进步具有重要作用的国家级重大出版项目的顺利完成。

经国家出版基金评审专家组评审并报国家出版基金管理委员会批准，2014年度国家出版基金资助项目共计317项。国家图书馆出版社申报的《任继愈文集》入选。《任继愈文集》收录任继愈先生的著述，全书10册，近400万字，2014年年底出版面世。同时，上海交通大学出版社与国家图书馆出版社合作的《东京审判出版工程（第二期）——远东国际军事法庭证据文献集成》也列入基金资助项目，是继《远东国际军事法庭庭审记录》后的又一部关于远东国际军事审判的大型史料汇编，具有深刻的历史和现实意义。

《任继愈文集》《远东国际军事法庭证据文献集成》获2014年国家出版基金立项

**【《普林斯顿大学东亚图书馆藏永乐大典》等3种图书获2014年国家古籍整理出版资助项目立项】**

2014年4月，全国古籍整理出版规划领导小组（以下简称古籍小组）办公室公布本年度古籍整理出版专项经费资助项目名单，34家出版社90个项目获得出版资助，资助总额2690万元。其中，22家专业古籍出版社上报的66个项目获得资助，资助总额达1500余万元。国家图书馆出版社本年度共申报项目20个，获批项目3个，分别为《普林斯顿大学东亚图书馆藏永乐大典》《文求堂书目》《澳大利亚藏太平天国原刻官书丛刊》，均为海外文献回归项目，资助总额38万元。

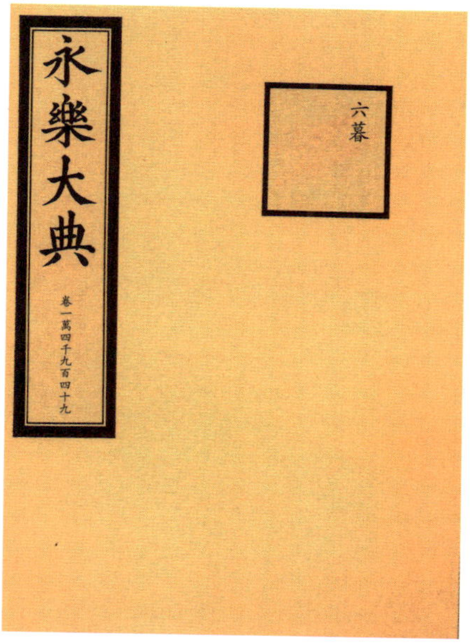

《普林斯顿大学东亚图书馆藏永乐大典》获2014年国家古籍整理出版资助项目立项

## 【“古籍修复知识网络系统”获文化部国家文化科技提升计划项目立项】

5月16日，针对目前古籍修复中面临人才培养与修复技术规范问题，国家图书馆出版社启动“古籍修复知识网络系统”项目。项目目标是将古籍修复知识进行条目化处理，结合音视频资源，建立古籍修复知识的网络系统，从而将现代计算机技术与传统的古籍修复相结合，促进古籍修复人才的培养，旨在为全国图书馆、档案馆、博物馆相关古籍修复人员提供一个广阔的知识平台。

“古籍修复知识网络系统”可覆盖全国古籍收藏单位的网络，内容涉及目前国内出版的古籍修复专著、规定、相关法律法规、修复档案、古籍修复用纸资料、古籍修复视频等。系统利用本体构建的瀑布模型建立古籍修复的知识概念体系；采用本体的关系数据库存储和本体的底层互操作技术，实现不同类别知识与信息的相互关联；通过协同知识管理为用户决策做信息支持，从而发挥整体效应。本项目获得2014年文化部国家文化科技提升计划项目立项，获得资助60万元。

## 【《楚辞文献丛刊》出版暨楚辞文献整理座谈会召开】

8月14日，由浙江师范大学江南文化研究中心、首都师范大学中国诗歌研究中心、中国屈原学会和国家图书馆出版社联合主办的《楚辞文献丛刊》出版暨楚辞文献整理座谈会在国家图书馆古籍馆召开。全国哲学社会科学规划办公室副主任杨庆存、国家新闻出版广电总局出版管理司古籍整理与规划处处长杨芳、浙江师范大学党委书记陈德喜、首都师范大学党委副书记缪劲翔、国家图书馆副馆长张志清等出席会议，国家图书馆出版社社长方自今主持会议，来自海内外的30多位楚辞学专家参加会议。

《楚辞文献丛刊》是由黄灵庚、赵敏俐、方铭三位教授共同主持编纂，国家图书馆出版社影印出版的一套大型“楚辞学”丛书，全书80册，收录中国国家图书馆、上海图书馆、浙江图书馆、天津图书馆、香港中文大学图书馆、日本大阪大学图书馆、日本足利学校图书馆、美国哈佛燕京图书馆等收藏机构的重要楚辞学文献200余种，其中宋刻本7种、明刻本37种、稿钞校本55种，有百余种珍稀文献系首次刊布。收录文献的种数及成书规模远远超过以往任何一种《楚辞》类的丛书，是迄今文献最珍稀、品类最齐全、规模最宏大、编排最科学的楚辞文献丛书。与会者认为，该丛书的出版，不仅打造一部新的学术精品，展现楚辞文献的全貌，同时将楚辞研究推向新的高峰，成为文化传承与学术研究的典范。

《楚辞文献丛刊》出版暨楚辞文献整理座谈会

【《清代军机处随手登记档》等3种图书获2013年度优秀古籍图书奖】

9月15—18日，第二十九届全国古籍出版社社长年会暨2013年全国优秀古籍图书评奖会在江苏扬州市召开。全国“优秀古籍图书奖”由中国出版工作者协会古籍出版工作委员会设立，自2006年起，每年召开一届，由全国30余家古籍出版社及其他相关出版社报送优秀古籍图书参与评选，设荣誉奖、一等奖、二等奖、普及读物奖等奖项。在此次评奖中，国家图书馆出版社出版的《清代军机处随手登记档》获一等奖，《中国古籍珍本丛刊·天津图书馆卷》《北京大学图书馆藏稀见方志丛刊》获二等奖。其中《清代军机处随手登记档》全面收录从嘉庆元年（1796）到宣统三年（1911）100余年间的军机处随手登记档，共计180册，是国家图书馆出版社影印出版的可资清史研究的大型档案文献汇编。

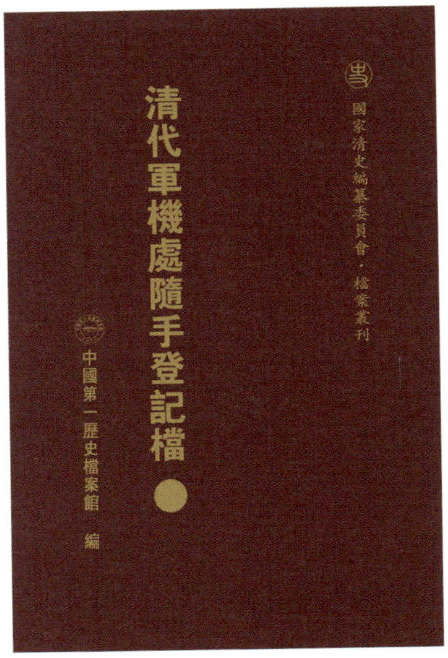


《清代军机处随手登记档》获2013年度优秀古籍图书奖一等奖

【《中国人民抗日战争纪念馆藏日本强掳中国赴日劳工档案汇编》首发座谈会举行】

9月18日，《中国人民抗日战争纪念馆藏日本强掳中国赴日劳工档案汇编》出版首发暨座谈会在中国人民抗日战争纪念馆举行。此次活动由中国人民抗日战争纪念馆、民国时期文献保护工作办公室、中国抗日战争史学会、国家图书馆出版社共同举办。

该书是“十二五”国家重点图书出版规划项目，也是民国时期文献保护计划的重要成果。全书60册，计3万余页。原文件系日本方面组织编写，记录语言为日文。第1至54册为曾役使中国劳工的日本各事业场（亦称事业所、作业场、作业所等）所撰写的报告书及其附属材料等；第55至60册为日本外务省编写的《华人劳务者就劳情况调查报告书》（简称《外务省报告书》），以及中国人殉难者名录共同编制执行委员会所编的《强掳中国人事件报告书》（全4编）。

北京市委宣传部副部长崔耀中、中国社会科学院近代史所研究员步平等学者、劳工家属张恩龙、日本中国赴日劳工研究专家老田裕美等一致认为，该书出版具有重要的现实意义，用铁的事实揭露日本当年强掳中国劳工的罪行，反映中国人民为世界反法西斯战争的胜利做出的巨大贡献。要让国人铭记这段历史，大力弘扬追求和平正义、捍卫民族独立自由的精神，激励国人积极践行社会主义核心价值观，为实现中华民族伟大复兴的中国梦共同做出应有的贡献。

《中国人民抗日战争纪念馆藏日本强掳中国赴日劳工档案汇编》首发座谈会

**【习近平总书记向澳门大学赠送影印本《永乐大典》和《北京大学图书馆藏稀见方志丛刊》】**

12月20日是澳门回归祖国15周年纪念日，习近平总书记考察澳门大学横琴校区，向澳门大学赠送影印本《永乐大典》和《北京大学图书馆藏稀见方志丛刊》，并现场在赠书函上签名。

作为中国古代规模最大的类书，《永乐大典》是历经沧桑而幸存的“国之重宝”，除文献价值外，其历史文物价值亦不可估量。2005年，国家图书馆出版社将中国内地所藏163册《永乐大典》全部影印出版。采用现代仿真技术，版式、行款、用料、装帧等全仿嘉靖副本，为《永乐大典》的抢救、保护与利用迈出坚实的第一步。《北京大学图书馆藏稀见方志丛刊》是国家图书馆出版社所承担的“十一五”国家古籍重点出版规划项目——“著名图书馆藏稀见方志丛刊系列”的第15种，从6700余种馆藏中遴选出28个省市的274种珍稀方志，其中孤本、稿本92种，具有很高的文献价值。

**【国家图书馆出版社举办三十五周年社庆专家座谈会】**

国家图书馆出版社三十五周年社庆专家座谈会

12月24日，国家图书馆出版社成立三十五周年专家座谈会在北京举行。来自北京大学、中国社会科学院、中国第一历史档案馆、国家图书馆、国家清史编纂委员会、文化部恭王府管理中心、中华书局、天津图书馆等高校、科研单位、文化机构的知名专家学者共30余人出席会议。国家图书馆出版社社长方自今主持座谈会，国家图书馆副馆长张志清致辞，国家图书馆出版社总编辑贾贵荣介绍出版社35年的发展历程以及现在的出版情况。

国家图书馆出版社原名书目文献出版社，1979年成立，1996年更名为北京图书馆出版社，2008年改为现名。是文化部主管、国家图书馆主办的中央级出版社。2009年，新闻出版总署首次经营性图书出版单位等级评估定为一级出版社，并授予“全国百佳图书出版单位”称号。2014年，成为国家社科基金后期资助项目推荐申报50家出版单位之一。经过35年的发展，国家图书馆出版社日益形成专业出版特色：一是整理影印中文古籍和民国文献等各种稀见历史文献；二是编辑出版图书馆学和信息管理学等著译作；三是出版书目图录等中文工具书以及仿真制作特藏礼品图书。此外还编辑出版各类文史著作和传统文化普及读物。通过与图书馆界和学术界的密切合作，先后整理影印重要文献25000余种。

**【《任继愈文集》出版】**

历时4年的筹备、编辑、整理、审读，国家图书馆出版社2014年国家出版基金资助项目《任继愈文集》于2014年12月正式出版。

任继愈先生是我国20世纪著名的哲学家、宗教学家和历史学家，是我国坚持运用马克思主义原理进行学术研究的优秀代表，中国马克思主义宗教学的开创者和奠基人，中国哲学、宗教学领域中高瞻远瞩的学术研究领导者和优秀的学术活动组织者。任继愈先生学贯中西，融汇古今，为人为学，举世同仰，是我们这个民族从争取独立走向复兴过程中的千万知识分子中的一位，是与时代同行、反映着时代精神的优秀代表。

《任继愈文集》收入任继愈先生自20世纪40年代至21世纪初在各种期刊、报纸及内部刊物上发表的文章600余篇。这些文章代表中国哲学、宗教学及历史学等研究领域里的较高水平，具有里程碑式的重要意义。全书共10册。根据以类相从的原则，分为8编，各编根据实际需要，再分细目：第一编宗教学与科学无神论研究，包括宗教学、科学无神论两部分；第二编中国哲学史研究，包括中国哲学史论、天人之际、墨子与墨家、韩非、论文、主编书序书绪书抄六部分；

第三编佛教研究；第四编儒教研究；第五编道教研究；第六编论古籍整理；第七编史学研究，包括通论、古代史论、近现代史论、专论四部分；第八编杂著，包括社会科学评论、社会生活评论、文化教育评论、图书馆与出版业评论、念旧篇、自述篇六部分。各编自成体系，又相互联系。该文集是任继愈先生博大思想、治学思想和治学路径的集中表现，将任继愈先生一生的学术思想和研究成果进行系统整理和总结，为后人学习与研究任继愈先生的思想提供系统性的学习与参考资料。

**【国家图书馆出版社被评为2014年度全国优秀馆配商 · 十佳出版社】**

2014年12月，由中国出版集团公司、北京图书订货会组委会、中国新华书店协会、中国图书馆学会媒体与阅读委员会、图书馆报共同主办，新华书店总店、新华书目报承办的2014年“全国优秀馆配商·十佳出版社评选”活动圆满落幕。该评选已连续举办八届，成为馆配行业的标杆性评选活动。江苏凤凰出版传媒集团、浙江省新华书店集团、湖北三新、北京人天书店集团等33家馆配企业和14家出版社分获本年度全国优秀馆配商、省级优秀馆配商、十佳出版社等荣誉称号。国家图书馆出版社连续4年获评“十佳出版社”。

**【国家图书馆出版社推进数字出版并取得进展】**

国家图书馆出版社紧跟时代步伐，将2014年定为“数字出版年”，大力发展数字出版工作。成立以社长、副社长为首，数字出版部、历史文献影印编辑室、总编室、营销策划部、发行部等多个部门代表组成的数字出版工作领导小组，每月听取数字出版工作汇报、敦促进度、解决问题。全年积极开展各项工作，成果显著。

参加转型升级项目四期培训，完成中央文化企业数字化转型升级主体工作。申报文资办、文化部、国家新闻出版广电总局等多个数字出版项目并获得批准，其中，“对日战犯审判文献数据库”进入2014年改革发展项目库；“抗战及近代中日关系资源服务平台”获批为2014年重点项目；完成国有资本经营预算项目“历史文献综合服务系统”的答辩工作；“古籍修复知识网络系统”获得文化部国家文化科技提升计划项目立项；以《中华再造善本二期精品出版》为题，申报2014年北京市文创奖励基金。在积极申报新项目的同时，对以往项目进行落实，利用协商和法律手段解决数字出版的大部分历史遗留问题，如文化部文化创新项目“基于云计算的古籍建库技术研究”、2013年财政部文化产业发展专项资金项目“珍贵古籍数字展示平台”、国家科技支撑项目“古代音乐文献资源数字化与挖掘”等。继续探索数字版权交易模式，与美国圣智公司进行电子书销售事宜及“东京审判数据库”谈判；对国内超星、万方等公司对国家图书馆出版社图书版权的侵权问题进行追责，在对方停止侵权并给予合理补偿后，达成谅解。在继续完善已有数据库产品的基础上，对新数据库产品进行有序开发，《中华再造善本》增加分卷与印章识别功能，同时利用多种途径确保“中国影印古籍丛书书目查询系统”数据质量；促成“民国时期文献总库”及“中国历代人物传记资源平台”数据库加工商及数据库建设方案，加快年底上线销售进度。

# 对外交流与合作

- 本馆人员赴国外及港、澳、台交流
- 国外及港、澳、台重要来访
- 对外合作项目
- 年度掠影

# 对外交流与合作

2014年，国家图书馆依照“全面提升年”的整体发展战略，创新工作思路，举办多项论坛活动，发挥国家图书馆对外文化交流职能，拓展国内外交流与合作渠道。

## 一、本馆人员赴国外及港、澳、台交流

全年共出访24批70人次。重要出访包括：馆长韩永进率团赴法国参加第80届国际图联大会并访问瑞士、德国，与德国国家图书馆正式签署中德合作备忘录；馆长韩永进率团赴香港出席第十次中文文献资源共建共享合作会议暨理事会第八次会议；副馆长陈力率团访问伊朗、塔吉克斯坦国家图书馆，与两馆分别签署中伊合作谅解备忘录、中塔合作协议书；副馆长张志清率团赴美国参加北美亚洲图书馆年会并访问加拿大卑诗大学图书馆；副馆长魏大威率团赴意大利参加世界数字图书馆合作伙伴会议并赴比利时访问欧洲学院签署合作备忘录；副馆长王军率团访问韩国国立中央图书馆，进行中韩两馆第17次业务交流；副馆长李虹霖率团赴美出席美国图书馆协会年会，并访问墨西哥巴斯孔塞洛斯图书馆；馆长助理孙一钢率团访问南非、毛里求斯国家图书馆，与两馆分别签署合作备忘录；馆长助理汪东波率团访问以色列、土耳其国家图书馆，与两馆分别签署合作备忘录。

馆长韩永进与德国国家图书馆正式签署中德合作备忘录

通过出访项目的实施，不断巩固和拓展与亚洲、非洲、美洲、欧洲、大洋洲国家图书馆的交流与合作，进一步扩大国家图书馆在国际事务中的影响力，引领国家图书馆事业更好地走向世界。

## 二、国外及港、澳、台重要来访

全年共接待来访47批379人。来访人员包括澳大利亚国家图书馆代表团、澳柒（中国）投资有限公司代表团、新西兰国家图书馆代表团、美国斯坦福大学图书馆代表团、美国芝加哥大学图书馆代表团、美国中华大族谱协会代表团、驻洛杉矶总领馆文化参赞、法国国家图书馆代表团、法国使馆文化中心图书馆代表团、法国使馆多媒体图书馆代表团、葡萄牙文化国务秘书代表团、土耳其驻华大使馆代表团、阿塞拜疆驻华大使馆代表团、尼泊尔最高法院大法官代表团、哈萨克斯坦国家学术图书馆代表团、埃塞俄比亚文化旅游部代表团、纳米比亚青年国家服务体育与文化部代表团、日本国立国会图书馆代表团、泰国国家图书馆馆长、韩国驻华使馆代表团、朝鲜驻华使馆代表团、朝鲜人民大学习堂代表团、全国港澳研究会代表团、台湾卓越图书馆代表团以及国外机构来访者。与2013年相比，接待来访批次增加42%，来访人数增加65%，接待批次与人数都有较大增加。

## 三、对外合作项目

2014年，根据全馆整体工作部署，国家图书馆将对外交流合作与海外文献调研、数字图书馆建设、中华古籍保护、国际书展紧密结合。抓住重点，落实中央文化精神，举办大型图书馆交流研讨活动，其中“中阿图书馆馆长论坛”填补中阿图书馆界合作的空白；突破两岸文化交流瓶颈，联手打造“两岸公共图书馆事业发展联展与论坛”。不断拓展新的合作领域，加强与非洲、中亚、西亚国家图书馆的联系，与南非、毛里求斯、伊朗、塔吉克斯坦、以色列、土耳其、德国等国家图书馆、欧洲学院签署合作谅解备忘录、合作协议书等，搭建双边合作平台、明确合作内容。

为配合立法决策调研、海外古籍调查、民国时期文献保护计划、数字图书馆合作等国家图书馆重点工作，有针对性和计划性地开展国际合作，派员赴俄罗斯、英国进行民国文献调研，促进海外民国时期文献数字化回归；通过参加文献资源共建共享合作会议，与参会代表深入交流各地区文献数字化的发展情况；通过参加海峡两岸档案暨缩微学术交流会，了解相关领域最新动态。

策划并组织图书馆双边或多边业务交流活动，有针对性地开展合作项目。在《中日韩数字图书馆项目协议草案》框架下，邀请日本国立国会图书馆、韩国国立中央图书馆相关人员来馆参加中日韩数字图书馆项目业务交流；根据《亚洲图书馆昆明宣言》的相关条款，举办首届朝鲜图书馆馆员培训班；为庆祝澳门特别行政区成立15周年，举办澳门书刊联展。多项合作项目的顺利实施，展现国家图书馆在承办重大会议方面的丰富经验以及在国际图书馆事务中的重要地位，对于提升中国图书馆在国际图书馆界的影响力，更深层次地参与世界图书馆交流具有重要意义。

开展常规业务交流活动，派馆员赴日本参加出版贩卖株式会社研修生项目，赴新加坡参加国家图书馆管理局研修活动，赴韩国参加国立中央图书馆业务交流活动，协助文化部完成港澳大学生暑期来馆实习项目，接待韩国国立中央图书馆馆员来访工作。履行国家图书馆承担的国际图联保存保护中国中心、中文语言中心的职责，举办外语志愿者培训，为国家图书馆日常外事活动、国际图联大会同声传译和快报编译工作做好必要准备。

中日韩数字图书馆项目业务交流会

# 年度掠影

**【参加北美亚洲图书馆年会并访问加拿大】**

3月24—31日，副馆长张志清率团赴美国和加拿大，参加北美亚洲图书馆年会，访问加拿大卑诗大学图书馆。在北美亚洲图书馆年会上介绍海外中华古籍调查与合作保护工作取得的进展，访美期间与美国公司就数字方志在北美销售签订合作意向书，与著名学者艾思仁先生就恢复“中华古籍善本国际联合书目系统”编纂工作进行探讨，与有关人员探讨胡适手稿日记入藏国家图书馆事宜。

**【与南非、毛里求斯国家图书馆签署合作谅解备忘录】**

5月21—29日，应南非、毛里求斯国家图书馆邀请，馆长助理孙一钢率团出访南非、毛里求斯，与两国国家图书馆分别签署合作备忘录，深层次拓展与两国图书馆合作空间，并成为文化部“中非文化合作伙伴计划”的重要组成部分。期间代表团对南非、毛里求斯国家图书馆文献数字加工、缩微文献保存等情况进行调研，并向毛方赠送4000册中西文电子图书。

**【与伊朗、塔吉克斯坦国家图书馆签署中伊合作谅解备忘录、中塔合作协议书】**

6月12—19日，应伊朗、塔吉克斯坦国家图书馆邀请，副馆长陈力率团出访伊朗、塔吉克斯坦，对两国国家图书馆进行访问，就未来合作相关问题进行深入探讨与交流，并分别签署中伊合作谅解备忘录、中塔合作协议书。此次协议签署将为中伊、中塔图书馆领域专家互访、文献交换、举办展览等领域开展合作打下良好基础，有力地推动国家图书馆与西亚、中亚国家图书馆的深层次交流与合作。

**【韩永进会见厄瓜多尔驻华大使并接受赠书】**

6月23日，馆长韩永进会见厄瓜多尔驻华大使何塞·博尔哈，并接受厄瓜多尔驻华使馆的第二批赠书共158册。赠书丰富了国家图书馆西班牙语图书馆藏，对于建立两国图书馆交流机制、促进两国文化交流具有重要意义。

**【参加美国图书馆协会年会并访问墨西哥】**

6月26日—7月3日，副馆长李虹霖率代表团一行4人应邀赴美国参加美国图书馆协会年会，并访问墨西哥。出访美国期间，代表团访问美国纽约大都会艺术博物馆，与该馆图书馆馆长肯尼思·索内尔进行会谈，双方就文献采访、古籍保护与修复及其他业务合作等问题交换意见。访问墨西哥期间，在文化部部长蔡武和墨西哥国家文化艺术委员会主席托瓦尔的共同见证下，李虹霖与墨西哥文委图书馆司司长费尔南多·阿尔瓦雷斯·德·卡斯蒂略共同签署《关于中国国家图书馆与墨西哥国家文化艺术委员会在相关领域制订合作框架的合作意向书》。

**【与以色列、土耳其两国国家图书馆分别签署合作备忘录】**

应以色列、土耳其国家图书馆邀请，6 月 26 日—7 月 3 日，馆长助理汪东波率团出访以色列、土耳其，对两国国家图书馆进行访问，就资源共享与合作发展、文献保护与利用、阅读与文化传承，以及外文文献采访等方面进行深入交流，并分别签订合作备忘录。期间，代表团还访问以色列艾利贝斯公司总部并就技术问题进行交流。

**【访问韩国国立中央图书馆并开展两馆第 17 次业务交流】**

7 月 15—22 日，应韩国国立中央图书馆馆长林元善的邀请，副馆长王军一行 5 人出访韩国，进行两馆间第 17 次业务交流。此次两馆交流主要是探讨数字图书馆和少儿图书馆领域的业务，双方以书面报告的形式着重就数字资源整合与利用、儿童阅读培养与服务等内容进行交流，并结合报告和实际业务就共同感兴趣的内容做深入研讨。代表团还参观国立青少年图书馆、世宗图书馆、庆州市立图书馆等机构，就数字图书馆运营、少儿图书馆服务和战略储备库建设等方面的问题做交流。访韩期间，王军一行还访问首尔中国文化中心，并与驻韩国使馆文化参赞兼文化中心主任史瑞琳会面，双方探讨国家图书馆与文化中心合作事宜。

**【赴法国参加第 80 届国际图联大会并访问瑞士、德国】**

世界图书馆和信息大会——第 80 届国际图联大会以及卫星会议于 8 月 15—22 日在法国里昂及巴黎举行，馆长韩永进率团赴法参会。会议期间，韩永进先后与多个国家图书馆馆长进行双边工作会谈，商谈合作事宜，并访问法国国家图书馆。随后代表团访问联合国日内瓦办事处图书馆和德国国家图书馆（柏林），实地调研上述图书馆中文文献收藏情况。在德访问期间，韩永进馆长代表中国国家图书馆与德国国家图书馆正式签署中德合作备忘录。

**【举办首届朝鲜图书馆管理人员培训班】**

由文化部支持、国家图书馆主办、中央文化管理干部学院承办的首届朝鲜图书馆馆员培训班 8 月 17—31 日在北京举办。此次培训以古籍善本修复和数字图书馆建设为重点，以专家授课、实地考察为主要培训形式。共有来自两个领域的 10 名专家进行授课，期间还组织学员对我国部分图书馆进行参观考察。

首届朝鲜图书馆馆员培训班

【举办澳门书刊联展】

由国家图书馆与全国港澳研究会、澳门基金会共同举办的“喜阅澳门，翰墨书香——澳门书刊联展”于8月28日—9月16日在国家图书馆举办。此次澳门书刊联展，是为了庆祝澳门特别行政区成立15周年向全国出版、学术和文化界献礼。合作展出的出版物内容涵盖澳门历史、法律等众多领域，全方位介绍澳门学术出版成果，展示澳门在贯通中西文明中所发挥的特殊作用，以及回归以来在社会各界共同努力下所取得的巨大成就。

澳门书刊联展开幕式

【参加第十次中文文献资源共建共享合作会议暨理事会第八次会议】

10月21—22日，主题为“数码薪传——中文文献共建共享项目的回顾与展望”的第十次中文文献资源共建共享合作会议在香港举行。馆长韩永进率团出席会议并在开幕式上致辞，社会教育部主任汤更生做报告。与会代表深入交流各地区文献数字化情况，就彼此感兴趣的合作领域进行深入沟通。在理事会第八次会议上，国际交流处处长张煦代表理事会秘书处做工作报告。

【口述史国际学术研讨会】

10月19日，美国国会参议院历史室特邀历史学家唐纳德·里奇及其夫人、国际口述历史协会副主席安妮·里奇，美国圣荷西州立大学图书馆与信息学院口述史专家南希·麦凯等国外著名口述史专家来馆，与步平、定宜庄、王子舟等国内史学、图书馆学领域专家及中国记忆项目中心成员就图书馆口述史工作的相关问题进行深入探讨。这是国家图书馆首次举办口述史领域的国际研讨会，也是国际著名口述史界专家首次来华与国内学者交流。10月21日上午，副馆长李虹霖会见里奇夫妇，并向他们介绍国家图书馆中国记忆项目开展口述历史资源建设的相关情况。里奇夫妇介绍美国“二战”老战士、国会议员等口述历史项目及美国国家美术馆口述历史工作的开展情况，认为中国记忆项目在相关领域的工作卓有成效，并希望建立长期联系，展开更为深入的交流与合作。

副馆长李虹霖会见美国历史学家唐纳德·里奇及其夫人

【参加世界数字图书馆合作伙伴会议并赴比利时访问欧洲学院等机构】

10月24—26日，世界数字图书馆项目合作伙伴会议在意大利罗马举行。副馆长魏大威率团出席会议，对中国国家图书馆一年来数字图书馆项目建设情况进行陈述，并与参会代表进行交流。随后赴比利时访问欧洲学院，就图书馆建设和服务领域深入开展合作进行协商，并签署《中国国家图书馆与欧洲学院开展图书馆合作的合作备忘录》与《中国国家图书馆向欧洲学院赠书谅解备忘录》。

【参加第三届古籍保护与流传学术会议】

11月1—8日，副馆长张志清率团赴台湾参加第三届古籍保护与流传学术会议及第一届海峡两岸古籍论坛。此次赴台参会，有助于加强两岸古籍保护及研究领域的经验交流及相互学习，为今后开展实质性合作打下良好基础。

【新西兰国家图书馆代表团来访】

11月4日，新西兰内政部信息与知识服务司副司长彼得·穆雷和新西兰国家图书馆馆长威廉·麦克努特一行2人来访中国国家图书馆，馆长韩永进、馆长助理孙一钢会见来宾。11月5日，馆长助理汪东波主持召开业务交流会，双方人员就两馆数字资源建设、立法决策服务等业务进行深入探讨。此次交流进一步密切两馆的交流与合作，有利于进一步实现两馆资源共享与共同发展。

馆长韩永进、馆长助理孙一钢会见新西兰国家图书馆代表团

【举办中日韩数字图书馆项目业务交流会】

12 月 8—11 日，中日韩数字图书馆项目业务交流会在国家图书馆举办，邀请日本国立国会图书馆、韩国国立中央图书馆各 4 人参加。此项活动在《中日韩数字图书馆项目协议草案》框架下进行，旨在加强中日韩三国国家图书馆在中日韩数字图书馆项目建设上的沟通与协调，并制定具体实施规划。

# 机构与人员

- 人才队伍建设
- 机构设置与调整
- 干部管理
- 全员聘任
- 职称评审

# 机构与人员

2014年，国家图书馆按照“全面提升年”工作要点，进一步优化选人用人机制，加强人才队伍建设，调整机构，明确职责，提高效率，为推动国家图书馆各项工作稳步开展提供有力的组织和人才保障。

## 一、人才队伍建设

### （一）人才引进

应届高校毕业生接收工作。严格执行人力资源和社会保障部和文化部的政策要求，根据全馆实际用人需求，制定2014年高校毕业生接收方案。经笔试、面试等程序，共接收应届高校毕业生77人。

军队转业干部接收工作。2014年共接收军队转业干部2人。

继续结合用人需求，选拔优秀派遣人员进入事业编制。经部处审核推荐、笔试、体检和考察等程序，共遴选出15名作风扎实、工作勤勉的优秀劳务派遣人员进入事业编制。

### （二）人才培养

员工培训。制定年度全员培训工作计划，组织专题培训讲座17场，培训850人次；组织完成2014年度科级干部培训班，全馆共有196名科组长参加培训；组织完成77名高校应届毕业生入职培训工作。选派1名局级干部参加2014年中组部调训班；选派2名局级干部参加2014年中央和国家机关司局级干部选学班；选派1名局级干部参加第七期厅局级干部加强党性修养专题培训班；选派1名专家参加“文化名家暨四个一批人才”国情研究班；选派1名文化部优秀专家参加2014年高层次专家国情研修班。

优秀人才推荐。2014年，经推荐，国家图书馆古籍馆文献修复组获得“全国专业技术人才先进集体”荣誉称号，古籍馆朱振彬获得第十二届“全国技术能手荣誉称号”，立法决策服务部获得“全国文化系统先进集体”荣誉称号，余学玲获评2014年中国图书馆榜样人物。

余学玲同志获“2014年中国图书馆榜样人物”荣誉

外事工作志愿者队伍建设。有效促进外语人才的全面培养，保障国家图书馆外事交流工作。经专业考核，本年度共遴选出 26 名员工进入外事工作志愿者队伍，并通过培训，获发《国家图书馆外事翻译资格证书》。

典籍博物馆讲解员队伍建设。组织专题讲解员培训班，培训课时 192 个，培训讲解员 25 名，顺利保障典籍博物馆开馆工作。

员工继续教育。鼓励员工在职深造，全年共有 11 人完成在职学历、学位教育，并取得相应学历学位，其中 6 人取得博士学位，3 人取得硕士学位，2 人取得本科学历。

员工业务交流。通过干部挂职锻炼、推荐驻外后备干部人选、有计划地选派业务骨干参与国际项目等创造交流实践机会，推动青年干部快速成长。全年共选派 6 人赴国外交流学习；选派 1 人为第十八批扶贫干部赴山西挂职锻炼。

业界馆员交流学习。组织完成甘肃省图书馆、内蒙古包头市图书馆、陕西省西安市图书馆、云南省红河学院图书馆、云南省景东彝族自治县图书馆等共计 5 个批次 28 人次来国家图书馆在岗交流学习工作。

## 二、机构设置与调整

### （一）设置及调整部分内设机构

内设处级机构调整。设立审计处；行政管理处与后勤服务部合并，合并后机构名称为后勤服务管理中心；信息网络部更名为信息技术部；数字资源部加挂“数字图书馆推广工程办公室”牌子；社会教育部加挂“中国记忆项目中心”牌子；撤销天竺周转库管理中心。

部处内设机构调整。中文采编部设立中文数字资源采编组，典藏阅览部设立数字资源服务组，数字资源部设立推广工程建设协调组、推广工程培训与资源建设组，社会教育部设立中国记忆组，后勤服务管理中心设立管理科。研究院撤销期刊编辑室，数字资源部撤销数字资源采访组、数字资源服务组和数字图书馆推广组。中文采编部回溯书目数据组更名为书目数据维护与整合组，后勤服务管理中心古籍馆物业科更名为物业科。

截至 2014 年 12 月 31 日，国家图书馆内设处级机构 28 个，科级机构 102 个（附：2014 年国家图书馆内设机构设置图）。

### （二）设置及调整部分协调机构

成立国家图书馆网络安全和信息化领导小组；成立国家典籍博物馆开馆工作领导小组；成立国家图书馆一期维修改造工程竣工决算领导小组；成立国家图书馆保密委员会。

撤销国家图书馆网站领导小组；撤销国家典籍博物馆开馆筹备工作领导小组。

调整国家图书馆人才发展工作委员会人员组成。

截至 2014 年 12 月 31 日，国家图书馆设立协调机构 17 个。

## 三、干部管理

2013年年底，处级干部聘期届满。国家图书馆根据《党政领导干部选拔任用工作条例》等规定，严格按照干部选拔任用程序，组织完成新一届处级干部的聘任工作。提任3人担任正处级干部，9人担任副处级干部。新一届处级干部共聘任71人，其中正处级干部28人，副处级干部43人，平均年龄42.97岁，其中40岁以下有26人，比例为36.62%；本科以上学历69名，比例为97.18%；取得研究生以上学历及取得硕士学位者共31人，比例为43.66%。

处级干部换届结束后，国家图书馆组织全馆科级干部聘任工作，共完成271人次科级干部的聘任、调整。国家图书馆现有科级干部256人，平均年龄38.35岁，其中35岁以下人员149人，占科级干部的58.20%；本科以上学历248人，占科级干部的96.88%。

## 四、全员聘任

优化人员配置，完成全员聘任。根据机构调整后各部门的实际情况，重新核定职能部门、参照职能部门管理的部门的编制数和岗位职数。根据《中华人民共和国劳动法》《国家图书馆岗位管理条例（修订）》及相关配套规章制度规定，结合国家图书馆实际，对《国家图书馆岗位聘任合同书》内容进行修订和完善，制定并下发《国家图书馆关于2014年员工聘任工作的通知》。聘任工作坚持“按需设岗、择优聘用、以岗定酬、分级考核”及评聘分开的原则，以用人部门作为聘任工作的实施主体，充分尊重部门的聘任结果。全馆共有1272人受聘，受聘人员中，308人受聘于行政管理岗位，903人受聘于专业技术岗位，61人受聘于工勤技能岗位。

## 五、职称评审

按照文化部统一安排，组织完成2014年度职称评审工作。共有9人晋升正高级专业技术职称资格，57人晋升副高级专业技术职称资格，44人晋升（转任）中级及以下职称资格，完成157人职称初聘。

# 设施建设与安全保卫

- 总馆南区维修改造工程
- 国家文献战略储备库建设
- 安全保卫
- 后勤服务保障
- 年度掠影

# 设施建设与安全保卫

## 一、总馆南区维修改造工程

### （一）工程概况

2014 年，国家图书馆一期（总馆南区）维修改造工程全面竣工，总馆南区如期向公众开放。本次改造共涉及 14 栋单体，总面积 17 万余平方米。

馆领导视察总馆南区维修改造工地

### （二）工程进展

1. 后勤服务楼（N+L 栋）

后勤服务楼是一期维修改造工程的新建项目，总建筑面积 26666.6 平方米，地上六层、地下三层，建筑高度 27.8 米，与一期总体风格基本一致，具有餐厅、会议、办公、活动、后勤保障等多重功能。在建设过程中，基建工程办公室克服后勤服务楼结构复杂、运行保障不得间断、使用功能反复调整等困难，于 4 月完成装修施工任务。7 月，该项目通过海淀区公安消防支队的验收。

2. 音乐厅（M 栋）

改扩建后的音乐厅总建筑面积 5314.72 平方米，座椅总计 1008 座，拥有当今国内一流的舞台、音响、灯光设备，完美的建声环境设计、均匀的声场分布及符合人体工程学原理的座椅设计。1 月初，各项施工任务基本完成。

文化部领导视察音乐厅工地

3. 典籍博物馆

国家典籍博物馆是一期维修改造工程可行性研究报告审批后，国家图书馆基于图书馆事业的发展新增的一项建设内容。典籍博物馆位于一期 B 栋、C 栋二层至五层、K 栋二层和 G 栋二层局部区域，总建筑面积 11549 平方米。位于典籍博物馆的贵宾厅和文津厅承担着国家图书馆重要的外事接待任务。2014 年年初，在捋顺内部职责以及明确首展内容后，基建工程办公室积极配合总包单位施工，并配合展览部完善相关功能。7 月 15 日，国家典籍博物馆开馆试运行，9 月 10 日正式开馆。

总馆南区维修改造工程竣工验收

4. 其他部分

E 栋于 4 月开始动工，施工过程中，基建工程办公室克服业务格局调整、设计方案发生变更、工程经费短缺影响工程整体进度等困难，于 8 月完成维修改造工程。馆区的绿化、外线管道及照明等项目基本完成。2014 年 9 月，各栋均完成消防验收工作。

## 二、国家文献战略储备库建设

### （一）项目概况

国家文献战略储备库建设项目自 2013 年得到中央领导的批示之后，取得较大进展。2014 年 4 月 16 日，基建工程办公室在馆领导的带领下，就国家文献战略储备库建设工程项目的进展情况向国家发改委相关部门进行汇报。

### （二）工作进展

1. 项目选址考察情况

4月16日，在向发改委汇报该项目的进展之后，根据北京市规划委员会5月14日出具的“关于《国家文献战略储备库》选址意见的函”的相关精神，按照中央对于首都规划建设的有关指示，对首都核心战略定位和人口、资源、环境承载能力的要求，以及京津冀一体化的统筹规划，基建工程办公室把选址工作重点放在河北省承德地区。

6月19—20日，由韩永进馆长亲自带队，基建工程办公室人员前往承德市及其下辖的承德县和滦平县，对拟选地块进行现场踏勘。此次考察得到承德市各级政府的热烈欢迎和大力支持，并承诺提供最大的政策优惠。

12月完成项目选址专项报告。

馆长韩永进在河北省承德县现场踏勘国家文献战略储备库拟选库区

2. 项目宏观定位的论证工作

关于国家文献战略储备库的宏观定位，即国家文献战略储备库的名称和定位问题，根据文化部财务司基建处提供的提纲，基建工程办公室会同国家图书馆研究院共同编纂《国家图书馆国家文献战略储备库宏观定位研究报告》，并于8月15日上报文化部。

## 三、安全保卫

### （一）消防培训与宣传

针对国家图书馆一期改造完成并且重新启用，以及典籍博物馆正式开馆的情况，加大对在职员工的培训力度。全年通过日常指导与集中培训，全馆接受培训人数达到1000余人。通过培训，使员工更深刻认识到火灾的危害性，提高员工扑救火灾的能力及逃生技能。

利用多种形式，开拓宣传思路，不断创新发展。在遇到重要时期、敏感时段、特殊环境，利用会议、《消防文摘》、消防挂图、宣传横幅等形式进行宣传教育，全年下发《消防文摘》12期、消防安全告知书35份，出黑板报2期6块、悬挂横幅8条，并通过办公自动化系统（OA）向全馆员工发送消防安全常识提示邮件1700余份。在11月全国消防月宣传活动中，组织开展反恐消防演练。

保卫处为中文采编部进行消防知识培训

### （二）治安工作

国家图书馆总馆北区于3月7日正式开始实行对来馆读者的安检工作。为做好国家典籍博物馆开馆和总馆南区恢复读者服务，修改完善安防系统设计方案，筹备安检器材，培训安保人员。12月，在全馆各部处开展创建安全单位活动验收工作，以各部处平时的安全管理（包括组织领导、安全检查、全年违章等）为主，本次检查主要采取实地检查、档案检查和现场抽考三种形式，为国家图书馆创建安全单位的评选提供参考依据。

### （三）技防硬件设施建设

全年共接到并处理各类报警1022次。在运行值班工作中，做到有警必查、有警必出，有问题及时处理、及时报告。消防运行值班共查火警或火警相关操作112人次，配合重点部位进行安防系统设、撤防操作600余次，完成重大节假日闭馆广播手动操作26次无差错，配合属地派出所及相关单位调用查看录像85次，复制光盘76张，办理和修改门禁卡数据338人次。针对总馆南区恢复使用和增加新设备等问题，加强对中控室运行人员的培训，编发操作规程，对新设备、新模式规范处理报警流程，明确岗位职责。

在完善设备设施方面：一是按照总馆南区改造进程，安排人员拆除大量的技防设施；二是配合基建办公室完成总馆南区施工工程质量验收；三是对总馆南区“1301型”气体灭火系统进行专业性检测，并协调施工方对整个系统控制设备及线路进行全面检测和调试；四是完成国家典籍博物馆各展厅防盗门及防盗卷帘门的安装工作；五是完成总馆北区技防设备设施例行性的年度维修保养工作。

## 四、后勤服务保障

2014年，后勤服务管理中心与行政管理处合并为后勤服务管理中心，服务质量和服务水平稳步提高。全馆供配电、中央空调、供暖、书刊传送和通讯、楼宇自控等系统设备运行安全稳定，无重大设备事故，综合设备完好率达到96%以上。冬季供暖保障和夏季中央空调保障任务圆满完成。全年中央空调安全运行2560小时，恒温恒湿机运行保障8760小时。电力设备巡检730次，电力设备维修1250次。全年全馆电力消耗2034.92万度，用水17.47万吨，热力59785.43吉焦，均低于规定的下限指标。实现国家数字图书馆不停机，安防、消防系统和小区不停电，网络机房倒闸停电的预定目标，进一步提高电力保障能力。为国家典籍博物馆和总馆南区的顺利开馆做好各项服务保障工作。

完成全馆员工体检等医务保障、收发服务、车辆保障以及饮用水供应、卫生保洁、绿植养护、电梯保障、防汛抢险、家委会管理等服务保障工作和计划生育、爱国卫生、房屋管理、人防工程、节能减排等行政管理工作，以及对物业公司、员工食堂的日常监督工作。

# 年度掠影

**【成功处置读者跳楼轻生突发事件】**

2月25日18时45分，国家图书馆有关部处和驻馆保安公司密切配合，按照国家图书馆应急突发事件工作预案，迅速反应，成功处置一起突发事件，解救一名准备在国家图书馆总馆北区跳楼的轻生女子。次日上午，馆长、党委书记韩永进主持召开专题馆长办公会，相关馆领导及部处负责人参加会议。会议总结和分析此次突发事件救援工作，部署开展安全隐患排查、加强安全管理的有关事项。韩永进指出，本次突发事件成功处置，彰显国家图书馆处置突发事件的工作能力和水平，各部门密切配合，信息沟通顺畅，应急处置方法得当、有效。保卫处、驻馆保安公司有关工作人员，不顾自身安危，成功组织施救，为保障读者生命安全、维护国家图书馆荣誉做出重要贡献，给予表彰。韩永进强调，国家图书馆作为公共文化服务窗口单位，要始终把安全工作放在首位。要在全馆开展安全隐患排查工作，不遗留一处隐患，做好安全提示、防范。要加强日常读者服务安全巡查工作，针对情绪、行为异常的读者，要密切关注，读者做出不当行为，要及时劝阻。要加强突发事件应急处置演练，做好各类专业培训，加强现场管理，不断提高应急处置能力。

副馆长王军为成功处置突发事件的驻馆保安公司颁发锦旗

【全面启动来馆读者安检制度】

3月7日，国家图书馆总馆北区正式开始实行对来馆读者的安检工作。文化部领导和馆领导高度重视安检工作，多次进行指导和批示，不断改善和提高安检工作质量和为读者服务水平。据不完全统计，仅从3月7日至16日，对来馆读者安检达107030人次，查扣刀具26把，打火机3400个，报警率也呈明显下降趋势。

全面启动来馆读者安检制度

【举办2014年度反恐消防演练】

为进一步加强全体员工的消防安全意识，预防和减少突发事件发生，11月17日，国家图书馆在典籍博物馆举办反恐消防演练。保卫处、展览部、保安公司等部门100余人参加此次演练，演练分为反恐防暴和消防演练两个部分。副馆长王军和相关部处负责人到现场观看演练。此次演练达到三个目的：一是提高安全意识；二是提高防恐反恐、消防安全和人员疏散三个方面的能力；三是增强以馆为家的意识。各部门精心准备，周密组织，行动快速，既锻炼员工的整体作战实力，又提高快速反应能力，达到演练目的和效果。

2014年度反恐消防演练之快速处置“恐怖分子”

2014年度反恐消防演练之消防应急分队紧急灭火

【完成2014年防汛工作】

在汛期到来之前制定全年防汛工作预案，提前做好应对汛期险情的各项准备工作，制度、人员、物资三落实：组织对城区平房宿舍进行汛前危房检查、评估，对存在安全问题的部分危房进行处置；对馆区雨、排水管道（井）进行疏浚、检查；对全部潜污泵逐台进行检查和试运行，确保万无一失。各种防汛物资准备到位；防汛抢险队伍组织落实、责任到人。6 月 1 日正式启动防汛工作后，防汛人员 24 小时值班，各级领导带班，时刻关注天气变化，及时应对汛情，妥善处置汛期几次局部大雨或暴雨期间的突发险情，完成抢险作业 11 次，及时对城区内平房宿舍进行 209 处（次）防汛维修。汛期馆区没有发生房屋漏水、路面积水、倒灌和下水道涌水等问题，确保汛期安全。

**【做好总馆南区开馆服务保障工作】**

2014 年年初，协调组织保存本文献 320 万册的下架、搬运、上架、顺架；根据施工进度，组织对总馆南区各栋业务办公用房进行接收、移交，协调各阅览室书架的安装调试和开荒保洁，以及图书运输上架等搬迁工作。完成 14 个部门暂存文献物资的搬迁；完成工具书阅览室的调整和 30 多万册副本文献的搬迁，以及古籍保护中心物资和基藏库期刊副本文献外迁天竺工作，累计出动厢式货车 266 车次，运送文献物资 9500 立方米。协调安排书刊传送系统恢复正常运行。

# 党建与群团活动

- 党建工作
- 反腐倡廉
- 工会工作
- 共青团工作
- 离退休干部工作
- 年度掠影

# 党建与群团活动

## 一、党建工作

### （一）深入学习贯彻十八大和十八届三中、四中全会精神以及习近平总书记系列重要讲话精神，切实提升党员干部文化自觉和文化自信

1. 加强理论学习，提高思想水平。组织全馆党员干部深入学习习近平总书记系列重要讲话精神，特别是习近平总书记关于培育践行社会主义核心价值观、弘扬中华传统文化和文化改革发展系列重要论述，以及习近平总书记在文艺工作座谈会上重要讲话精神，以讲话精神为指导，进一步将全馆党员干部的思想统一到中央的决策部署上来，提升党员干部的历史使命感和责任感；深入学习党的十八届四中全会精神，强化依法治国理念。坚持党委理论中心组学习制度，通过自学、集体学习讨论相结合，增强党委成员理论水平和思想认识水平；创新支部学习形式，通过座谈讨论、专题讲座、推荐阅读、征文等基层党员喜闻乐见的方式，开展学习活动，推进全体党员政治理论学习入脑入心。

2. 强化思想宣传，营造党建文化氛围。充分利用多种平台，积极宣传全馆党建工作。全年向文化部党建在线网站投稿近 700 条，印发党委工作简报 12 期，通过《国家图书馆通讯》从多角度、多侧面报道党建活动，为推进国家图书馆党的建设营造浓厚氛围。

3. 加强党建理论研究，提升党建工作规律性认识。按照上级机关安排，结合党建研究工作要求，组织员工参加全国文化系统思想政治工作 2014 年度党建课题研究，不断增强对国家图书馆党建和思想政治工作研究。提交的研究成果中，两篇课题研究成果分别获得一等奖和三等奖，国家图书馆在课题论文组织工作中获得优秀组织奖。

### （二）全面贯彻落实各项整改任务，巩固深化群众路线教育实践活动成果

按照部党组的要求和馆领导班子的工作部署，围绕加强和改进党的建设，创建学习型、服务型、创新型党组织；严格执行中央八项规定，坚决反对“四风”；两手抓、两促进，以整改落实带动全馆业务建设；健全完善制度管理体系，提高制度执行力几个方面，列出 22 项整改任务，共计 80 个具体措施。馆党委从调研入手，加强监督检查，有序推进各项整改措施的实施。班子成员围绕贯彻落实国家图书馆“全面提升年”各项建设目标开展调研工作，有针对性地研究制定落实计划并组织实施。坚持领导干部经常性深入基层巡视，帮助基层解决实际问题。将各项整改任务细化分解，确保各项任务落实到位。跟踪了解各项工作落实情况，加强检查和督办。通过职代会、通气会等方式，向全馆通报整改情况，自觉接受群众监督。推进建章立制，以制度建设成果巩固教育实践活动整改成果，构建为民务实清廉的长效机制。至 2014 年年底，各项整改任务均已如期

完成。整改落实各项措施有效推动国家图书馆读者服务等基础业务发展，进一步提升服务效能。通过各项整改措施的落实，逐步巩固深化群众路线教育实践活动成果，做好党的群众路线教育实践活动制度化、长效化建设，提升党员队伍作风建设水平。

### （三）加强基层组织建设，不断提升党组织战斗力

1. 组织党支部组建和换届改选工作。根据党章和相关规定，结合党建工作实际，馆党委组织完成全馆党支部组建和换届改选工作。换届改选完成后，共有党支部22个，支部委员102名，一批青年业务骨干充实进入支部委员会，支部委员队伍结构更加合理，为国家图书馆党建工作长足发展奠定坚实的组织保障。

2. 加强党员干部培训力度。安排4名党委委员参加中组部组织的综合培训，进一步强化对中央一系列大政方针的认识，大局意识和科学决策水平得到进一步提升。举办全馆党支部委员专题培训班，围绕文化事业发展全局和支部工作理论与实务等内容组织集中培训，进一步明确党支部建设的主要内容和主要程序，切实提升支部委员对基层党建工作的认识水平和工作能力。输送5名党员干部参加文化部党校学习，系统学习党的历史、党的学说，以及新时期党的建设理论，有效提升参训党员的党性修养。

举办国家图书馆党支部委员专题培训班

3. 做好党员发展工作。贯彻落实新颁布的《中国共产党发展党员工作细则》精神，结合本馆实际，严格执行2014年全馆党员发展计划，规范党员发展工作。注重从业务骨干和长期在馆工作的老员工中吸纳优秀分子进入党员队伍，全年共发展新党员9名，预备党员转正16名。

4. 开展各项组织活动，丰富党员组织生活。各党支部不断创新活动方式，组织丰富的党日活动。积极策划组织党员参观中国美术馆、国家典籍博物馆等文化机构，接受传统文化教育；组织党员赴红旗渠、兰考等革命精神传承地考察学习，开展传统教育实践活动；组织为灾区捐赠活动，发挥党员示范带头作用。通过形式多样的活动，坚持理论与实践相结合，不断提升广大党员的党性意识，激励广大党员发挥示范作用，在本职岗位上培育践行社会主义核心价值观。

## 二、反腐倡廉

2014年，国家图书馆积极推进党风廉政建设和反腐倡廉各项工作，不断巩固党的群众路线教

育实践活动和八项规定贯彻落实成果，有效开展各类监督，做好信访调查核实工作，妥善处理各类法律事务，切实履行纪检监察审计各项职能，保障全馆中心工作的有序开展。

### （一）贯彻落实文化部廉政工作部署

在文化部2014年党风廉政建设工作会议召开后，按照驻部纪检组监察局通知要求，国家图书馆党委及时召开专题会议，学习传达习近平、王岐山同志在十八届中央纪委第三次全会上的讲话及文化部2014年党风廉政建设工作会议精神，务求在工作思路和工作方法上与中央部署和要求保持一致。馆长、党委书记韩永进做重要讲话，对全馆学习贯彻落实会议精神提出明确要求，对全馆2014年党风廉政建设工作做出具体部署。

2014年党风廉政建设专题会议

5月22日，文化部召开落实党风廉政建设和反腐败工作两个责任工作会议，传达学习王岐山同志、杨晶同志重要讲话精神，部署文化系统贯彻落实两个责任的工作。国家图书馆馆长、党委书记韩永进，纪委书记刘惠平参加此次会议。按照驻部纪检组监察局要求，国家图书馆对近年来全馆在落实党风廉政建设主体责任和监督责任方面所做的工作进行认真总结。7月18日，文化部召开全国文化系统反腐倡廉工作推进会，国家图书馆纪委书记刘惠平参加会议，会后组织传达学习并对推进全馆反腐倡廉工作提出要求。

### （二）进一步做好中央八项规定贯彻落实工作

按照部直属机关纪委要求，国家图书馆继续加强对全馆贯彻落实中央八项规定情况的监督检查，并按要求于每月底就贯彻落实情况向文化部进行报送。该项工作对于强化中央八项规定在全馆的贯彻落实，形成制度化监督检查机制起到重要作用。8月29日，按照文化部通知要求，国家图书馆召开“进一步贯彻执行中央八项规定工作会议”，会议围绕贯彻执行中央八项规定严肃财经纪律和“小金库”专项治理进行部署，对下一阶段的工作提出要求。

### （三）深入推进惩治和预防腐败体系建设工作

5月，按照文化部关于对《中共文化部党组关于贯彻落实〈建立健全惩治和预防腐败体系2013—2017年工作规划〉的实施办法》（征求意见稿）征求意见的函的通知要求，国家图书馆在全馆党委委员、纪委委员范围内组织对该实施办法的意见征求工作。在《中共文化部党组关于贯彻落实〈建立健全惩治和预防腐败体系 2013—2017 年工作规划〉的实施办法》正式印发后，国家图书馆按照实施办法要求，明确职责定位，强化监督执纪问责，切实加强全馆党风廉政建设和反腐败工作。

### （四）履行监督检查审计职能

完善监督检查环节，做好政府采购监督工作，全年进行监督事项累计 130 项。其中政府采购招标事项 53 项（典籍博物馆首展展陈制作项目、典籍博物馆展柜项目、南区机房建设项目、“中华珍贵典籍资源库”数据验收加工服务采购项目等），商务谈判 46 项，古籍鉴定 10 项，资产处置 14 项，现场踏勘 7 项，保证馆内经济活动的有序开展。

开展中华古籍保护计划项目（项目金额 2500 万元）和国家数字图书馆推广工程项目（项目金额 3300 万元）的绩效评价工作，针对项目的绩效目标设定情况、资金投入和使用情况、为实现绩效目标制定的制度、采取的措施、绩效目标的实现程度及效果等方面，细化 4 级绩效评价指标进行评价，以规范预算编制执行，加强财政支出管理，强化支出责任，提高财政资金使用效益。

### （五）提升法律服务水平，妥善处理各类法律事务

做好馆聘律师组织协调工作。馆聘律师有效开展合同审核和定期到馆法律咨询服务，全年累计审核合同 1290 件次，出具审核意见 1637 条，出具正式法律意见书 64 件。参与涉法事项委托办理、经济合同审核等专项事项，较好控制馆内各项活动的法律风险。

## 三、工会工作

### （一）推进组织建设

2014 年，馆工会继续发挥职工代表大会在参与本馆民主管理中的重要作用，通过召开职代会，审议并通过《国家图书馆 2014 年工作要点》《国家图书馆 2013 年度财务工作报告》，报告 2013 年提案审理落实情况；组织职代会代表围绕 2014 年单位事业发展，员工工作、生活、福利等征集提案，新征集提案 21 项，协调相关部门开展提案答复和办理工作，所有提案均得到答复；通过各个分工会组织和员工信息交流平台，随时关注馆内舆情动态，加强员工合理化建议的征集，推动包括作息时间在内关系员工切身利益一系列事项的关注和解决；组织各分工会开展公共场所的禁烟活动，参观新启用的员工餐厅，积极发挥员工当家做主、自我管理、民主监督的作用。

### （二）举办国家图书馆第十届艺术节

作为国家图书馆 105 周年馆庆的重要组成部分，第十届艺术节于 9 月顺利举办。与以往不同的是，本届艺术节注重组织策划上的思路和方法创新。首先有顶层设计，以“国家图书馆：我耕耘、我表现、我创造”为主题，书法比赛、摄影大赛、原创 DV 作品展播、员工文艺会演四部分

活动均设计彰显特色的分主题，吸引眼球，鼓动参与；其次艺术节凸显国家图书馆元素，各项活动的艺术展现都在讲述国图文化，提振员工的职业荣誉感和归属感；三是艺术节赛制进行调整优化，比赛、展览、展演时间集中、紧凑地安排在9月，增强馆庆月的喜庆氛围；四是坚持勤俭节约的原则，花小钱办大事，得到全馆员工的积极响应。16个基层分工会800余人次踊跃参与，征集到书法作品200余幅、摄影作品500余幅、原创DV作品22个、舞台艺术作品106个。通过艺术节，展现员工积极健康的精神风貌，也培育锻炼工会组织开展群众性文化活动的能力。

国家图书馆第十届艺术节“秀我风采 员工文艺汇演”合影

## （三）开展丰富的文体活动

全年开展多项员工喜闻乐见的运动赛事和群众性体育活动，如羽毛球团体赛、“阳光健步走”、“三八节”女员工托乒乓球接力赛等，促进员工身心健康；举办丰富多彩的关注员工家庭和睦的活动，如“建设五好家庭”经验感悟征集，全馆提交征集表近700份，其中有20余份作品被选中在中共中央国家机关工委紫光阁网站上刊登；加强员工社团组织建设，加大经费支持力度，鼓励员工合唱团、篮球队、乒乓球队、小乐队、摄影俱乐部等开展活动，举办国家图书馆合唱团成立25周年纪念活动，活跃员工业余文化生活，也搭建交流互助的平台。

## （四）建设职工之家

关心群众生活，特别是困难员工的疾苦，是馆工会在党组织的重视和领导下开展的一项经常性工作。2014年，馆工会发挥桥梁纽带作用，围绕民生问题，积极主动地开展工作，不断提升服务水平。员工健身俱乐部、“员工之家”活动室等在一期馆舍维修改造完成后重张开放，活动空间增加数倍有余，环境更为舒适温馨。投入使用后，受到广大员工高度关注和欢迎，三个月来，健身俱乐部已接待员工4000余人次，员工之家、艺术教室在社团活动、艺术节排练、老年大学教学中发挥积极作用，有力地支持群众文体活动的开展，促进员工身心健康。

馆工会和各分工会坚持开展慰问特殊困难员工及送温暖活动，受到广大员工的普遍好评。给予当年罹患重病或生活出现特殊困难的员工雪中送炭，切实帮扶。古籍馆分工会还组织部门员工向患重病的员工捐款，使患病员工充分感受到组织的关心和同事的温暖。向中央国家机关工委、文化部工会等上级单位积极争取困难帮扶经费的支持，利用节假日开展慰问活动，把党组织的温暖及时送到员工身边。2014年馆工会安排专门慰问经费和争取上级慰问经费达到10.8万元，先后向24位困难员工提供帮助。

## 四、共青团工作

### （一）开展团建工作

组织团员青年深入学习贯彻中央精神以及习近平总书记系列讲话精神，指导各支部组织团员青年紧密联系思想和工作实际开展研讨交流。五四青年节之际，组织200多名团员青年赴故宫参观交流，接受传统文化熏陶，加深对中华优秀传统文化的学习和认识。向各团支部配发文津图书奖获奖图书，推动青年阅读，提高知识涵养。创新学习形式，组织开展青年员工出访交流报告会，结合近年来国家图书馆国际交流成果，选出具有代表性项目，以报告会形式开展学习交流，进一步拓展青年国际视野、增强业务素养。

青年员工出访交流报告会

### （二）创建国家图书馆文化志愿者组织

2014年，为深入贯彻落实党的十八大和十八届三中全会提出的“广泛开展志愿服务”“支持和发展志愿服务组织”的要求，馆团委在部直属单位系统中率先筹备成立隶属于本单位的文化志愿者组织——国家图书馆文化志愿者团队。制定《国家图书馆馆内志愿者服务管理办法》，确定国家图书馆志愿者队伍的组织架构，明确志愿者的管理和培训机制，开展志愿者招募工作。目前注册志愿者共有230名。国家图书馆文化志愿者团队的成立，推动国家图书馆志愿服务规范化、常态化发展，为青年员工培育和践行社会主义核心价值观创造重要平台和载体。围绕全馆中心工作，组织开展服务总馆南区恢复开放、服务国家典籍博物馆、服务老干部春秋游等系列志愿活动。此外，志愿者还承担馆内相关涉外会议的外事服务工作以及其他重大活动的服务工作。

### （三）组织符合青年特点的文化活动

结合青年特点，配合国家图书馆第十届艺术节整体安排，组织青年员工排练表演舞蹈《小城雨巷》，向馆庆献礼；引导青年加强体育锻炼，以青年篮球队为依托，成立国图篮球俱乐部女子训练营，定期开展篮球训练；组织青年参加文化部“文化青年走基层”摄影比赛。围绕青年需求，拓展活动形式。与中国运载火箭技术研究院的青年开展“转角遇见你”单身青年新年联谊活动，为青年搭建展示风采、交流联谊的平台，得到广大青年的热烈响应和普遍欢迎。

## 五、离退休干部工作

2014 年，国家图书馆离退休服务与管理工作围绕践行服务理念、创新服务思路、丰富服务载体的目标，有序开展各项工作，加强离退休干部思想建设和党支部建设，丰富老同志的精神文化生活，引导老同志发挥积极作用，继续保持 1031 位离退休员工队伍的稳定。

### （一）常规工作

截至 10 月底，国家图书馆离退休人员（含内退 37 人）达 1031 人，其中离休 64 人，退休 967 人。共接收新退休员工 63 人；为老同志办理就近就医医院及社区卫生服务中心登记备案手续 106 人次，变更社区卫生服务机构 58 人次及就近就医医院 51 人次；完成发放年度医药补助 96 人次，共计 2.4 万元；为年满 80、90 周岁的老同志上门祝寿 22 人次，电话祝寿 251 人次；探视、慰问 238 人次；协助家属办理丧事 10 人次；完成 16 位满 70 周岁老同志联系报装 999 急救呼叫系统工作。

### （二）基层党建工作

截至 10 月底，国家图书馆有离退休党员 450 人，占离退休人员总数的 43.6%。通过完善“党群工作网”，加强支部建设，认真开展党员活动，使离退休党支部成为组织、凝聚、服务老同志的坚强堡垒。国家图书馆 2014 年离退休干部党小组长暨协管工作骨干培训班于 8 月下旬在昌黎培训基地举行，副馆长、党委副书记刘惠平出席会议，离退休干部处

离退休干部党小组长暨协管工作骨干培训班

党支部书记张艳霞代表支部做工作报告。

### （三）创新服务

1. 搭建离退休老同志法律援助平台

国家图书馆离退休员工“法律咨询日”自6月1日起开始为离退休老同志服务。该项服务是国家图书馆为离退休老同志搭建的法律援助平台，由馆聘律师在为国家图书馆提供日常法律服务的同时，增加为离退休老同志提供免费法律咨询服务，帮助离退休老同志处理生活中遇到的各类法律问题。

2. 升级数据库及建立生活档案

国家图书馆购置离退休人员信息数据库系统，对离退休干部处原有数据信息进行升级。同时，进一步强化信息的收集，根据日常电话联系和走访慰问深入了解老同志的思想状况、健康状况、家庭情况，建立老同志生活档案，为困难者补助和志愿者帮扶工作提供信息来源，促使帮扶工作落到实处。

### （四）丰富活动

1. 春节团拜

1月19日，国家图书馆2014年离退休、统战人员迎新春团拜会在国图艺术中心举行。700余位离退休、统战人员欢聚一堂辞旧迎新。与会人员置身音乐殿堂，亲身体验高水平的设施设备，享受音乐盛宴。此次团拜活动既传承习俗，又倡导节俭之风。

2. 春秋游活动及节日慰问

5月8日、14日、15日，分批组织近400位离退休同志赴北京海洋馆及黄崖关长城、金海湖春游。10月22日、23日、30日，分批组织400余位离退休同志赴玉渡山及中国电影博物馆秋游。全馆40名青年志愿者为老同志提供帮助。

2014年春节前夕，国家图书馆组织大规模的慰问活动，馆领导带头深入16位离退休老同志家中进行慰问，各部处也开展形式多样的“送温暖”活动。截至1月21日，共慰问员工1025人，登门慰问528人次，其他形式慰问566人次，给予33位老同志困难补助，共计11.5万元。

国庆节前夕，国家图书馆组织重阳慰问活动，共慰问离退休干部77位，包括离退休老馆长和老专家、85岁以上离休干部、长期居住在养老院以及本年度大病特困的离退休老同志。副馆长、党委副书记刘惠平带领离退休干部处工作人员，深入到老干部家中，代表馆领导送去节日祝福和慰问礼物。

3. 文化养老

国家图书馆为实施“文化养老”搭建五个平台：“追忆流年，丰富馆史”平台，开展多种形式的征集馆史资料活动，老同志特别是离休老干部，为深入挖掘馆史、馆藏，填补馆史、馆藏空白，发挥重要作用，在馆庆105周年之际，出版纪念文集《记忆国图》；“培养爱好，满足兴趣”平台，依靠文化部系统的文化集群优势，成立文化部老年大学西区分校，设置电脑、装裱、书法、摄影、舞蹈5门课程；“人文关怀，健康养生”平台，关注老同志身心健康，成立书香舞蹈队、银杏摄影俱乐部等团体，丰富其文化生活，社团活动频繁，屡获殊荣；“文化参观，约稿抒情”平台，组织春、秋游等文化参观活动，采用有组织征稿、约稿的方式收集老同志所见、所闻、所想；“建言献策，发挥余热”平台，通过返聘等形式，使离退休专业技术人员特别是老专家在身心健康、安度晚年的同时，继续为国家图书馆事业的发展发挥余热。

离退休干部春游

# 年度掠影

**【召开第二届职工代表大会第三次全体会议】**

1月23日，国家图书馆第二届职工代表大会第三次全体会议召开，时任党委书记、常务副馆长詹福瑞出席大会并讲话。副馆长张志清、魏大威、王军、李虹霖，馆长助理孙一钢、汪东波作为特邀代表与95位职工代表参加大会。会议审议并通过《国家图书馆2014年工作要点》和《国家图书馆2013年财务工作报告》。詹福瑞就《国家图书馆2014年工作要点》的起草情况做说明，阐述要点的起草过程、基本结构、主要内容和特点。分组讨论环节，各位参会代表结合本部门工作实际也对报告内容提出建设性意见建议。

**【召开党的群众路线教育实践活动总结大会】**

按照中央和文化部的统一部署，国家图书馆于3月7日召开党的群众路线教育实践活动总结大会。文化部第五督导组成员，国家图书馆领导班子成员，十八大代表，中层干部、主任（处长）助理、党支部委员、在职和离退休党员代表参加会议。文化部第五督导组组长张永新出席总结大会并讲话，国家图书馆馆长、党委书记韩永进做总结。国家图书馆副馆长张志清主持会议。韩永进代表馆领导班子对全馆开展教育实践活动情况做全面总结，并就巩固教育实践活动成果做好下一阶段工作提出要求。张永新代表督导组做重要讲话，对国家图书馆教育实践活动的各环节工作及取得的成效给予高度评价。

**【召开2014年党风廉政建设专题会议】**

3月7日，国家图书馆召开2014年党风廉政建设专题会议，馆领导班子成员、党委委员、纪委委员、中层干部、党支部书记、党支部委员、党员代表等100余人参加会议。会上，馆长、党委书记韩永进传达习近平、王岐山同志在十八届中央纪委第三次全会上的讲话精神，副馆长魏大威传达文化部2014年党风廉政建设工作会议精神。会议最后，韩永进做重要讲话，对全馆学习贯彻落实会议精神提出明确要求。一是认真学习，深刻领会。要求各部处、各党支部结合自身建设，认真传达会议精神，组织党员干部以多种形式深入学习领会，深刻把握精神内涵，增强反腐倡廉建设的责任感、使命感，把思想和行动高度统一到中央和文化部关于党风廉政建设和反腐败工作的部署要求上来。二是结合实际，贯彻落实。要求各部处、各党支部紧密结合国家图书馆工作实际，以会议精神为指导，把学习宣传贯彻相关精神作为当前的一项重要政治任务与完成全年工作目标任务结合起来，自觉用会议精神和科学理论武装头脑、指导实践、推进工作。三是严格监督，强化责任，严格执行党风廉政建设责任制。要求各部门主要负责同志切实履行党风廉政建设第一责任人的重任，把党风廉政建设融入本职工作之中，管好班子，带好队伍。要求党组织和纪检监察部门担负起党风廉政建设的主体责任和监督责任，加强沟通协作，深入开展调查研究，切实把会议精神贯彻落实到全馆党风廉政建设工作中去。

【开展庆祝“三八”系列活动】

“三八”国际劳动妇女节之际，馆工会组织开展系列庆祝活动，进一步丰富女职工的精神文化生活，推动妇女工作的开展。组织女员工参与文化部直属机关工会开展的“建设五好家庭”经验感悟征集活动，提交经验感悟征集表近700份，分别从夫妻和谐、孝敬老人、科学教子、勤俭持家、热心公益五个方面总结家庭建设经验，并从中优选50份家庭建设的经验、感悟推荐到文化部工会。3月6日，馆工会在总馆综合楼和分馆临琼楼分别举办“托乒乓球接力赛”。

庆“三八”系列活动之“托乒乓球接力赛”

【举办2014年国家图书馆羽毛球团体赛】

馆工会于3月18—20日举办国家图书馆员工羽毛球赛。比赛采用团体赛形式，104名选手以分工会为单位组成13支参赛队，进行男双、女双、混双、男单、女单的比赛。经过激烈角逐，中文采编部分工会最终摘得团体赛桂冠，缩微文献部分工会荣获第二名，参考咨询部和典藏阅览部分工会获得并列第三名。此次活动，进一步活跃员工的精神文化生活，增强团队协作意识，得到全馆员工和各部处的肯定。

【举办国家图书馆青年员工出访交流报告会】

5月27日，为进一步开拓团员青年的国际视野，提升业务素养，馆团委举办“青年员工出访交流报告会”，4位报告人分赴日本、韩国、新加坡参加语言进修、交换馆员、学术交流和国际图联大会，80多名团员青年听取报告会，反响热烈。通过几位年轻同事的报告，启发和引导广大青年在认真完成日常工作任务的同时，不断培养勤于学习、善于思考、勇于实践的学风和习惯。这是馆团委在助力团员青年成长成才、创新青年工作方式上的又一次尝试。

【组织庆“六一”员工亲子嘉年华活动】

5月29日，馆工会、典藏阅览部在国家图书馆少儿馆组织庆“六一”员工亲子嘉年华活动，60余名员工及子女参加活动。本次活动为家长和孩子们设计“亲子阅读”和“手工泥塑”两个互动环节。在“亲子阅读”中，少儿馆的故事哥哥、故事姐姐为小朋友们讲述麦克格雷涅茨的绘本作品《月亮的味道》和《彩虹色的花》，引发在场小朋友的奇思妙想。在“手工泥塑”环节，家长和孩子们一起完成故事中花朵与动物形象的彩泥作品。此次活动不仅培养家长和孩子们的默契度，也拉近家长与孩子、单位与员工的距离，让孩子们在玩乐中开启童智，欢度假期。

庆“六一”员工亲子嘉年华活动现场

【成立国家图书馆文化志愿者团队】

7 月 23 日，国家图书馆文化志愿者团队启动暨授旗仪式在文津厅举行，标志国家图书馆文化志愿者团队正式成立。仪式上，馆长、党委书记韩永进发表重要讲话，对文化志愿者团队的成立给予充分肯定。文化部公共文化司副巡视员孙凌平和文化部直属机关团委书记白海天出席活动并致辞，副馆长、党委副书记刘惠平，副馆长李虹霖和相关部处主任出席活动。文化志愿者团队由 230 名员工组成，下设展览服务、外事服务、敬老服务和综合服务 4 个分队。

国家图书馆文化志愿者团队启动暨授旗仪式

文化志愿者团队成立后，开展一系列志愿服务活动。首先开展志愿服务总馆南区恢复开放活动。为使服务工作达到预期效果，组织全体志愿者实地参观修葺一新的南区馆舍，并邀请业务处和参考咨询部的老师就馆内读者服务政策、馆舍功能和服务格局进行培训。120 余人次参与历时一个月的活动，志愿服务时间累计达到 280 小时，有效缓解因服务调整而带来的读者咨询压力。此外，还开展志愿服务国家典籍博物馆开馆首展活动，承办由全国青联社科界别主办的“走进国家典籍博物馆、感受优秀传统文化”活动，服务 800 余人次的老干部春秋游活动，并协助完成《记忆国图》一书的编辑工作，承担国家图书馆涉外会议的外事服务及其他重要会议、重大活动的服务工作。

**【举办国家图书馆党支部委员培训班】**

7月24—25日，举办为期两天的党支部委员培训班。党委书记韩永进出席培训班并做重要讲话，党委副书记刘惠平为培训班开班做动员。培训班紧密围绕学习贯彻习近平同志系列重要讲话精神，结合国家图书馆基层党支部建设实际安排培训内容。邀请中共中央党校教授李海清、首都师范大学副教授董艳分别做学习习近平总书记系列讲话精神专题讲座和基层党建工作实务讲座；围绕如何加强和改进国家图书馆党支部建设工作进行深入的交流和研讨；组织观看党风廉政教育警示片，参观国家典籍博物馆。培训班还为学员们配发党委办公室编印的《党务工作相关政策制度汇编》和《党支部组织工作实用手册》。

**【召开进一步贯彻执行中央八项规定工作会议】**

8月25日，按照《文化部关于开展贯彻执行中央八项规定严肃财经纪律和"小金库"专项治理工作的通知》要求，国家图书馆召开进一步贯彻执行中央八项规定工作会议，会议围绕贯彻执行中央八项规定严肃财经纪律和"小金库"专项治理进行部署。馆领导班子成员、全体中层干部、各党支部书记、党支部纪检委员参加会议。会上，副馆长魏大威传达文化部通知精神，并通报全馆财务情况。馆长、党委书记韩永进要求各部处高度重视，认真对照中央八项规定、国家财经纪律开展自查自纠工作，强化责任，认真落实；同时要求进一步贯彻落实好中央八项规定，不断巩固和扩大成果，要在常抓、抓细、抓长上下功夫，坚守责任担当，严格监督执纪问责，持之以恒做好纠正"四风"工作。

**【举办国家图书馆第十届艺术节】**

9月9日晚，由国家图书馆工会主办的第十届艺术节"秀我风采·员工文艺汇演"在国图艺术中心隆重举行。馆领导与馆内员工、离退休老同志一同观看演出。文化部人事司司长张雅芳、文化部直属机关工会主席何晓娟以及来自全国副省级以上公共图书馆、少儿馆馆长应邀出席观看。

第十届艺术节舞蹈一等奖作品"掀起你的盖头来"

第十届艺术节是国家图书馆105周年馆庆系列活动的重要组成部分。6月起，馆工会着手组织策划"文津笔荟·员工书法比赛""最美国图·员工摄影大赛"和"秀我风采·员工文艺汇演"等活动，并首次举办"我与国图·原创DV作品征集展播"活动。16个基层分工会800余人次参与各项活动，征集到书法作品200余幅、摄影作品500余幅、原创DV作品22个和舞台艺术作品106个。作品均为员工自创，以反映国家图书馆历史文化和员工工作与文化生活为主。馆工会从国家京剧院、国家话剧院、北京摄影家协会、北京舞蹈学院等众多单位邀请相关艺术领域专家担任评委，同时邀请各分工会代表参与评选，保证评选结果的艺术水准与群众认可的统一。8月21日，评选出的8部原创DV作品与大家见面；9月1日，员工摄影书法作品展在员工食堂举办，展出105幅摄影作品和40余幅书法作品。

第十届艺术节摄影作品和书法作品展览现场

**【举办中国航天发展与航天精神专题报告会】**

10月24日，国家图书馆党委邀请中国运载火箭技术研究院党委书记梁小虹做“伟业创造精神　精神铸就伟业——中国航天发展与航天精神”专题报告，用航天精神激励广大员工在本职岗位培育和践行社会主义核心价值观。副馆长张志清、王军、李虹霖出席报告会，中层干部、党支部委员和员工代表200余人聆听报告。副馆长、党委副书记刘惠平主持报告会。

**【举办迎新年主题联欢活动】**

12月24日，馆工会与团委在综合楼多功能厅联合举办迎新年主题联欢活动。国家图书馆新老员工和馆领导韩永进、刘惠平、魏大威、王军、孙一钢，以及受邀参加的文化部机关服务局党委书记姚家华、中国运载火箭技术研究院机关党委书记及该院青年员工集聚一堂，共庆新春。2014年是国家图书馆合唱团成立25周年，在辞旧迎新之际，合唱团献上精彩演出。在随后的“转角遇见你”新春联谊会上，国家图书馆和中国运载火箭技术研究院的90余位青年聚集一堂，以特别方式来迎接新年。青年们还纷纷登台亮相展示自己的才艺，为整个活动增添一抹亮色。

迎新年主题联欢活动

【“法律咨询日”服务启动】

从6月1日起，由专业法律顾问承担的国家图书馆离退休员工“法律咨询日”活动开始服务。该项服务是国家图书馆为离退休老同志搭建的法律援助平台，由馆聘律师在为国家图书馆提供日常法律服务的同时，增加为离退休老同志提供免费法律咨询，帮助大家应对生活中遇到的各类法律问题。服务时间为每月第一周和第三周的周一下午2:00—4:30（如遇节假日时间顺延），服务地点在行政楼202室。开展此项服务旨在弘扬尊老爱老的传统美德，促进社会文明进步，维护和保障老年人的合法权益。

【谢道渊去世】

国家图书馆（北京图书馆）原党委书记、副馆长谢道渊，因病医治无效，于2014年7月13日7时25分在北京去世，享年89岁。

谢道渊出生于1924年11月20日，安徽省六安市人。1946年考入燕京大学新闻系。1948年11月加入中国共产党。1949年至1952年5月，先后在燕京大学担任学生自治会主席、团总支书记、党总支副书记、书记等职务。1952年5月至1966年5月在北京大学先后担任党委副书记兼统战委员、宣传部部长。1978年担任北京大学图书馆馆长。1983年调至国家图书馆，任党委书记、副馆长。1988年1月离休。

【《记忆国图》出版】

为庆祝国家图书馆成立105周年，馆庆纪念文集《记忆国图》于9月正式出版。该书由国家图书馆主编、国家图书馆出版社出版发行。编辑工作由离退休干部处牵头，党群工作办公室、研究院、社会教育部共同参与完成，从策划组稿到编撰出版，历时3个月。全书共收录文章100篇，按照历史篇、人物篇、传承篇、感悟篇四个部分编排。历史篇是对国家图书馆百年风雨历程的回顾；人物篇着重展现国家图书馆前辈淡泊名利、敬业奉献的崇高品格；传承篇记录国家图书馆员工扎根业务、勤奋耕耘的心路历程；感悟篇是国家图书馆员工与国家图书馆一生结缘、共同成长的往事忆怀。

编辑出版《记忆国图》

【文化部老年大学西区分校成立】

鉴于国家图书馆的公共文化服务职能、地理位置和老干部日益增长的学习需求，在文化部离退休干部局和国家图书馆的共同推动下，文化部老年大学西区分校在国家图书馆中关村南大街馆区应运而生。在开设班次上，根据老年人的实际需求和兴趣爱好，突出老年教育的知识性、趣味性、娱乐性，共设置电脑、装裱、书法、绘画、摄影、舞蹈6门课程，最大限度地满足老年人学习知识、开阔眼界、丰富精神生活的需求。每科招收学员25—30人，每周授课1个半天/科，全年授课32周。10月23日，装裱课在国家图书馆综合楼开班，标志着文化部老年大学西区分校正式成立并开始授课运行。

文化部老年大学西区分校校牌颁发仪式

# 统计资料

- 经费使用
- 国有资产
- 业务数据
- 科研立项与结项
- 人员
- 馆内奖励
- 馆外奖励
- 出访和来访
- 部分会议、培训、讲座、展览
- 馆史档案资料

# 统计资料

## 一、经费使用

### （一）购书经费

单位：元

| 项　目 | 经　费 | 项　目 | 经　费 |
|---|---|---|---|
| 中文书 | 26456993.74 | 联合国资料 | 898041.42 |
| 西文书 | 36155655.52 | 图书装订费 | 1097664.00 |
| 东文书 | 12588052.98 | 中文资料 | 405845.30 |
| 俄文书 | 2450163.72 | 中文刊 | 2628783.13 |
| 交换书 | 4399495.85 | 外文刊 | 34556457.50 |
| 港台书 | 5703264.67 | 港台报刊 | 1200484.00 |
| 善本特藏 | 319981.45 | 中文报 | 474398.36 |
| 学会论文 | 280263.85 | 其他书 | 199216.37 |
| 视听资料 | 441384.66 | 地方文献 | 4099999.64 |
| 合　计 | 134356146.16 | | |

### （二）国家数字图书馆资源建设及服务经费

| 项　目 | | 经　费 |
|---|---|---|
| 电子出版物 | 中文 | 10543638.00 |
| | 外文 | 14885136.00 |
| 合　计 | 25428774.00 | |

## 二、国有资产

### （一）简况

截至2014年12月31日，国家图书馆资产总量达到约539949万元，其中固定资产约305499万元，流动资产约32437万元，对外投资约2090万元，无形资产约13734万元，其他资产约186188万元。固定资产中，图书文物约

258182万元，房屋构筑物约7977万元，交通运输工具约455万元，通用办公设备约13957万元，办公家具约12099万元，其他固定资产约12829万元。

与2013年12月31日相比，2014年资产总量增加约33075万元，其中固定资产增加约23839万元，流动资产减少约1420万元，对外投资不变，无形资产增加约3701万元，其他资产增加约6955万元。

### （二）政府采购信息

2014年国家图书馆政府采购总额35121.82万元，其中：货物类为19845.63万元，占采购总额的56.5%，比上年减少27.01%；工程类为7356.5万元，占采购总额的20.95%，比上年减少21.72%；服务类为7919.69万元，占采购总额的22.55%，比上年减少24.49%。

按照采购模式划分，政府集中采购规模为5274.25万元，占采购总规模的15.02%；分散采购规模为29847.57万元，占采购总规模的84.98%。按照采购方式划分，采用公开招标的采购规模为32455.56万元，占采购总规模的92.41%；采用协议供货、网上竞价和定点采购方式进行采购的规模分别为148.44万元、242.16万元、541.93万元。

### （三）总馆南区维修改造工程家具采购项目

2014年是国家图书馆一期工程（总馆南区）改造关键的一年，也是一期工程家具项目全面实施的一年。一期家具项目涉及子项目共计30项，合同金额约5570万元，包括阅览家具、库房家具、办公家具、实验室家具等种类。国有资产管理处在2013年签订家具采购合同的基础上，会同相关业务部门开展阅览家具的设计、选型，确定布局方案，督促厂家在保证产品质量的前提下加快生产进度，及时完成阅览家具到货安装，为一期顺利开馆提供有力保障。

在家具制作过程中，面对国家图书馆阅览格局不断调整的复杂局面，每一次调整国有资产管理处都积极与阅览部门和业务管理处进行沟通，第一时间将调整后的家具数量和规划布局通知厂家，避免造成浪费。同时，还根据各业务部门的搬迁进度，及时组织厂家为部门配送文件柜、更衣柜、员工椅、工位等办公家具。在家具配置过程中，严格按照中央八项规定的要求，本着勤俭节约、修旧利废的原则，能使用的继续使用，有破损的进行翻新，上述原则在国家图书馆阅览桌椅、办公桌翻新和综合楼会议培训区的家具配置等项目上得到突出体现。

## 三、业务数据

1. 各类文献登记总量660953种3044657册/件，登记册/件与2013年相比，增加1.78%。
2. 各类文献编目加工总量650601种1381280册/件，编目加工种数与2013年相比，增加10.39%。
3. 正式入藏各类文献662338种1335763册/件，正式入藏册/件与2013年相比，增加7.06%；非正式入藏各类文献633119册/件，非正式入藏册/件与2013年相比，增加2.68%。
4. 截至2014年年底，馆藏总量为33778536册/件。
5. 全年共接待到馆读者3981706人次，与2013年相比，减少4.91%。

6. 全馆流通书刊 24863517 册次，与 2013 年相比，减少 10.36%。

7. 国家图书馆网站访问量 130307.7 万人次，与 2013 年相比，增加 25.75%。

8. 各类咨询 103.26 万件，与 2013 年相比，减少 0.14%。其中一般咨询 102.37 万件，与 2013 年相比，减少 0.30%。

9. 办理读者证卡 23.67 万个，与 2013 年相比，增加 1.94%。

10. 培训、讲座、参观、展览等各项活动共接待读者 156.97 万人次，与 2013 年相比，增加 140.35%。其中：举办展览 19 场，共计 138.05 万人次；开办公益性讲座 288 场，共计 7.23 万人次；组织培训 482 批，共计 1.52 万人次；接待参观 1935 批，共计 7.33 万人次；开展其他活动 45 场，共计 2.84 万人次。

11. 截至 2014 年年底，数字资源总量 1024.45TB，与 2013 年相比，增加 149.95TB。其中：电子报纸呈缴 5.28TB，外购数据库 71TB，馆藏特色资源数字化 856.92TB，网络导航和网络资源采集 62.4TB，版权征集数字资源 28.85TB。资源内容主要包括：电子图书 3671058 种，电子期刊 57943 种，电子报纸 15237 种，学位论文 5207371 篇，会议论文 5073228 篇，音频资料 1099669 首，视频资料 131982 小时。

12. 截至 2014 年年底，外购数据库共计 277 个，包括中文数据库 127 个，外文数据库 150 个。

**外购数据库类型及数量统计表**

| 数据库类型 | 中文库数量（个） | 外文库数量（个） |
|---|---|---|
| 全文数据库 | 64 | 88 |
| 文摘/索引数据库 | 12 | 25 |
| 数值/事实数据库 | 28 | 25 |
| 多媒体数据库 | 20 | 0 |
| 工具型数据库 | 3 | 1 |
| 复合型数据库 | 0 | 11 |
| 合计 | 127 | 150 |

13. 截至 2014 年年底，数字资源发布总量 734.52TB，与 2013 年相比增加 113.52TB，占数字资源建设总量的 71.7%。

注：1.总登记量报纸按单件统计，入藏量按合订册统计。

2.由于总馆南区维修改造结束，文献回迁调整暂停部分服务，2014年到馆读者人次、书刊流通量较上年有所下降。

3.2014年9月，国家典籍博物馆正式面向读者提供服务，国家图书馆社会教育范围与能力得到拓展和加强，展览等社会教育活动指标有较大提高。

4.随着国家数字图书馆建设不断深入，国家图书馆数字资源服务得到加强，网站访问量有较大提高。

## 各类文献入藏明细表（正式馆藏）

| | 文献类别 | 种　数 | 册（件）数 | 上年册（件）数 | 增长率 % |
|---|---|---|---|---|---|
| 图书 | 中文普通书 | 270663 | 583691 | 488395 | 19.51 |
| | 台港图书 | 20638 | 21631 | 22105 | −2.14 |
| | 盲文图书 | 115 | 126 | 89 | 41.57 |
| | 线装书 | 12387 | 12878 | 4525 | 184.60 |
| | 中文图书总计 | 303803 | 618326 | 515114 | 20.04 |
| | 西文图书 | 64166 | 68289 | 70000 | −2.44 |
| | 俄文图书 | 7006 | 7128 | 7104 | 0.34 |
| | 日文图书 | 17691 | 18239 | 17686 | 3.13 |
| | 东文图书 | 4815 | 5012 | 4992 | 0.40 |
| | 外文图书总计 | 93678 | 98668 | 99782 | −1.12 |
| | 图书总计 | 397481 | 716994 | 614896 | 16.60 |
| 期刊 | 中文期刊 | 10781 | 230337 | 226805 | 1.56 |
| | 台港期刊 | 632 | 9843 | 9473 | 3.91 |
| | 中文期刊总计 | 11413 | 240180 | 236278 | 1.65 |
| | 西文期刊 | 3900 | 39944 | 49735 | −19.69 |
| | 日文期刊 | 1011 | 12825 | 12442 | 3.08 |
| | 俄文期刊 | 658 | 8436 | 9509 | −11.28 |
| | 东文期刊 | 31 | 766 | 1204 | −36.38 |
| | 外文期刊总计 | 5600 | 61971 | 72890 | −14.98 |
| | 期刊总计 | 17013 | 302151 | 309168 | −2.27 |
| 报纸 | 中文报纸 | 1439 | 9109 | 3921 | 132.31 |
| | 台港报纸 | 90 | 0 | 1865 | −100.00 |
| | 中文报纸总计 | 1529 | 9109 | 5786 | 57.43 |
| | 外文报纸总计 | 65 | 0 | 0 | —— |
| | 报纸总计 | 1594 | 9109 | 5786 | 57.43 |
| 特藏专藏 | 善　本 | 3 | 29 | 15 | 93.33 |
| | 外文善本 | 0 | 0 | 162 | −100.00 |
| | 新善本 | 116 | 128 | 359 | −64.35 |
| | 精装精印 | 26 | 133 | 78 | 70.51 |

（续表）

| | 文献类别 | 种 数 | 册（件）数 | 上年册（件）数 | 增长率 % |
|---|---|---|---|---|---|
| 特藏专藏 | 金石文献 | 1034 | 1221 | 2572 | −52.53 |
| | 手 稿 | 238 | 5053 | 3016 | 67.54 |
| | 舆 图 | 0 | 0 | 0 | —— |
| | 画 片 | 0 | 0 | 0 | —— |
| | 照 片 | 0 | 0 | 0 | —— |
| | 民语文献 | 2470 | 4715 | 9186 | −48.67 |
| | 学位论文 | 200647 | 200647 | 198154 | 1.26 |
| | 敦煌资料 | 321 | 459 | 344 | 33.43 |
| | 地方文献 | 4460 | 18801 | 19382 | −3.00 |
| | 图书馆学资料 | —— | 416 | 338 | 23.08 |
| | 联合国资料 | 1083 | 1608 | 1703 | −5.58 |
| | 中文资料 | 8190 | 8551 | 8891 | −3.82 |
| | 特藏专藏总计 | 218588 | 241761 | 244200 | −1.00 |
| 缩微文献 | 缩微平片 | 13707 | 28057 | 32286 | −13.10 |
| | 缩微胶卷 | 107 | 8528 | 2173 | 292.45 |
| | 缩微文献总计 | 13814 | 36585 | 34459 | 6.17 |
| 视听文献 | 录像带 | 0 | 0 | 0 | −100.00 |
| | VCD | 672 | 1294 | 2354 | −45.03 |
| | DVD | 4638 | 12660 | 19791 | −36.03 |
| | LD | 0 | 0 | 0 | —— |
| | 视频文献总计 | 5310 | 13954 | 22145 | −36.99 |
| | 录音带 | 595 | 1614 | 514 | 214.01 |
| | CD | 4763 | 8010 | 6495 | 23.33 |
| | MP3 | 556 | 741 | 563 | 31.62 |
| | 声频文献总计 | 5914 | 10365 | 7572 | 36.89 |
| | 视听文献总计 | 11224 | 24319 | 29717 | −18.16 |
| 电子文献 | 电子文献总计 | 2624 | 4844 | 9415 | −48.55 |
| 其他文献 | 其他文献总计 | 0 | 0 | 11 | −100.00 |
| 正式入藏文献总计 | | 62338 | 1335763 | 1247652 | 7.06 |

## 到馆读者人次、文献流通册次统计表

| 月份 | 人次 | 册次 |
|---|---|---|
| 1 月 | 291993 | 1936793 |
| 2 月 | 280140 | 1872190 |
| 3 月 | 359614 | 2377293 |
| 4 月 | 327007 | 2131166 |
| 5 月 | 326717 | 2058837 |
| 6 月 | 332262 | 1982672 |
| 7 月 | 421538 | 2630643 |
| 8 月 | 418748 | 2518109 |
| 9 月 | 285360 | 1776073 |
| 10 月 | 320119 | 1966603 |
| 11 月 | 315526 | 1890910 |
| 12 月 | 302682 | 1722228 |
| 合计 | 3981706 | 24863517 |

## 各阅览室与服务点接待读者人次统计表

| 阅览室及服务点名称 | 读者人次 | 阅览室及服务点名称 | 读者人次 |
|---|---|---|---|
| OPAC 检索（南区） | 13737 | OPAC 检索（北区） | 72838 |
| 人工复制（南区） | 23107 | 人工复制（北区） | 48759 |
| 自助复制（南区） | 4172 | 自助复制（北区） | 23768 |
| 缩微文献阅览室 | 10902 | 中文图书阅览区 | 1800720 |
| 保存本（综合阅览室） | 266415 | 工具书区（北区） | 194285 |
| 基藏本（综合阅览室） | 122469 | 中文图书借阅区 | 115016 |
| 工具书（综合阅览室） | 5300 | 中文期刊区 | 176675 |
| 基藏外文图书外借出纳台 | 41283 | 中文报纸区 | 176921 |
| 学位论文阅览室 | 12267 | 数字共享空间（集中区） | 353614 |
| 台港澳文献阅览室 | 22543 | 数字共享空间（分散区） | 109888 |
| 外文文献第一阅览室 | 70086 | 数字共享空间（手持阅读） | 30 |
| 外文文献第二阅览室<br>日本出版物文库阅览室 | 107326 | 少年儿童图书馆 | 169806 |

（续表）

| 阅览室及服务点名称 | 读者人次 | 阅览室及服务点名称 | 读者人次 |
|---|---|---|---|
| 善本特藏阅览室 | 9340 | 复制服务（古籍馆区） | 1299 |
| 敦煌吐鲁番资料研究中心 | 608 | 普通古籍阅览室（古籍馆区） | 15148 |
| 中国少数民族语文阅览室 | 1520 | 地方志家谱阅览室（古籍馆区） | 2865 |
| 国际组织与外国政府出版物阅览室 | 959 | 地方文献阅览室（古籍馆区） | 4900 |
| 海外中国问题研究资料中心 | 1543 | | |
| 法律参考阅览室 | 1597 | | |
| 总计 | 3981706 | | |

注：自2014年9月起，总馆南区恢复服务，OPAC检索（南区）、人工复制（南区）、自助复制（南区）、工具书（综合阅览室）、敦煌吐鲁番资料研究中心、中国少数民族语文阅览室、国际组织与外国政府出版物阅览室、海外中国问题研究资料中心、法律参考阅览室、中文图书借阅区恢复服务，另外部分阅览室、服务点进行合并拆分调整。

## 咨询工作统计表

单位：件

| 类　型 | 一般咨询 | 代检索课题 | 编制文献 | 年累计 |
|---|---|---|---|---|
| 党和国家领导 | 0 | 0 | 23 | 23 |
| 中央国家机关 | 18 | 11 | 1290 | 1319 |
| 重点科教单位 | 2632 | 3540 | 3855 | 10027 |
| 一般读者 | 1021079 | 154 | 31 | 1021264 |
| 年累计 | 1023729 | 3705 | 5199 | 1032633 |

## 国际互借工作统计表

| 项　目 | 借出资料 | 借入资料 |
|---|---|---|
| 人次 | 558 | 1144 |
| 册次 | 558 | 1637 |
| 复印（件） | 438 | 1223 |
| 拒绝（件） | 115 | 324 |

## 读者证卡统计

单位：个

| 证卡名称 | | 本年证卡 | 总计（2000/4/12起） |
| --- | --- | --- | --- |
| 人工办证 | 贵宾卡 | 36600 | 1999144 |
| | 嘉宾卡 | | |
| | 成人读者卡 | | |
| | 少儿读者卡 | 5610 | |
| 自助办证 | 读者卡 | 194485 | |
| 合计 | | 236695 | |

注：不含临时卡。

## 四、科研立项与结项

### （一）立项科研项目

| 级别 | 项目类型 | 课题名称 | 申请人 | 研制时间 | 经费（万元） |
| --- | --- | --- | --- | --- | --- |
| 国家级 | 科技支撑计划 | 以书为媒介的大众阅读互动平台研发及应用示范 | 孙一钢 | 2014年1月—2016年12月 | 398 |
| | 社科基金 | 二战后日本战犯审判新闻史料的整理与研究 | 郭传芹 | 2014年6月—2016年12月 | 20 |
| | | 图书馆电子书服务模式及平台研究 | 谢　强 | 2014年6月—2016年6月 | 20 |
| | 社科基金青年 | 公共图书馆出版物国际交换研究 | 李　伟 | 2014年6月—2017年12月 | 20 |
| | | 乾嘉四大藏书家研究 | 刘　鹏 | 2014年6月—2017年12月 | 20 |
| | | 日本东洋史学研究 | 王广生 | 2014年6月—2017年6月 | 20 |
| | 社科基金后期资助 | 中国图书馆史 | 韩永进 | 2014年12月—2015年6月 | 35 |
| 部级 | 国家文化科技提升计划 | 古籍修复知识网络系统 | 方自金 | 2014年1月—2015年12月 | 60 |
| 馆级 | 重点项目 | 袁同礼往来书信及相关档案整理研究 | 陈红彦 | 2014年1月—2015年12月 | 5 |
| | | 国家图书馆数字资源存储体系研究 | 王乐春 | 2014年1月—2015年12月 | 5 |
| | 一般项目 | 国内东京审判研究进展调查 | 李　婧 | 2014年1月—2015年12月 | 2 |
| | | 民间文献资源特色馆藏建设研究 | 黄炜宇 | 2014年1月—2015年12月 | 2 |

（续表）

| 级别 | 项目类型 | 课题名称 | 申请人 | 研制时间 | 经费（万元） |
|---|---|---|---|---|---|
| 馆级 | 一般项目 | 实体出版物对应电子版本呈缴研究——以图书对应电子版本为例 | 赵志刚 | 2014年1月—2015年12月 | 2 |
| | | 民国时期少年儿童图书馆史研究 | 黄　洁 | 2014年1月—2015年12月 | 2 |
| | | 规范控制在元数据仓储中的应用研究 | 萨　蕾 | 2014年1月—2015年12月 | 2 |
| | | 网络资源存档的数据质量保证策略与方法研究 | 曲云鹏 | 2014年1月—2015年12月 | 2 |
| | | 昇平署曲本研究 | 王维若 | 2014年1月—2015年12月 | 1 |
| | | 明季西书来华与西学东渐——国家图书馆藏金尼阁藏书整理和研究 | 彭福英 | 2014年1月—2015年12月 | 2 |
| | | 国家图书馆藏甲骨的缀合校勘研究 | 胡辉平 | 2014年1月—2015年12月 | 2 |
| | | 家谱谱系数字化模型研究 | 肖　禹 | 2014年1月—2015年12月 | 2 |
| | | 国家图书馆藏中文公教古籍目录提要 | 赵大莹 | 2014年1月—2015年12月 | 2 |
| | | 《中国古籍装订修补技术》的维吾尔文翻译 | 姑丽尼格尔 | 2014年1月—2014年12月 | 2 |
| | | 大数据背景下数字图书馆移动服务的用户行为分析模式研究 | 宋　姝 | 2014年1月—2015年12月 | 2 |
| | | 数字图书馆大数据处理与应用技术研究 | 薛尧予 | 2014年1月—2015年12月 | 2 |
| | | 国立北平图书馆与中国现代学术机构关系研究 | 汤更生 | 2014年1月—2015年10月 | 2 |
| | | 对国家图书馆学术研究的一个断代史的考察 | 苏　健 | 2014年1月—2015年12月 | 2 |
| | | 国家图书馆藏明代内府本研究 | 马学良 | 2014年1月—2015年12月 | 2 |
| | | 国图馆藏金元别集题跋辑录与考释 | 王红霞 | 2014年1月—2016年12月 | 2 |
| | 青年项目 | 海外中国文化中心图书馆建设及运营模式探讨 | 武学良 | 2014年1月—2015年12月 | 1 |
| | | 图书缴送率地区差异的原因分析及对策研究 | 张建存 | 2014年1月—2015年12月 | 1 |
| | | 基于RFID数据分析的开架阅览室室藏建设评价与读者需求分析研究 | 陈　攀 | 2014年1月—2015年12月 | 1 |

（续表）

| 级别 | 项目类型 | 课题名称 | 申请人 | 研制时间 | 经费（万元） |
| --- | --- | --- | --- | --- | --- |
| 馆级 | 青年项目 | 国家图书馆青少年读者（13—16岁）的阅读行为及服务对策研究 | 李莹菲 | 2014年1月—2015年6月 | 1 |
| | | 民国时期图书馆学人物研究 | 孙莹莹 | 2014年1月—2015年12月 | 1 |
| | | 馆藏东南亚华文报纸保存状况及利用率调查研究 | 谢　远 | 2014年1月—2015年12月 | 1 |
| | | 民国时期民众图书馆研究 | 胡宏哲 | 2014年1月—2015年6月 | 1 |
| | | 基于LibQUAL+TM体系的国家图书馆服务质量评价研究与应用 | 杨　倩 | 2014年1月—2015年6月 | 1 |
| | | 国家图书馆读者辅导工作服务成效评估体系建设及其在服务模式创新中的应用研究 | 翟　蓉 | 2014年1月—2015年12月 | 1 |
| | | 网络课堂知识库平台的构建模式研究 | 王燕荣 | 2014年1月—2015年12月 | 1 |
| | | 基于用户分析的国家图书馆微博服务研究 | 李　健 | 2014年1月—2014年12月 | 1 |
| | | 网络资源采集策略与服务方式研究 | 马宁宁 | 2014年1月—2014年12月 | 1 |
| | | 公共图书馆政府公开信息增值服务研究 | 赵荣荣 | 2014年1月—2015年12月 | 1 |
| | | 国家图书馆音视频创新服务模式研究 | 李鹏云 | 2014年1月—2015年11月 | 1 |
| | | 《全国中医古籍总目》未载馆藏医籍研究 | 刘　悦 | 2014年1月—2015年12月 | 1 |
| | | 国家图书馆藏满文要籍综录 | 朱志美 | 2014年1月—2015年12月 | 1 |
| | | 国家图书馆藏《德格版〈甘珠尔〉目录》研究 | 王建海 | 2014年1月—2015年12月 | 1 |
| | | 国家图书馆藏清代西藏方志整理与研究 | 柳　森 | 2014年1月—2015年12月 | 1 |
| | | 现代显微技术在古籍鉴定与修复中的应用研究 | 宋　晖 | 2014年1月—2015年5月 | 1 |
| | | 红外光谱法对墨水痕迹在不同老化条件下消褪过程的研究 | 张　铭 | 2014年1月—2015年12月 | 1 |
| | | 国内图书馆在动漫领域服务现状及发展研究 | 赵　娜 | 2014年1月—2015年12月 | 1 |

## （二）结项科研项目

| 项目类型 | 课题名称 | 申请人 | 经费（万元） | 鉴定时间 |
|---|---|---|---|---|
| 社科基金后期资助 | 族谱所见文学批评资料整理研究 | 张廷银 | 12 | 2014年6月28日 |
| 国家质检总局公益性科研专项 | 乡镇社区图书馆管理标准研究 | 索传军 | 104 | 2014年1月17日 |
| 文化部科技提升计划 | 全国少年儿童阅读推广服务平台 | 汪东波 | 80 | 2014年1月15日 |
| | 公共文化服务与交流中移动技术应用模式研究 | 谢　强 | 40 | 2014年6月18日 |
| | 文化数字资源唯一标识符体系的研究与建设 | 魏大威 | 60 | 2014年8月1日 |
| 馆级 | 东盟区域国家图书馆事业发展状况研究 | 张艳霞 | 2 | 2014年3月21日 |
| | 馆藏抗战时期出版物用纸情况调查（以图书为主） | 荣　杰 | 1 | 2014年6月25日 |
| | 国家图书馆藏宋元善本集部递藏源流研究 | 刘　明 | 1 | 2014年9月25日 |
| | 宋《江阴志》辑佚 | 杨印民 | 2 | 2014年10月21日 |
| | 敦煌遗书题跋辑录 | 刘　波 | 2 | 2014年10月21日 |
| | 国家图书馆出版物缴送评价方法和评价体系构建研究 | 刘洁萍 | 2 | 2014年11月4日 |
| | 图书馆讲座科学管理与服务规范研究 | 曹海英 | 2 | 2014年12月12日 |
| | 《资源描述与检索》（RDA）在国家图书馆的实施方向及应用策略研究 | 顾　犇 | 5 | 2014年12月23日 |
| | 灰色文献资源建设与服务研究 | 蒋宇弘 | 2 | 2014年12月26日 |

## 五、人员

### （一）2014年馆领导名录

| 姓名 | 职务名称 |
|---|---|
| 周和平 | 名誉馆长 |
| 韩永进 | 馆长、党委书记兼国家古籍保护中心主任、国家典籍博物馆馆长 |
| 刘惠平 | 副馆长、党委副书记兼纪委书记 |
| 陈　力 | 副馆长 |
| 张志清 | 副馆长兼国家古籍保护中心副主任 |
| 魏大威 | 副馆长 |
| 王　军 | 副馆长 |
| 李虹霖 | 副馆长兼国家典籍博物馆常务副馆长 |
| 孙一钢 | 馆长助理兼国家图书馆现代技术研究所所长（副局级） |
| 汪东波 | 馆长助理兼研究院院长（副局级） |

### （二）2014年中层干部名录

| 部门 | 职务名称 | 姓名 | 备注 |
|---|---|---|---|
| 办公室 | 主任 | 苏品红 | |
| | 副主任 | 辛　璐 | |
| 人事处 | 处长 | 王青云 | |
| | 副处长 | 张　彬 | |
| 财务处 | 处长 | 张　军 | |
| | 副处长 | 李红霞 | |
| 业务管理处（民国时期文献保护工作办公室） | 处长兼民国时期文献保护工作办公室主任 | 高　红 | |
| | 副处长 | 孙伯阳 | |
| | 副处长 | 谢　强 | |
| | 副处长兼民国时期文献保护工作办公室副主任 | 梁爱民 | |
| 党群工作办公室 | 主任 | 荣　杰 | |
| | 副主任 | 张红霞 | |
| 纪检监察处 | 处长 | 陈荔京 | |
| | 纪检监察员（副处级） | 乔淑锦 | |
| 审计处 | 处长 | 安　洁 | |

（续表）

| 部门 | 职务名称 | 姓名 | 备注 |
|---|---|---|---|
| 离退休干部处 | 处长 | 张艳霞 | |
| | 副处长 | 孙　乐 | |
| 国际交流处（台港澳交流处） | 处长 | 张　煦 | |
| | 副处长 | 马　静 | |
| 国有资产管理处 | 处长 | 魏　崇 | |
| | 副处长 | 郝丽萍 | |
| 保卫处 | 处长 | 赵建国 | |
| | 副处长 | 张明亮 | |
| | 副处长 | 尹存喜 | |
| 研究院 | 院长（副局级） | 汪东波 | 兼任 |
| | 副院长（正处级） | 申晓娟 | |
| | 《文献》常务副主编（副处级） | 张廷银 | |
| | 《国家图书馆学刊》常务副主编（副处级） | 蒋　弘 | |
| | 副院长（副处级） | 汪桂海 | |
| 中文采编部 | 主任 | 毛雅君 | |
| | 副主任 | 刘　瑛 | |
| | 副主任 | 王　洋 | |
| 外文采编部 | 主任 | 顾　犇 | |
| | 副主任 | 罗　翀 | |
| | 副主任 | 张　玮 | |
| 典藏阅览部（国家图书馆少年儿童馆） | 主任兼国家图书馆少年儿童馆馆长 | 王志庚 | |
| | 副主任兼国家图书馆少年儿童馆副馆长 | 黄　洁 | |
| | 副主任 | 刘博涵 | |
| 立法决策服务部 | 主任 | 卢海燕 | |
| | 副主任 | 张　洁 | |
| | 副主任 | 白云峰 | |
| 参考咨询部 | 主任 | 王　磊 | |
| | 副主任 | 李翠薇 | |
| | 副主任 | 葛艳聪 | |
| 数字资源部（数字图书馆推广工程办公室） | 主任 | 曹　宁 | |
| | 副主任 | 李春明 | |
| | 副主任 | 吕淑萍 | |

（续表）

| 部门 | 职务名称 | 姓名 | 备注 |
|---|---|---|---|
| 信息技术部（国家图书馆现代技术研究所） | 主任 | 孙一钢 | 兼任 |
| | 副主任 | 邢　军 | |
| | 总工程师（副处级） | 王乐春 | 外聘 |
| 缩微文献部 | 主任 | 李晓明 | |
| | 副主任 | 张　阳 | |
| | 副主任 | 王　浩 | |
| 社会教育部 | 主任 | 汤更生 | |
| | 副主任 | 廖永霞 | |
| 展览部 | 主任 | 林世田 | |
| | 副主任 | 顾　恒 | |
| 古籍馆 | 馆长 | 张志清 | 兼任 |
| | 副馆长（正处级） | 陈红彦 | |
| | 副馆长（副处级） | 谢冬荣 | |
| | 副馆长（副处级） | 萨仁高娃 | |
| 国家古籍保护中心办公室 | 主任 | 张志清 | 兼任 |
| | 副主任 | 王雁行 | |
| 国图艺术中心 | 主任 | 张朝慧 | |
| 中国图书馆学会秘书处 | 秘书长 | 霍瑞娟 | |
| | 副秘书长 | 仲　岩 | |
| | 《中国图书馆学报》副主编 | 卓连营 | |
| 后勤服务管理中心 | 主任 | 曹　伟 | |
| | 副主任 | 文立新 | |
| | 副主任 | 张海波 | |
| 基建工程办公室 | 主任 | 李昌明 | |
| | 副主任 | 王六长 | |
| 国家图书馆出版社 | 社长 | 方自金 | |
| | 总编辑 | 贾贵荣 | |
| | 副社长 | 殷梦霞 | |

## （三）人员结构

| | | |
|---|---|---|
| **人员总数** | | |
| | 在编员工 | 1483 |
| | 离退休人员 | 1036 |
| | 2014进馆人数 | 91 |
| | 2014离馆人数 | 76（其中退休61人，调出15人） |
| **性别结构** | | |
| | 男 | 592 |
| | 女 | 891 |
| **部处科组管理人员** | | |
| | 处级 | 70 |
| | 科级 | 256 |
| **年龄结构** | | |
| | 30岁及以下 | 433 |
| | 31—40岁 | 456 |
| | 41—50岁 | 260 |
| | 51岁及以上 | 334 |
| **专业技术职务结构** | | |
| | 正高级职称 | 58 |
| | 副高级职称 | 318 |
| | 中级职称 | 671 |
| | 初级职称 | 255 |
| **学历结构** | | |
| | 博士学历 | 81 |
| | 硕士学历 | 591 |
| | 本科学历（硕士学位） | 52 |
| | 本科学历 | 489 |
| | 专科及以下学历 | 270 |

# 六、馆内奖励

## 2013年度先进集体名单

一、获得2013年度先进集体的部处

中文采编部　　典藏阅览部　　基建工程办公室

二、获得2013年度先进集体的科组

保卫处中控室
外文采编部东文图书采编组
参考咨询部综合咨询组
信息网络部数字资源存储与应用管理组
社会教育部摄编组
古籍馆舆图组
后勤服务部车队
研究院学科研究室
立法决策服务部外交与国防组
数字资源部国家数字图书馆推广组
缩微文献部编目与典藏组
展览部综合协调组
国家古籍保护中心办公室管理组

## 2013年度服务标兵名单

索　晶（中文采编部联合编目组）
王宝兴（典藏阅览部文献典藏一组）
万仁莉（典藏阅览部外文文献阅览组）
刘　杨（典藏阅览部基藏本阅览组）
汪晓莉（典藏阅览部学位论文与台港澳文献阅览组）
董宝玲（典藏阅览部参考书组）
莫冀鸣（典藏阅览部文献典藏三组）
李　江（典藏阅览部少年儿童服务组）
谢德智（立法决策服务部服务推广与保障组）
王　琳（立法决策服务部内务司法组）
赵　红（参考咨询部社科咨询组）
张克清（参考咨询部复制组）
姜　虹（参考咨询部竞争情报组）
张秉辉（参考咨询部文献提供组）

张　玮（数字资源部数字资源服务组）
郭　炯（数字资源部国家数字图书馆推广组）
刘术华（信息网络部移动服务管理组）
金　龙（社会教育部学术讲座组）
董　蕊（古籍馆古籍善本特藏典阅组）

### 2013年度创新奖

中国国家书目平台建设项目　　数字图书馆移动阅读平台项目

### 2013年度“馆长特别奖”

一、“东京审判”庭审记录整理出版工作
主要负责部门：业务管理处、国家图书馆出版社
二、分配机制创新与创收拓展、管理工作
主要负责部门：财务处、人事处、业务管理处、国有资产管理处
三、全面提升精细化服务水平工作
主要负责部门：业务管理处、典藏阅览部、参考咨询部、数字资源部、信息网络部
四、“中国记忆”系列展览
主要负责部门：社会教育部、古籍馆、参考咨询部、典藏阅览部、数字资源部、外文采编部
五、档案建设与规范化管理工作
主要负责部门：办公室

## 七、馆外奖励

| 序号 | 获奖者 | 奖项名称 | 授予单位 |
|---|---|---|---|
| 1 | 国家图书馆 | 2013年度文化信息工作先进单位 | 文化部 |
| 2 | 国家图书馆（国家古籍保护中心） | 全国古籍保护工作先进单位 | 文化部 |
| 3 | 国家图书馆 | 2014年度文化部政府网站群绩效评估特色创新奖 | 文化部办公厅 |

（续表）

| 序号 | 获奖者 | 奖项名称 | 授予单位 |
| --- | --- | --- | --- |
| 4 | 国家图书馆 | 中央国家机关第二届“创建文明机关　争做人民满意公务员”活动先进集体 | 中共中央国家机关工作委员会 |
| 5 | 国家图书馆 | 2014年度课题论文组织工作优秀组织奖 | 全国文化系统思想政治工作研究会 |
| 6 | 国家图书馆 | 首都绿化美化花园式单位 | 北京市海淀区人民政府绿化委员会 |
| 7 | 国家图书馆 | 北京市爱国卫生红旗单位 | 北京市爱国卫生运动委员会 |
| 8 | 国家图书馆 | 2014年度海淀区交通安全先进单位 | 北京市海淀区交通安全委员会 |
| 9 | 离退休干部处 | 文化部老干部工作先进集体 | 文化部离退休干部局 |
| 10 | 保卫处 | 2013年度安全生产工作先进单位 | 海淀区紫竹院街道办事处安全生产委员会 |
| 11 | 立法决策服务部 | 全国文化系统先进集体 | 人力资源和社会保障部、文化部 |
| 12 | 立法决策服务部外交与国防组 | 2013—2014年度中央国家机关青年文明号 | 中央国家机关团工委 |
| 13 | 古籍馆 | 中央国家机关五一劳动奖状 | 中央国家机关工会联合会 |
| 14 | 古籍馆文献修复组 | 全国专业技术人才先进集体 | 中央组织部、中央宣传部、人力资源社会保障部、科学技术部 |
| 15 | 中国图书馆学会秘书处党支部 | 2014年度全国学会“党建强会”特色活动组织奖 | 中国科协学会服务中心党委 |
| 16 | 中国图书馆学报 | 2014中国国际影响力优秀学术期刊 | 《中国学术期刊（光盘版）》电子杂志社有限公司、清华大学图书馆、中国学术文献国际评价研究中心 |
| 17 | 国家图书馆出版社 | 2014年国家社科基金后期资助项目推荐申报出版机构 | 全国哲学社会科学规划办公室 |
| 18 | 国家图书馆出版社 | 2013年全国优秀馆配商评选·十佳出版社 | 图书馆报 |
| 19 | 《朱生豪译莎士比亚戏剧手稿》（国家图书馆出版社） | 华文出版物艺术设计大赛优秀奖 | 中国新闻文化促进会、中国新闻出版研究院 |

（续表）

| 序号 | 获奖者 | 奖项名称 | 授予单位 |
| --- | --- | --- | --- |
| 20 | 《雪域宝典——西藏自治区入选〈国家珍贵古籍名录〉古籍图录学术研究》（国家图书馆出版社） | 华文出版物艺术设计大赛优秀奖 | 中国新闻文化促进会、中国新闻出版研究院 |
| 21 | 《古老的农夫　不朽的智慧》（国家图书馆出版社） | 2013年度引进版社科类优秀图书奖 | 中国出版协会国际合作出版工作委员会、中国新闻出版研究院、出版参考杂志社 |
| 22 | 《清代军机处随手登记档》（国家图书馆出版社） | 2013年度“全国优秀古籍图书奖”一等奖 | 中国出版协会古籍出版工作委员会 |
| 23 | 《中国古籍珍本丛刊·天津图书馆卷》（国家图书馆出版社） | 2013年度“全国优秀古籍图书奖”二等奖 | 中国出版协会古籍出版工作委员会 |
| 24 | 《北京大学图书馆藏稀见方志丛刊》（国家图书馆出版社） | 2013年度“全国优秀古籍图书奖” | 中国出版协会古籍出版工作委员会 |

## 八、出访和来访

### （一）出访

3月24—31日，副馆长张志清、古籍馆副馆长陈红彦、古籍保护中心办公室副主任王雁行、出版社总编辑贾贵荣、国际交流处谢天等5人赴美国参加北美东亚图书馆年会，并访问加拿大部分图书馆。

4月7—11日，出版社副社长殷梦霞赴英国参加2014年伦敦书展。

4月21—26日，办公室主任苏品红随文化部团组赴香港、澳门参加文化交流。

5月8—15日，副馆长陈力随全国政协团组赴台湾进行交流。

5月12—16日，缩微文献部副主任张阳、信息技术部主任助理李志尧赴南非参加国际标准化组织第171技术委员会第28次年会。

5月21—29日，馆长助理孙一钢、人事处处长王青云、立法决策服务部副主任白云峰、古籍馆副馆长谢冬荣、国际交流处郭妮赴南非、毛里求斯国家图书馆访问并签署谅解备忘录。

5月24—31日，信息技术部总工程师王乐春、缩微文献部副主任王浩随中国文献影像技术协会团组赴台湾参加"海峡两岸档案暨缩微学术交流会"。

6月8—15日，业务管理处处长高红、业务管理处马涛、展览部陈魏玮赴俄罗斯、英国进行民国时期文献调研。

6月11—15日，中文采编部副主任刘瑛、中文采编部赵敏赴法国参加ISSN国际中心第20届全体大会。

6月12—20日，副馆长陈力、研究院副院长申晓娟、业务管理处副处长孙伯阳、国际交流处副处长马静赴伊朗、塔吉克斯坦国家图书馆访问并签署合作协议。

6月24日—7月1日，馆长助理汪东波、财务处处长张军、典藏阅览部主任王志庚、国际交流处刘源泓、外文采编部钱学文赴以色列、土耳其国家图书馆访问并签署合作备忘录。

6月25日—7月2日，中国图书馆学会秘书处副秘书长仲岩、学会秘书处郭万里等2人赴加拿大和美国参会。

6月26日—7月3日，副馆长李虹霖、展览部主任林世田、办公室副主任辛璐、展览部赵婷赴美国参加美国图书馆协会年会并访问墨西哥。

7月15—22日，副馆长王军、数字资源部主任曹宁、业务处副处长谢强、典藏阅览部副主任黄洁、外文采编部王瑜世赴韩国国立中央图书馆进行业务交流。

8月15—24日，馆长韩永进、国际交流处处长张煦、外文采编部主任顾犇、参考咨询部主任王磊、国际交流处郝金敏赴法国参加国际图联大会并访问瑞士、德国国家图书馆。

8月25—29日，国有资产管理处副处长郝丽萍、国际交流处卫萌萌赴韩国参加文化交流活动。

9月23—25日，中文采编部主任毛雅君、中文采编部王彦侨赴台湾参加中文名称规范联合协调委员会。

10月1日—12月26日，外文采编部赵燕、宋奇岳赴日本出版贩卖株式会社进行业务交流。

10月7—14日，出版社社长方自今赴德国参加书展并访问法国。

10月19日—11月8日，人事处副处长张彬赴英国参加文化部培训。

10月20—24日，馆长韩永进、馆长助理孙一钢、国际交流处处长张煦、社会教育部主任汤更生、业务处副处长梁爱民、社会教育部田苗赴香港参加第十次中文文献资源共建共享合作会议暨理事会第八次会议。

10月24—31日，副馆长魏大威、数字资源部副主任李春明赴意大利参加世界数字图书馆合作伙伴会议并访问欧洲学院。

11月1—8日，副馆长张志清、国际交流处处长张煦、古籍馆刘建明赴台湾参加第三届古籍保护与流传学术会议。

11月3—23日，人事处吴洋、典藏阅览部李培园、立法决策服务部田贺龙、参考咨询部张李江赴新加坡进行业务交流。

2014年出访共计24批，70人次。

## （二）来访

2月26日，澳柒（中国）投资有限公司董事总经理朱月仪一行2人来访进行业务交流，馆长韩永进、馆长助理孙一钢会见来宾。

3月24日，澳柒控股集团首席运营官施来恩一行4人来访，馆长韩永进、馆长助理孙一钢会见来宾。

4月1日，法国高校出版专业学生一行20人来访参观。

4月8日，澳大利亚国家图书馆1人来访参观。

4月11日，尼泊尔最高法院法官一行10人来访交流，馆长韩永进、副馆长陈力、馆长助理孙一钢会见来宾。

4月15日，挪威国家图书馆馆长一行5人来访交流，馆长韩永进会见来宾。

4月17日，新加坡圣智学习集团亚太总裁一行8人来访交流，副馆长陈力会见来宾。

4月21日，法国使馆多媒体图书馆馆长一行2人来访交流。

4月22日，美国芝加哥大学图书馆东亚馆馆长1人来访交流，副馆长张志清会见来宾。

4月24日，非洲英语国家图书管理员培训班图书馆馆员一行24人来访参观。

5月6日，澳大利亚图书馆古籍部主任一行5人来访交流，馆长助理孙一钢会见来宾。

5月14日，韩国忠南大学图书馆员一行5人来访参观。

6月6日，美国俄克拉荷马州教育工作者一行9人来访参观。

6月11日，朝鲜参观团一行20人来访参观。

6月23日，厄瓜多尔驻华大使一行5人来访交流，馆长韩永进、馆长助理孙一钢会见来宾。

6月28日，北美东亚图书馆馆员一行25人来访交流，副馆长张志清会见来宾。

6月30日，美国斯坦福大学图书馆馆长一行3人来访交流，馆长助理孙一钢会见来宾。

7月1日，美国芝加哥大学图书馆馆员1人来访参观。

7月1日，法国使馆文化中心图书馆人员一行2人来访参观。

7月22日，驻洛杉矶总领馆文化参赞1人来访交流，馆长韩永进、馆长助理孙一钢会见来宾。

7月22日，澳柒（中国）投资有限公司董事总经理朱月仪一行2人来访进行业务交流，馆长助理孙一钢会见来宾。

7月24日，法国国家图书馆基建部主任一行2人来访交流。

7月29日，泰国国家图书馆馆长一行12人来访交流。

7月29日，朝鲜国家科技委员会一行8人来访参观。

8月5日，荷兰莱顿大学中文部主任一行2人来访参观。

8月11日，德国儿童邦联教育协会教师一行20人来访参观。

8月21日，土耳其驻华大使一行3人来访参观。

8月17—30日，朝鲜人民大学习堂一行10人来访参加首届朝鲜图书馆馆员培训班，副馆长王军会见来宾。

9月5日，美国博睿学术出版一行3人来访交流，副馆长张志清会见来宾。

9月11日，荷兰哈佛大学原主任一行3人来访交流，馆长韩永进、馆长助理孙一钢会见来宾。

9月19日，美国中华大族谱协会一行14人来访交流，馆长韩永进、副馆长张志清、馆长助理孙一钢会见来宾。

9月26日，哈萨克斯坦学术图书馆一行4人来访交流，馆长助理汪东波会见来宾。

9月28日，全国港澳研究会代表团一行28人来访参观，馆长韩永进、馆长助理孙一钢会见来宾。

10月9—14日，台湾卓越图书馆代表团一行24人来访出席两岸公共图书馆事业发展联展与论坛活动，馆长韩永进、馆长助理孙一钢会见来宾。

10月14日，国家海洋信息中心国外参会代表一行26人来访参观。

10月16日，美国中华大族谱协会一行6人来访交流，副馆长张志清会见来宾。

10月21日，美国国会参议院历史室特邀历史学家、美国口述历史协会前会长唐纳德·里奇及其夫人、国际口述历史协会副主席安妮·里奇一行2人来访，副馆长李虹霖会见来宾。

10月21日，德国儿童邦联教育协会教师一行7人来访参观。

11月3—7日，新西兰国家图书馆代表团一行2人来访交流，馆长韩永进、馆长助理孙一钢会见来宾。

11月17日，葡萄牙文化国务秘书代表团一行7人来访交流，副馆长魏大威会见来宾。

11月18日，日本国立国会图书馆代表团一行5人来访交流，副馆长刘惠平、馆长助理孙一钢会见来宾。

12月2日，伊朗圣裔大会秘书长代表团一行10人来访参观，馆长韩永进、馆长助理孙一钢会见来宾。

12月8—11日，中日韩数字图书馆代表团一行8人来访参加中日韩数字图书馆项目业务交流，副馆长魏大威、馆长助理孙一钢会见来宾。

12月11日，日本经济研究所高级研究员1人来访交流。

12月12日，埃塞俄比亚文化旅游部代表团一行8人来访参观。

12月19日，日本国立国会图书馆1人来访交流。

12月22日，新加坡文物局副局长一行2人来访参观。

12月23日，纳米比亚青年、国家服务、体育、文化部长一行8人来访交流，馆长韩永进、馆长助理孙一钢会见来宾。

2014年来访共计47批，379人次。

## 九、部分会议、培训、讲座、展览

### （一）会议

| 时间 | 会议名称 | 地点 | 备注 |
|---|---|---|---|
| 1月2日 | “雕版著录规则与定级标准”专家讨论会 | 北京 | |
| 1月9日 | 古籍版片评审标准及著录规则专家讨论会 | 北京 | |
| 2月25日 | 中国图书馆学会国家机关图书馆分会成立大会 | 北京 | |
| 3月6日 | 国家珍贵古籍修复费用标准专家讨论会 | 北京 | |
| 4月28—30日 | 全国公共图书馆技术部主任会 | 天津 | |
| 5月6日 | 2014年民国时期文献整理出版项目专家评审会 | 北京 | |
| 5月8日 | 国家珍贵古籍修复费用参考标准专家研讨会 | 北京 | |
| 5月13日 | 《中华古籍总目》编纂工作专家讨论会 | 北京 | |
| 5月24—31日 | 2014年海峡两岸档案暨缩微学术交流会 | 台湾台北 | 中国文献影像技术协会、中国档案学会、台湾中华档案暨资讯微缩管理学会合办 |
| 5月26日 | 全国省级及副省级市公共图书馆参考咨询部主任工作会议 | 北京 | |
| 5月27日 | 《省、市、县级公共图书馆业务规范》研制项目启动会 | 北京 | |
| 6月10日 | 国家古籍保护人才培训基地评审会 | 北京 | |
| 6月11日 | 《中华古籍总目》编目手册修订专家讨论会 | 北京 | |
| 6月23日 | “全国古籍修复工作管理系统（二期）”验收会 | 北京 | |
| 6月24日 | 全国公共图书馆事业发展“十三五”规划暨国家图书馆“十三五”规划专家座谈会 | 北京 | |
| 7月24日 | 殇思·镜鉴——甲午战争120周年研讨会 | 北京 | 与参考消息报社、新华社解放军分社、中国政策科学研究会国家安全政策委员会、上海世纪出版集团、中国史学会合办 |

（续表）

| 时间 | 会议名称 | 地点 | 备注 |
|---|---|---|---|
| 8月5—9日 | 2014年全国古籍评审工作会议 | 北京 | |
| 8月7日 | 全国数字图书馆建设与服务联席会议第十五次会议 | 宁夏银川 | 文化部主办，国家图书馆承办 |
| 9月2日 | 缪荃孙诞辰170周年纪念会暨学术研讨会 | 北京 | |
| 9月3日 | 抗战文献暨民国时期文献整理出版座谈会 | 北京 | |
| 9月9—10日 | 全国省级公共图书馆馆长座谈会 | 北京 | |
| 9月10—13日 | 2014年国家珍贵古籍名录复审会 | 北京 | |
| 9月15—17日 | 第四届全国馆际互借与文献传递研讨会 | 浙江杭州 | |
| 9月19日 | 海外保钓运动文献整理与研究学术研讨会 | 北京 | |
| 9月25—26日 | 第五届全国文献采访工作研讨会 | 天津 | |
| 10月10—11日 | 中华优秀传统文化论坛 | 北京 | |
| 10月11日 | 全国古籍保护工作会议 | 北京 | 文化部主办，国家图书馆（国家古籍保护中心）承办 |
| 10月11日 | 2014年中国图书馆年会“图书馆决策咨询服务的实践与发展”分会场 | 北京 | |
| 10月11日 | 2014年中国图书馆年会“数字与缩微—文献影像事业的可持续发展”分会场 | 北京 | |
| 10月13日 | 中国—阿拉伯国家图书馆馆长论坛 | 北京 | 文化部、阿拉伯国家联盟秘书处主办、国家图书馆承办 |
| 10月24日 | 《古籍保护理论与实践》教材专家审稿会 | 北京 | |
| 10月28—30日 | 2014年国家珍贵古籍名录终审会 | 北京 | |
| 10月29日 | 《国图决策参考》工作研讨会即国家食品药品监督管理总局委托国家图书馆研究项目总结会 | 北京 | |
| 11月4—7日 | 第二届图书馆现代技术学术研讨会（2014） | 北京 | |
| 11月25日 | 全国古籍修复人才培养专家讨论会 | 天津 | |
| 11月26日 | 全国文献影像技术标准化技术委员会、中国文献影像技术协会2014年年会 | 北京 | 全国文献影像技术标准化技术委员会、中国文献影像技术协会秘书处主办 |

（续表）

| 时间 | 会议名称 | 地点 | 备注 |
| --- | --- | --- | --- |
| 11月28日 | 国家图书馆部委分馆馆长联席会议暨国家图书馆立法决策服务年会 | 北京 | |
| 12月12日 | 《远东国际军事法庭证据文献集成》首发式暨出版座谈会 | 北京 | “南京大屠杀死难者国家公祭日”系列纪念活动 |
| 12月16日 | 文献数字化加工中心设备专家论证会 | 北京 | |
| 12月18日 | 全国图书馆文献缩微工作“十三五”发展规划预研专家座谈会 | 北京 | |

## （二）培训

| 时间 | 培训名称 | 主讲人 | 地点 | 备注 |
| --- | --- | --- | --- | --- |
| 1月3日 | 古典文献导读 | 张伟丽 | 北京 | 讲解员培训 |
| 1月6日 | 古典文献导读 | 张伟丽 | 北京 | 讲解员培训 |
| 1月7日 | 古典文献导读 | 张伟丽 | 北京 | 讲解员培训 |
| 1月8日 | 古典文献导读 | 张伟丽 | 北京 | 讲解员培训 |
| 1月9日 | 古典文献导读 | 张伟丽 | 北京 | 讲解员培训 |
| 1月10日 | 讲解员心理训练 | 刘素玲 | 北京 | 讲解员培训 |
| 1月13日 | 古典文献导读 | 张伟丽 | 北京 | 讲解员培训 |
| 1月14日 | 古典文献导读 | 张伟丽 | 北京 | 讲解员培训 |
| 1月15日 | 古典文献导读 | 张伟丽 | 北京 | 讲解员培训 |
| 1月16日 | 古典文献导读 | 张伟丽 | 北京 | 讲解员培训 |
| 1月17日 | 古典文献导读 | 张伟丽 | 北京 | 讲解员培训 |
| 1月20日 | 古典文献导读 | 张伟丽 | 北京 | 讲解员培训 |
| 1月21日 | 古典文献导读 | 张伟丽 | 北京 | 讲解员培训 |
| 1月22日 | 古典文献导读 | 张伟丽 | 北京 | 讲解员培训 |
| 1月23日 | 古典文献导读 | 张伟丽 | 北京 | 讲解员培训 |
| 1月24日 | 古典文献导读 | 张伟丽 | 北京 | 讲解员培训 |
| 2月24日<br>2月25日 | 金石拓片精品 | 赵爱学、卢芳玉 | 北京 | 讲解员培训 |
| 2月26日<br>2月27日 | 敦煌遗书精品 | 林世田 | 北京 | 讲解员培训 |
| 2月28日<br>3月3日 | 善本精品 | 刘　明 | 北京 | 讲解员培训 |
| 3月4日<br>3月5日 | 舆图精品 | 任昳菲 | 北京 | 讲解员培训 |
| 3月6—7日 | 馆藏样式雷图档精品 | 白鸿叶 | 北京 | 讲解员培训 |
| 3月7日—4月11日 | 北京市2014年图书资料专业职称考试辅导 | 朱芊、富平、刘小玲 | 北京 | |
| 3月10—11日 | 少数民族语言古籍精品 | 全桂花 | 北京 | 讲解员培训 |
| 3月12—13日 | 名家手稿精品 | 孙　俊 | 北京 | 讲解员培训 |
| 3月13—14日 | 数字图书馆推广工程宣传员培训班 | 曹宁、张中江、王赛赛、任孟山 | 北京 | 中央文化管理干部学院承办 |
| 3月14—17日 | 西文善本精品 | 赵大莹 | 北京 | 讲解员培训 |

（续表）

| 时间 | 培训名称 | 主讲人 | 地点 | 备注 |
|---|---|---|---|---|
| 3月17—21日 | 第六期全国古籍普查登记目录审校人员培训班 | | 北京 | |
| 3月18—19日 | 中国古代典籍简史 | 李　坚 | 北京 | 讲解员培训 |
| 3月20日 | 讲解礼仪 | 吕艳芝 | 北京 | 讲解员培训 |
| 3月21日 | 发音技巧 | 陈岐岳 | 北京 | 讲解员培训 |
| 3月24日 | 讲解艺术及讲解实务 | 国博资深讲解员 | 北京 | 讲解员培训 |
| 3月25日 | 重要嘉宾讲解技巧 | 国博资深讲解员 | 北京 | 讲解员培训 |
| 3月26日 | 讲解员心理训练 | 首博讲解员 | 北京 | 讲解员培训 |
| 3月27日 | 讲解技巧及突发事件处理经验 | 首博讲解员 | 北京 | 讲解员培训 |
| 3月28日 | 讲解礼仪 | 吕艳芝 | 北京 | 讲解员培训 |
| 3月31日 | 发音技巧 | 陈岐岳 | 北京 | 讲解员培训 |
| 4月1日 | 金石拓片精品 | 卢芳玉 | 北京 | 讲解员培训 |
| 4月2日 | 敦煌遗书精品 | 林世田 | 北京 | 讲解员培训 |
| 4月3日 | 善本精品 | 程有庆 | 北京 | 讲解员培训 |
| 4月3日 | ACM Digital Library美国计算机学会数字图书馆数据库使用培训 | 王　楠 | 北京 | 馆内员工培训 |
| 4月3日 | 简氏军事装备与技术情报中心数据库介绍与使用技巧 | 崔文琳 | 北京 | 馆内员工培训 |
| 4月4日 | 名家手稿精品 | 孙　俊 | 北京 | 讲解员培训 |
| 4月8日 | 西文善本精品 | 赵大莹 | 北京 | 讲解员培训 |
| 4月9日 | 中国古代典籍简史 | 李　坚 | 北京 | 讲解员培训 |
| 4月14—18日 | 中国图书馆第五版分类法培训 | 曹玉强 | 北京 | |
| 4月16日 | 朝鲜报刊数据库（KPM）数据库使用 | 崔文琳 | 北京 | 馆内员工培训 |
| 4月16日 | Cairn法语数据库使用培训 | 崔文琳 | 北京 | 馆内员工培训 |
| 4月18日 | 南亚研究回溯数据库South Asia Archive数据库使用培训 | 肖苒苒 | 北京 | 馆内员工培训 |
| 4月18日 | National Geographic Virtual Library美国《国家地理》虚拟图书馆数据库使用培训 | 刘　兵 | 北京 | 馆内员工培训 |

（续表）

| 时间 | 培训名称 | 主讲人 | 地点 | 备注 |
|---|---|---|---|---|
| 4月24—25日 | 数字图书馆推广工程资源联合建设培训班 | 吕淑萍、梁蕙玮、萨蕾、许玉梅等 | 陕西西安 | 陕西省图书馆承办 |
| 4月28—29日 | 全国图书馆员绘本讲读高级研修班 | 朱自强、王晖、保冬妮、黄丽、刘伯乐、林静、王志庚 | 北京 | 主题阅读年系列培训 |
| 5月12—16日 | 中文普通图书编目工作培训 | 刘小玲、王广平 | 北京 | |
| 5月12—16日 | 第三期全国古籍数字化培训班 | | 天津 | 与天津图书馆合办 |
| 5月19—23日 | 中文期刊报纸编目与流通管理培训 | 贺燕、杨静 | 北京 | |
| 5月23日 | 急救有我参与，携手相助生命 | 贾大成 | 北京 | 馆内员工培训 |
| 5月27—29日 | 数字图书馆推广工程基础软件系统师资培训班 | 李铁军、李保栋、刘运臣、童忠勇 | 山东济南 | 山东大学承办 |
| 5月28—31日 | 第一期全国古籍保护工作管理人员研修班 | | 北京 | 与中央文化管理干部学院合办 |
| 6月9—13日 | 图书馆参考咨询业务案例解析培训 | 赵红、郭依群、刘素清、唐晶 | 北京 | |
| 6月12—13日 | 民国时期文献保护工作培训班 | 梁爱民、刘小玲、朱芊、索晶 | 安徽合肥 | 与中国图书馆学会、安徽省文化厅合办（民国时期文献保护计划宣传推广系列活动） |
| 6月16—20日 | 信息时代图书馆读者服务工作培训 | 郭斌、刘庆财、唐晶、赵俭 | 北京 | |
| 6月16—20日 | 数图推广工程·全国图书馆参考咨询协作网河北省公共图书馆参考咨询业务培训班 | 王磊、刘素清、翟蓉、赵红、张李江、唐晶、辜军、张曙光、黄伟杰 | 河北秦皇岛 | 与河北省图书馆合办 |

（续表）

| 时间 | 培训名称 | 主讲人 | 地点 | 备注 |
|---|---|---|---|---|
| 6月22—26日 | 第七期全国古籍普查登记目录审校人员培训班 | | 河北石家庄 | 与河北省图书馆合办 |
| 6月24日 | 中国家庭用药中的误区 | 冀连梅 | 北京 | 馆内员工培训 |
| 6月25日—7月2日 | 第八期全国古籍鉴定与保护高级研修班 | | 北京 | |
| 7月6—11日 | 2014年图书馆新员工入职培训 | 汤更生、朱芊、刘小玲、富平、马涛、刘峥、杨静、唐晶、金龙、邵燕 | 北京 | |
| 7月7—11日 | 第八期全国古籍普查登记目录审校人员培训班 | | 辽宁大连 | 与大连图书馆合办 |
| 7月15日 | 图书馆员的研究趣味 | 赵益民 | 北京 | 博士后出站报告 |
| 7月16—17日 | 数字图书馆推广工程应用软件系统师资培训班 | 李志尧、刘金哲、童忠勇、牛现云等 | 北京 | |
| 7月18日 | 面向未来的非物质文化遗产保护 | 王福州 | 北京 | 馆内员工培训 |
| 7月21—25日 | 中国机读目录格式编目员上岗资质培训 | 贺燕、刘小玲 | 北京 | |
| 7月30日—8月2日 | “照亮童年——绘本的可能性”高峰论坛 | 朱永新、梅子涵、林文宝、姬炤华、孙莉莉、朱自强、唐亚明 | 安徽休宁 | 主题阅读年系列培训 |
| 8月6日 | 国家图书馆的历史、馆藏与服务 | 陈　力 | 北京 | 新入职员工培训 |
| 8月6日 | 端正心态、适应环境——入职角色转换漫谈 | 荣　杰 | 北京 | 新入职员工培训 |
| 8月6日 | 国家图书馆安全工作现状和注意事项 | 赵建国 | 北京 | 新入职员工培训 |
| 8月7日 | 图书馆的故事 | 申晓娟 | 北京 | 新入职员工培训 |

（续表）

| 时间 | 培训名称 | 主讲人 | 地点 | 备注 |
| --- | --- | --- | --- | --- |
| 8月7日 | 新入职员工的心理压力与心理调适 | 李同归 | 北京 | 新入职员工培训 |
| 8月8日 | 国家典籍博物馆概况及首展简介 | 林世田 | 北京 | 新入职员工培训 |
| 8月11日—9月12日 | 第五期全国古籍修复技术提高班 | | 山东济南 | 与山东省图书馆合办 |
| 8月11日—15日 | 南京图书馆科技查新业务实操培训 | 辜军、谢湘音、朱兵、俞青、谢桂苹 | 北京 | |
| 8月12日 | “做自己的首席安全官”反恐知识技能培训 | 北京市公安局、人民公安报社 | 北京 | 馆内员工培训 |
| 8月18日—9月16日 | 第十六期全国古籍修复技术培训班 | | 甘肃兰州 | 与甘肃省图书馆合办 |
| 8月25—29日 | 音像电子出版物采编管理培训 | 刘　峥 | 北京 | |
| 8月29日 | 合理营养、健康生活 | 顾中一 | 北京 | 馆内员工培训 |
| 9月14—20日 | RDA的理论与实践培训 | 罗翀、吴晓静、霍晓伟、杨恩毅、王超、张蔷蔷、张璇、李菡、蔡丹、赵丹丹 | 北京 | |
| 9月15—26日 | 数字图书馆推广工程馆员研修专题班第一期 | 孙倩、罗肖、李云龙、季士妍等 | 北京 | |
| 9月18—19日 | 民国时期文献保护工作培训班 | 陈力、刘小玲、朱芊、延卫平 | 四川成都 | 与中国图书馆学会、四川省文化厅合办（民国时期文献保护计划宣传推广系列活动） |
| 9月18—26日 | 第九期全国古籍鉴定与保护高级研修班 | | 贵州贵阳 | 与贵州民族大学合办 |

（续表）

| 时间 | 培训名称 | 主讲人 | 地点 | 备注 |
|---|---|---|---|---|
| 9月22—26日 | 数图推广工程·全国图书馆参考咨询协作网吉林省图书馆参考咨询业务培训班 | 王磊、陈继红、周进、赵红、朱兵、滕广青、张素敏、张曙光、黄伟杰 | 吉林长春 | 与吉林省图书馆联盟合办 |
| 9月22—23日 | 2014年全国公共图书馆缩微技术培训班 | 陈月婷、宁波、刘永久、张文增 | 湖北武汉 | |
| 9月25—26日 | 民政文献资源建设培训班 | 翟建雄、谢德智 | 北京 | |
| 10月8—12日 | 图书馆参考咨询业务案例解析培训 | 郭依群、詹仁峰 | 福建厦门 | |
| 10月13—18日 | 图书馆阅读推广工作的理论与实践高级研修班 | 范并思、王波、汤更生、王志庚、赵俊玲、许欢、王余光、金龙、田苗、韩尉、王媛、王海茹 | 北京 | |
| 10月13—24日 | 河北省图书馆社科咨询业务研修 | 赵红、唐晶、蔡成普 | 北京 | |
| 10月13—24日 | 数字图书馆推广工程馆员研修专题班第二期 | 季士妍、童忠勇、马宁宁、蒙海光等 | 北京 | |
| 10月13日—11月29日 | 第二期全国古籍修复技术与工作管理研修班 | | 天津 | 与天津图书馆合办 |
| 10月19—31日 | 第二期全国传拓技术培训班 | | 上海 | 与上海图书馆合办 |
| 10月20—31日 | 第一期少数民族古籍修复技术培训班 | | 云南腾冲 | 与云南省图书馆合办 |
| 10月21—24日 | 数字图书馆推广工程标准规范培训班 | 申晓娟、吕淑萍、萨蕾、槐燕 | 重庆 | 重庆文化艺术职业学院承办 |
| 10月23日 | 赵体字书体特色及其在元代的兴起和传播 | 颜　彦 | 北京 | 博士后出站报告 |
| 10月25日—11月4日 | 第二期少数民族古籍修复技术培训班 | | 新疆乌鲁木齐 | 与新疆维吾尔自治区图书馆合办 |

（续表）

| 时间 | 培训名称 | 主讲人 | 地点 | 备注 |
|---|---|---|---|---|
| 10月27日—11月6日 | 数字图书馆推广工程馆员研修专题班第三期 | 季士妍、童忠勇、张文静、龚浩等 | 北京 | |
| 10月30日 | 漫话图书馆学的前世今生 | 龚蛟腾 | 北京 | 博士后出站报告 |
| 11月3日—12月12日 | 第十七期全国古籍修复技术培训班 | | 江苏南京 | 与南京图书馆合办 |
| 11月4—5日 | 全国图书馆参考咨询协作网·湘鄂赣皖四省公共图书馆馆长培训班 | 王磊、唐晶、章鑫尧、张莉、徐燕、褚树青 | 湖北武汉 | 与湘鄂赣皖四省公共图书馆联盟合办 |
| 11月5日 | 民国时期的知名藏书刻书家 | 李　蜜 | 北京 | 博士后出站报告 |
| 11月9日—12月5日 | 第三期全国西方文献修复技术提高班 | | 广东广州 | 与中山大学图书馆合办 |
| 11月15日 | 李白诗踪——诗歌中的山水、山水中的诗歌 | 王红霞 | 北京 | 博士后出站报告 |
| 11月17—21日 | 图书馆特色数据库建设培训 | 曹宁、吕淑平、谢强、张炜、槐燕、宋姝、敦文杰、韩新月 | 北京 | |
| 11月17—28日 | 数字图书馆推广工程馆员研修基础班 | 吕淑萍、谢强、槐燕、张炜等 | 北京 | |
| 11月19日 | 元遗民戴良其人、其事、其诗 | 袁宗刚 | 北京 | 博士后出站报告 |
| 11月20—21日 | 数字图书馆推广工程资源联合建设培训班（东部地区） | 曹宁、梁蕙玮、汪静、童忠勇等 | 北京 | |
| 11月23日—12月6日 | 第十期全国古籍鉴定与保护高级研修班 | | 上海 | 与复旦大学图书馆合办 |
| 11月25—26日 | 民国时期文献保护工作培训班 | 陈力、刘小玲、朱芊、延卫平 | 广东广州 | 与中国图书馆学会、广东省文化厅合办（民国时期文献保护计划宣传推广系列活动） |
| 11月26—27日 | 数字图书馆推广工程资源联合建设培训班（中部地区） | 吕淑萍、梁蕙玮、汪静、童忠勇等 | 湖南长沙 | 湖南艺术职业学院承办 |

（续表）

| 时间 | 培训名称 | 主讲人 | 地点 | 备注 |
|---|---|---|---|---|
| 11月27日 | 互联网络电视与图书馆服务 | 敦文杰 | 北京 | 博士后出站报告 |
| 12月1日 | 全国省级公共图书馆决策咨询服务协作平台培训班 | | 北京 | |
| 12月1—3日 | 数字图书馆推广工程全国少儿馆馆长培训班 | 韩永进、魏大威、陈彬斌、王志庚、曹宁等 | 北京 | |
| 12月2—3日 | 数图推广工程舆情监测专题培训班 | 刘鹏飞、李崇纲、蒲红果、齐中祥 | 北京 | |
| 12月3—14日 | 第十一期全国古籍鉴定与保护高级研修班 | | 广东广州 | 与广东省立中山图书馆合办 |
| 12月10—11日 | 数字图书馆推广工程资源联合建设培训班（西部地区） | 曹宁、梁蕙玮、汪静、童忠勇等 | 广西南宁 | 广西壮族自治区图书馆承办 |

## （三）讲座

| 时间 | 讲座名称 | 主讲人 | 备注 |
|---|---|---|---|
| 1月1日 | 孔子仁学与当代社会人生 | 牟钟鉴 | 文津讲坛 |
| 1月4日 | 抗战时期的中国外交 | 王建朗 | 文津讲坛 |
| 1月5日 | 唐代一个文人的生活——白居易与考古发现 | 齐东方 | 文津讲坛 |
| 1月5日 | 本雅明的巴黎拱廊研究 | 刘　北 | 文津读书沙龙 |
| 1月5日 | 中国蚕桑丝织技艺的特点和地位 | 赵　丰 | 乡土文化系列讲座之“中国的丝织绣染”，与全国公共图书馆讲座联盟合办 |
| 1月11日 | 浅谈昆曲艺术及舞台表演特色 | 沈世华 | 文津讲坛 |
| 1月11日 | 常见口腔问题——智齿与缺失牙 | 李志刚 | 国图讲坛 |
| 1月11日 | 一个城市的成长史——侯仁之与《北平历史地理》 | 邓　辉 | 文津读书沙龙 |
| 1月12日 | 乾隆与石鼓文 | 施安昌 | 中国典籍与文化系列讲座 |
| 1月18日 | 以史为镜　透视日本对华观 | 王晓秋 | 部长讲座系列 |
| 1月18日 | 莫给中文穿西装——谈谈英译中常见的一些问题 | 胡利平 | 文津读书沙龙 |
| 1月18日 | 明朝从洪武到永乐的盛世之路 | 毛佩琦 | 国图流动讲坛，与福建省图书馆合办 |
| 1月18日 | 书法的文化状态——孙鹤书法艺术沙龙 | 孙鹤、蒋寅、巴力、梁培先 | 国图讲坛 |
| 1月19日 | 艺术的大众和大众的艺术——谈新时代摄影艺术的文化特征 | 唐　骅 | 国图讲坛 |
| 1月25日 | 从统计学的角度看大数据时代 | 潘　璠 | 国图讲坛 |
| 1月25日 | 明清家具的种类及特征 | 胡德生 | 文津讲坛 |
| 1月25日 | 复活节岛的启示 | 靳　旭 | 文津少儿讲坛 |
| 1月26日 | 数学之美——文明之光 | 吴军、杨早 | 文津读书沙龙 |
| 1月26日 | 明朝从洪武到永乐的盛世之路 | 毛佩琦 | 国图流动讲坛，与包头市图书馆合办 |
| 2月5日 | 中国春节民居装饰艺术——年画与窗花 | 王海霞 | 文津讲坛 |
| 2月15日 | 中国传统文化如何在今天发用 | 刘梦溪 | 部长讲座系列 |

（续表）

| 时间 | 讲座名称 | 主讲人 | 备注 |
|---|---|---|---|
| 2月15日 | 千年跌宕俄国史——兼论克柳切夫斯基《俄国史教程》 | 金　雁 | 文津读书沙龙 |
| 2月15日 | 汉字识记 | 孙　鹤 | 国图讲坛 |
| 2月16日 | 中国航天发展与航天精神 | 李光亚 | 国图讲坛 |
| 2月16日 | 国家治理中的政府法治 | 王锡锌 | 国图讲坛 |
| 2月16日 | 基督教与西方文明 | 卓新平 | 文津讲坛 |
| 2月16日 | 清华简的整理与研究 | 刘国忠 | 中国典籍与文化系列讲座 |
| 2月22日 | 话说三千年的北京城 | 郗志群 | 文津讲坛 |
| 2月22日 | 文本与图像——古希腊神话美术浅谈 | 贾金莉 | 国图讲坛 |
| 2月22日 | 科学之于环境：天使抑或魔鬼？ | 肖显静 | 国图讲坛 |
| 2月23日 | 非物质文化遗产语境下传统戏剧的传承发展 | 刘文峰 | 文津讲坛 |
| 2月23日 | 儒学智慧与美妙人生 | 王渝生 | 国图讲坛 |
| 2月23日 | 中医养生与亚健康调理 | 史欣德 | 国图讲坛 |
| 2月23日 | 江南市镇传统文化聚焦 | 包伟民 | 国图流动讲坛，与福建省图书馆合办 |
| 3月8日 | 性格与命运——项羽、刘邦的人生轨迹 | 过常宝 | 国图讲坛 |
| 3月8日 | 才女的典范 | 孙　鹤 | 国图讲坛 |
| 3月9日 | 动物，动之美 | 张劲硕 | 文津少儿讲坛 |
| 3月15日 | 从古希腊民主的实践看民主制的得失 | 郭小凌 | 部长讲座系列 |
| 3月16日 | 读两《唐书》 | 宁　欣 | 国图讲坛 |
| 3月16日 | 扑朔迷离的历史 | 陈漱渝 | 国图讲坛 |
| 3月22日 | 满文及满文文献 | 赵令志 | 文津讲坛 |
| 3月23日 | 古代罗马共和政治：制度与运作 | 晏绍祥 | 文津讲坛 |
| 3月23日 | 居住与环境色彩的生态文明 | 缪　维 | 国图讲坛 |
| 3月29日 | 《商君书》与公元前四世纪的秦国改革 | 杨振红 | 中国典籍与文化系列讲座 |
| 3月30日 | 回归美育：民国时期的高等专业音乐教育及其当代启示——基于《上海音乐学院志》编纂工作的观察与思考 | 钱仁平 | 国图讲坛 |
| 3月30日 | 纳米材料与高新技术发展 | 王宁寰 | 国图讲坛 |
| 4月5日 | 测知技术及其在诉讼中的应用 | 付有志 | 国图讲坛 |

（续表）

| 时间 | 讲座名称 | 主讲人 | 备注 |
| --- | --- | --- | --- |
| 4月5日 | 红楼一梦　醒向何处——《红楼梦》的意境创造与诠释路向 | 王德岩 | 国图讲坛 |
| 4月12日 | 中国古代艺术中的“半启门”图像 | 郑　岩 | 文津讲坛 |
| 4月12日 | 春天在绘本里是什么样子的？ | 保冬妮 | 文津少儿讲坛 |
| 4月13日 | 从古代埃及人写给死者的信看其家庭关系 | 金寿福 | 文津讲坛 |
| 4月19日 | 犹太教的现代转型及其对中国文化建设的启示 | 傅有德 | 部长讲座系列 |
| 4月19日 | 顾恺之的生平、交往与绘画美学 | 李修建 | 国图讲坛 |
| 4月19日 | 莎士比亚与十四行诗——纪念莎士比亚诞辰450周年特别活动 | 屠岸、章燕 | 国图讲坛 |
| 4月20日 | 老庄思想与现世人生 | 陈鼓应 | 文津讲坛 |
| 4月26日 | 《红楼梦》与传统家庭文化——从家庭角色谈起 | 段江丽 | 文津讲坛 |
| 4月26日 | 营造积极乐观心态，铸就成功、健康、幸福人生 | 侯典牧 | 国图讲坛 |
| 4月26日 | 西湖：中国传统文化的经典之作——西湖价值的再发现 | 陈文锦 | 国图讲坛 |
| 4月26日 | 阅读与经典同行 | 王余光 | 国图流动讲坛，与包头市图书馆合办 |
| 4月27日 | 莎士比亚：再现与重生 | 沈　林 | 国图讲坛 |
| 4月27日 | 汉武帝的治国之道与用人之术 | 孙家洲 | 国图流动讲坛，与佛山市图书馆合办 |
| 4月27日 | 《商君书》与公元前四世纪的秦国改革之二：时代与改革 | 杨振红 | 中国典籍与文化系列讲座 |
| 4月28日 | 《竺可桢全集》出版研讨会 | 路甬祥 | 国图讲坛 |
| 4月28日 | 命运与性格——再品《史记》的人物、故实和思想 | 孙家洲 | 国图流动讲坛，与佛山市南海区图书馆合办 |
| 4月29日 | 图画书：读、玩、画 | 王　林 | 文津少儿讲坛 |
| 5月10日 | 完美主义与强迫性人格的感受分析咨询 | 訾　非 | 国图讲坛 |
| 5月10日 | “邻避困境”——为何形成？如何走出？ | 王锡锌 | 国图讲坛 |

（续表）

| 时间 | 讲座名称 | 主讲人 | 备注 |
|---|---|---|---|
| 5月10日 | 莎士比亚作品鉴赏与翻译略论 | 辜正坤 | 文津讲坛 |
| 5月11日 | 中外交流史系列讲座之一：中国历史上三次西方天学输入浪潮 | 江晓原 | 文津讲坛 |
| 5月11日 | 父母的自我成长和亲子关系的构建 | 王人平 | 文津少儿讲坛 |
| 5月17日 | 竺可桢的当代意义 | 雷　颐 | 国图讲坛 |
| 5月17日 | “丝绸之路”的考古学解读 | 刘庆柱 | 部长讲座系列 |
| 5月18日 | 筷子与叉子——法国美食文化讲座 | 於　舟 | 国图讲坛 |
| 5月18日 | 舌尖上的植物学 | 陈　芳 | 国图讲坛 |
| 5月24日 | 亲子沟通 | 崔丽霞 | 国图讲坛 |
| 5月24日 | 《云之东》——一位法国作家的中国日记 | 文森特·海因 | 文津读书沙龙 |
| 5月24日 | 中外交流史系列讲座之二：晚清民国时期E人来华访书 | 钱婉约 | 文津讲坛 |
| 5月25日 | 玩出来的智慧——人类思维的三次飞跃（一） | 李建荣 | 国图讲坛 |
| 5月25日 | 青年成才与中国梦 | 胡鞍钢 | 文津读书沙龙 |
| 5月25日 | 《商君书》与公元前四世纪的秦国改革之三：富国之策——重农抑商 | 杨振红 | 中国典籍与文化系列讲座 |
| 5月31日 | 中外交流史系列讲座之三：康熙时代的中法科学交流 | 韩　琦 | 文津讲坛 |
| 6月1日 | 花婆婆带你发现绘本中的奇迹 | 方素珍 | 文津少儿讲坛 |
| 6月7日 | 携数字和玫瑰去旅行 | 蔡天新 | 文津读书沙龙 |
| 6月7日 | 幸福的哲学 | 周国平 | 文津读书沙龙 |
| 6月7日 | 家教、家训与民风、政风 | 彭　林 | 文津讲坛 |
| 6月8日 | “天禄琳琅”研究历程270年 | 朱赛虹 | 文津讲坛 |
| 6月8日 | 情绪，该如何调节 | 周　莉 | 国图讲坛 |
| 6月8日 | 笔记小说：隐秘的传统 | 李敬泽 | 文津读书沙龙 |
| 6月14日 | 漫谈川昆艺术 | 杜建华、刘芸 | 2014年非物质文化遗产保护讲座月，与文化部非物质文化遗产司合办 |
| 6月14日 | 2014非遗演出季：良辰美景　国之瑰宝　川昆典范　川剧昆腔专场 | 罗吉龙、许咏明 | 国图讲坛 |

（续表）

| 时间 | 讲座名称 | 主讲人 | 备注 |
| --- | --- | --- | --- |
| 6月14日 | 来自猩猩的你——达尔文与“物种起源” | 苗德岁 | 文津少儿讲坛 |
| 6月14日 | 中外交流史系列讲座之四：晚清西学东渐与维多利亚时代的科学与文化 | 刘　钝 | 文津讲坛 |
| 6月15日 | 中外交流史系列讲座之五：明末清初的中西文化交流略讲 | 孙尚扬 | 文津讲坛 |
| 6月15日 | 二十四史的计时方法：中国的第五大发明——神奇的天干地支 | 汝企和 | 国图讲坛 |
| 6月15日 | 琴曲探析 | 姚公白 | 2014年非物质文化遗产保护讲座月，与文化部非物质文化遗产司合办 |
| 6月15日 | 2014非遗演出季：古琴专场 | 吴钊、陈长林、龚一 | 国图讲坛 |
| 6月21日 | 魏晋人文精神 | 唐翼明 | 部长讲座系列 |
| 6月21日 | 从北极到亚马孙——一个科学家的生态科考故事 | 张树义 | 文津少儿讲坛 |
| 6月22日 | “口头传统”与非物质文化遗产保护工作 | 朝戈金 | 2014年非物质文化遗产保护讲座月，与文化部非物质文化遗产司合办 |
| 6月22日 | 非遗保护中的媒体责任——百集系列片《手艺》创作体会 | 李浩洋 | 2014年非物质文化遗产保护讲座月，与文化部非物质文化遗产司合办 |
| 6月22日 | 《商君书》与公元前四世纪的秦国改革之四：成与败——法家之殇 | 杨振红 | 中国典籍与文化系列讲座 |
| 6月28日 | 现代国家治理体系下的改革与法治 | 姜明安 | 国图讲坛 |
| 6月28日 | 巨变中的中国：文化心理视角的解读 | 蔡华俭 | 国图讲坛 |
| 6月28日 | 恢弘的气势，深厚的内涵——怎样看故宫 | 闫宏斌 | 国图流动讲坛，与福建省图书馆合办 |
| 6月28日 | 纪念甲午中日战争120周年系列讲座之一：甲午之败反思 | 雷　颐 | 文津讲坛 |

（续表）

| 时间 | 讲座名称 | 主讲人 | 备注 |
|---|---|---|---|
| 6月29日 | 纪念甲午中日战争120周年系列讲座之二：甲午战争：缘起、过程及启示 | 马　勇 | 文津讲坛 |
| 6月29日 | 《诗经》中的天地时节 | 董　梅 | 2014年非物质文化遗产保护讲座月，与文化部非物质文化遗产司合办 |
| 6月30日 | 杰菲档案中的中美历史关系 | 王国华 | 中华海外专题文献讲座 |
| 6月30日 | 感受伯父周恩来的人格风范 | 周秉建 | 国图流动讲坛，与包头市图书馆合办 |
| 7月5日 | 牙璋的流传分布所反映的夏史史迹 | 朱乃诚 | 文津讲坛 |
| 7月5日 | 《史记》中人物性格及命运的解析 | 孙家洲 | 国图讲坛 |
| 7月5日 | 魅力诗经：中国人的精神家底 | 李　山 | 文津读书沙龙 |
| 7月6日 | 人性与治道——《韩非子》导读 | 蒋重跃 | 国图讲坛 |
| 7月6日 | 华夏正声——南音 | 陈美娥 | 2014年非物质文化遗产保护讲座月，与文化部非物质文化遗产司合办 |
| 7月6日 | 让孩子着迷的书的特质 | 阿　甲 | 国图流动讲坛，与包头市图书馆合办 |
| 7月12日 | 中外交流史系列讲座之六：岁月流珍——西洋画家笔下的华南沿海风貌 | 莫小也 | 文津讲坛 |
| 7月13日 | 中外交流史系列讲座之七：汉代皇家艺术中的汗血马 | 林梅村 | 文津讲坛 |
| 7月13日 | 老北京饮食中的非物质文化遗产 | 刘一达 | 2014年非物质文化遗产保护讲座月，与文化部非物质文化遗产司合办 |
| 7月13日 | 《孙子兵法》的哲学智慧及当代价值 | 黄朴民 | 国图讲坛 |
| 7月18日 | 面向未来的非物质文化遗产保护 | 王福州 | 2014年非物质文化遗产保护讲座月，与文化部非物质文化遗产司合办 |
| 7月19日 | “权力”与“权利”的博弈——美国宪政秩序的形成与转型 | 王　希 | 部长讲座系列 |

（续表）

| 时间 | 讲座名称 | 主讲人 | 备注 |
|---|---|---|---|
| 7月19日 | 当中国遇到非洲 | 常　江 | 国图流动讲坛，与福建省图书馆合办 |
| 7月20日 | 纪念甲午中日战争120周年系列讲座之三：甲午战争与日本对华观 | 王晓秋 | 文津讲坛 |
| 7月22日 | 食品安全与可持续农业 | 石　嫣 | 国图流动讲坛，与宁夏回族自治区图书馆合办 |
| 7月26日 | 纪念甲午中日战争120周年系列讲座之四：关于甲午战争120周年的历史省思 | 臧运祜 | 文津讲坛 |
| 7月26日 | 信息与文明 | 高博、王煜全 | 文津读书沙龙 |
| 7月26日 | 非物质文化遗产的法律保护 | 王云霞 | 2014年非物质文化遗产保护讲座月，与文化部非物质文化遗产司合办 |
| 7月27日 | 首都发展转型与挑战 | 于秀琴 | 国图讲坛 |
| 7月27日 | 西方艺术的视觉形式转换和精神内隐 | 曹　晖 | 国图讲坛 |
| 7月27日 | 先秦诸子百家经典系列讲座之一：战国策士及其游说技巧 | 过常宝 | 中国典籍与文化系列讲座 |
| 8月2日 | 中外交流史系列讲座之七：法兰西学院汉学讲座二百年的贡献 | 耿　昇 | 文津讲坛 |
| 8月2日 | 女性的心理素质提升与职业发展 | 石秀印 | 国图讲坛 |
| 8月2日 | 自谦而敬人：中华礼仪的核心内涵 | 彭　林 | 国图讲坛 |
| 8月3日 | 木版水印现状 | 魏立中 | 国图讲坛 |
| 8月3日 | 玩出来的智慧——人类思维的三次飞跃（二） | 李建荣 | 国图讲坛 |
| 8月9日 | 纪念甲午中日战争120周年系列讲座之五：清代海权意识与甲午战争之败 | 何　瑜 | 文津讲坛 |
| 8月16日 | 中国传统教育思想精华及其现代意义 | 郭齐家 | 部长讲座系列 |
| 8月17日 | 一位音乐行者的漫谈 | 谷　峰 | 国图讲坛 |
| 8月17日 | 三分治来七分养，两多两少保健康 | 郭玉峰 | 国图讲坛 |

（续表）

| 时间 | 讲座名称 | 主讲人 | 备注 |
|---|---|---|---|
| 8月17日 | 唐代法律体系及其演变 | 黄正建 | 文津讲坛 |
| 8月23日 | 纪念甲午中日战争120周年系列讲座之六：甲午之战究竟是什么样的战争——中日战略、体制及“野蛮和文明说”再思考 | 徐　勇 | 文津讲坛 |
| 8月23日 | 中国传统文化与组织中的领导行为 | 王　辉 | 国图讲坛 |
| 8月23日 | 中国人口结构与政策选择 | 李建新 | 国图讲坛 |
| 8月23日 | 带你亲眼看印度 | 戈松雪 | 国图流动讲坛，与包头市图书馆合办 |
| 8月24日 | 先秦诸子百家经典系列讲座之二：《周易》——成书、历史影响及现代价值 | 杨庆中 | 中国典籍与文化系列讲座 |
| 8月26日 | 经典与大众阅读 | 詹福瑞 | 国图流动讲坛，与宁夏图书馆合办 |
| 8月30日 | 粮食安全与生态系统健康 | 蒋高明 | 国图讲坛 |
| 8月30日 | 《宋史》与宋代文明 | 游　彪 | 国图讲坛 |
| 8月31日 | 能源革命与能源统计 | 文兼武 | 国图讲坛 |
| 8月31日 | 现代诗的挑战与阅读困难 | 汪剑钊 | 文津读书沙龙 |
| 9月3日 | 发掘传统文化资源，充实价值认识 | 王　蒙 | 核心价值观百场讲坛走进国家图书馆系列 |
| 9月6日 | 纪念甲午中日战争120周年系列讲座之七：李鸿章与甲午风云：教训与启示 | 翁　飞 | 文津讲坛 |
| 9月13日 | 唐人好色——唐代工艺美术色彩刍议 | 尚　刚 | 文津讲坛 |
| 9月13日 | 呼唤母爱——重建家庭文化 | 徐国静 | 国图讲坛 |
| 9月13日 | 轻吟雅韵　文采风流——北京国子监官韵诵唸 | 张卫东 | 国图讲坛 |
| 9月14日 | 破除迷信，端正心态，实施科学的家庭教育 | 赵忠心 | 国图讲坛 |
| 9月14日 | 中外交流史系列讲座之九：传教士的新衣——再论利玛窦的易服以及范礼安的“文化适应政策” | 戚印平 | 文津讲坛 |

（续表）

| 时间 | 讲座名称 | 主讲人 | 备注 |
|---|---|---|---|
| 9月14日 | 陈师曾与中国漫画 | 王九成 | 国图流动讲坛与福建省图书馆合办 |
| 9月16日 | 儿童文学与阅读 | 林文宝 | 文津少儿讲坛 |
| 9月17日 | 福建、琉球、钓鱼岛 | 谢必震 | 钓鱼岛专题研究系列 |
| 9月18日 | 钓鱼岛的历史与主权 | 郑海麟 | 钓鱼岛专题研究系列 |
| 9月20日 | 甲午战争与近代中国 | 雷　颐 | 部长讲座系列 |
| 9月20日 | 周信芳的艺术风范与演剧理念 | 黎中城 | 走近大师，致敬经典:纪念梅兰芳、周信芳诞辰120周年系列，与中国京剧艺术基金会合办 |
| 9月20日 | 新编京剧《屈原》的创作体会 | 张建峰 | 国图讲坛 |
| 9月21日 | 纪念甲午中日战争120周年系列讲座之八：甲午战争与钓鱼岛劫难 | 刘江永 | 文津讲坛 |
| 9月21日 | 一个真实的历史故事 | 胡木英、石小庆 | 纪念毛泽东发表“为人民服务”讲话70周年系列，与延安精神研究会合办 |
| 9月21日 | 梅兰芳的艺术成就——中国京剧艺术在海外 | 梅葆玖 | 走近大师，致敬经典:纪念梅兰芳、周信芳诞辰120周年系列，与中国京剧艺术基金会合办 |
| 9月21日 | 中国典籍通史与全面陈列 | 李致忠 | 国家典籍博物馆系列讲座 |
| 9月26日 | 传承是最好的保护——国家典籍博物馆首展概览 | 韩永进 | 部长讲座系列 |
| 9月27日 | 我与两位艺术大师 | 陈正薇 | 走近大师，致敬经典:纪念梅兰芳、周信芳诞辰120周年系列，与中国京剧艺术基金会合办 |
| 9月27日 | 近三年美国畅销书评介 | 郭英剑 | 文津读书沙龙 |
| 9月27日 | 先秦诸子百家经典系列讲座之三：庄子的精神自由与人生境界 | 尚学峰 | 中国典籍与文化系列讲座 |
| 9月28日 | 我向周信芳大师学艺 | 萧润增 | 走近大师，致敬经典:纪念梅兰芳、周信芳诞辰120周年系列，与中国京剧艺术基金会合办 |

（续表）

| 时间 | 讲座名称 | 主讲人 | 备注 |
| --- | --- | --- | --- |
| 9月28日 | 重走十八军进藏路　追寻父辈生命留下的印记——记诚心诚意为藏汉人民服务的十八军 | 芦继兵 | 纪念毛泽东发表“为人民服务”讲话70周年系列，与延安精神研究会合办 |
| 10月11日 | 中国外交：新趋势、新挑战 | 王逸舟 | 国图流动讲坛，与佛山市图书馆合办 |
| 10月12日 | 新中国民族识别的历史背景与过程 | 苍　铭 | 国图讲坛 |
| 10月12日 | 诚待天下客——延安交际处实录 | 金　戈 | 纪念毛泽东发表“为人民服务”讲话70周年系列，与延安精神研究会合办 |
| 10月12日 | 终身教育视野下的生态农业与食品安全 | 石　嫣 | 国图流动讲坛，与福建省图书馆合办 |
| 10月18日 | 《道德经》的精神:节制与宽容 | 王　博 | 部长讲座系列 |
| 10月18日 | 京剧艺术与电影 | 李亦中 | 走近大师，致敬经典:纪念梅兰芳、周信芳诞辰120周年系列，与中国京剧艺术基金会合办 |
| 10月18日 | 家庭与家教的当今价值与指导——犹太人生活考察与思考 | 赵　刚 | 国图讲坛 |
| 10月18日 | 《老子》的实践阐释与历史解读 | 王德岩 | 国图流动讲坛，与辽宁省图书馆合办 |
| 10月18日 | 阅读与经典同行 | 王余光 | 国图流动讲坛，与辽宁省图书馆合办 |
| 10月18日 | 天气变变变 | 杨丹、信欣 | 文津少儿讲坛 |
| 10月18日 | 我们今天应该怎样研究中美关系史 | 徐国琦 | 中国典籍与文化系列讲座 |
| 10月18日 | 典籍中的No.1 | 刘　燕 | 走进典籍博物馆大课堂 |
| 10月19日 | 孩子眼中的中国文学简史 | 徐云平、杨铁英 | 走进典籍博物馆大课堂 |
| 10月19日 | 书是怎么产生的? | 吕亚星 | 走进典籍博物馆大课堂 |
| 10月19日 | 京剧与话剧的民族化道路探索/京剧与木偶艺术 | 郑榕、黄孝德 | 走近大师，致敬经典:纪念梅兰芳、周信芳诞辰120周年系列，与中国京剧艺术基金会合办 |
| 10月19日 | 这个世界会好吗?——梁漱溟眼中的民国人物 | 梁钦宁 | 国图讲坛 |

（续表）

| 时间 | 讲座名称 | 主讲人 | 备注 |
|---|---|---|---|
| 10月19日 | 中国家谱种类、沿革与价值 | 王鹤鸣 | 文津讲坛 |
| 10月25日 | 环境演变与中华文明探源 | 莫多闻 | 文津讲坛 |
| 10月25日 | 梅周导演艺术与京剧的当代传承发展 | 逯兴才 | 走近大师，致敬经典:纪念梅兰芳、周信芳诞辰120周年系列，与中国京剧艺术基金会合办 |
| 10月25日 | 大数据全球竞争与对策 | 袁　卫 | 国图讲坛 |
| 10月25日 | 经典与阅读 | 詹福瑞 | 国图流动讲坛，与福建省图书馆合办 |
| 10月25日 | 文字背后的故事 | 卢　璐 | 走进典籍博物馆大课堂 |
| 10月25日 | 谈谈中国吉祥文化 | 张　涛 | |
| 10月26日 | 《周易》与中国文化 | 张　涛 | |
| 10月26日 | “中外交流史”系列讲座之十：匈奴之前的草原霸主：考古与文献中的独目人 | 郭　物 | 文津讲坛 |
| 10月26日 | 合着时代和人民的声息前进——程派艺术的成功之道 | 涂　沛 | 走近大师，致敬经典:纪念梅兰芳、周信芳诞辰120周年系列，与中国京剧艺术基金会合办 |
| 10月26日 | 隔岸的甲午——日本遗迹里的甲午战争 | 祝　勇 | 国图讲坛 |
| 10月26日 | 中国古代舆图的编制、收藏和研究利用 | 李孝聪 | 国家典籍博物馆系列讲座 |
| 10月31日 | 敦煌文献的人文背景 | 柴剑虹 | 国家典籍博物馆系列讲座 |
| 11月1日 | 中国南方少数民族稻作文化 | 杨筑慧 | 国图讲坛 |
| 11月1日 | 父亲古元的延安木刻 | 古安村 | 纪念毛泽东发表“为人民服务”讲话70周年系列，与延安精神研究会合办 |
| 11月1日 | 四库全书与文澜阁本 | 童正伦 | |
| 11月4日 | 跟着赵广智爷爷走进“样式雷” | 赵广智 | 走进典籍博物馆大课堂 |
| 11月8日 | 《论语》的精神 | 冷成金 | 国图流动讲坛，与福建省图书馆合办 |
| 11月8日 | 万卷书香、天地一阁——天一阁四百年史事漫谈 | 饶国庆 | |

（续表）

| 时间 | 讲座名称 | 主讲人 | 备注 |
|---|---|---|---|
| 11月14日 | 册府千华——江苏省藏国家珍贵古籍主题讲座 | 全　勤 | |
| 11月15日 | 从再现圆明园看样式房图的价值 | 郭黛姮 | 国家典籍博物馆系列讲座 |
| 11月16日 | 书法史视野中的拓片 | 叶培贵 | 国家典籍博物馆系列讲座 |
| 11月16日 | 小小建筑师——“样式雷”图档及模型制作 | 金硕、赵宇 | 走进典籍博物馆大课堂 |
| 11月16日 | 传拓小能手 | 余木子、孙静 | 走进典籍博物馆大课堂 |
| 11月16日 | 博物旅游：如何使我们的观光更有趣 | 刘华杰 | 文津讲坛 |
| 11月16日 | 情绪管理 | 袁莉敏 | 国图讲坛 |
| 11月16日 | 走进歌剧，了解经典 | 王立民 | 国图讲坛 |
| 11月16日 | 先秦诸子百家经典系列讲座之四：清华简“保训”与儒家道统说 | 梁　涛 | 中国典籍与文化系列讲座 |
| 11月16日 | 书里乾坤——中华典籍文化探幽 | 袁　逸 | |
| 11月21日 | 延安中央医院往事 | 金　星 | 纪念毛泽东发表“为人民服务”讲话70周年系列，与延安精神研究会合办 |
| 11月22日 | 户籍制度的前世今生 | 葛剑雄 | 部长讲座系列 |
| 11月22日 | 声音魔术师 | 魏俊华 | 国图讲坛 |
| 11月22日 | 中外喜剧电影巡礼 | 沙　丹 | 国图讲坛 |
| 11月22日 | 文本与图像——古希腊神话美术浅谈 | 贾金莉 | 国图流动讲坛，与辽宁省图书馆合办 |
| 11月22日 | 传统美德的当代价值 | 肖群忠 | 国家典籍博物馆系列讲座 |
| 11月22日 | 学学毛笔字 | 卢璐、陈都 | 走进典籍博物馆大课堂 |
| 11月22日 | 古代竹简知多少 | 赵国香 | 走进典籍博物馆大课堂 |
| 11月22日 | 风格与风尚——凌濛初《北红拂》杂剧及明末版画创作中的竞争 | 董　捷 | |
| 11月22日 | 寻根究底聊家谱 | 励双杰 | |
| 11月23日 | 篆刻艺术入门（一） | 吕亚星、张曜 | 进典籍博物馆大课堂 |
| 11月23日 | 篆刻艺术入门（二） | 吕亚星、张曜 | 走进典籍博物馆大课堂 |
| 11月23日 | 团扇舞韵——欣赏中国古典舞 | 郑维忠 | 国图讲坛 |
| 11月23日 | 英雄史诗《玛纳斯》介绍 | 胡振华 | 国图讲坛 |

（续表）

| 时间 | 讲座名称 | 主讲人 | 备注 |
| --- | --- | --- | --- |
| 11月23日 | 近未来的信息生活 | 猛　犸 | 国图流动讲坛，与辽宁省图书馆合办 |
| 11月23日 | 地理环境与中国历史和文化 | 葛剑雄 | 文津讲坛 |
| 11月24日 | 中国古籍印刷中的泥活字 | 周　蓉 | |
| 11月28日 | 古代碑帖中的善本 | 施安昌 | 国家典籍博物馆系列讲座 |
| 11月29日 | 川端康成与宋元美术 | 周　阅 | 文津讲坛 |
| 11月29日 | 幸福感与身心健康 | 郭效仪 | 国图讲坛 |
| 11月29日 | 中国传统文化的当代复兴 | 毛　峰 | 国图讲坛 |
| 11月29日 | 蒙元、满清的《春秋》学与民族主义——以浙图、天一阁所藏程端学《春秋本义》为中心 | 吴志坚 | |
| 11月30日 | 儒家文化在近代的失落与转生 | 张昭军 | 文津讲坛 |
| 11月30日 | 作家虹影读者见面会 | 虹　影 | 文津少儿讲坛 |
| 11月30日 | 篆刻艺术入门（三） | 张曜、吕亚星 | 走进典籍博物馆大课堂 |
| 11月30日 | 小小探险家——西方人眼中的中国 | 刘化刚、余木子 | 走进典籍博物馆大课堂 |
| 12月4日 | 缩微技术与国家珍贵典籍文献的保护 | 李晓明 | 国家典籍博物馆系列讲座 |
| 12月5日 | 甲骨文字的构造 | 黄天树 | 国家典籍博物馆系列讲座 |
| 12月5日 | 中国电影的丰碑——延安电影团故事 | 吴筑清 | 纪念毛泽东发表“为人民服务”讲话70周年系列，与延安精神研究会合办 |
| 12月6日 | 用脑的智慧——家庭教育与脑科学 | 王大龙 | 国图讲坛 |
| 12月6日 | 110年中国电影叙事范式的转换 | 王小鲁 | 国图讲坛 |
| 12月6日 | 应试教育与读书的关系 | 孙鹤 | 国图流动讲坛，与福建省图书馆合办 |
| 12月6日 | 红楼梦的是与非 | 孙玉明 | 文津讲坛 |
| 12月7日 | 西方马克思主义文论的英国先声 | 赵国新 | 文津讲坛 |
| 12月7日 | 当前文学发展中的几个热点问题 | 雷　达 | 国图流动讲坛，与包头市图书馆合办 |
| 12月8日 | 深入学习四中全会决定，全面推进依法行政进程 | 周汉华 | 国图讲坛 |

（续表）

| 时间 | 讲座名称 | 主讲人 | 备注 |
|---|---|---|---|
| 12月13日 | 东京审判的历史考察 | 宋志勇 | 国图讲坛（“南京大屠杀死难者国家公祭日”系列纪念活动） |
| 12月13日 | 让孩子着迷的书的特质 | 阿　甲 | 国图流动讲坛，与辽宁省图书馆合办 |
| 12月13日 | 从《资治通鉴》看历史如何资治 | 刘后滨 | 文津讲坛 |
| 12月13日 | “六家”与传统文化 | 蒋重跃 | 国家典籍博物馆系列讲座 |
| 12月14日 | 精神关爱到实处——面对老龄化社会和个人的积极应对 | 朱青君 | 国图讲坛 |
| 12月14日 | 大数据与政府统计 | 鲜祖德 | 国图讲坛 |
| 12月19日 | 中国古代的少数民族文字 | 聂鸿音 | 国家典籍博物馆系列讲座 |
| 12月20日 | 环境保护 | 包茂红 | 部长讲座系列 |
| 12月20日 | 地理学与北京城市历史街区保护 | 周尚意 | 国图讲坛 |
| 12月20日 | 导演艺术讲座：短片创作——内容、形式与风格 | 谢晓晶 | 国图讲坛 |
| 12月20日 | 哈佛：大学之魂 | 郭英剑 | 国图流动讲坛，与辽宁省图书馆合办 |
| 12月21日 | 东京审判与日本的战后处理 | 步　平 | 国图讲坛（“南京大屠杀死难者国家公祭日”系列纪念活动） |
| 12月21日 | 坚韧、美丽的东方女性：女书、自梳女、惠安女、摩梭女品读 | 赵丽明 | 文津讲坛 |
| 12月26日 | 革命之路　艺术之光——浅谈文献史料对于赖少其的认知 | 于在海 | 国家典籍博物馆系列讲座 |
| 12月27日 | 先秦诸子百家经典系列讲座之五：《论语》导读 | 韩　星 | 中国典籍与文化系列讲座 |
| 12月28日 | 科学家、原子弹与戏剧——科学家的形象与社会责任 | 刘　兵 | 文津讲坛 |
| 12月28日 | 印章（篆刻）中的文字美 | 张耕源 | 国图讲坛 |
| 12月28日 | 禁忌与突破——从2000年以来的中国电影讲起 | 袁庆丰 | 国图讲坛 |
| 12月28日 | 鲁迅手稿的鉴赏与研究 | 王培元 | 国家典籍博物馆系列讲座 |
| 12月29日 | 看古籍　听故事 | 汤旭岩 | |
| 12月30日 | 古籍漫谈 | 阳海清 | |

## （四）展览

| 时间 | 展览名称 | 地点 | 备注 |
|---|---|---|---|
| 4月23日—5月12日 | 网络书香·掠美瞬间——数字图书馆推广工程摄影展 | 北京 | |
| 5月15—30日 | 第九届文津图书奖展览 | 北京 | |
| 6月1—10日，7月1日—10月31日 | 照亮童年——绘本发展简史暨中外优秀绘本展 | 北京，全国巡展 | 全国19个省市的37家公共馆、少儿馆承办 |
| 6月12—13日 | 民国时期文献保护计划成果展 | 安徽合肥 | 与中国图书馆学会、安徽省文化厅合办（民国时期文献保护计划宣传推广系列活动） |
| 6月14日—7月28日 | 中国非物质文化遗产保护出版成果展 | 北京 | 2014年“文化遗产日”系列活动。文化部主办，中国非物质文化遗产保护中心、国家图书馆承办 |
| 8月1—4日 | 24届书博会贵州馆“浩瀚繁星文化流长”中国书籍发展史 | 贵州贵阳 | 与贵州省广播电视总局合办 |
| 8月1日—12月9日 | 国家图书馆馆藏精品大展之金石拓片展 | 北京 | |
| 8月15日—12月9日 | 国家图书馆馆藏精品大展之敦煌遗书展 | 北京 | |
| 8月15日—12月9日 | 国家图书馆馆藏精品大展之善本古籍展 | 北京 | |
| 8月15日—12月9日 | 国家图书馆馆藏精品大展之名家手稿展 | 北京 | |
| 8月15日—12月9日 | 国家图书馆馆藏精品大展之样式雷图档展 | 北京 | |
| 8月15日—12月9日 | 国家图书馆馆藏精品大展之西文善本展 | 北京 | |
| 8月15日—12月9日 | 国家图书馆馆藏精品大展之中国少数民族文字古籍展 | 北京 | |
| 8月15日—12月9日 | 国家图书馆馆藏精品大展之中国古代典籍简史 | 北京 | |
| 8月15日—12月9日 | 国家图书馆馆藏精品大展之“咫尺天下”馆藏舆图精品展 | 北京 | |
| 8月25日—9月16日 | “百年服务　国图精神”展 | 北京 | |
| 8月27日—9月27日 | 员工摄影展 | 北京 | |
| 8月28日—9月18日 | 喜阅澳门　翰墨书香——澳门书刊联展 | 北京 | |
| 9月18日—10月6日 | “钓鱼岛历史与主权”图片展 | 北京 | |

（续表）

| 时间 | 展览名称 | 地点 | 备注 |
| --- | --- | --- | --- |
| 9月18—19日 | 民国时期文献保护计划成果展 | 四川成都 | 与中国图书馆学会、四川省文化厅合办（民国时期文献保护计划宣传推广系列活动） |
| 9月19日—10月31日 | 册府千华——山东省藏国家珍贵古籍特展 | 山东济南 | 山东省图书馆（山东省古籍保护中心）承办 |
| 9月28日—10月27日 | 册府千华——湖北省藏国家珍贵古籍特展 | 湖北武汉 | 湖北省图书馆（湖北省古籍保护中心）承办 |
| 10月10—12日 | 2014年中国图书馆年会展览会“中华古籍保护计划”展示体验区 | 北京 | 文化部主办，国家图书馆（国家古籍保护中心）承办 |
| 10月10—12日 | 册府千华——国家图书馆展 | 北京 | |
| 10月10日—12月31日 | 图画的魔法——凯迪克奖及获奖图画书展 | 北京，全国巡展 | 与中国图书馆学会未成年人图书馆服务专业委员会合办 |
| 10月17—20日 | 第十二届中国国际网络文化博览会信息网络部动漫素材库展 | 北京 | |
| 10月18—23日 | 翰墨同源海峡两岸著名书画家作品北京展 | 北京 | |
| 10月22日—11月21日 | 册府千华——江苏省藏国家珍贵古籍特展 | 江苏南京 | 南京图书馆（江苏省古籍保护中心）承办 |
| 10月31日—11月30日 | 册府千华——浙江省藏国家珍贵古籍特展 | 浙江杭州 | 浙江图书馆（浙江省古籍保护中心）承办 |
| 10月31日—11月9日 | “国风·秦韵”陕西民间美术精品展 | 北京 | |
| 11月25—26日 | 民国时期文献保护计划成果展 | 广东广州 | 与中国图书馆学会、广东省文化厅合办（民国时期文献保护计划宣传推广系列活动） |
| 11月26日—12月21日 | 传承文明·服务社会——全国图书馆文献缩微工作成果展 | 北京 | |
| 12月12—31日 | 历史的审判——馆藏东京审判图片展 | 北京 | “南京大屠杀死难者国家公祭日”系列纪念活动 |
| 2014年12月26日—2015年1月15日 | 大将手笔·家国情怀——赖少其书画作品及文献 | 北京 | 与安徽省文化厅合办 |
| 2014年12月30日—2015年2月1日 | 我们的文字——非物质文化遗产中的文字传承 | 北京 | 与文化部非物质文化遗产司合办 |

## 十、馆史档案资料

2014年，国家图书馆档案工作紧紧围绕全馆各项工作稳中求进。

一是顺利完成档案库房回迁。结合总馆南区维修改造后档案库房面积增加300平方米的情况，重新规划、调整库房布局，4月底前完成284箱、384柜存放天竺库档案的安全回迁，并及时整理、上架，保证档案的查阅。二是不断创新思路，加强档案管理。主动督办，提高重大活动档案的归档时效；加强对部处档案工作的指导及移交档案的审核，有效提升档案质量；注重日常影像资料的搜集，主动征集和补藏；积极开展调研，走访首都博物馆等单位进行交流与学习；细化各部处2013年归档范围、梳理纸质、电子档案归档流程，较好地指导各部处完成年度归档工作；首次印发年度档案归档情况通报，为年终部处评优提供考核依据。三是会同信息技术部做好档案综合管理系统升级调研，为项目研发奠定基础。紧密结合系统应用，提出进一步完善功能的需求，包括当前系统欠缺的照片档案、多媒体档案和档案库房管理功能，并对系统开发商做认真考察。

本年度，档案室共收到文书档案4092件、照片档案4745张、实物档案23件、音视频档案580小时及43场重大活动光盘。

### 归档情况统计

#### 按档案类型统计

<table>
<tr><th>档案类型</th><th colspan="2">数量</th></tr>
<tr><td>文书档案</td><td colspan="2">4092件</td></tr>
<tr><td rowspan="2">活动档案</td><td>重大</td><td>501件</td></tr>
<tr><td>一般</td><td>393件</td></tr>
<tr><td>业务档案</td><td colspan="2">392件</td></tr>
<tr><td>照片档案</td><td colspan="2">4745张</td></tr>
<tr><td>刊物档案</td><td colspan="2">112件</td></tr>
<tr><td rowspan="2">音视频档案</td><td colspan="2">580小时</td></tr>
<tr><td colspan="2">43场重大活动光盘</td></tr>
<tr><td>实物档案</td><td colspan="2">23件</td></tr>
</table>

## 按部处统计

| 部处 | 文书档案数量（件） |
| --- | --- |
| 办公室 | 943 |
| 人事处 | 105 |
| 财务处 | 120 |
| 业务管理处 | 138 |
| 党群工作办公室 | 155 |
| 纪检监察处 | 16 |
| 审计处 | 无 |
| 离退休干部处 | 13 |
| 国际交流处 | 64 |
| 国有资产管理处 | 234 |
| 保卫处 | 93 |
| 研究院 | 56 |
| 中文采编部 | 185 |
| 外文采编部 | 69 |
| 典藏阅览部 | 141 |
| 立法决策服务部 | 63 |
| 参考咨询部 | 93 |
| 数字资源部 | 273 |
| 信息技术部 | 184 |
| 缩微文献部 | 77 |
| 社会教育部 | 86 |
| 展览部 | 58 |
| 古籍馆 | 386 |
| 国家古籍保护中心办公室 | 93 |
| 国图艺术中心 | 15 |
| 中图学会秘书处 | 57 |
| 后勤服务管理中心 | 113（行政管理处） |
|  | 177 |
| 基建工程办公室 | 34 |
| 国家图书馆出版社 | 81 |

# 重要文件选编

- 馆发文件目录
- 重要文件选编

# 重要文件选编

## 一、馆发文件目录

◇ 关于陈荔京等 3 人职务试用聘任的通知
国图人发〔2014〕1 号
◇ 国家图书馆关于辛璐等 33 人职务聘任的通知
国图人发〔2014〕2 号
◇ 国家图书馆关于办公室副主任等 11 个副处级岗位竞争上岗的通知
国图人发〔2014〕3 号
◇ 国家图书馆关于职能部门编制调整的通知
国图人发〔2014〕4 号
◇ 关于印发《2013 年国家图书馆工作总结》和《2014 年国家图书馆工作要点》的通知
国图人发〔2014〕5 号
◇ 国家图书馆关于表彰 2013 年度先进集体的决定
国图人发〔2014〕6 号
◇ 关于公示纪检监察处纪检监察员（副处级）等 9 个副处级岗位拟聘任人选的通知
国图人发〔2014〕7 号
◇ 国家图书馆关于乔淑锦等 9 人职务试用聘任的通知
国图人发〔2014〕8 号
◇ 国家图书馆关于表彰 2013 年度服务标兵的决定
国图人发〔2014〕9 号
◇ 国家图书馆关于表彰 2013 年度创新奖项目的决定
国图人发〔2014〕10 号
◇ 国家图书馆关于颁发 2013 年度“馆长特别奖”的决定
国图人发〔2014〕11 号
◇ 国家图书馆关于表彰 2013 年度安全保卫工作先进集体和先进个人的决定
国图人发〔2014〕12 号
◇ 国家图书馆关于李志尧、王红蕾职务聘任的通知
国图人发〔2014〕13 号
◇ 国家图书馆关于部处内设机构调整的通知
国图人发〔2014〕14 号
◇ 国家图书馆关于科级干部聘任的通知
国图人发〔2014〕15 号
◇ 国家图书馆关于 2014 年员工聘任工作的通知
国图人发〔2014〕16 号

◇ 国家图书馆关于延长李昌明职务聘期的通知
国图人发〔2014〕17 号
◇ 关于表彰 2013 年度宣传工作先进集体和个人的决定
国图人发〔2014〕18 号
◇ 国家图书馆关于表彰保卫处及韩永华同志在处置突发事件中做出重要贡献的决定
国图人发〔2014〕19 号
◇ 国家图书馆关于人才发展工作委员会人员组成的通知
国图人发〔2014〕20 号
◇ 国家图书馆关于进一步加强领导干部因私出国（境）证件管理工作的通知
国图人发〔2014〕21 号
◇ 国家图书馆关于成立国家典籍博物馆开馆工作领导小组的通知
国图人发〔2014〕22 号
◇ 国家图书馆关于撤销天竺周转库管理中心的通知
国图人发〔2014〕23 号
◇ 国家图书馆关于成立网络安全和信息化领导小组的通知
国图人发〔2014〕24 号
◇ 国家图书馆关于陈荔京等 3 人任职转正的通知
国图人发〔2014〕25 号
◇ 国家图书馆关于印发《国家图书馆文化志愿者服务工作管理办法（暂行）》的通知
国图人发〔2014〕26 号
◇ 国家图书馆关于 2014 年度职称评审工作的通知
国图人发〔2014〕27 号
◇ 国家图书馆关于乔淑锦等 9 人任职转正的通知
国图人发〔2014〕28 号
◇ 国家图书馆关于张朝慧任职转正的通知
国图人发〔2014〕29 号
◇ 关于公示 2014 年度高级专业技术职务任职资格评审结果的通知
国图人发〔2014〕30 号
◇ 关于转发《文化部关于印发文化部退（离）休领导干部社会团体兼职管理办法的通知》的通知
国图人发〔2014〕31 号
◇ 国家图书馆关于成立一期维修改造工程竣工决算领导小组的通知
国图人发〔2014〕32 号
◇ 关于 2014 年度部处领导班子及全员年度考核工作的通知
国图人发〔2014〕33 号
◇ 国家图书馆关于成立保密委员会的通知
国图人发〔2014〕34 号

## 二、重要文件选编

### 2014年国家图书馆工作要点

2014年是全面实现“十二五”计划目标的重要一年，也是国家图书馆的“全面提升年”。全馆员工要深入贯彻落实党的十八大和十八届三中全会精神，坚持稳中求进的工作总基调，巩固党的群众路线教育实践活动成果，各项工作取得新进展。要继续按照“加强管理、完善机制、强化基础、创新服务”的总要求，稳步推进事业发展，为实现“十二五”时期国家图书馆发展目标，促进公共文化服务体系建设做出新的更大贡献。

**一、着力推进新时期国家总书库建设，不断丰富和拓展馆藏文献资源**

以建设全国文献资源保障体系为目标，着力推进国家总书库建设，形成内容丰富、文种多样、特色鲜明的国家总书库文献资源保障体系。

巩固出版物样本缴送率新成果，完善文献补藏规划，拓展文献补藏渠道，做好各类型中文文献的全面入藏。进一步加强中文非正式出版物的采访工作，有序开展古籍特藏、近代历史专题文献的海内外采访征集工作。坚持外文求精的采访原则，保证重点学科、重点专题外文文献的及时引进与回溯性补藏。深入推进“中国记忆”项目，完善顶层设计，制定年度工作计划，科学分类，协同共建。以服务为导向，以需求为核心，推进数字资源建设总量稳步增长、质量稳步提高。

**二、充分发挥国家书目中心职能，加强馆藏资源揭示、整合与利用**

加强对馆藏各类文献揭示与整合策略的研究与实践，使文献揭示效率、质量与深度显著提升。加强古籍特藏、近代历史文献、音视频资源、数字资源的编目揭示。不断丰富和完善国家图书馆馆藏目录。继续拓展全国图书馆联合目录范围，制定全国联合编目工作方案，深化联合编目服务。推进“文津搜索”检索系统的顶层设计与实施。完成全馆已建各类数字资源摸底工作，制定切实可行的资源整合方案，逐步实现对各类专题资源的有效整合。加强知识组织研究和应用，以深化面向读者的知识服务，促进馆藏文献的有效利用。

**三、全面推进国家典籍博物馆建设，开创事业发展新局面**

全面推进国家典籍博物馆建设，做好开馆及首展筹备工作，举办“国家图书馆馆藏精品大展”。加强典籍博物馆服务规划，深入挖掘馆藏文献文化内涵，策划制定年度展览规划，丰富展陈内容，运用现代博物馆技术提高展陈手段，形成我馆特色展览品牌。拓展举办讲座等文化活动，推进博物馆与图书馆业务融合。开展与国内外同行的业务交流，探索外展、借展、巡展、交流展等多种展览合作模式，建立流动展线。建立健全展览管理、讲解服务、库房管理、文物藏品征集等规章制度。依托馆藏资源和展品，加强文化创意产品开发。加强专业人才队伍建设，着力培养面向公众服务的宣传教育人才，为典籍博物馆事业发展提供有力支撑。

## 四、以总馆南区开放服务为契机，整体提升服务水平

总馆南区全面恢复开放，做好各阅览室的室内布局和开放服务，提升读者阅览体验。做好文献库房和业务用房布局优化，提高空间利用率。根据维修改造工作进度，做好文献回迁、业务回迁期间的统筹安排，降低对读者服务和业务工作的影响。

进一步优化总馆北区服务布局。调整恢复中文图书外借服务，满足公众文献借阅需求。优化少年儿童服务，改善服务环境。完成国家数字图书馆体验区建设。筹划建设音视频服务专区。建设高水平国图艺术中心，拓展艺术教育，提升艺术服务水平。

进一步加强立法决策服务工作，为中央领导、国家机关提供针对性、专业性和预研性决策服务。加强中国边疆文献等专题资源建设，充分发挥部级领导干部历史文化讲座示范品牌作用，扩大业务影响。进一步加强面向重点科研教育生产单位的主动性专业化参考咨询服务。

积极开展社会教育服务，探索创新社会教育模式，加强培训、讲座和展览的统筹，通过多层次、多类型的培训、讲座和展览，提高读者信息素养，组织健康有益的读书活动。

按照《国家图书馆关于加强精细化管理整体提升服务水平的意见》，针对新格局、新服务、新技术，开展多层级岗位培训，展示读者服务新面貌。加强读者管理教育和阅读行为引导，充分发挥馆员在知识导航中的作用，通过优质服务营造和谐文明阅览环境，进一步提升服务满意度。

## 五、全面完成国家数字图书馆工程，加快推进数字图书馆推广工程

全面梳理数图工程项目，通过工程国家验收。依托数字图书馆推广工程，做好数字图书馆服务体系建设的统筹规划。进一步加强公共图书馆网络一体化建设。继续完善网络和系统平台建设，加快数字图书馆服务网络连接，完成虚拟网搭建，全面启动专网建设，完成与18家省级馆的专线连接，为全国各数字图书馆间系统互联、业务整合、服务协作提供保障，最终形成以国家馆为核心，联接省市县数字图书馆、乡镇综合文化站、村级文化活动室，覆盖全国的公共文化服务网络体系。进一步加快数字资源一体化建设。按照“共知、共建、共享”的建设思路，开展资源联合建设，形成数字资源联合目录，特别加大地域特色资源建设，进一步丰富数字图书馆资源总量并提高质量。加强资源的开发利用，在对信息资源整合的基础上，形成一批高质量的专题资源库群。不断创新服务方式，带动各地数字图书馆服务水平的全面提升。

## 六、继续推进“中华古籍保护计划”“民国时期文献保护计划”，不断提升珍贵历史文献保护工作水平

继续开展全国古籍普查登记工作，出版《全国古籍普查登记目录》。做好《第四批国家珍贵古籍名录图录》的编纂出版，适时开展第五批《国家珍贵古籍名录》和全国古籍重点保护单位的评审工作。在全国开展“国家古籍保护中心人才培训基地”和国家级重点古籍修复中心建设，加强修复、传拓等技艺传承工作。继续做好新疆、西藏古籍保护工作。推进海外中华文献典籍的合作保护工作。推进国家珍贵古籍数字化工作，全面开展“中华古籍资源库”建设。继续推进《中华再造善本》(续编)、《中华医藏》的编纂工作。

继续开展全国民国时期文献普查工作，加大书目数据征集力度，完善民国时期文献联合目录。多渠道开展海外民国时期文献征集工作，重点开展流散日本、俄罗斯等地民国时期文献的征集工

作，通过购买、合作保护等多种渠道促进文献实体或数字化成果回归。继续开展民国时期专题文献的整理和出版工作，特别加快对日战犯审判系列资料的整理，推出《远东国际军事法庭审判法庭证据》《抗日战争史料丛编》等系列文献。

## 七、推进图书馆服务协作，促进国家公共文化服务体系建设

充分发挥全国联合编目中心作用，完善联合目录，拓展共享范围，加强书目建设标准化和规范化的指导与培训。搭建信息交流服务平台，探索建立分级分布的资源保障体系，开展馆际合作共建、联合采购、馆际互购自建资源、交换共建等多种形式的资源共建，推进全国公共图书馆文献保障体系建设。

建立覆盖全国的数字图书馆服务网络。积极推进公共图书馆网络一体化和资源一体化建设，实现资源的集中揭示和统一调度，不断创新服务方式，完善数字图书馆移动阅读平台服务，带动各地数字图书馆服务水平的全面提升。

完善全国省级公共图书馆立法决策咨询服务协作平台和全国图书馆参考咨询协作网建设，制定立法决策和参考咨询工作平台推广计划。

健全全国公共图书馆讲座联盟，建立工作机制，实现师资、课件等资源的共建共享。依托国家典籍博物馆，联合相关单位建立流动展线。

实施“全国图书馆未成年人服务提升计划”，组织开展“全国少年儿童阅读年”系列活动，利用全国少年儿童阅读推广服务平台，加强儿童阅读推广社会合作。推动全国图书馆无障碍资源的共享与服务。

依托重点文化工程带动珍贵文献的保护、整理与利用。结合国家政治外交大局和社会关切，策划组织全国性文献整理出版项目，加大对地方文献的整理出版力度，使馆藏更好地服务当代、服务社会。

深入开展图书馆政策研究与业务研究，加强面向全国图书馆的业务培训。联合各馆策划能带动行业发展的科研项目，依托全国图书馆标准化技术委员会，逐步完善图书馆标准规范体系建设。

切实发挥中国图书馆学会的作用，促进学术交流和业务合作，为各级各类图书馆的建设提供支持。

## 八、全面完成总馆南区维修改造工程，推动战略储备库的建设立项

以典籍博物馆、后勤服务楼、报告厅的设计施工为工作重点，完成维修改造工程收尾工作。完成报告厅设备调试工作，完成后勤服务楼装修工作。配合完成典籍博物馆临展、公共空间及常设展厅的设计及施工工作。完成室外工程施工和绿化施工工作。完成装修改造工程及改扩建工程的竣工验收工作，为开馆服务做好充分准备。完成战略储备库项目建议书的审批及立项工作，进入项目可行性研究阶段。

## 九、推进与国际及台港澳图书馆界的交流与合作，增强国际影响力

创新国际交流工作新思路，将对外交流合作与海外文献采访、中华古籍保护、民国时期文献

保护等方面重点工作更紧密地结合起来，把常规业务交流、国际会议、图书博览会等任务安排得更加充实、高效。在做好传统项目的同时，保障重点项目的实施，并不断开拓新的合作项目。加强同台港澳地区的交流，重点拓展与台湾图书馆界在相关领域的务实合作。拓展与中东、非洲、南美国家和地区图书馆的合作。承担代表国家执行有关对外文化协定、开展对外文化交流的职能，根据国家文化建设目标和对外宣传战略，继续推进实施“中国之窗”项目。

## 十、推进人才队伍建设，为事业发展奠定人才基础

深入贯彻落实《国家图书馆“十二五”人才发展规划》，全面推进人才队伍建设，努力建设一支数量充足、结构优化、布局合理、德才兼备、素质优良、富于创新的人才队伍。

加强各业务领域专业人才队伍建设，提升专业技术人才整体业务水平。做好人才引进工作，优化应届高校毕业生招录工作流程，加大急需紧缺专业人才和复合型人才的引进力度；广开渠道，有的放矢，广泛吸收实践经验丰富的业务骨干和引领事业发展的高层次人才。统筹推进人才培养工作，继续以加强岗位基础业务知识和基本业务技能培训为重点，鼓励部门根据业务实际开展员工培训。坚持分类施训、分层管理的原则，制定《国家图书馆各类人员培训管理办法》，组织全馆各类人员的岗位培训工作，逐步推行持证上岗制度。有重点加强业务骨干的培养，促进专业技术拔尖人才脱颖而出。强化后勤保障人才队伍建设，完善选人、用人机制，加强人员的接续性建设，增加人员储备。加大员工技术培训力度，更新知识、提高技能。

创新人才使用模式，建立、健全志愿者队伍的培养和使用机制，加强各业务领域志愿者的招募、培养、管理、使用工作，探索志愿者和志愿服务资源库建设，努力开创人才队伍建设和使用新局面。

加强管理干部队伍建设，健全科学有效的选人用人机制。改进、完善管理干部选拔任用工作。继续做好后备干部队伍建设工作。

## 十一、加强科研工作，强化科研与业务发展和人才培养的相互支撑与相互促进

依据《国家图书馆“十二五”科研工作发展规划》，紧密围绕图书馆事业发展重点，策划相关科研项目，积极争取立项国家级与部级科研项目。加强新技术应用研究，加强国家图书馆事业发展研究、信息资源建设与组织研究、文献学及文献保护与整理研究、图书馆用户与服务研究、数字图书馆研究以及图书馆标准规范研制与推广。加大科研全流程管理和支持保障力度，通过加强管理和激励机制，努力形成科研与业务相互促进、科研与人才培养相互支撑的良性互动格局，切实将科研成果转化为实际生产力。

## 十二、继续提高综合保障能力，为全馆事业更好更快发展提供有力支持

进一步推进预算管理工作。科学制定预算，继续加大经费争取力度，保证事业发展。在坚持不断扩大公益性服务范围的前提下，加强创收工作管理，统筹协调，提高创收能力，拓宽创收途径。对馆属企业进行集中财务管理，加强财务基础业务能力建设，提高我馆及馆属企业整体财务管理水平。

进一步加强国有资产精细化管理。规范馆属企业运营，做好经营情况分析与监管，制定出台《国家图书馆馆资企业监督管理办法》，提高竞争力。规范政府采购及工程招标程序，探索馆内专家抽取与委派制度，控制商务及廉政风险。理顺家具类资产管理职能，研究图书文献等藏品类资产政策。继续加大外包工作监管力度，有序进行外包工作。

做好各项行政管理和保障工作。重点做好南区维修改造工程收尾及开馆筹备各项资产、采购保障工作。做好重点财政专项的保障工作。严格落实责任追究制，加强后勤队伍建设，完善后勤管理体制机制，不断提升服务质量。

进一步加强安全管理工作。完善规章制度，落实各级各岗位安全责任制，加大宣传、教育、培训和检查力度，提升管理水平。进一步提高保安队伍的日常安保和突发事件应急处置能力。做好南区维修改造等各项安全工作，保障我馆正常工作和生活秩序。

继续做好全馆信息化建设规划，有效减免项目重复建设。保障计算机机房稳定运行，提高全馆网络信息安全的管理保障水平。提高系统的运行性能和访问速度，保障相关业务高效运行。加强应用系统和信息化项目的管理职责，强化非物质IT资产管理。

进一步加大宣传工作的深度和系统性，为我馆发展创造良好的舆论环境。

## 十三、巩固党的群众路线教育实践活动成果，增强事业发展的凝聚力和创造力

巩固党的群众路线教育实践活动成果。以建章立制为重点，全面落实各项整改措施，使群众路线贯彻落实到工作的各个层面，形成长效机制。完善领导干部基层联系点制度，确保领导干部深入基层、调查研究取得实效。提高国有资产管理精细化水平，规范馆属企业运营，加强财务审计监督。贯彻中央《党政机关厉行节约反对浪费条例》精神，完善厉行节约、反对浪费的具体措施，有效控制三公经费。理顺办事程序，提高行政管理水平和工作效率。对各项管理制度进行全面梳理，认真做好废、改、立工作。

进一步健全完善党政工团立体推进工作机制，开展职工代表培训工作，提高各方面专业素质。坚持以青年为本，促进青年成长成才的原则，推进团员青年的思想建设，全面提高团员青年的政治觉悟和理论水平，做好团员青年推优入党工作，加强青年员工队伍建设，创新共青团工作思路。增强妇女工作活力，继续组织开展“为民服务巾帼争先”活动。进一步做好统战工作，高度重视民族团结工作。组织好国家图书馆第十届员工艺术节等文体活动，丰富和活跃员工文化生活。加强老干部工作队伍建设，落实好离退休员工的相关政策，关心离退休员工的生活，为离退休老同志做好服务。进一步发挥老干部“传、帮、带”作用。

## 国家图书馆关于进一步加强领导干部因私出国（境）证件管理工作的通知

根据《中共中央组织部关于进一步加强领导干部出国（境）管理监督工作的通知》（组通字〔2014〕14号）和《文化部人事司关于进一步加强领导干部因私出国（境）证件管理工作的通知》（人函〔2014〕115号）要求，为进一步加强我馆领导干部因私出国（境）证件管理工作，现就有关事宜通知如下：

一、处级以上领导干部因私出国（境）证件实行集中保管制度，由人事处集中保管。处级以上领导干部须在回国（境）后10天内向人事处送交所持因私出国（境）证件。

二、处级以上领导干部如需借用因私出国（境）证件，应在因私出国（境）前填写《国家图书馆因私出国（境）证件借用审批单》（附件1），持审批单向人事处借用。审批单须由我馆主要负责同志签字同意。

三、因私出国（境）仅限于自费旅游、探亲和处理其他个人事务。凡公费出国（境）的团组和个人必须通过因公出国（境）审批渠道办理手续，严禁持因私出国（境）证件执行公务。领导干部出国（境）和在国（境）外期间要持用符合其在外身份的护照和通行证件，不得同时持用因公和因私两种出国（境）证件。

四、请各部处于2014年5月14日前，将处级干部因私出国（境）证件（含过期证件）集中交人事处，并填写《国家图书馆处级干部因私出国（境）证件管理登记表》（附件2），纸质版由部处负责人签字盖章后，连同电子版交人事处。

五、请各部处认真学习贯彻通知精神，严格执行有关规定，对于违反出国（境）证件管理规定的人员，我馆将按要求严肃处理。

附件：1. 国家图书馆因私出国（境）证件借用审批单（略）

2. 国家图书馆处级干部因私出国（境）证件管理登记表（略）

# 国家图书馆文化志愿者服务工作管理办法（暂行）

## 第一章　总则

第一条　志愿者是指不以物质报酬为目的，基于良知、信念和责任，自愿为社会和他人提供服务和帮助的人。

第二条　本办法所称文化志愿者是经国家图书馆正式注册登记的志愿者。本馆员工有组织地从事馆内或社会文化志愿者服务工作的，简称“馆内志愿者”；馆外人员来馆从事志愿者服务工作的，简称“馆外志愿者”。

第三条　国家图书馆采取组织共建、定向招募、社会招募、内部招募等方式公开招募文化志愿者，为图书馆业务运转和社会公益事业提供服务。

第四条　为规范我馆文化志愿者服务工作，加强对文化志愿者服务工作的管理，特制定本办法。

## 第二章　申请和登记

第五条　申请条件

（一）馆内志愿者

1. 国家图书馆员工（含离退休人员及派遣员工）；
2. 热心公益事业，具有奉献精神，自愿从事志愿者服务工作；
3. 具备相应的专业素质和服务能力；
4. 身心健康；
5. 遵纪守法。

（二）馆外志愿者

1. 年满十八周岁，具有完全民事行为能力者；未满十八周岁者，须经监护人同意并签署承诺书；
2. 热心公益事业，具有奉献精神，自愿来我馆从事志愿者服务工作；
3. 具备相应的专业素质和服务能力；
4. 身心健康；
5. 遵纪守法。

第六条　注册和登记

（一）馆内志愿者注册

1. 申请人向国家图书馆文化志愿者总队提出申请；
2. 申请人填写《国家图书馆馆内志愿者服务申请注册表》；
3. 国家图书馆文化志愿者总队负责志愿者服务申请者的资格审核；
4. 审核通过后，统一颁发文化志愿者注册服务证。

（二）馆外志愿者登记

1. 申请人向国家图书馆馆外志愿者服务主管部门提出申请；
2. 申请人填写《国家图书馆馆外志愿者服务申请登记表》；
3. 主管部门负责志愿者服务申请者的资格审核；

4. 审核通过后，志愿者交验有效证件原件和复印件（在校生需同时交验学生证）；

5. 主管部门签发志愿者服务派遣通知。

## 第三章　权利和义务

第七条　志愿者权利

（一）参加志愿者服务活动。

（二）接受与志愿者服务相关的培训。

（三）获得从事志愿者服务的必需条件和必要保障。

（四）相关法律、法规、政策所赋予的权利。

（五）对志愿者服务工作提出意见和建议。

（六）馆内志愿者有提请退出组织的权利。

第八条　志愿者义务

（一）遵守国家法律法规以及国家图书馆规定。

（二）履行承诺，服从管理，积极参加志愿者服务。

（三）志愿者服务期间不从事与志愿服务无关的其他工作。

（四）不以志愿者身份从事以营利为目的或违背社会公德的活动。

（五）自觉维护国家图书馆及文化志愿者的声誉与形象。

## 第四章　志愿者服务实务

第九条　馆内志愿者志愿服务

（一）馆内志愿者一般利用个人业余时间参与志愿服务；因工作需要，需占用工作时间，由志愿者组织与所在部处协商。

（二）馆内志愿者以个人名义参与馆外志愿者服务活动，由此产生的责任由本人承担。

（三）志愿者服务活动期间，应佩戴文化志愿者服务统一标识。

第十条　馆外志愿者志愿服务

（一）服务项目：包括但不限于图书加工整理和展览、讲座、会议、大型活动的服务及相关业务。

（二）馆外志愿者单次服务不低于 3 小时；服务期限在一周内的，总时间不低于 6 小时，每次不低于 3 小时；服务期限在一周以上的，总时间不低于 12 小时，每次不低于 3 小时。

（三）志愿者服务活动期间，应佩戴文化志愿者服务统一标识。

## 第五章　组织与管理

第十一条　馆内志愿者

（一）馆内志愿者组织称为“国家图书馆文化志愿者”（英文全称为 National Library of China Cultural Service Volunteers，缩写 NLCCSV）。

（二）国家图书馆文化志愿者服务组织为：国家图书馆文化志愿者服务总队，下设展览服务、外事服务、敬老服务、综合服务等分队。

（三）总队负责馆内志愿者服务工作的统筹规划、项目策划、运作协调，培育并推广志愿服务项目；分队负责开展志愿者服务培训，日常工作的组织实施和服务管理。

（四）馆团委是国家图书馆文化志愿者服务总队组织部门；各部处对志愿者服务工作给予积极配合并进行业务指导。

（五）国家图书馆文化志愿者服务总队、分队，按照“文化部办公共函〔2014〕129号”通知要求，使用“中国文化志愿者”标识和“文化志愿者注册服务证”。

第十二条　馆外志愿者

（一）国家图书馆业务管理处负责馆外志愿者服务申请人员的信息登记、资格审核、备案存档、工作派遣；国际交流处负责国外及港澳台地区志愿者服务申请人员的资格审核。

（二）志愿者接收部门负责志愿者服务工作的具体落实，包括服务计划确定，场所安排和指导人员指派等。

（三）一般情况下，馆外志愿者在馆服务超过4小时，我馆提供工作餐（1次/天）。

（四）在馆服务累计超过8小时，志愿者可向所在服务部门申请《国家图书馆志愿者服务证明》，经业务管理处审核后发放。

## 第六章　附则

第十三条　本管理办法由国家图书馆业务管理处、党群工作办公室负责解释，自馆务会议批准之日起施行。

# 媒体报道

# 媒体报道

| 日期 | 媒体 | 标题 | 作者 |
|---|---|---|---|
| 1月1日 | 中国文化报 | 数字图书馆：人生进步的助推器 | 张永江 |
| 1月1日 | 中华读书报 | 特展“丝绸的记忆”在国家图书馆开幕 | 舒晋瑜 |
| 1月2日 | 光明日报 | 各地庆新年——国图书香怡人 | 郭俊锋 |
| 1月3日 | 人民日报·海外版 | 非遗中的丝绸记忆 | 赖瑞 |
| 1月3日 | 光明日报 | 国家数字图书馆建设与推广——未来的图书馆 | 钟晶晶 |
| 1月3日 | 中国文化报 | 数字图书馆:打开多彩世界的金钥匙 | 杨向明 |
| 1月3日 | 中国科学报 | 国图展示“丝绸的记忆”非遗传承人现场献艺 | 李芸 |
| 1月3日 | 中国社会科学报 | 新年国图读书热 | 吕家佐 |
| 1月3日 | 图书馆报 | “丝绸的记忆”国家级非遗特展在国图开展 | 胡北 |
| 1月3日 | 北京青年报 | “丝绸的记忆”国图开展 | 罗皓菱 |
| 1月3日 | 光明网 | 国家图书馆举办读书周活动 | 张晓荣 |
| 1月5日 | 光明日报 | 国家数字图书馆建设与推广——从网上去国图 | 路龙惠 |
| 1月6日 | 中国社会科学报 | 丝绸的记忆——中国蚕丝织绣暨国家级非物质文化遗产项目特展 | 吕家佐 |
| 1月8日 | 中国文化报 | 江再红国图开讲湘绣史 | 邓雅琴、徐佳 |
| 1月8日 | 中国文化手机报 | 国图艺术中心试运行 | |
| 1月8日 | 中华工商时报 | 国图展出中国丝绸历史 | |
| 1月9日 | 中国经济网 | 国图艺术中心1月8日开始试运行 | 张济和 |
| 1月10日 | 中国科学报 | 丝竹盈耳　书香扑鼻　国图艺术中心盛装迎客 | |
| 1月11日 | 人民日报 | 国图艺术中心交付使用推出两项惠民举措 | 王珏 |
| 1月12日 | 光明日报 | 有必要深入搜求民间中医药古籍 | 郑金生 |
| 1月13日 | 工人日报 | 指尖上的技艺——听传承人讲述非遗里的丝绸 | 赵亮 |
| 1月13日 | 中国文化报 | 国家图书馆艺术中心试运行 | 王立元 |
| 1月13日 | 中国文化报 | 丝绸的记忆 | |

| | | | |
|---|---|---|---|
| 1月13日 | 中国文化报 | 丝之光　绸之韵——中国的蚕丝织绣 | |
| 1月15日 | 中国广播网 | 中国蚕丝织绣暨国家级非遗特展在国图举行 | 张庶卓 |
| 1月15日 | 中国网 | 国图艺术中心试运行音乐周启动　首演威尔第歌剧 | 韩琳 |
| 1月16日 | 北京日报 | 摸清古代典籍家底——揭秘全国古籍普查 | 李洋 |
| 1月16日 | 新华网 | 国图艺术中心试运行音乐周完美开启　大受乐迷追捧 | |
| 1月17日 | 中国文化报 | 国图艺术中心试运行音乐周唱响经典 | 王立元 |
| 1月17日 | 图书馆报 | “国图艺术中心”试运行 | 田园 |
| 1月17日 | 新浪网 | 对话孙一钢：国图艺术中心注重经典与惠民 | |
| 1月18日 | 人民日报 | 马年春节春联征集活动启动 | |
| 1月18日 | 光明日报 | 2014马年春节春联征集活动启动 | 丛芳瑶 |
| 1月18日 | 经济日报 | 2014春节春联征集活动启动 | |
| 1月18日 | 新华网 | 国图馆长讲述“平馆藏书”出版背后故事 | 廖翊 |
| 1月19日 | 中央电视台（CCTV-13） | 文化动态：国图艺术中心音乐周　一流院团带来高水平音乐演出 | |
| 1月19日 | 人民铁道报 | 国家图书馆艺术中心试运行 | 廖翊 |
| 1月20日 | 中国艺术报 | 国图音乐厅变身艺术中心 | 金涛 |
| 1月21日 | 北京电视台（BTV-9） | 国家图书馆老馆改造接近尾声　艺术中心先期运营 | |
| 1月21日 | 人民日报 | 国图出版甲库善本丛书 | 王珏 |
| 1月21日 | 光明日报 | 新展大观·“丝绸的记忆”特展在国图举办——缕蚕丝编织“衣冠中华” | 于园媛 |
| 1月21日 | 中国文化报 | 《社会主义在中国》手稿捐赠国图 | 屈菡 |
| 1月21日 | 中国新闻出版报 | 国图艺术中心试运行主打“经典”理念 | 王坤宁 |
| 1月21日 | 中国出版传媒商报 | 国家图书馆引导公众参与非物质文化遗产保护 | 志茜 |
| 1月21日 | 中国出版传媒商报 | “原国立北平图书馆甲库善本”丛书出版发行 | |
| 1月22日 | 中华读书报 | 于幼军《社会主义在中国》手稿捐赠国家图书馆 | 陈香 |
| 1月22日 | 中华读书报 | 国图艺术中心交付使用 | 鲁大智 |
| 1月22日 | 中国新闻出版报 | 国家图书馆出版社推馆藏甲库善本丛书 | 李婧璇 |
| 1月22日 | 图书馆报 | 古籍出版领域再出重大成果《原国立北平图书馆甲库善本丛书》出版座谈会在京举办 | 田园 |
| 1月22日 | 北京日报 | 《原国立北平图书馆甲库善本丛书》影印出版2621种皇家藏书实现再造 | 李洋 |

| | | | |
|---|---|---|---|
| 1月23日 | 中国文化报 | 国内首家典籍博物馆今年开放 | 罗皓菱 |
| 1月24日 | 中国科学报 | 织绣在丝绸里的中国文化 | 马玥浩 |
| 1月24日 | 中国教育新闻网 | 国图少儿馆举行“温暖寒冬故事会”系列活动 | 王岩 |
| 1月25日 | 北方新报 | 《原国立北平图书馆甲库善本丛书》出版 | 廖翊 |
| 1月27日 | 工人日报 | 国图艺术中心试运行音乐周开启 | 赵亮 |
| 1月27日 | 深圳晚报 | 共享100万册书700种期刊　数字图书馆陪你过大年 | 陈黎 |
| 1月27日 | 新华网 | 国家图书馆春节推“文化马年”系列活动以飨读者 | |
| 1月27日 | 中国新闻网 | 韩永进任国家图书馆馆长、党委书记 | |
| 1月27日 | 中国教育新闻网 | 国图少儿馆“小讲解员”寒假为小读者提供服务 | 瑜晓 |
| 1月28日 | 光明日报 | 《原国立北平图书馆甲库善本丛书》出版——三万册古籍的乡愁 | 杜羽 |
| 1月28日 | 北京娱乐信报 | 《四库全书》亮相国图 | 王萌 |
| 1月28日 | 中国教育新闻网 | 国家图书馆少儿馆第一批寒假小馆员正式上岗 | 王娟 |
| 1月29日 | 法制晚报 | 初一奔国图　馆长赠您书 | 王贺健 |
| 1月29日 | 北京晨报 | 国图邀读者过“书香新年” | 王歧丰 |
| 1月30日 | 光明日报 | 春和盛世风光好　日丽升平气象新 | 廖翊 |
| 1月30日 | 经济日报 | 马年春联征集反响热烈12万副联中评出“十佳” | 廖翊 |
| 1月30日 | 解放军报 | 马年春节春联征集活动反响热烈 | 廖翊 |
| 1月31日 | 北京电视台（BTV-1） | 图书馆里过文化年　网络书香陶冶情操 | |
| 2月1日 | 北京电视台（BTV-1） | 欢乐过大年　国图首图：图书馆里过大年 | |
| 2月1日 | 北京电视台（BTV-9） | 万马贺岁　欢乐谷新春游园会　国图首图：图书馆里过大年 | |
| 2月1日 | 光明日报 | 国图：大年初一　马上读书 | 杜羽 |
| 2月1日 | 北京日报 | 图书馆，书香陪伴过大年 | 杨丽娟 |
| 2月1日 | 新华网 | 国图马年首批读者受赠获奖图书 | 廖翊 |
| 2月5日 | 北京青年报 | 春节图书馆跃马迎春　沐浴书香 | 罗皓菱 |
| 2月8日 | 中国教育新闻网 | 国图少儿馆面向家庭推出宣纸花手工制作活动 | 王娟 |
| 2月9日 | 中国文化报 | 国图举办“孙鹤书法艺术沙龙” | |
| 2月10日 | 中国文化报 | 国图书香过大年 | 屈菡 |
| 2月11日 | 中国新闻出版报 | 国图摄影大赛寻找阅读魅力 | 宗合 |

| | | | |
|---|---|---|---|
| 2月12日 | 中国纺织报 | 蚕丝织绣非遗展览在京举行 | 张晨怡 |
| 2月16日 | 中国教育报 | 国家图书馆打造艺术教育平台 | 张鹏 |
| 2月19日 | 太仓日报 | “网络书香·掠美瞬间”数字图书馆推广工程摄影大赛开始 | 杨丹萍 |
| 2月19日 | 光明网 | 首部《全国古籍普查登记目录》——《天津图书馆藏古籍普查登记目录》正式出版 | |
| 2月21日 | 中华建筑报 | 声学改造助力国图音乐厅华丽变身 | 赵玉洁 |
| 2月27日 | 北京日报 | 1.4万种图像和声音素材上线，未来将开通交易平台　动漫素材成为国家图书馆馆藏 | 李洋 |
| 2月28日 | 中国交通报 | 国家图书馆交通运输部分馆功能拓展全面升级 | 武君婷、张丽 |
| 3月2日 | 香港文汇报 | 国家图书馆启动“两会”服务平台 | 江鑫娴 |
| 3月3日 | 中国文化报 | “中华民间珍藏善本再造”项目即将启动 | 永海 |
| 3月3日 | 京华时报 | 国图海量文献资料供咨询　每天12小时助委员代表上会 | 张然 |
| 3月3日 | 中国广播网 | 2014年国家图书馆“两会”服务正式启动 | 张庶卓 |
| 3月3日 | 北晚新视觉 | 国图推出服务平台　U盘图书馆服务两会 | 伟坤 |
| 3月4日 | 中国新闻出版报 | 国家图书馆启动“两会服务” | 王坤宁 |
| 3月5日 | 中国文化报 | 国图为两会提供全方位信息服务 | 薛帅 |
| 3月5日 | 中国艺术报 | 国图启动两会服务 | 金涛 |
| 3月7日 | 人民政协报 | 互联网信息亟待存档　陈力委员建议尽快建立国家级互联网信息保存中心 | 刘圆圆 |
| 3月7日 | 河北日报 | 詹福瑞代表　全民阅读　医治“心灵雾霾” | 庞超 |
| 3月9日 | 中央电视台（CCTV-13） | 聚焦两会·两会同期声　倡导全民阅读　用好书滋养心灵 | |
| 3月10日 | 光明日报 | 国家图书馆副馆长陈力委员、贵州民族大学图书馆馆长卢云辉代表　把老百姓请进图书馆 | 吕慎、杜羽 |
| 3月11日 | 人民政协报 | 陈力委员：形成合力　提高效益 | 刘圆圆 |
| 3月12日 | 科技日报 | 陈力：引导比指责更重要 | 句艳华 |
| 3月14日 | 正报 | 澳门古籍珍本正式进入国家珍藏 | |
| 3月22日 | 新华网 | 《远东国际军事法庭庭审记录》英文版全球首发 | 郑斌 |
| 3月23日 | 人民日报 | 《远东国际军事法庭庭审记录》亮相巴黎书展 | 王芳、邢雪、张贺 |

| | | | |
|---|---|---|---|
| 3月24日 | 人民日报·海外版 | 《远东国际军事法庭庭审记录》亮相巴黎书展 | 张贺 |
| 3月24日 | 光明日报 | 《远东国际军事法庭庭审记录》在巴黎首发 | 梁晓华 |
| 4月3日 | 中国文化报 | 京剧传承与发展国际学术研讨会在京召开 | 陈璐 |
| 4月3日 | 中国艺术网 | 民国时期抗战文献和国民党文献入藏国图 | |
| 4月3日 | 中国在线 | 阮益谦先生向国家图书馆捐赠家藏文献 | 王恺昊 |
| 4月8日 | 中国文化报 | 海外华人向国图捐赠家藏文献 | 薛帅 |
| 4月11日 | 图书馆报 | 阮益谦夫妇向国图捐赠家藏文献 | |
| 4月12日 | 新华网 | 大型古籍文献整理工程《子藏》发布第二批成果 | 仇逸 |
| 4月13日 | 光明日报 | 《子藏》工程第二批成果发布 | 曹继军、颜维琦 |
| 4月15日 | 农民日报 | 国家图书馆农业部分馆成立　农业部图书馆与五驻华使馆（团）互赠图书 | 龙新 |
| 4月15日 | 天天新报 | 古籍文献整理工程《子藏》发布第二批成果 | |
| 4月16日 | 光明网 | 国家图书馆农业部分馆成立 | |
| 4月17日 | 新华网 | 第九届文津图书奖颁奖仪式将在国家图书馆举行 | |
| 4月17日 | 光明网 | 4·23世界读书日优秀图书推介暨第九届文津图书奖颁奖仪式将在国家图书馆举行 | |
| 4月18日 | 中国文化报 | 第五批《国家珍贵古籍名录》申报工作正式启动 | |
| 4月19日 | 新华网 | 曾被盗出宫的乾隆藏书精华“天禄琳琅”在辽宁展出 | 赵洪南 |
| 4月19日 | 中国新闻网 | 清皇室书画遗珍展出辽宁　乾隆秘藏首露真容 | 司晓帅 |
| 4月19日 | 中国广播网 | 世界读书日优秀图书推介暨第九届文津奖揭晓将在国图举行 | 张庶卓 |
| 4月20日 | 沈阳日报 | 宋代到清代的57件古籍、古书画首次在辽博合展，件件价值连城 | 陈凤军 |
| 4月21日 | 光明日报 | 第五批《国家珍贵古籍名录》开始申报 | 杜羽 |
| 4月21日 | 北京日报 | 古籍版片首次纳入古籍名录 | 李洋 |
| 4月21日 | 大公报 | 辽博展清宫典籍书画 | 陈鸿博 |
| 4月21日 | 中国经济网 | 古籍版片首次纳入《国家珍贵古籍名录》申报范围 | 张济和、谢万幸 |
| 4月22日 | 中国文化报 | 《第四批国家珍贵古籍名录图录》出版 | 薛帅 |
| 4月22日 | 辽宁日报 | 59件清宫典籍辽沈首展 | 杨竞 |
| 4月22日 | 新华网 | 第九届文津图书奖颁奖仪式 | |
| 4月22日 | 新华网 | “我与中华古籍”海内外有奖征文活动启动 | |

| | | | |
|---|---|---|---|
| 4月22日 | 新华网 | 让古籍里的文字活起来——“我与中华古籍”海内外有奖征文活动启动 | 廖翊 |
| 4月22日 | 新华网 | “网络书香·掠美瞬间”数字图书馆推广工程摄影大赛简介 | |
| 4月22日 | 中国新闻网 | “我与中华古籍”面向海内外公众有奖征文 | 应妮 |
| 4月22日 | 人民网 | 让中华古籍走近大众“我与中华古籍”有奖征文启动 | |
| 4月23日 | 北京电视台（BTV-9） | 世界读书日：第九届文津图书奖揭晓 十部作品获奖 | |
| 4月23日 | 人民日报·海外版 | “我与中华古籍”征文 | 石畅、张倩竹 |
| 4月23日 | 光明日报 | 让书写在古籍里的文字活起来“我与中华古籍”征文启动 | 刘彬、吴娜 |
| 4月23日 | 光明日报 | “我与中华古籍”有奖征文活动启事 | |
| 4月23日 | 中国文化报 | 国图发布《绘本100》优秀图画书书目 | 薛帅 |
| 4月23日 | 中国文化手机报 | 第九届文津图书奖国图揭晓 | |
| 4月23日 | 中华读书报 | 国家图书馆发布第九届文津图书奖获奖图书 | |
| 4月23日 | 中华读书报 | 第9届文津图书奖今天在国家图书馆颁奖 | 舒晋瑜 |
| 4月23日 | 中华读书报 | “我与中华古籍”有奖征文活动正式启动 | 舒晋瑜 |
| 4月23日 | 中国教育报 | “我与中华古籍”有奖征文活动在京启动 | 却咏梅 |
| 4月23日 | 北京商报 | 《石渠宝笈》著录作品辽博展出 | 刘洋 |
| 4月23日 | 新华网 | 韩永进:让文津图书奖成为每个人的文津奖 | |
| 4月23日 | 新华网 | 中国古籍“保护者”苦乐同在 | 段续 |
| 4月23日 | 人民网 | 国家图书馆启动公益文化系列活动“倡导全民阅读” | 陆丽娜 |
| 4月23日 | 中国广播网 | 世界读书日国家图书馆举办公益文化系列活动 | 张庶卓 |
| 4月23日 | 中国经济网 | 世界读书日国图启动系列公益文化活动 | 张济和 |
| 4月23日 | 国际在线 | 国家图书馆揭晓文津图书奖 发布“文津阅读”微信公众号 | 于清凡 |
| 4月24日 | 人民日报 | 10部书入选文津图书奖 | 王珏 |
| 4月24日 | 中国文化报 | 国家图书馆发布第九届文津图书奖获奖图书 | 阿甲 |
| 4月24日 | 中国文化报 | 10部图书获第九届文津图书奖 | 薛帅 |
| 4月24日 | 中国文化报 | “我与中华古籍”征文活动启动 | 薛帅 |
| 4月24日 | 经济日报 | 国家图书馆启动公益文化活动 | 张济和 |
| 4月24日 | 北京日报 | 国图启动“我与中华古籍”征文 | 李洋 |

| | | | |
|---|---|---|---|
| 4月24日 | 北京青年报 | 《大数据时代》等10种图书获第9届文津图书奖 | 罗皓菱 |
| 4月24日 | 人民网 | 清皇室书画遗珍展出辽宁　乾隆秘藏首露真容 | |
| 4月24日 | 光明网 | 《中华再造善本》续编在黑龙江大学展示 | 张士英 |
| 4月24日 | 光明网 | "我与中华古籍"有奖征文活动正式启动 | |
| 4月24日 | 光明网 | 国家图书馆发布"绘本100"优秀图画书书目 | |
| 4月25日 | 光明日报 | 第九届文津图书奖揭晓 | 杜羽 |
| 4月25日 | 中国文化报 | 2014年文化部文化青年走基层实践活动启动 | 焦雯 |
| 4月25日 | 中国科学报 | 国图揭晓第九届文津图书奖 | 李芸 |
| 4月25日 | 图书馆报 | 《第四批国家珍贵古籍名录图录》出版 | 胡北 |
| 4月25日 | 图书馆报 | 第九届文津图书奖在"世界读书日"揭晓 | 田园 |
| 4月25日 | 中国艺术报 | 第九届文津图书奖揭晓 | 何瑞娟 |
| 4月25日 | 中国艺术报 | "我与中华古籍"有奖征文活动启动 | 李超 |
| 4月26日 | 香港文汇报 | 文津图书奖揭晓　《陈独秀全传》等十部图书获奖 | 江鑫娴 |
| 4月28日 | 中国广播网 | "2014全国少年儿童阅读年"系列活动正式启动 | 张庶卓 |
| 4月29日 | 光明日报 | 2014全国少年儿童阅读年启动 | 杜羽 |
| 4月29日 | 北京娱乐信报 | 国图启动公益活动 | 王萌 |
| 4月29日 | 深圳特区报 | "2014全国少年儿童阅读年"系列活动启动 | 廖翊 |
| 4月29日 | 新华网 | "2014全国少年儿童阅读年"系列活动启动 | 廖翊 |
| 4月30日 | 中国文化报 | 国图启动少年儿童阅读年系列活动 | 薛帅 |
| 5月1日 | 中外文化交流 | 第九届文津图书奖揭晓 | |
| 5月2日 | 图书馆报 | "2014全国少年儿童阅读年"系列活动启动 | 张庶卓 |
| 5月5日 | 中国文化手机报 | "网络书香　掠美瞬间"数字图书馆推广工程优秀摄影作品展开幕 | |
| 5月5日 | 宜春日报 | 国家图书馆向宜春图书馆赠送2万册书籍 | 孙彤 |
| 5月8日 | 中华读书报 | 国图首度引入社会力量参与公益性阅读推广 | 鲁大智 |
| 5月8日 | 中国教育报 | 第九届文津图书奖揭晓 | |
| 5月8日 | 中国教育报 | 《竺可桢全集》出版研讨会在京举行 | 却咏梅 |
| 5月9日 | 图书馆报 | 古籍版片将被纳入第五批《国家珍贵古籍名录》 | 鲁直 |
| 5月9日 | 中国共产党新闻网 | 刘惠平任国家图书馆副馆长 | |

| | | | |
|---|---|---|---|
| 5月10日 | 人民铁道报 | “2014全国少年儿童阅读年”系列活动启幕 | 廖翊 |
| 5月17日 | 深圳特区报 | “全国少年儿童阅读年”启动 | |
| 5月20日 | 华龙网 | 数字图书馆推广到重庆　市民足不出户便可“逛”国家图书馆 | 张译文 |
| 5月21日 | 中华读书报 | “民国时期文献保护计划”最重要的丛书之一面世 | 余传诗 |
| 5月21日 | 重庆日报 | 数字图书馆建设推广活动重庆站启动 | 黄琪奥 |
| 5月21日 | 重庆商报 | 市民坐家里可“逛”国家图书馆 | 付勖 |
| 5月21日 | 联合早报网 | 数字图书馆建设推广活动重庆站启动 | |
| 5月23日 | 中国新闻网 | “丝绸之路西北地区珍贵典籍展”在西安亮相 | 张远 |
| 5月24日 | 西安日报 | 镜头再现丝路风情　古籍诉说千年历史“丝路文化周”系列活动揭序幕 | 肖雪、陈新 |
| 5月27日 | 国际在线网 | 走近国图里的古籍修复班 | 吴家迎 |
| 6月5日 | 文化月刊 | 国家图书馆文津图书奖 | |
| 6月5日 | 光明网 | “阅读新媒体，圆梦新生活”科技周少儿主题活动在国家图书馆举办 | |
| 6月5日 | 光明网 | 第一期全国古籍保护工作管理人员研修班成功举办 | |
| 6月5日 | 光明网 | 培训古籍数字化人才　加快“中华珍贵典籍资源库”建设 | |
| 6月9日 | 黑龙江日报 | 文津图书奖图片展举办 | 董云平 |
| 6月9日 | 华商网 | 国家古籍保护中心副主任张志清解读古籍的尴尬地位 | 秦子 |
| 6月10日 | 中国纺织报 | 传承指尖上的技艺——丝绸非物质文化遗产项目现状 | 信义、邬珉玮 |
| 6月11日 | 中国文化报 | 国家图书馆古籍馆：沉甸甸的荣誉　实打实的干劲 | 薛帅 |
| 6月12日 | 中国文化报 | 古琴、川昆亮相“非遗演出季” | 张婷 |
| 6月12日 | 扬州晚报 | 中华古籍保护展来扬开展 | 车林 |
| 6月12日 | 光明网 | 中华古籍保护计划成果宣传推广活动在安徽省图书馆启动 | |
| 6月12日 | 河南省政府门户网站 | 河南启动“网络书香·数字图书馆建设与服务”项目 | |
| 6月13日 | 中央电视台（CCTV-13） | 迎“文化遗产日”古风名曲古琴奏响恭王府大戏楼 | |
| 6月13日 | 北京电视台（BTV-1） | 中国梦之修复师 | |
| 6月13日 | 中国文化报 | 让书写在古籍里的文字活起来——记中华古籍保护计划成果宣传推广活动 | |

| | | | |
|---|---|---|---|
| 6月13日 | 中国文化报 | 河南启动“数字图书馆建设与服务”项目 | 张莹莹 |
| 6月13日 | 图书馆报 | 《中华经典古籍库》在京发布 | 田园 |
| 6月13日 | 图书馆报 | 揭示馆藏，传承文脉，合作共赢——国家图书馆出版社与图书馆合作侧记 | |
| 6月14日 | 光明日报 | 551种珍贵古籍仿真影印出版 | 杜羽 |
| 6月15日 | 北京电视台（BTV-9） | “丝绸之路”壁画遗产亮相京城 | |
| 6月15日 | 光明日报 | 非遗保护出版成果展亮相国图 | 杜羽 |
| 6月15日 | 北京日报 | 首图　市民体验线装书之妙 | 李洋 |
| 6月15日 | 京华时报 | 国图开讲中国非物质文化遗产 | 张然 |
| 6月16日 | 中国文化报 | 国图举办非遗保护出版成果展及系列讲座 | 薛帅 |
| 6月16日 | 北京青年报 | 多项活动昨日亮相第九个“文化遗产日”　10余年出版“非遗”专著15800种 | 廖翊 |
| 6月16日 | 中国新闻网 | 山西举办“中华古籍保护计划”成果宣传推广活动 | 应妮 |
| 6月17日 | 中国海洋报 | “钓鱼岛的历史与主权”展览在福建展出 | 许嫣妮 |
| 6月18日 | 新华网 | 中华古籍保护计划成果展在山西省11市开展 | 李晓芳 |
| 6月18日 | 中国教育新闻网 | “钓鱼岛的历史与主权”展览在福建师范大学展出 | 龙超凡 |
| 6月19日 | 光明网 | 非遗保护出版成果展及系列讲座在国图举办 | |
| 6月19日 | 中国社会科学网 | 《中华再造善本续编》展示与文献保护利用研讨会在京召开 | 耿雪 |
| 6月20日 | 图书馆报 | 我国非遗保护出版成果斐然 | 田园 |
| 6月20日 | 图书馆报 | 中华古籍保护计划成果宣传推广活动在安徽省图启动 | 田园 |
| 6月20日 | 长城网 | 石家庄市图书馆举办“中华古籍保护计划”成果展 | 张阳 |
| 6月22日 | 河北新闻网 | “中华古籍保护计划”成果展在河北省图举办 | 王乐 |
| 6月23日 | 工人日报 | 中国非遗保护出版成果展亮相国图 | 赵亮 |
| 6月23日 | 沧州晚报 | 石家庄图书馆举办“中华古籍保护计划”成果展 | |
| 6月23日 | 贵港日报 | 国家古籍保护系列成果展在我市开展 | 陈晓珊 |
| 6月23日 | 汕头都市报 | 古籍鉴定专家莅汕献技艺　“中华古籍保护计划”成果宣传推广活动在汕举行 | 李晓鞶 |
| 6月23日 | 燕赵老年报 | 石市图书馆举办“中华古籍保护计划”成果展 | 张运乾 |
| 6月24日 | 光明网 | 国家图书馆接受厄瓜多尔驻华大使馆第二批赠书 | |
| 6月25日 | 中国文化报 | “马裕藻与北京大学”专题展在京开幕 | 薛帅 |

| | | | |
|---|---|---|---|
| 6月25日 | 南国早报 | 童声童诗　吟诵中国梦 | 龚文颖 |
| 6月25日 | 广西日报 | 童声高歌　共诵和谐　“中国梦之歌校园朗诵诗”诗歌朗诵会响动京城 | 龚文颖 |
| 6月27日 | 光明日报 | 种下一首诗　长出一树梦 | 刘昆、李苑、罗勋湖 |
| 6月27日 | 中国文化手机报 | 网络书香飘入河南　系列活动精彩纷呈 | |
| 6月27日 | 中国文化手机报 | 数字图书馆骨干网专线连通年内完成 | |
| 6月27日 | 图书馆报 | 凝聚馆员的力量　2014年中国图书馆年会和中国文化馆年会将分别举行 | 姜火明 |
| 6月27日 | 北京青年报 | “百社千校书香童年”校园诗歌朗诵会举办 | 张知依 |
| 6月27日 | 新华网 | 国内首套“中国梦”主题校园朗诵范本出版 | 龚文颖 |
| 6月30日 | 工人日报 | 2014年中国图书馆年会10月将办 | 赵亮 |
| 6月30日 | 中国经济网 | 国家图书馆馆长韩永进到承考察“国家图书战略储备基地”建设 | 成琪 |
| 6月30日 | 中国社会科学网 | 化身千百　继绝存真　传本扬学　中华再造善本工程出版工作将于年内完成 | 耿雪 |
| 7月1日 | 北京旅游 | 安放内心精神的家园 | |
| 7月1日 | 济南日报 | 中国学前教育数字图书馆山东馆落户高新区 | 祝蕾 |
| 7月2日 | 中华读书报 | “百社千校书香童年”诗歌朗诵赛在京启动 | 陈香 |
| 7月2日 | 中国社会科学网 | 国家图书馆将举办“牙璋的流传分布所反映的夏史史迹”讲座 | 耿雪 |
| 7月3日 | 光明网 | 举办古籍鉴定与保护高级研修班　促进海外中文古籍合作保护 | |
| 7月4日 | 中国出版传媒商报 | 百名学生高歌“中国梦”“百社千校书香童年”校园诗歌朗诵大赛启动 | |
| 7月6日 | 光明日报 | 学前教育数字图书馆山东馆启动 | 杜冰 |
| 7月7日 | 文化传通网 | 中国国家图书馆与土耳其国家图书馆签署合作备忘录 | |
| 7月8日 | 人民网 | 接力出版社打造“中国梦之歌校园朗诵诗”系列丛书　种下一首诗　长出一树梦 | 赵婀娜 |
| 7月9日 | 光明网 | 国家动漫公共素材库亮相第十届中国国际动漫游戏博览会 | |
| 7月10日 | 中国社会科学网 | 《南京大学图书馆藏稀见方志丛刊》问世　修志问道，以启未来 | 耿雪 |

| | | | |
|---|---|---|---|
| 7月11日 | 中国文化报 | 中国非物质文化遗产保护出版成果展 | 王学思 |
| 7月11日 | 中国文化报 | 风雨十年　珍贵结晶——中国非物质文化遗产保护出版成果展侧记 | 薛帅 |
| 7月11日 | 图书馆报 | 让中国的联合编目平台迈上新台阶　全国图书馆联合编目中心2014年工作会议在长春举行 | 田园 |
| 7月11日 | 石家庄日报 | 第九届“文津图书奖”获奖图书展举办 | 张改萍、康丽琴 |
| 7月11日 | 人民网 | 国家动漫公共素材库亮相第十届国际动漫游戏博览会 | 赵婀娜 |
| 7月14日 | 工人日报 | 国家动漫公共素材库亮相 | 赵亮 |
| 7月14日 | 中国文化报 | 第五轮中美人文交流高层磋商联合成果清单 | 薛帅 |
| 7月14日 | 中国文化报 | 国家动漫公共素材库亮相上海 | 薛帅、张鹏 |
| 7月14日 | 新华书目报 | “百社千校书香童年”系列活动校园诗歌朗诵大赛在京启动 | 孟凡 |
| 7月15日 | 北京电视台（BTV-1） | 国家典籍博物馆开始试运行　9月9日面向个人开放 | |
| 7月15日 | 北京电视台（BTV-9） | 北京：国家典籍博物馆揭开“神秘面纱” | |
| 7月15日 | 中外文化交流 | 文津无双地　古籍第一馆——国家图书馆分馆 | |
| 7月15日 | 北京晚报 | 国家典籍博物馆今天开始试运行　9月9日面向个人开放最大规模珍品文献展亮相 | 孙乐琪 |
| 7月15日 | 中国经济网 | 国家动漫公共素材库亮相第十届国际动漫游戏博览会 | 张济和 |
| 7月15日 | 千龙网 | 8月1日来国家图书馆　读者可看“紫禁城设计图” | 马晓晴 |
| 7月16日 | 北京电视台（BTV-1） | 国家典籍博物馆揭开“神秘面纱” | |
| 7月16日 | 人民日报 | 国家典籍博物馆开馆试运行 | 赵冰 |
| 7月16日 | 人民日报·海外版 | 国家典籍博物馆　开馆啦！ | 张稚丹 |
| 7月16日 | 光明日报 | 国家典籍博物馆8月开馆 | 杜羽 |
| 7月16日 | 中国文化报 | 国家典籍博物馆开馆试运行 | 薛帅 |
| 7月16日 | 中国新闻出版报 | 国家典籍博物馆开馆试运营 | 方菲 |
| 7月16日 | 中国艺术报 | 国家典籍博物馆开馆试运行 | 金涛 |
| 7月16日 | 北京青年报 | 首家典籍博物馆国图开馆　800余件古籍文物9月9日起免费参观 | 张知依 |
| 7月16日 | 今晚报 | 稀世古籍　走出深闺 | 赵冰 |
| 7月16日 | 大公报 | 首家典籍博物馆《资治通鉴》压阵 | 周琳 |
| 7月16日 | 新华网 | 国家典籍博物馆试运行　首展“国家图书馆馆藏精品大展” | 隋笑飞 |

| | | | |
|---|---|---|---|
| 7月17日 | 经济日报 | 国家典籍博物馆开馆 | 金晶 |
| 7月17日 | 科技日报 | 国家典籍博物馆试运行 | 游雪晴 |
| 7月17日 | 中国财经报 | 国家典籍博物馆试运行 | 齐小乎 |
| 7月17日 | 中国社会科学网 | 国家图书馆举行馆藏精品大展 | 耿雪 |
| 7月18日 | 中国文化报 | 2014年“春雨工程”全国文化志愿者走进宁夏 | 薛帅 |
| 7月18日 | 图书馆报 | 国家动漫公共素材库亮相第十届中国国际动漫游戏博览会 | 田园 |
| 7月18日 | 图书馆报 | 国家典籍博物馆开馆（试运行） | 胡北 |
| 7月18日 | 中国文物报 | 国家典籍博物馆试开馆 | |
| 7月18日 | 中国改革报 | 让书写在古籍里的文字“活”起来 | 李韶辉 |
| 7月18日 | 检察日报 | 国家典籍博物馆试运行镇馆之宝《敦煌遗书》亮相 | |
| 7月18日 | 宁夏日报 | 全国文化志愿者宁夏行启动 | 房名名 |
| 7月21日 | 工人日报 | “让书写在古籍里的文字活起来” 国家典籍博物馆开馆试运行 | 赵亮 |
| 7月21日 | 中国文化手机报 | 国家典籍博物馆9月9日向个人读者开放 | |
| 7月22日 | 光明日报 | 刻印民族的记忆——由“中国非物质文化遗产保护出版成果展”说开去 | 杜羽 |
| 7月22日 | 中国书画报 | 国家典籍博物馆开馆逛博物馆是件趣事 | 刘庆 |
| 7月22日 | 文化传通网 | 中国国家图书馆代表团访问韩国 | |
| 7月23日 | 新华网 | 国家动漫公共素材库亮相第十届中国国际动漫游戏博览会 | 隋笑飞 |
| 7月23日 | 中国侨网 | 中国国家图书馆代表团访问韩国国立中央图书馆 | 陈璐 |
| 7月24日 | 北京电视台（BTV-1） | 殇思 镜鉴——甲午战争120周年研讨会 | |
| 7月24日 | 人民日报 | “中国非物质文化遗产保护出版成果展”近日在国家图书馆举行 | 赵冰 |
| 7月24日 | 中国商报 | 国家典籍博物馆开门迎客 | 郭毅 |
| 7月25日 | 北京电视台（BTV-1） | 文化北京之旅 走进国家图书馆 | |
| 7月25日 | 光明日报 | “我与中华古籍”征文留下爱书佳话 | 杜羽 |
| 7月25日 | 中国文化报 | 甲午战争120周年研讨会举行 | 薛帅 |
| 7月25日 | 中国青年报 | “殇思·镜鉴——甲午战争120周年研讨会”在京举行 | 军文 |

| | | | |
|---|---|---|---|
| 7月25日 | 科技日报 | 殇思，在甲午战争120周年之际 | 杨雪 |
| 7月25日 | 中国科学报 | 让古籍里的文字活起来 | |
| 7月25日 | 中国科学报 | 典籍背后的故事 | |
| 7月25日 | 中国科学报 | 展览的九大主题 | |
| 7月25日 | 图书馆报 | 2014年“春雨工程”全国文化志愿者宁夏行在银川启动 | 胡北 |
| 7月25日 | 中国出版传媒商报 | “殇思·镜鉴——甲午战争120周年研讨会”在京举行 | 方菲 |
| 7月25日 | 参考消息 | 殇思甲午　镜鉴今天——“殇思·镜鉴——甲午战争120周年研讨会”侧记 | |
| 7月25日 | 大公报 | 甲午殇思镜鉴未来　专家吁日补历史必修课 | 贾磊 |
| 7月25日 | 新华网 | “殇思　镜鉴——甲午战争120周年研讨会”在京举行 | 隋笑飞 |
| 7月29日 | 中国青年报 | 到国图看《敦煌遗书》 | 张黎姣 |
| 7月29日 | 科技日报 | 国家动漫公共素材库主推民族文化 | 游雪晴 |
| 7月30日 | 光明日报 | “甲午战争120周年研讨会”在京举行 | 杜羽 |
| 7月30日 | 中国出版传媒商报 | “让书写在古籍里的文字活起来”　国家典籍博物馆8月开馆 | 方菲 |
| 7月31日 | 中国文化报 | 中国合唱新作品音乐会惊艳亮相 | 王学思 |
| 7月31日 | 人民网 | 天津大学北洋合唱团亮相第12届中国国际合唱节 | 刘晓艳 |
| 8月1日 | 文化月刊 | 国家典籍博物馆开馆试运行 | |
| 8月2日 | 人民日报·海外版 | 美华人合唱团来京演绎清唱剧 | 张稚丹 |
| 8月2日 | 光明日报 | 到国图，逛典籍博物馆 | 杜羽 |
| 8月4日 | 人民政协报 | 传播典籍之美　共享文化之乐——国家典籍博物馆常务副馆长李虹霖访谈录 | 张丽 |
| 8月6日 | 中国文化报 | 国际大合唱，中国好声音——五大亮点闪耀第十二届中国国际合唱节 | 薛帅 |
| 8月6日 | 中国艺术报 | 在国家典籍博物馆看雕版印刷“活化石” | 金涛 |
| 8月6日 | 宁夏日报 | 不必跑到北京去　只需扫扫二维码 | 周一青 |
| 8月10日 | 京华时报 | 国图培训木版水印 | |
| 8月10日 | 收藏家 | 集精结粹　幽山渊海——记国家典籍博物馆开馆所见 | |
| 8月10日 | 汕头特区晚报 | 国家图书馆举办木版水印培训 | |

| | | | |
|---|---|---|---|
| 8月10日 | 新华网 | 国家图书馆举办木版水印培训 | 隋笑飞 |
| 8月11日 | 新华每日电讯 | 国家图书馆举办“木版水印培训” | 隋笑飞 |
| 8月12日 | 中国出版传媒商报 | 第五届全国文献采访工作研讨会启事 | 方菲 |
| 8月12日 | 国际在线 | 中国国家图书馆里的木版水印课堂 | 湘怡 |
| 8月13日 | 中国文化报 | 国家典籍博物馆首展故事多　《永乐大典》一册孤本邂逅民间 | 薛帅 |
| 8月14日 | 中国文化报 | 典籍之美 | |
| 8月14日 | 中国文化报 | 《赵城金藏》的坎坷传世路 | 薛帅 |
| 8月14日 | 图书馆报 | 第五届全国文献采访工作研讨会会议通知 | 胡北 |
| 8月14日 | 光明网 | 见证首都普及公民反恐知识课 | 沈阳 |
| 8月15日 | 图书馆报 | 不在图书馆，就在去图书馆的路上 | 田园 |
| 8月15日 | 浙江日报 | 楚辞学研究　添文献丛书 | 张哲 |
| 8月15日 | 泉州晚报 | 古籍要用才能“活”起来 | 赵新亮 |
| 8月18日 | 中国社会科学报 | 百余种珍稀文献系首次刊布 | 孙妙凝 |
| 8月18日 | 法制晚报 | “情牵一线，关爱儿童”　聚智堂举办爱心捐赠活动 | |
| 8月18日 | 光明网 | 《潇洒的智慧——诗禅画意金刚经》举行读者分享会 | 沈阳 |
| 8月18日 | 中国广播网 | 中国之声悦读季在国图举行　少儿读物“众口难调” | 刘玉蕾 |
| 8月19日 | 中国文化报 | 中国之声携三联、国图共推悦读季 | 薛帅 |
| 8月19日 | 中国青年报 | “中华经典诵”颁奖晚会在京举行 | 张黎姣 |
| 8月19日 | 中国新闻出版报 | 中国之声携三联和国图举办悦读季活动 | 姚贞 |
| 8月20日 | 旅伴 | 开宝藏：国家典籍博物馆 | |
| 8月21日 | 中国文化报 | 古籍修复：片纸只字都需认真对待 | 薛帅 |
| 8月22日 | 中国文化报 | 青少年阅读爱玄幻不爱经典：与其谈虎色变　不如悉心引导 | 焦雯 |
| 8月22日 | 图书馆报 | “网络书香·数字图书馆建设与服务”宣传推广项目（宁夏站）系列活动举行 | 田园 |
| 8月22日 | 深圳特区报 | 经古籍修复师妙手回春　《永乐大典》等国宝级古籍亮相国博 | 张旭 |
| 8月22日 | 新华网 | 《永乐大典》、敦煌遗书等国宝级古籍亮相 | 隋笑飞 |
| 8月23日 | 深圳特区报 | 《永乐大典》等国宝级古籍亮相国博 | 隋笑飞 |
| 8月25日 | 工人日报 | 中国之声与三联书店、国图联办悦读季 | 赵亮 |

| | | | |
|---|---|---|---|
| 8月25日 | 瞭望 | 国家图书馆：激活中华典籍 | |
| 8月25日 | 北京日报 | 国图50万册中文图书恢复外借 | 李洋 |
| 8月26日 | 中国文化报 | 中国之声和江西出版集团向黎川捐万册图书 | 薛帅 |
| 8月28日 | 中国文化报 | 古籍“御医”　治书有道 | 薛帅 |
| 8月28日 | 北京月讯 | 册府琳琅　守望精神家园 | |
| 8月28日 | 浙江日报 | 国图联手杭州十竹斋授艺　木版水印有传人 | 周平 |
| 8月28日 | 光明网 | “喜阅澳门　翰墨书香——澳门书刊联展”在国家图书馆举行 | 沈阳 |
| 8月29日 | 中国文化报 | 1000余册澳门书刊入展国图 | 焦雯 |
| 8月29日 | 中国新闻出版报 | 古籍修复师朱振彬 | 姚贞 |
| 9月1日 | 博览群书 | 国家典籍博物馆开馆：让古籍中的文字活起来 | |
| 9月1日 | 博览群书 | 国家典籍博物馆：留住昨天的记忆 | |
| 9月1日 | 北方新报 | 世界最早百科全书《永乐大典》下落之谜 | 李静 |
| 9月3日 | 北京电视台（BTV-1） | 勿忘国耻　圆梦中华：国家图书馆举办抗战文献展 | |
| 9月3日 | 北京电视台（BTV-1） | 北京：国家图书馆举办抗战文献展 | |
| 9月3日 | 光明日报 | “核心价值观百场讲坛”第六场走进国图（王蒙主讲） | 杜羽 |
| 9月3日 | 中国网 | 山东省尼山书院理事会挂牌成立　网站今日开通 | |
| 9月3日 | 中国山东网 | 山东尼山书院建设进入规范化发展阶段　成立理事会 | |
| 9月4日 | 中央电视台（CCTV-13） | 国家图书馆公布抗战文献资料 | |
| 9月4日 | 人民日报 | 核心价值观百场讲坛　第六场走进国家图书馆 | 赵冰 |
| 9月4日 | 光明日报 | “核心价值观百场讲坛”第六场走进国图 | 孙铁翔 |
| 9月4日 | 光明日报 | 核心价值观从人心中来 | 杜冰 |
| 9月4日 | 中国文化报 | “民国时期文献保护计划”初成规模 | 薛帅 |
| 9月4日 | 经济日报 | “核心价值观百场讲坛”第六场走进国家图书馆 | 金晶 |
| 9月4日 | 中国教育报 | “国家图书馆馆藏精品大展”开展 | 郄咏梅 |
| 9月4日 | 人民网 | 国图馆长韩永进谈国家典籍博物馆开放服务 | 赵婀娜 |
| 9月4日 | 人民网 | 《楚辞注集》孤本将展出　曾作为国礼赠与日本首相 | 易潇 |
| 9月5日 | 中央电视台（CCTV-13） | 国家图书馆“核心价值观百场讲坛”　王蒙：人心的塑造离不开传统文化 | |

| | | | |
|---|---|---|---|
| 9月5日 | 中国文化报 | 2014年度国家艺术基金启动初评 “政绩工程”、出国镀金项目不能入选 | 焦雯 |
| 9月5日 | 中国经济网 | 国家图书馆总馆南区将全面恢复服务 | 张济和 |
| 9月8日 | 北京电视台（BTV-1） | 国家图书馆建馆105周年馆庆纪念日 总馆南区将恢复服务 | |
| 9月9日 | 北京电视台（BTV-1） | 改造三年 国图南区今天恢复服务 | |
| 9月9日 | 北京电视台（BTV-9） | 国家图书馆总馆南区改造完成 9日起重新开放 | |
| 9月9日 | 京华时报 | 国图南区今起恢复服务 历时三年维修改造图书外借时间延长至晚9点 | 张然 |
| 9月9日 | 凤凰网 | 年度公共服务类大奖提名之国家图书馆 | |
| 9月10日 | 中央电视台（CCTV-1） | 国家典籍博物馆正式开馆 | |
| 9月10日 | 中国文化报 | 国家图书馆总馆南区全面恢复服务 | 薛帅 |
| 9月10日 | 中国艺术报 | 国图总馆南区恢复服务 | 金涛 |
| 9月10日 | 中华工商时报 | 中日韩在华青年建筑师作品在京巡展 | |
| 9月10日 | 新华网 | 国家典籍博物馆开馆 展出“国家图书馆馆藏精品” | 隋笑飞 |
| 9月10日 | 新新网 | 国家图书馆向革命老区——冷水江捐赠图书 | 谭雪莉 |
| 9月10日 | 中国青年网 | 国家典籍博物馆正式开馆 典籍文献传承中华文化 | 张炎良 |
| 9月11日 | 中央电视台（CCTV-4） | 国家典籍博物馆正式开馆 | |
| 9月11日 | 北京电视台（BTV-1） | 国家典籍博物馆昨天正式开馆 | |
| 9月11日 | 北京电视台（BTV-1） | 新闻特写“文献修复师”：古籍修复延续文明 | |
| 9月11日 | 吉林卫视 | 国家典籍博物馆正式开馆 | |
| 9月11日 | 人民日报 | 国家典籍博物馆正式开馆 首展“国家图书馆馆藏精品” | 张玉薇 |
| 9月11日 | 人民日报·海外版 | 国家典籍博物馆开馆 | 张稚丹 |
| 9月11日 | 中国文化报 | 国家典籍博物馆开馆 首展为“国家图书馆馆藏精品大展” | 焦雯 |
| 9月11日 | 科技日报 | 国家典籍博物馆正式开馆 | 杨雪 |
| 9月11日 | 中国新闻出版报 | 国图南馆重新开张 | 付丁 |
| 9月11日 | 中国财经报 | 国家图书馆焕然一新迎读者 | |
| 9月11日 | 北京日报 | 馆藏精品丰富，自动语言导览和文创产品展示一应俱全 国家典籍博物馆正式开馆 | 李洋 |

| | | | |
|---|---|---|---|
| 9月11日 | 西安日报 | 国家典籍博物馆正式开馆 | 隋笑飞 |
| 9月11日 | 人民网 | 国家典籍博物馆藏善本秘籍　汤一介曾主编10亿字书 | 许心怡 |
| 9月12日 | 广西卫视（GXTV） | 国家典籍博物馆开馆　镇馆之宝走出“密室” | |
| 9月12日 | 江苏卫视 | 国家典籍博物馆开馆 | |
| 9月12日 | 中国文化报 | 让书写在古籍里的文字活起来——就国家典籍博物馆正式开馆专访文化部部长蔡武 | 薛帅 |
| 9月12日 | 中国科技报 | 国家典籍博物馆正式开馆 | |
| 9月12日 | 中国新闻出版报 | 国家典籍博物馆开馆　每周二至周日免费开放 | 付丁 |
| 9月12日 | 图书馆报 | 国家图书馆总馆南区恢复服务 | 胡北 |
| 9月12日 | 图书馆报 | “照亮童年”绘本展山东巡展效果显著 | 田园 |
| 9月12日 | 中国艺术报 | 国家典籍博物馆正式开馆 | 金涛 |
| 9月12日 | 中国石油报 | 国家典籍博物馆开馆 | |
| 9月12日 | 中国文物报 | 国家典籍博物馆正式开馆 | 马怡运 |
| 9月12日 | 中国广播网 | 安徒生童话进入中国百年纪念展开幕 | 张庶卓 |
| 9月12日 | 中国教育新闻网 | 《安徒生童话进入中国百年纪念展》在北京开幕 | 苏婷 |
| 9月13日 | 河南卫视（HNTV） | 北京　国家典籍博物馆开馆　展出“国家图书馆馆藏精品” | |
| 9月13日 | 香港文汇报 | 国家典籍博物馆正式开馆 | 江鑫娴 |
| 9月15日 | 工人日报 | 国家典籍博物馆正式开馆 | 赵亮 |
| 9月15日 | 中国妇女报 | 安徒生童话进入中国百年纪念展在京开幕　沈跃跃出席并讲话 | 周文 |
| 9月15日 | 中国日报 | Public collection of ancient classic books opens its door | |
| 9月16日 | 中国文化报 | 国家动漫公共素材库上线一年：免费上传下载，动漫素材活起来 | 薛帅 |
| 9月16日 | 中国青年报 | 国家图书馆办“典籍博物馆”　让古籍里的文字活起来 | 张黎姣 |
| 9月16日 | 中国出版传媒商报 | 国家图书馆总馆南区恢复服务 | 夜雨 |
| 9月16日 | 中国出版传媒商报 | 是锐意进取，还是墨守成规？第80届国际图联大会观与思 | 顾犇 |
| 9月17日 | 中国文化报 | 国图数字图书馆体验区对外开放 | 薛帅 |
| 9月17日 | 中国文化报 | 安徒生童话进入中国百年展在京举办 | 焦文 |

| | | | |
|---|---|---|---|
| 9月17日 | 中国文化报 | 以立体化的展示唤醒历史——国家典籍博物馆首展侧记 | 薛帅 |
| 9月17日 | 中国文化报 | 冷水江获国家图书馆1万册赠书 | 熊再华 |
| 9月17日 | 中华读书报 | 国家典籍博物馆开馆　古籍特藏珍品亮相 | 陈香 |
| 9月18日 | 中央电视台（CCTV-13） | 国家图书馆公开东北抗联口述史　东北抗联口述史：不能忘却的记忆 | |
| 9月18日 | 中央电视台（CCTV-13） | 国家图书馆公开东北抗联口述史　军民同心　结成抗战的铜墙铁壁 | |
| 9月18日 | 中央电视台（CCTV-13） | 国家图书馆公开东北抗联口述史　抗联与苏军：并肩作战　鲜血凝结友谊 | |
| 9月18日 | 中央电视台（CCTV-13） | 北京：200多件钓鱼岛珍贵史料首度公布　史实证明钓鱼岛是中国领土 | |
| 9月18日 | 中央电视台（CCTV-4） | “钓鱼岛历史与主权”图片在京举行：两岸学者期待保钓教育更普及 | |
| 9月18日 | 中国文化报 | 国图中国记忆项目在线资源发布　推出东北抗联受访人口述史视频 | 叶飞 |
| 9月18日 | 中国文化报 | 为数字资源制作“身份证” | 孟欣 |
| 9月18日 | 国际在线网 | 中国记忆项目“东北抗联专题”推出新史料 | 湘怡 |
| 9月18日 | 中国青年网 | 《抗日战争纪念馆藏日本强掳中国　赴日劳工档案汇编》出版首发 | 张炎良 |
| 9月19日 | 中央电视台（CCTV-13） | 北京　200多件钓鱼岛珍贵史料首度公布　史实证明钓鱼岛是中国领土 | |
| 9月19日 | 济南网络广播电视台 | 200多件钓鱼岛珍贵史料在国家图书馆首度公布 | |
| 9月19日 | 光明日报 | 国家图书馆发布东北抗联口述史料 | 杜羽 |
| 9月19日 | 图书馆报 | 国家典籍博物馆开馆 | 胡北 |
| 9月19日 | 图书馆报 | “清末民国图书馆史料汇编”出版 | 田园 |
| 9月19日 | 中国建筑报 | 2014中日韩在华青年建筑师作品巡展拉开帷幕 | |
| 9月19日 | 新华网 | “钓鱼岛历史与主权”图片展18日在京开展 | 隋笑飞 |
| 9月19日 | 光明网 | 李虹霖谈国家典籍博物馆开馆 | |
| 9月19日 | 中国广播网 | 纪念梅兰芳、周信芳诞辰120周年系列讲座在国家图书馆开讲 | 张庶卓 |
| 9月20日 | 中国书画报 | 国家典籍博物馆正式开馆——可以在游戏中读典籍！ | 张鹏 |
| 9月21日 | 人民铁道报 | 国家图书馆重新开放　提供阅读座席近千个 | 隋笑飞 |

| | | | |
|---|---|---|---|
| 9月22日 | 中国文化报 | 国图系列活动纪念梅兰芳周信芳诞辰120周年 | 薛帅 |
| 9月22日 | 中国艺术报 | 梅兰芳周信芳诞辰120周年纪念讲座开讲 | 金涛 |
| 9月22日 | 新京报 | 今起去国图听梅兰芳专题讲座 | 黄颖 |
| 9月23日 | 北京电视台（BTV-1） | 鲍国强：情系国宝　复制图王 | |
| 9月23日 | 中国出版传媒商报 | 图书馆资源建设要顺势而为，与时代同步 | 夜雨、陈力 |
| 9月23日 | 中国出版传媒商报 | 未来图书馆需要解决的问题有哪些? | 顾犇 |
| 9月23日 | 中国出版传媒商报 | 国家图书馆当代民间文献收藏现状与发展策略 | |
| 9月23日 | 中国出版传媒商报 | 自助出版及其对图书馆外文文献采访工作的影响 | 杨柳 |
| 9月23日 | 中国出版传媒商报 | 口述史、影像史与图书馆资源建设 | 全根先 |
| 9月23日 | 萧山日报 | 中国国家图书馆摄制组为衙前农小拍纪录片 | 黄潇潇 |
| 9月24日 | 中央电视台（CCTV-2） | 央视“大调查”数据走进国图 | |
| 9月24日 | 中国文化报 | 古籍“御医”科学治书：复活历史记忆　守望中华文明 | 焦文 |
| 9月24日 | 中国文化报 | 古籍修复：赓续文明的火种 | 薛帅 |
| 9月25日 | 中国教育报 | 国家典籍博物馆正式开馆 | 却咏梅 |
| 9月26日 | 北京电视台（BTV-1） | 2014年中国图书馆年会10月亮相　凸显传统文化元素 | |
| 9月26日 | 人民日报·海外版 | “钓鱼岛历史与主权”图片展在我馆开展 | 夏丽娟 |
| 9月26日 | 新华每日电讯 | “书医”:为古籍续命的人 | 渠津 |
| 9月26日 | 图书馆报 | 第四届“全国馆际互借与文献传递研讨会”举行 | 胡北 |
| 9月26日 | 图书馆报 | 国图“印象数图”数字图书馆体验区对外开放 | 田园 |
| 9月26日 | 图书馆报 | 文化部将推动年会由协会（学会）举办　2014年中国图书馆年会亮点纷呈 | 赵建忠 |
| 9月26日 | 图书馆报 | 纪念梅兰芳、周信芳诞辰120周年系列讲座在国图开讲 | |
| 9月27日 | 济南日报 | 山东省藏国家珍贵古籍特展今天开展 | 隋笑飞 |
| 9月27日 | 济南时报 | 省藏国家珍贵古籍展今日起省图开展 | 张济和 |
| 9月27日 | 美术报 | 国家艺术基金专家大会在京召开 | 夏超 |
| 9月28日 | 北京日报 | 2014年图书馆年会10月亮相北京东城　业界嘉宾将共论“馆员的力量：改革　发展　进步” | 李洋 |
| 9月28日 | 澳门日报 | 中国图书馆年会十月京召开 | 铁怡 |
| 9月28日 | 人民网 | 山东省藏国家珍贵古籍省图书馆展出 | 郑婷 |

| | | | |
|---|---|---|---|
| 9月28日 | 中国山东网 | 册府千华——山东省藏国家珍贵古籍特展省图开展 | |
| 9月29日 | 中央电视台（CCTV-13） | 国家典籍博物馆　让国宝走出“密室”——拉近普通人与文化瑰宝的距离 | |
| 9月29日 | 中央电视台（CCTV-13） | 《永乐大典》现身国家典籍博物馆 | |
| 9月29日 | 中央电视台（CCTV-13） | 互动体验让古老典籍“活”起来 | |
| 9月29日 | 中国艺术报 | 中国图书馆年会10月在京举办 | 金涛 |
| 9月29日 | 齐鲁晚报 | 看珍稀古籍到山东省图书馆 | 霍晓蕙 |
| 9月29日 | 武汉晨报 | 湖北史上最大规模馆藏文献展开幕 | 鲁艳红 |
| 9月29日 | 光明网 | 第五届全国文献采访工作研讨会在天津召开 | |
| 9月30日 | 中国文化报 | 2014年中国图书馆年会突出弘扬优秀传统文化 | 薛帅 |
| 9月30日 | 中国青年报 | 中国图书馆年会200个二维码诠释古籍保护 | 张知依 |
| 9月30日 | 中国出版传媒商报 | 2014中国图书馆年会展示四大特点 | 夜雨 |
| 9月30日 | 中国出版传媒商报 | 图书馆资源建设　要从“以防万一”到“及时恰好” | 伲成 |
| 9月30日 | 中国出版传媒商报 | 图书馆如何评估数字资源? | 夜雨 |
| 10月8日 | 人民铁道报 | 国家典籍博物馆开馆 | 隋笑飞 |
| 10月8日 | 北京日报 | 国图三场音乐会掀波罗的海风 | 李洋 |
| 10月9日 | 北京商报 | 国图三场音乐会掀“波罗的海艺术节”高潮 | 姜琳琳 |
| 10月10日 | 北京电视台（BTV-1） | 2014年中国图书馆年会在京举办 | |
| 10月10日 | 大众日报 | 山东省藏国家珍贵古籍展出 | 杨秀萍、王长栋 |
| 10月10日 | 中国广播网 | 2014年中国图书馆年会开幕　三大板块亮点纷呈 | 张庶卓 |
| 10月10日 | 中国网络电视台 | 2014年图书馆年会10月亮相北京东城　业界嘉宾将共论“公共阅读服务变革” | |
| 10月11日 | 中央电视台（CCTV-13） | 简讯　2014中国图书馆年会在京举行 | |
| 10月11日 | 光明日报 | “我与中华古籍”有奖征文揭晓 | 杜羽 |
| 10月11日 | 文汇读书周报 | 国图入藏第222册《永乐大典》 | |
| 10月11日 | 新华澳报 | 海峡两岸图书馆首度携手在京举办展览 | 文森 |
| 10月11日 | 中国新闻网 | 古籍保护成就亮相北京　碑帖传拓似化妆扑粉 | 应妮 |
| 10月11日 | 中国广播网 | 国图举办中华优秀传统文化论坛、“中华古籍保护计划”展示 | 张庶卓 |

| | | |
|---|---|---|
| 10月11日 中国社会科学网 | 展示古籍保护成就，弘扬中华优秀传统文化——2014年中国图书馆年会在京举办 | 耿雪 |
| 10月12日 光明日报 | 古籍保护最大瓶颈是人才不足 | 杜羽 |
| 10月12日 文汇报 | 浓缩近代中国百年万象 | |
| 10月12日 广州日报 | 《广州大典》亮相国家图书馆 | 龙迎春 |
| 10月12日 中国广播网 | 全国古籍保护工作会议：中华古籍数字资源库将建成 | 张庶卓 |
| 10月13日 北京电视台（BTV-1） | 中国图书馆年会：互动体验活动丰富多彩 | |
| 10月13日 人民日报·海外版 | 两岸图书馆北京联展 | 张稚丹 |
| 10月13日 中国文化报 | 2014中国图书馆年会在京召开 | 焦雯 |
| 10月13日 中国文化报 | 让中华文化薪火相传发扬光大 | 焦雯、薛帅 |
| 10月13日 中国文化报 | 行业盛会　市民节日　书香东城 | 王学思 |
| 10月13日 中国文化手机报 | “中国阿拉伯国家图书馆馆长论坛”在国家图书馆举行 | |
| 10月13日 中国文化手机报 | 2014年数字图书馆推广工程体验区亮相 | |
| 10月13日 中国民族报 | 2014中国图书馆年会10月在京举行 | 钱丽花 |
| 10月13日 中国新闻出版报 | 我国将建统一的中华古籍目录 | 付丁 |
| 10月13日 中国艺术报 | 全国古籍保护工作会议召开　将加大古籍保护力度 | 金涛 |
| 10月13日 北京日报 | 国家古籍保护中心多项新举措推动文化传承　设书院开网站传播中华典籍 | 李洋 |
| 10月13日 新华网 | 中国—阿拉伯国家图书馆馆长论坛在北京开幕 | 隋笑飞 |
| 10月13日 光明网 | 常熟图书馆上榜“2014全国最美基层图书馆” | 商中尧 |
| 10月13日 新疆新闻网 | 国家图书馆来新疆阿勒泰市采集民俗文化 | 郝金英 |
| 10月14日 中国文化报 | 中阿图书馆馆长论坛通过《北京倡议》 | 薛帅 |
| 10月14日 中国文化报 | 保护古籍　传承文明　服务社会　全国古籍保护工作会议在京举行 | |
| 10月14日 中国文化报 | 形式新颖的“中华古籍保护计划”展示体验区 | |
| 10月14日 中国文化报 | 中华优秀传统文化论坛 | |
| 10月14日 中国文化报 | “我与中华古籍”有奖征文揭晓 | |
| 10月14日 中国文化报 | 保护古籍　传承文明　服务社会——图书馆古籍工作者倡议书 | |
| 10月14日 京华时报 | 两岸公共图书馆联展在京开幕 | |

| | | |
|---|---|---|
| 10月14日 新华网 | 中国和阿拉伯国家将在图书馆、信息与文献保存领域建立长效合作机制 | 隋笑飞 |
| 10月14日 中国广播网 | 中国阿拉伯国家图书馆馆长论坛通过《北京倡议》 | 张庶卓 |
| 10月14日 今晚网 | 国家图书馆馆长韩永进体验“云屏”阅读 | |
| 10月15日 文艺之声微电台 | 2014中国图书馆年会 | |
| 10月15日 文艺之声微电台 | 全国古籍保护工作会议 | |
| 10月15日 中国文化报 | 海峡两岸共论图书馆发展 | 薛帅 |
| 10月15日 中华读书报 | “我与中华古籍”征文颁奖 | 舒晋瑜 |
| 10月15日 中华读书报 | 全国古籍保护工作会议在京召开　五大任务考验下一阶段古籍保护工作 | 舒晋瑜 |
| 10月15日 中华读书报 | 2014年中国图书馆年会亮点突出 | 鲁大智 |
| 10月15日 中国广播网 | 《杜甫全集校注》手稿入藏国家图书馆 | 张庶卓 |
| 10月16日 中国文化报 | 电视图书馆：将文化超市开进千家万户 | 薛帅 |
| 10月17日 中国科学报 | 全国古籍保护工作会议召开 | 李芸 |
| 10月17日 中国新闻出版报 | 中国—阿拉伯国家图书馆界共探信息领域合作 | 王坤宁 |
| 10月17日 图书馆报 | 全国古籍保护工作会议在京召开 | 田园 |
| 10月17日 人民网 | 《杜甫全集校注》经历36年磨砺出版　手稿入藏国图 | 李雪 |
| 10月18日 兰州晨报 | 国家古籍保护中心　设书院开网站传播中华典籍 | |
| 10月18日 南方都市报 | “天水遗珍”古籍国际研讨会举行 | 冯嘉安 |
| 10月18日 新民晚报 | 天水遗珍——西泠秋拍两部珍贵宋书亮相古籍国际研讨会 | |
| 10月20日 中国文化报 | 《杜甫全集校注》手稿入藏国图 | 薛帅 |
| 10月20日 中国文化报 | 第五届全国文献采访工作研讨会召开 | 王瑜世 |
| 10月20日 人民政协报 | 全国古籍保护工作会议在京召开 | 张丽 |
| 10月20日 中国经济网 | “翰墨同缘、秋韵凝香、海峡两岸著名书画家作品展”在京开幕 | 张济和 |
| 10月21日 中国青年报 | 文化部授予81个“全国古籍保护工作先进单位” | 张知依 |
| 10月21日 贵州日报 | 第九期全国古籍鉴定与保护高级研修班在筑开班 | 周静 |
| 10月21日 长春日报 | 关注少年儿童阅读需求——访国家图书馆少年儿童馆馆长王志庚 | 李丽 |
| 10月22日 香港文汇报 | 中文文献资源共享会议开幕 | 文森 |

| | | |
|---|---|---|
| 10月22日 光明网 | 著名导演李安、作曲家谭盾一行参观国家典籍博物馆 | |
| 10月22日 光明网 | 国家图书馆举办中华优秀传统文化宣传推广活动 | |
| 10月23日 中国教育报 | 复旦大学校长杨玉良：古籍保护需要复合型人才 | 却咏梅 |
| 10月23日 央视网 | 第五届全国文献采访工作研讨会在天津召开 | |
| 10月24日 图书馆报 | 中阿图书馆馆长论坛通过《北京倡议》 | 江水 |
| 10月24日 中国出版传媒商报 | 2014年中国图书馆年会聚焦馆员的力量 | 夜雨 |
| 10月24日 中国出版传媒商报 | 推进古籍的普及推广　全国古籍保护工作会议在京召开 | |
| 10月24日 首都建设报 | 可扫二维码读古籍 | 冯晓彤 |
| 10月25日 北京电视台（BTV-9） | 周末音乐会精彩纷呈 | |
| 10月25日 中国新闻网 | 中国国家图书馆与欧洲学院签署合作备忘录 | 应妮 |
| 10月25日 中国日报网 | 中国国家图书馆与欧洲学院将开展务实合作 | 付静 |
| 10月27日 人民日报 | 中国国家图书馆与欧洲学院签署合作备忘录 | 任彦 |
| 10月27日 光明日报 | 国图与欧洲学院签署合作备忘录 | 刘军 |
| 10月27日 深圳特区报 | 祝勇新作《隔岸的甲午》首发 | 陆云红 |
| 10月27日 中国新闻网 | 南京展出《永乐大典》等200部国家珍贵古籍善本 | 应妮 |
| 10月27日 浏阳网 | 海峡两岸“101”相会北京 | |
| 10月28日 光明日报 | 南京图书馆举办珍贵古籍特展 | 郑晋鸣 |
| 10月28日 新疆日报 | 新疆古籍修复中心成立　古籍保护工作进入一个新阶段 | 李菡 |
| 10月28日 南京日报 | 南图“晒”出200部国宝古籍　明内府所抄《永乐大典》残页首次出库展出 | 邢虹 |
| 10月28日 新华网 | 2014“汉学与当代中国”座谈会在京开幕 | 贺灿铃 |
| 10月28日 中国新闻网 | 蔡武：弘扬传统文化的中国为世界汉学带来新机遇 | 应妮 |
| 10月28日 中国青年网 | 450年前《永乐大典》残页展出　字迹清晰 | |
| 10月30日 中国文化报 | 中国国家图书馆与欧洲学院探索合作 | 联文 |
| 10月30日 云南日报 | 少数民族古籍修复技术培训班在腾冲举办 | |
| 10月30日 中国广播网 | 全国公共数字文化惠民月现场会在湖北武汉举行 | 张庶卓 |
| 10月31日 中国文化报 | 三所全国重点高校增设硕士点　古籍保护人才培养迈出关键一步 | |
| 10月31日 光明网 | 世界知名汉学家参观国家典籍博物馆 | |

| | | | |
|---|---|---|---|
| 10月31日 | 中国广播网 | 世界知名汉学家参观中国国家典籍博物馆 | 张庶卓 |
| 11月1日 | 新华网 | “国风·秦韵”陕西传统文化展演亮相京城 | 隋笑飞 |
| 11月1日 | 中国新闻网 | “国风·秦韵”陕西传统文化展演在京亮相 | 应妮 |
| 11月2日 | 陕西电视台（SXTVS） | “国风·秦韵”陕西传统文化晋京展演活动昨晚在北京举行 | |
| 11月2日 | 中国教育报 | 2014年中国图书馆年会召开 | 却咏梅 |
| 11月2日 | 陕西日报 | “国风·秦韵”陕西传统文化在京展演隆重开幕 | 王娇莉 |
| 11月2日 | 中国社会科学网 | 新疆古籍修复中心在新疆大学成立 | 朱羿 |
| 11月3日 | 中国文化报 | “国风·秦韵”陕西传统文化进京展演 | 李珊珊 |
| 11月3日 | 人民政协报 | 2014“汉学与当代中国”座谈会举办 | 杨雪 |
| 11月4日 | 光明日报 | “满天星”奏响音乐人生 | 晋浩天 |
| 11月4日 | 北京日报 | 陕西传统文化晋京展演“秦韵” | 路艳霞 |
| 11月4日 | 新华网 | 典籍博物馆内“开课”：让青少年近距离感受历史典籍魅力 | 隋笑飞 |
| 11月4日 | 新华网 | 国家典籍博物馆里的“大课堂” | 潘思危 |
| 11月4日 | 中国广播网 | “走进典籍博物馆大课堂”系列活动在国家图书馆启动 | 张庶卓 |
| 11月5日 | 北京音乐广播 | “走进典籍博物馆大课堂”系列活动启动 | |
| 11月5日 | 人民日报 | 典籍博物馆“开课” | 隋笑飞 |
| 11月5日 | 中国社会科学报 | “走进典籍博物馆大课堂”系列活动启动 | 吕家佐 |
| 11月5日 | 中国妇女报 | 国家典籍博物馆里的“大课堂” | 潘思危 |
| 11月5日 | 北京晚报 | 国家典籍博物馆首次“开课” 小“建筑师”两分钟拼插出斗拱 | 孙乐琪 |
| 11月5日 | 北京娱乐信报 | 揭开“样式雷”的秘密 | 王萌 |
| 11月5日 | 新京报 | 200余小学生学“搭”古建筑 国家典籍博物馆大课堂昨启动；梁思成建筑学传人现场讲解 | 黄颖 |
| 11月5日 | 深圳特区报 | 让青少年近距离感受历史典籍魅力 | 隋笑飞 |
| 11月5日 | 人民网 | 国家典籍博物馆大课堂启动 建筑学传人现身 | 黄颖、李丹 |
| 11月5日 | 人民网 | 数字图书馆迎大数据时代：将整合资源 提供深度服务 | 李雪 |
| 11月6日 | 北京电视台（BTV-9） | 国图微缩抢救文献总长可达曼谷 | |

| | | |
|---|---|---|
| 11月6日　贵阳日报 | 博物馆内“开课”——让青少年近距离感受历史典籍魅力 | 隋笑飞 |
| 11月6日　中国网 | 国家典籍博物馆大课堂启动　梁思成建筑学传人现身 | 黄颖 |
| 11月8日　光明日报 | “国风·秦韵”陕西传统文化在京华彩绽放 | |
| 11月9日　科技日报 | 国图举办图书馆现代技术学术研讨会 | 游雪晴 |
| 11月13日 中国文化报 | 陕西传统文化（进京）展演——“国风·秦韵”再展陕西文化气派 | 秦毅、张秦安 |
| 11月14日 汕头都市报 | 中大率先培养硕士“补书人” | 羊晚 |
| 11月14日 潇湘晨报 | 国家图书馆明年年初将向全国征集口述史资料 | 陈文佳 |
| 11月16日 北京电视台（BTV-1） | 波罗的海艺术节亮相国图艺术中心 | |
| 11月17日 中国文化报 | 雕刻时光　印活历史——访雕版印刷技艺省级代表性传承人李江民 | 薛帅 |
| 11月17日 新华网 | 第二届图书馆现代技术学术研讨会在国家图书馆举行 | |
| 11月17日 新华网 | 北京中学生在国家典籍博物馆开书法美术课 | 周良 |
| 11月17日 中国高校之窗 | “国家古籍保护人才培训基地”揭牌仪式在天津师范大学举行 | |
| 11月20日 北京电视台（BTV-1） | 2015年北京博物馆通票今日首发　收录博物馆和景点114家 | |
| 11月20日 中国文化报 | “走进典籍博物馆大课堂”活动启动 | 薛帅 |
| 11月20日 中国妇女报 | 走进社会大课堂　孩子家长双手赞成 | 陈若葵 |
| 11月20日 北京日报 | 拉脱维亚歌唱组合展示人声爵士 | 李艳红 |
| 11月21日 图书馆报 | 2014图书馆现代技术学术研讨会举行 | 田园 |
| 11月21日 图书馆报 | 一切为了孩子——2014全民阅读年会少儿阅读分会场总结 | 姜火明 |
| 11月21日 北京青年报 | 国图亮宝　高而不冷 | 郁骁 |
| 11月21日 北京青年报 | 书籍装帧活历史 | |
| 11月26日 北京电视台（BTV-9） | 北京：国图“缩微”抢救文献　总长可达曼谷 | |
| 11月26日 法制晚报 | 如何抢救文献？来国图体验　缩微技术成果展　30年抢救典籍近15万种 | 马晓晴 |
| 11月26日 新华网 | 全国图书馆文献缩微工作成果展在京举办 | |
| 11月26日 中国新闻网 | 全国图书馆文献缩微拍摄30年抢救珍贵典籍近15万种 | |

| | | | |
|---|---|---|---|
| 11月26日 | 光明网 | 全国图书馆文献缩微工作成果展在京举办 | 赵冰 |
| 11月26日 | 国际在线 | 国家图书馆举办缩微技术成果展　30年抢救珍贵典籍近15万种 | 李雯婷 |
| 11月27日 | 北京日报 | 文献缩微已抢救15万种珍贵典籍 | 李洋 |
| 11月27日 | 京华时报 | 15万种缩微典籍在京展出 | 张然 |
| 11月27日 | 红网 | 数字图书馆推广工程2014年度数字资源联合建设培训班开班 | 刘怡斌 |
| 11月28日 | 中国文化报 | 弘扬传统文化　建设新型书院 | 苏瑞 |
| 11月28日 | 中国科学报 | 图书馆文献缩微成果展开幕 | |
| 11月28日 | 人民网 | 国图举办文献缩微工作成果展　30年抢救15万种典籍 | 李雪 |
| 11月28日 | 中国广播网 | 第四届丰子恺儿童图画书奖面向海内外征集作品 | 张庶卓 |
| 11月28日 | 中国教育新闻网 | 第四届丰子恺儿童图画书奖正式公布征奖时间 | 郜云雁、梁杰 |
| 11月30日 | 中国新闻网 | 杨玉良任院长的复旦大学“中华古籍保护研究院”正式成立 | 许婧 |
| 12月1日 | 光明日报 | 复旦大学成立中华古籍保护研究院 | 曹继军、颜维琦 |
| 12月1日 | 深圳商报 | 中华古籍保护研究院在复旦成立 | 楼乘震 |
| 12月1日 | 人民网 | 复旦大学中华古籍保护研究院成立 | 姜泓冰 |
| 12月2日 | 中国出版传媒商报 | 缩微文献正成为读者利用的热门文献 | 夜雨 |
| 12月3日 | 中国文化报 | 数字图书馆推广工程培训班开讲 | 邓雅琴、张文 |
| 12月3日 | 中国社会科学报 | 全国图书馆文献缩微工作成果展在京举办　国图专藏亮相 | 吕家佐 |
| 12月4日 | 中央电视台（CCTV-2） | 艺术品秋拍：国家图书馆2350万元收购三件刻本 | |
| 12月4日 | 中国文化报 | 文明的诺亚方舟——写在全国图书馆文献缩微复制中心成立三十年 | 庄建 |
| 12月4日 | 中国文化报 | “数字缩微”——文献保护的新方向 | |
| 12月4日 | 辽宁省人民政府网 | 辽宁省图书馆与国家图书馆的专网铺设工作顺利完成 | |
| 12月5日 | 光明日报 | 第四届丰子恺儿童图画书奖启动 | 杜羽 |
| 12月8日 | 京华时报 | 国图开设“羿耿庵书法讲堂” | |
| 12月9日 | 人民日报·海外版 | 第四届丰子恺儿童图画书奖启动 | 杨镝霏 |
| 12月10日 | 北京商报 | “羿耿庵书法讲堂”国图揭牌 | |

| | | |
|---|---|---|
| 12月10日 中国美术传媒网 | "羿耿庵书法讲堂"在国家图书馆揭牌 | |
| 12月11日 光明日报 | 缩微复制：30年记录15万种珍贵典籍 | 杜羽 |
| 12月12日 中央电视台（CCTV-13） | 《远东国际军事法庭证据文献集成》出版 | |
| 12月13日 北京电视台（BTV-1） | 《远东国际军事法庭证据文献集成》记录南京大屠杀铁证 | |
| 12月13日 中国教育报 | 国家公祭日：历史不容忘却　各地教育系统开展多种活动悼念南京大屠杀死难者 | 章红雨 |
| 12月13日 新华网日本频道 | 《远东国际军事法庭证据文献集成》在国家图书馆首发 | |
| 12月15日 中国文化报 | 第四届丰子恺儿童图画书奖征奖启动 | 薛帅 |
| 12月15日 中国社会科学报 | "历史的审判"图片展在京举行 | 吕家佐 |
| 12月15日 光明网 | 国家图书馆举办多项活动纪念首个"南京大屠杀死难者国家公祭日" | |
| 12月15日 南开新闻网 | 南开教授国家图书馆演讲纪念国家公祭日 | |
| 12月15日 上海交通大学新闻网 | 《远东国际军事法庭证据文献集成》新书首发式暨出版座谈会举行 | |
| 12月17日 中央电视台（CCTV-13） | 全国图书馆文献缩微工作成果展　胶片仍是文献保存主力 | |
| 12月18日 中国广播网 | 国家典籍博物馆举办"走进典籍博物馆大课堂之名家带你临名碑"活动 | |
| 12月19日 中国民族报 | 千年藏香亮相北京 | 张婷 |
| 12月19日 图书馆报 | 《远东国际军事法庭证据文献集成》在国图首发 | 田园 |
| 12月19日 图书馆报 | "民国时期文献保护计划"宣传推广活动广东站启动 | 孙莉薇 |
| 12月19日 图书馆报 | 辽宁省馆与国图的专网铺设工作顺利完成 | 林绍之 |
| 12月19日 北京日报 | 博物馆里跟着名家临名碑 | 李洋 |
| 12月19日 新华网 | 国家典籍博物馆举办"名家带你临名碑"活动与《神策军碑》零距离 | 张鹏 |
| 12月20日 新华网 | 《永乐大典》重印本、《北京大学图书馆藏稀见方志丛刊》 | 谢希语 |
| 12月21日 北京电视台（BTV-9） | 国家典籍博物馆开"大课堂" | |
| 12月21日 北京电视台（BTV-9） | 国家典籍博物馆开"大课堂" | |
| 12月22日 华夏收藏网 | 文津书院开设"羿耿庵书法讲堂" | 文文 |
| 12月23日 光明日报 | 到国家典籍博物馆感受优秀传统文化 | 杜羽、张鹏 |

| | | |
|---|---|---|
| 12月25日 江南时报 | 江阴近日首发《缪荃孙全集》 | 曹露 |
| 12月26日 中国社会科学网 | 国家图书馆出版社三十五周年专家座谈会在京举行 | 宗敏 |
| 12月26日 腾讯网 | 大将手笔与家国情怀：赖少其书画作品及文献史料展 | |
| 12月27日 北京文艺网 | 赖少其版画展亮相国家典籍博物馆 | |
| 12月29日 人民网 | 赖少其书画作品及文史资料展在国家图书馆开幕 | 李季桐 |
| 12月30日 中国文化报 | 到国家典籍博物馆临名碑 | 屈菡 |
| 12月30日 中国出版传媒商报 | 国图举办多项活动纪念首个“南京大屠杀死难者国家公祭日” | 倩倩 |
| 12月30日 北京晚报 | 玩中体验文字演变史 | 孙乐琪 |
| 12月30日 上海金融报 | 赖少其书画作品展京城揭幕 | |
| 12月30日 新华网 | “我们的文字”展在京拉开帷幕 | 陈建力 |
| 12月30日 中国新闻网 | 非遗中的文字传承跨年大展亮相国图　覆盖63项非遗 | 应妮 |
| 12月30日 中国新闻网 | “我们的文字——非物质文化遗产中的文字传承”开展 | 杜洋 |
| 12月30日 中国广播网 | 国图举办“我们的文字——非物质文化遗产中的文字传承”跨年大展 | |
| 12月30日 中国广播网 | “我们的文字——非物质文化遗产中的文字传承”活动即将开幕 | 郭兴波 |
| 12月30日 中国经济网 | 非遗跨年大展呈现非遗主题的视听盛宴 | 张济和、张鹏 |
| 12月30日 搜狐网 | 国图举办“我们的文字”跨年大展　解读文字传承 | 崔延 |
| 12月31日 人民日报·海外版 | “我们的文字”展在京开幕 | 陈建力 |
| 12月31日 光明日报 | 我们的文字　中国的记忆——“非遗中的文字传承”跨年大展开幕 | 李韵 |
| 12月31日 新华网 | 大型展览亮相国家典籍图书馆　展示文字历史变迁 | 隋笑飞 |
| 12月31日 北京日报 | 国图展出“我们的文字” | 李洋 |
| 12月31日 京华时报 | 非遗传人书写祝福 | 王海欣、张然 |
| 12月31日 西江都市报 | “我们的文字”展在京开幕 | 陈建力 |

# 年度大事记

# 年度大事记

## 一 月

8日　国图艺术中心试运行发布会暨首批战略合作协议签约仪式在国家图书馆举行，拉开“中西荟萃　经典演绎——国图艺术中心试运行音乐周”的帷幕。国家图书馆馆长周和平，中央歌剧院党委书记嬴枫，中央民族乐团党委书记孙毅，中国歌剧舞剧院副院长张亚峰，国家图书馆副馆长陈力、张志清、王军、李虹霖，馆长助理孙一钢、汪东波，以及新闻媒体记者出席发布会。

16日　国务院南水北调工程建设委员会办公室副主任于幼军将其著作《社会主义在中国》手稿捐赠国家图书馆。馆长周和平代表国家图书馆接受捐赠，并向于幼军颁发捐赠证书。

16日　国家图书馆举行2014年记者座谈会，国家图书馆党委书记、常务副馆长詹福瑞，馆长助理孙一钢出席会议，文化部新闻信息处副处长张雪超以及近50位媒体记者参加会议。

17日　《原国立北平图书馆甲库善本丛书》出版座谈会在京举行。国家图书馆馆长周和平、文化部公共文化司巡视员刘小琴、国内学术界、图书馆界、出版界的著名专家学者傅熹年、李致忠、孙钦善等出席会议。

22日　马年新春雅集活动在国家图书馆古籍馆举办。来自全国楹联界的专家学者以及书法家、楹联爱好者、高校师生齐聚一堂，品读楹联图书，欣赏春联书法，畅谈春联文化。

23日　国家图书馆第二届职工代表大会第三次全体会议召开。会议审议并通过《国家图书馆2014年工作要点》和《国家图书馆2013年度财务工作报告》。

26日　文化部党组在国图召开国家图书馆领导干部任职宣布会。文化部党组副书记、副部长杨志今，人事司司长张雅芳出席会议，会议由周和平主持。张雅芳宣读《中共文化部党组关于韩永进等3名同志职务任免的通知》，任命韩永进为国家图书馆馆长、党委书记兼国家古籍保护中心主任。周和平不再担任国家图书馆馆长兼国家古籍保护中心主任职务，任国家图书馆名誉馆长。詹福瑞不再担任国家图书馆党委书记、常务副馆长职务。

31日　国家图书馆馆长韩永进，副馆长陈力、张志清、魏大威、王军、李虹霖，馆长助理孙一钢、汪东波，在总馆北区向读者拜年，致以新春的祝福。

## 二　月

21 日　国家图书馆举行 2014 年中层干部工作会议。国家图书馆馆长韩永进做重要讲话，与会代表围绕学习贯彻党的十八届三中全会和习近平同志有关文化建设系列讲话精神进行热烈讨论，在文献资源揭示整合、总馆南区重新开放等方面提出许多宝贵意见建议，进一步完善明确 2014 年工作思路。

25 日　中国图书馆学会国家机关图书馆分会成立大会在国家图书馆古籍馆举行。分会挂靠单位、国家图书馆副馆长陈力、分会秘书处所在部门、国家图书馆立法决策服务部相关人员以及来自中央编办、全国人大、国家发改委等 21 家国家机关图书馆的负责人出席会议，馆长助理孙一钢主持会议。会议审议通过《中国图书馆学会国家机关图书馆分会章程》（草案），选举产生分会第一届常务理事会及分会主任、副主任和秘书长等领导职务。

26 日　国家图书馆馆长韩永进会见来访的澳柒（中国）投资有限公司董事总经理朱月仪女士一行。馆长助理孙一钢参加会见。双方表示，将进一步密切中澳两国国家图书馆之间的关系，加强两馆在展览、出版等方面的合作。

27 日　2014 年国家图书馆员工大会召开，表彰先进集体和个人，总结 2013 年工作，部署 2014 年任务。

## 三　月

“两会”召开前夕，国家图书馆正式启动 2014 年“两会”服务，通过编辑专题信息资料、搭建信息服务平台等，为参加全国“两会”代表及委员参政、议政、提案、议案提供文献信息咨询服务。

5 日　中国国际广播电台副总编辑任谦、国广控股副总裁官玉国一行来访，洽谈全面开展战略合作，国家图书馆馆长韩永进、副馆长魏大威出席座谈交流会。双方就各自业务发展情况做简单介绍，并希望利用国广电视端、PC 端、无线广播等多渠道将国家图书馆优秀文化资源展示给海内外大众，实现双方战略共赢。

7 日　国家图书馆召开党的群众路线教育实践活动总结大会。文化部第五督导组成员，国家图书馆领导班子成员，党的十八大代表，中层干部等参加会议。文化部第五督导组组长张永新，国家图书馆馆长、党委书记韩永进在会上讲话。

13—14 日　由国家图书馆主办、中央文化管理干部学院承办的数字图书馆推广工程宣传员培训班在京召开。国家图书馆副馆长魏大威出席开班仪式并致辞。来自全国 45 家副省级以上图书馆（含长沙、昆明）的宣传员代表及部分获表彰的图书馆代表共 50 余人参加了培训。

24 日　中国国家图书馆馆长韩永进会见来访的澳大利亚国家图书馆理事会主席、澳柒控股集团首席营运官施来恩一行，馆长助理孙一钢出席会见。双方表示，将进一步加强合作，推进图书馆事业共同发展，增进两国人民文化交流。

## 四　月

3 日　美籍华人阮益谦夫妇向国家图书馆捐赠家藏文献共计 13 种 13 册，包括《第四军纪实》《中国国民党年鉴》(1929 年）等，具有较高文献价值和史料价值。副馆长张志清代表国家图书馆接受捐赠，并向阮益谦夫妇颁发捐赠证书。

11 日　中国国家图书馆馆长韩永进会见尼泊尔最高法院法官苏西拉 · 卡尔基夫人一行，副馆长张志清、馆长助理孙一钢参加会见。双方表示在原有基础上继续开展交流，深化合作，为两国图书馆事业及公共文化发展做出贡献。

14 日　在世界读书日即将到来之际，农业部与国家图书馆签订合作协议暨国家图书馆农业部分馆揭牌仪式在农业部隆重举行。国家图书馆名誉馆长周和平，农业部副部长牛盾共同为国家图书馆农业部分馆揭牌。国家图书馆馆长韩永进、农业部机关服务局局长魏百刚签署合作框架协议。

14 日　中国国家图书馆馆长韩永进会见来访的挪威国家图书馆代馆长罗杰 · 约瑟福德先生和挪威国家图书馆电影档案专家蒂娜 · 安卡曼女士。约瑟福德表示，此次访华的目的是通过与中国国家图书馆建立联系，进一步密切两国文博机构间的交往。双方希望加深了解，特别是在数字图书馆领域不断加深合作以共同应对信息时代的发展。

17 日　2014 年省级古籍保护中心工作会议在国家图书馆举行。文化部公共文化司巡视员刘小琴出席会议并发表讲话。国家图书馆馆长兼国家古籍保护中心主任韩永进就中华古籍保护计划的进展和存在的主要问题做主旨报告，并部署 2014 年重点工作。国家文物局博物馆与社会文物司副处长何晓雷就全国可移动文物普查和古籍普查对接事宜做说明。全国省级古籍保护中心负责同志和部分高校图书馆领导 60 余人参加会议。

23 日　第 19 个联合国世界读书日之际，国家图书馆举办公益文化系列活动，推进全民阅读，服务广大读者。第九届文津图书奖颁奖仪式在国家图书馆学津堂举行，第十一届全国人大常委会副委员长、中国科学院原院长路甬祥，中国残疾人联合会副主席王乃坤，国家图书馆馆长、文津图书奖组委会主任韩永进，以及来自中国残联、中国盲人协会、中国狮子联会等单位的领导出席活动。新华网对活动进行全程直播，各地读者实时共享现场实况。

24—25 日　由国家图书馆主办、陕西省图书馆承办的数字图书馆推广工程资源联合建设培训班在西安召开。来自全国 31 家省级图书馆的 81 名资源建设相关负责人参加培训。网络资源典藏专题库之政府信息、数字资源元数据仓储建设是推广工程 2014 年重点开展的两个资源建设项目。本次培训班重点围绕这两个项目进行详细讲解和上机实践。

28 日　由《竺可桢全集》编辑委员会、国家图书馆和上海科技教育出版社主办的《竺可桢全集》出版研讨会在国家图书馆举行。《竺可桢全集》编辑委员会主任路甬祥向国家图书馆等单位捐赠新出版的《竺可桢全集》，馆长韩永进代表国家图书馆接受捐赠并颁发捐赠证书。

28 日　由国家图书馆和中国图书馆学会联合主办、丰子恺儿童图画书奖组委会协办的 2014 全国少年儿童阅读年在国家图书馆正式启动。来自图书馆界、出版界、教育界的专家学者及少年儿童代表 200 余人参加活动。国家图书馆馆长助理汪东波、中国图书馆学会未成年人图书馆服务专业委员会副主任李俊国等先后致辞。中国图书馆学会秘书长霍瑞娟发布 2014 年全国未成年人服务工作安排。

4 月　国家图书馆（国家古籍保护中心）正式启动第五批《国家珍贵古籍名录》和“全国古籍重点保护单位”集中申报评审工作。古籍版片和版片收藏单位分别被纳入此次申报范围，成为此次申报评审中新增的一大亮点。

4 月，为便于读者阅览利用，包含 80 卷《远东国际军事法庭庭审记录》在内的 27 种 870 册民国时期文献整理出版成果在国家图书馆总馆北区集中上架展示并提供服务。

## 五　月

5 日　文化部人事司召开国家图书馆领导干部任职宣布会，人事司副司长汪志刚出席会议。会议由国家图书馆馆长韩永进主持，全体馆领导班子成员、处级干部、党支部书记参加会议。会上，汪志刚宣读《中共文化部党组关于刘惠平同志任职的通知》（文党函〔2014〕12 号），任命刘惠平同志为国家图书馆副馆长、党委副书记兼纪委书记。

6 日　国家图书馆在北京召开 2014 年民国时期文献整理出版项目专家评审会。国家图书馆副馆长陈力主持会议。近20位与会专家对46个项目进行评审，对民国时期文献以及档案资料的整理工作提出建设性意见建议。

---

9日　由中国运载火箭技术研究院与国家图书馆联合举办的《中国航天事业发展的哲学思想》研讨会在国家图书馆召开。本次研讨会旨在对社会不同层面的读者意见进行广泛征集，同时为本书献礼“中国航天60年”的再版工作奠定重要基础。

---

12—14日　由中国图书馆学会主办的移动数字图书馆建设与服务专题研讨班在国家图书馆召开，国家图书馆副馆长魏大威出席研讨班，来自全国各公共图书馆和高校图书馆的馆长、技术部主任及业务骨干等180余人参加研讨。对国家图书馆移动服务建设与发展进行详细的阐述并提出下阶段移动服务的发展方向。

---

20日　由国家图书馆主办，重庆图书馆承办的“网络书香 · 数字图书馆建设与服务”宣传推广项目（重庆站）系列活动在重庆图书馆拉开帷幕。

---

21—29日　中国国家图书馆馆长助理孙一钢率代表团一行5人应邀赴南非、毛里求斯两国国家图书馆进行访问并签署合作谅解备忘录。

---

22日　《中国图书馆史》征求意见会在国家图书馆召开，会议由国家图书馆馆长韩永进主持，国家图书馆研究院院长汪东波、中山大学资讯管理学院教授谭祥金、程焕文及广东省立中山图书馆馆长刘洪辉等专家学者和撰稿人代表20余人参加会议。会议就本书的编纂过程、体例结构、历史分期等重大问题进行说明，并分别介绍各分卷的编纂情况。与会专家围绕书稿的体例、内容、资料选取、行文表述等提出意见建议。

---

26日　全国省级及副省级市公共图书馆参考咨询部主任工作会议在国家图书馆召开。国家图书馆副馆长魏大威及来自全国44家副省级以上公共图书馆的57名参考咨询业务管理者共聚一堂，围绕协作开展图书馆参考咨询和决策咨询工作等相关问题进行充分讨论交流。

---

27—29日　由国家图书馆主办、山东大学承办的数字图书馆推广工程基础软件系统师资培训班在济南顺利举办。来自全国30家省级图书馆和山东省内17家市级图书馆的170余名应用系统管理员参加培训。

---

28—30日　由文化部公共文化司主办、国家图书馆（国家古籍保护中心）协办的全国基层文化队伍示范性培训——第一期全国古籍保护工作管理人员研修班在中央文化管理干部学院举办。

---

## 六 月

12 日 中华古籍保护计划成果宣传推广活动在安徽省图书馆启动。国家图书馆副馆长、国家典籍博物馆常务副馆长李虹霖，安徽省文化厅党组成员、副厅长丁光清等领导和安徽省各古籍重点保护单位代表及新闻媒体、社会公众200余人出席启动仪式。丁光清、李虹霖先后致辞，并通过电子屏启动在江苏、北京、广东等10地共同举办的中华古籍保护计划成果宣传推广活动。活动主要由中华古籍保护计划成果展、古籍保护讲座、古籍修复技艺展示等读者活动和省内宣传推广等系列内容组成。

12—19 日 中国国家图书馆副馆长陈力率代表团一行4人应邀赴伊朗、塔吉克斯坦国家图书馆访问并签署《中国国家图书馆与伊朗国家图书与档案馆合作谅解备忘录》和《中国国家图书馆与塔吉克斯坦国家图书馆合作协议书》，促进与两馆的交流与合作。

14 日 第九个“文化遗产日”之际，由文化部主办、中国非物质文化遗产保护中心和国家图书馆承办的“中国非物质文化遗产保护出版成果展”在国家图书馆开幕，“非物质文化遗产保护讲座月”同时拉开帷幕。本次展览共展出图书1800余种、3000余册，现场播放非遗纪录片100余部。展览现场还举办《大漆髹饰传承人口述史》一书首发仪式。6月15日至8月2日，“非物质文化遗产保护讲座月”在国家图书馆学津堂连续举办11场讲演。

15 日 由国家海洋局组织，福建师范大学、清华大学、国家图书馆、台湾世新大学等联合主办的“钓鱼岛的历史与主权”图片展在福建师范大学展出。这是海峡两岸高校首次共同展出钓鱼岛历史图片资料，是两岸学术界加强在钓鱼岛方面的合作交流与对外宣传工作的一次有益尝试。

23 日 中国国家图书馆馆长韩永进会见厄瓜多尔驻华大使何塞・博尔哈，并接受厄瓜多尔驻华使馆的第二批赠书共158册，双方共同签署图书交接单。

26 日—7 月 2 日 国家图书馆（国家古籍保护中心）在北京举办第八期全国古籍鉴定与保护高级研修班，国家图书馆馆长、国家古籍保护中心主任韩永进出席开班仪式。本次研修班得到北美东亚图书馆协会的大力支持，共有来自美国、加拿大、英国、中国香港等地图书馆界的近30位中文古籍馆员参加。国家古籍保护中心特邀李致忠、陈先行、李际宁等古籍版本专家为学员讲授印本、稿抄本及佛经等古籍鉴定知识。

26 日—7 月 3 日 副馆长李虹霖率团赴美参加美国图书馆协会年会，之后访问墨西哥，与墨西哥国家文化艺术委员会签署合作意向书。此次访问进一步加强与美国、墨西哥两国图书馆界的交流与合作，对于学习两国在图书馆、博物馆管理和服务方面的先进经验，拓展国际合作领域具有重要意义。

27日—7月3日　中国国家图书馆馆长助理汪东波一行5人应邀赴以色列、土耳其访问，分别签署《中国国家图书馆与以色列国家图书馆合作备忘录》和《中国国家图书馆与土耳其国家图书馆合作备忘录》，为与此两馆今后开展合作奠定基础。

30日　中国国家图书馆馆长韩永进会见来访的美国斯坦福大学图书馆馆长麦克·凯勒先生和美国国会图书馆亚洲部主任邵东方先生。馆长助理孙一钢参加会见。

6月　基藏库中文图书闭架阅览服务在经历为期11个月的文献调整后，在总馆北区四层重新启用。重新开放后的基藏中文图书闭架阅览室与保存本阅览室包括借阅出纳台、OPAC检索区、普通阅览区、休闲阅览区、复制服务区等6个区域。各区域功能区分明确，相对独立而又紧密结合，使读者在本阅览室能够获得检索查询、阅览、复制等一条龙服务。

## 七　月

2—3日　全国图书馆联合编目中心在吉林省长春市召开2014年度工作年会。来自43个图书馆的107名代表参会。国家图书馆副馆长陈力、吉林省文化厅副厅长翟立国等出席会议。会议表彰并奖励2013年度分中心管理成绩突出的成员馆、数据质量优秀和监督控制优秀的集体和个人。

15日　国家典籍博物馆开馆（试运行），开馆首展“国家图书馆馆藏精品大展”陆续与观众见面。国家图书馆馆长、党委书记兼国家典籍博物馆馆长韩永进，国家图书馆副馆长兼国家典籍博物馆常务副馆长李虹霖出席新闻发布会，来自中央和地方的媒体记者约80人参加活动。国家图书馆馆长助理孙一钢主持发布会。

15—22日　中国国家图书馆副馆长王军一行5人应邀访问韩国国立中央图书馆，进行两馆间第17次业务交流。双方主要探讨数字图书馆和少儿图书馆领域的业务，以书面报告的形式着重就数字资源整合与利用、儿童阅读培养与服务等内容进行交流。

16—17日　由国家图书馆主办的数字图书馆推广工程应用软件系统师资培训班在北京举办。来自全国31家省级图书馆的57名推广工程应用软件系统负责人及管理员参加培训。本期培训主要涉及推广工程的各个核心业务模块，均由国家图书馆相关业务专家授课并通过上机实践现场指导。

16日　许宝蘅之女许恪儒将《许宝蘅日记》等手稿资料共计186种1560册/件捐赠国家图书馆，副馆长张志清代表国家图书馆接收这批珍贵文献。

23 日　国家图书馆志愿者团队启动暨授旗仪式在文津厅举行。文化部公共文化司副巡视员孙凌平，国家图书馆馆长、党委书记韩永进，副馆长、党委副书记刘惠平，副馆长李虹霖出席仪式。仪式上，与会领导为志愿者代表颁发文化志愿者注册证书，韩永进向国家图书馆文化志愿者总队和分队授旗。

24 日　由参考消息报社、新华社解放军分社携手中国政策科学研究会国家安全政策委员会、国家图书馆、上海世纪出版集团、中国史学会共同举办的“殇思 · 镜鉴——甲午战争 120 周年研讨会”在国家图书馆举行，来自党政军及海内外学术名家共 120 多名代表出席研讨会。

24—25 日　国家图书馆举办为期两天的党支部委员培训班，对新一届党支部委员进行专题培训。党委书记韩永进出席培训班并讲话，党委副书记刘惠平作开班动员。

29—30 日　2014 年国家图书馆年中中层干部会在综合楼会议室召开。会议围绕学习贯彻习近平总书记关于弘扬中华优秀传统文化、塑造社会主义核心价值观的重要指示精神，探讨研究关乎国图事业发展中的重大问题。全体馆领导、中层干部参加会议，主任（处长）助理列席会议。

## 八　月

4 日　为期一周的第 12 届中国国际合唱节暨国际合唱联盟青少年合唱教育大会在国图艺术中心落下帷幕。作为唯一协办单位，7 月 30 日—8 月 4 日，国图艺术中心承接来自中国、美国、菲律宾、葡萄牙、斯洛文尼亚、罗马尼亚等 10 余个国家的 22 支合唱团体专场音乐会及合唱节闭幕式，累计接待中外演员 1000 余人、观众近 7000 人。

5 日　2014 年全国古籍评审工作会议在京召开，第五批《国家珍贵古籍名录》和“全国古籍重点保护单位”评审工作正式启动。

6 日　国家图书馆 2014 年度入馆应届高校毕业生培训工作启动。馆长、党委书记韩永进，副馆长、党委副书记刘惠平，副馆长陈力、张志清、王军，馆长助理孙一钢、汪东波出席开班仪式。2014 年新入馆员工及所在部门正职参加会议。

15—24 日　应国际图联、联合国日内瓦办事处图书馆、德国国家图书馆邀请，中国国家图书馆馆长韩永进率代表团一行 5 人赴法国参加第 80 届国际图联大会，并访问瑞士、德国。

20 日　由文化部支持、国家图书馆主办、中央文化管理干部学院承办的首次朝鲜图书馆馆员培训班正式开班。国家图书馆副馆长王军、中央文化管理干部学院副院长段周武出席开班活动并致辞。

21日　中国国家图书馆副馆长陈力会见来访的土耳其驻华大使阿里·穆拉特·埃尔索和政务参赞图加·乌恰克。

26日　全国人大常委会原副委员长许嘉璐在国家图书馆馆长兼党委书记、国家典籍博物馆馆长韩永进的陪同下，参观国家典籍博物馆首展精品大展。

28日　由国家图书馆、全国港澳研究会、澳门基金会共同举办的“喜阅澳门　翰墨书香——澳门书刊联展”在国家图书馆总馆北区举办。全国港澳研究会会长陈佐洱、国家图书馆馆长韩永进、澳门基金会行政委员会主席吴志良、澳门特别行政区政府文化局副局长姚京明、作家出版社社长葛笑政等出席展览开幕式。国家图书馆馆长助理孙一钢主持仪式。

## 九　月

2日　由国家图书馆主办，南京图书馆、江阴市图书馆协办的缪荃孙诞辰170周年纪念会暨学术研讨会在国家图书馆召开。国家图书馆馆长、党委书记韩永进，江苏省文化厅党组成员、南京图书馆党委书记方标军，江阴市图书馆馆长宫昌俊致辞，来自全国各地的120多位专家学者、缪荃孙先生后人和国家图书馆员工参加会议。

3日　为纪念中国人民抗日战争暨世界反法西斯战争胜利69周年，抗战文献暨民国时期文献整理出版座谈会在国家图书馆召开。来自全国省级图书馆的代表，档案馆以及各研究机构的专家学者近50人参加会议。会场集中展示出版成果千余册，《远东国际军事法庭证据文献集成》《远东国际军事法庭判决书》《二战后审判日本战犯报刊资料选编》《东京审判历史图片集》等一批文献史料，都是首次与大家见面。

9日　正值国家图书馆建馆105周年之际，历时三年维修改造的总馆南区全面恢复服务，以崭新面貌服务读者。馆长韩永进及馆领导班子成员在紫竹厅迎接第一批到馆读者。南区正式恢复服务后，国家图书馆总建筑面积增加至28万平方米，居世界国家图书馆第三位。

9日　位于国家图书馆总馆北区二层的“印象数图”——数字图书馆体验区正式开放。这是国家图书馆在全国率先设置的数字图书馆体验区，利用科技手段，集视听体验和互动参与为一体，供读者全面了解国家数字图书馆的发展和成果，体验数字图书馆资源与服务。

9日　由国家图书馆工会主办的第十届艺术节“秀我风采 · 员工文艺汇演”在国图艺术中心举行。馆领导与全馆员工、离退休老同志一同欣赏节目，文化部人事司司长张雅芳、文化部直属机关工会主席何小娟以及来自全国副省级以上公共图书馆、少儿馆馆长应邀出席观看。馆庆来临之际，馆庆纪念文集《记忆国图》正式出版，该书由国家图书馆主编，国家图书馆出版社出版发行。

9—10日　全国省级公共图书馆馆长座谈会在国家图书馆召开，会议旨在研讨公共图书馆与国家图书馆“十三五”事业发展。国家图书馆馆长韩永进、文化部公共文化司巡视员刘小琴出席会议并讲话。

10日　国家典籍博物馆正式开馆，开馆首展“国家图书馆馆藏精品大展”与观众见面。文化部党组副书记、副部长杨志今出席活动并讲话，来自文化部及直属单位、北京市相关单位、设计建设单位的代表，博物馆界代表、图书馆界代表、高等院校专家学者，国家图书馆领导班子成员、员工代表等百余人参加开馆仪式。下午，国家典籍博物馆开馆嘉宾座谈会举行，与会专家对典籍博物馆的发展提出建议。

11日　中国国家图书馆馆长韩永进在古籍馆文津书院会见来访的荷兰汉学家伊维德先生。

11日　国家古籍保护中心就编制中华古籍保护计划“十三五”时期发展规划在京召开研讨会，中华古籍保护计划“十三五”时期发展规划预研工作启动。国家图书馆副馆长、国家古籍保护中心副主任张志清出席并主持会议。

15—17日　由国家图书馆主办、浙江图书馆协办的第四届全国馆际互借与文献传递研讨会在杭州召开，国家图书馆馆长助理汪东波、浙江省文化厅副厅长柳河出席会议，来自各级各类图书馆和情报机构等101家单位的近170名代表参会。

18日　由国家海洋局主办，国家图书馆中国边疆文献研究中心和国家海洋局宣传教育中心承办的“钓鱼岛历史与主权”图片展在国家图书馆总馆北区开展。本次共展出200多幅资料图片，其中有许多是首次向公众展示。

18日起，国家图书馆在官网推出东北抗日联军专题口述史受访人口述视频，并在国图中国记忆项目实验网站发布最新一批采集来的10位东北抗日联军老战士及抗联后代的口述史料。

19日　中国国家图书馆馆长韩永进会见以日本出版贩卖株式会社社长平林彰为团长的第35次日本出版友好访华团一行12人。馆长助理孙一钢等出席会见。

20日—10月26日　国家图书馆联合中国京剧艺术基金会在“国图讲坛”面向社会公众举办系

列公益讲座，纪念梅兰芳、周信芳两位大师诞辰120周年。

25—26日　由国家图书馆主办，中国图书进出口（集团）总公司等协办的第五届全国文献采访工作研讨会在天津召开。本届研讨会以“数字出版对文献资源建设的影响”为主题，旨在进一步推动全国图书采访工作领域内的学术研讨，构建图书馆采访人员、出版社和书商三者之间的交流平台，加速图书行业的国际化进程。

26日　全国政协副主席李海峰，文史和学习委员会、新闻出版界委员等一行40人到国家图书馆就公共文化服务体系建设问题进行调研。国家图书馆馆长韩永进，副馆长陈力、李虹霖，馆长助理孙一钢出席调研座谈并陪同参观国家典籍博物馆。

26日　中国国家图书馆馆长助理汪东波会见哈萨克斯坦国家学术图书馆馆长乌木坎·穆娜尔巴耶娃女士一行。

28日，全国港澳研究会副会长刘兆佳一行28人到访国家典籍博物馆。国家图书馆馆长、党委书记韩永进，馆长助理孙一钢陪同参观“国家图书馆馆藏精品大展”。

## 十　月

6日　著名导演李安、作曲家谭盾、编剧王蕙玲等一行9人参观国家典籍博物馆。参观之前，国家图书馆馆长、国家典籍博物馆馆长韩永进，国家图书馆馆长助理孙一钢会见李安、谭盾一行，并就典籍在文化传承中的作用做深入交流。

10日　“书海之间　遇见幸福——海峡两岸公共图书馆事业发展联展”“两岸图书馆前瞻论坛”在国家图书馆举行。国家图书馆馆长韩永进，台湾汉学研究中心主任曾淑贤，文化部对外文化联络局（港澳台办公室）局长助理李保宗，国家图书馆馆长助理孙一钢，数十名两岸图书馆界代表出席活动。

10日　由光明日报社、国家图书馆（国家古籍保护中心）共同举办的“我与中华古籍”有奖征文活动在中国图书馆年会的中华优秀传统文化论坛（名家论坛）上正式揭晓，78篇作品分获各类奖项。

11日　全国古籍保护工作会议在京召开。文化部党组副书记、副部长杨志今，教育部副部长、国家语言文字工作委员会主任李卫红出席会议并讲话；国家图书馆馆长、国家古籍保护中心主任韩永进做古籍保护工作报告。近200人参加会议。

13 日　由中国文化部、阿拉伯国家联盟秘书处主办，中国国家图书馆、中国对外文化集团公司承办的中国—阿拉伯国家图书馆馆长论坛在中国国家图书馆举行。中国文化部副部长丁伟、也门文化部副部长沙瓦菲、中国国家图书馆馆长韩永进出席并分别发言。中国文化部对外文化联络局（港澳台办公室）局长助理李立言、中国国家图书馆馆长助理孙一钢，以及阿拉伯国家联盟的十余名馆长、专家和国内图书馆界的部分馆长出席活动。

15 日　山东大学教授张忠纲先生向国家图书馆捐赠《杜甫全集校注》手稿 1 种 3280 册叶。国家图书馆原党委书记、常务副馆长詹福瑞，国家图书馆副馆长张志清，人民文学出版社副总编辑周绚隆等出席捐赠活动。张志清代表国家图书馆接受捐赠并向张忠纲先生颁发捐赠证书。

21 日　中国国家图书馆副馆长李虹霖会见来访的美国国会参议院历史室特邀历史学家、美国口述历史协会前会长唐纳德·里奇及其夫人、国际口述历史协会副主席安妮·里奇。

21—22 日　由中文文献资源共建共享合作会议理事会主办、香港公共图书馆承办、香港图书馆协会与香港特别行政区大学图书馆长联席会协办的第十次中文文献资源共建共享合作会议在香港召开，会议主题为“数码薪传——中文文献共建共享项目的回顾与展望”。来自中国内地、香港、澳门、台湾以及美国、新加坡等地的专家学者约 120 人参加会议。国家图书馆馆长韩永进、馆长助理孙一钢出席会议。

23 日　中国国家图书馆馆长助理汪东波会见阿塞拜疆大使拉季夫·甘基洛夫一行。

23 日　由文化部离退休干部局和国家图书馆共同推动的文化部老年大学西区分校在国家图书馆综合楼正式运行，受到老同志的热烈欢迎和积极肯定。

24 日　中国国家图书馆副馆长魏大威和中国驻欧盟使团公参李建民访问位于比利时布鲁日的欧洲学院。访问期间，双方就如何在图书馆建设和服务等领域开展深入交流与合作进行协商，并签署《中国国家图书馆与欧洲学院开展图书馆合作的合作备忘录》《中国国家图书馆向欧洲学院赠书谅解备忘录》。

29 日　2014“汉学与当代中国”座谈会在国家图书馆举行。会后，各国汉学家参观国家典籍博物馆并对展览展示的博大精深的中华优秀传统文化给予高度评价。国家图书馆馆长韩永进等馆领导班子成员陪同参观。

29 日　《国图决策参考》工作研讨会暨国家食品药品监督管理总局委托国家图书馆研究项目总结会在京召开。国家食品药品监督管理总局副局长、国务院食安办副主任王明珠、国家图书馆名誉馆长周和平、馆长韩永进、副馆长刘惠平出席会议。

29—30 日　世界数字图书馆执委会及合作伙伴会议在意大利罗马召开。中国国家图书馆副馆长魏大威作为世界数字图书馆项目执委会成员应邀赴意参会，随同前往的还有数字资源部副主任李春明，驻意使馆文化参赞张建达等。执委会后，魏大威一行参加合作伙伴会议。

31 日　由中共陕西省委宣传部、陕西省文化厅、国家图书馆主办的“国风 · 秦韵”山西传统文化晋京展演在国家图书馆开幕。展演包括山西民间美术精品展、“国风 · 秦韵”民族音乐会等。文化部副部长董伟，陕西省委常委、省委宣传部部长景俊海，国家图书馆馆长韩永进，陕西省文化厅厅长刘宽忍等出席开幕式。

## 十一月

3 日　由国家图书馆与满天星业余交响乐团共同举办的“高雅音乐进国图”音乐沙龙在国图艺术中心举办。中共中央政治局原常委、国务院原副总理李岚清观看音乐会，并对国家图书馆为长期推广高雅艺术做出的贡献给予充分肯定。

4 日　由国家典籍博物馆主办的“走进典籍博物馆大课堂”系列活动启动，首场活动“跟着赵广智爷爷走进‘样式雷’”同时举行。国家图书馆馆长兼国家典籍博物馆馆长韩永进，国家图书馆副馆长兼国家典籍博物馆常务副馆长李虹霖，北京市教委社会大课堂办公室主任高付元，建筑学家梁思成先生哲嗣著名记者梁再冰女士，中国古建筑模型工艺师、中央民族大学外聘教授赵广智先生，以及近 200 名中小学生（含部分聋哑儿童）参加了活动。

4 日　中国国家图书馆馆长韩永进会见来访的新西兰国家图书馆代表团一行，成员包括新西兰内政部信息和知识服务司副司长彼得 · 穆雷和新西兰国家图书馆馆长威廉 · 麦克努特。馆长助理孙一钢陪同会见。

4 日　国家图书馆古籍保护科技办公室通过评审，成为文化部批准认定的首批 6 家文化部重点实验室之一。

5—6 日　第二届图书馆现代技术学术研讨会在国家图书馆举行。本届学术研讨会以“数字资源揭示——海量数据环境下图书馆资源发现之路”为主题，探讨数字资源揭示及相关领域的发展现状及未来趋势。

17 日　中国国家图书馆副馆长魏大威在馆内会见葡萄牙文化国务秘书若尔热 · 巴雷托 · 沙维尔博士一行。

18—25 日　日本国立国会图书馆代表团一行 5 人到访中国国家图书馆，开展两馆间第 33 次业务交流活动。中国国家图书馆副馆长、党委副书记刘惠平会见日方代表团。

25 日　由国家图书馆、中国图书馆学会、广东省文化厅联合主办，广东省立中山图书馆和广东图书馆学会承办的“民国时期文献保护计划”宣传推广活动广东站启动仪式在广东省立中山图书馆举行。国家图书馆副馆长、中国图书馆学会副理事长陈力，广东省文化厅副厅长陈杭，广东省立中山图书馆馆长刘洪辉、副馆长倪俊明出席仪式。来自广东省图书馆界的专家学者以及民国时期文献保护工作培训班学员 70 余人参加活动。

26 日　由国家图书馆主办，全国图书馆文献缩微复制中心（以下简称“缩微中心”）承办的“传承文明　服务社会——全国图书馆文献缩微工作成果展”在国家图书馆举办。展览展示从 1985 年至今的 30 年间，由缩微中心引领各省级公共图书馆，利用缩微技术对馆藏珍贵文献进行抢救取得的硕果。文化部公共文化司巡视员刘小琴，国家图书馆馆长韩永进，中国文献影像技术协会名誉理事长孙承鉴，国家档案局科研所所长、中国档案学会常务理事马淑桂出席开幕式并讲话。仪式由副馆长魏大威主持。

30 日　“国家古籍保护人才培训基地”在复旦大学图书馆揭牌成立。复旦大学党委书记朱之文，文化部公共文化司巡视员刘小琴，国家图书馆馆长兼国家古籍保护中心主任韩永进等出席活动并分别致辞。来自文化部、教育部、国家图书馆、公共图书馆、高校图书馆代表及海峡两岸古籍保护专家代表近 120 人参加活动。

## 十二月

1—3 日　由国家图书馆主办的数字图书馆推广工程全国少儿馆馆长培训班在京举办。国家图书馆馆长韩永进、副馆长魏大威，文化部公共文化司副司长陈彬斌出席开班仪式。来自全国近 60 家省、市级少儿图书馆的 70 余位代表参加培训。

2 日，中国国家图书馆馆长韩永进会见伊朗圣裔世界大会秘书长穆罕默德·哈桑·阿克塔里一行。

9—10 日　中日韩数字图书馆项目第四次业务交流在国家图书馆举行，国家图书馆副馆长魏大威主持业务交流，馆长助理孙一钢出席并做交流总结。来自日本国立国会图书馆、韩国国立中央图书馆的项目组成员参加交流。

12 日，首个“南京大屠杀死难者国家公祭日”到来前夕，《远东国际军事法庭证据文献集成》首发式暨出版座谈会在国家图书馆举行。国家图书馆馆长、党委书记韩永进，上海交通大学党委副书记朱健，东京审判中国检察组顾问倪征燠之女倪乃先，中央档案馆副馆长杨继波分别致辞。会议由国家图书馆副馆长陈力主持，国内多位近代史、中日关系、抗日战争研究专家以及“东京审判”中国法官梅汝璈的子女等 40 余人参加座谈会。“历史的审判——馆藏东京审判图片展”同日在国家图书馆总馆北区二层大厅开展。

18 日　国家图书馆就编制全国图书馆文献缩微工作“十三五”时期发展规划在京召开专家座谈会，进一步研究明确缩微事业的发展思路和重点任务。国家图书馆馆长韩永进出席会议并讲话，部分省级公共图书馆负责人、国家图书馆相关部处代表共计 30 余人参加会议。会议由副馆长魏大威主持。

23 日　中国国家图书馆馆长韩永进会见纳米比亚青年、国家服务、体育和文化部长杰里・埃坎乔一行，馆长助理孙一钢陪同会见。

26 日　由国家图书馆、安徽省文化厅主办的“大将手笔・家国情怀——赖少其书画作品及文献史料展”在国家典籍博物馆开幕。国家图书馆馆长、国家典籍博物馆馆长韩永进，合肥市委宣传部副部长、合肥市文广新局党组书记、局长罗平，赖少其艺术馆馆长于在海出席开幕式并致辞。

30 日　由文化部非物质文化遗产司和国家图书馆联合主办的第四个中国记忆系列专题展览“我们的文字——非遗中的文字书写与传播”跨年大展在国家典籍博物馆开展。展览共分 6 个部分，集中展示文字的历史变迁与发展现状，呼吁社会公众加深了解中华文明内核，增强民族认同感。文化部非物质文化遗产司副司长王福州出席开幕式并致辞，国家图书馆馆长韩永进、中国民族图书馆馆长吴贵飙，以及相关专家学者和非遗项目传承人出席活动。

# 综合索引

## H



## J



## K

## L



## M

## N



## P



## Q



## R

## S

## T



## W

## X

## Y



## Z

（衡中青编制）